李纪祥 著

道學與儒林

上海辞书出版社

图书在版编目(CIP)数据

道学与儒林 / 李纪祥著. —上海：上海辞书出版社，2020

ISBN 978-7-5326-5698-1

Ⅰ.①道… Ⅱ.①李… Ⅲ.①道家-研究 ②儒家-研究 Ⅳ.①B223.05 ②B222.05

中国版本图书馆 CIP 数据核字(2020)第 235020 号

DAOXUE YU RULIN

道学与儒林

李纪祥 著

责任编辑	童力军　孙本初
特约编辑	谭延庚
装帧设计	杨钟玮
责任印制	王亭亭

出版发行	上海世纪出版集团 上海辞书出版社(www.cishu.com.cn)
地　　址	上海市陕西北路 457 号(邮政编码：200040)
印　　刷	上海中华印刷有限公司
开　　本	890×1240 毫米　1/32
印　　张	18.625
字　　数	450 000
版　　次	2020 年 12 月第 1 版　2020 年 12 月第 1 次印刷
书　　号	ISBN 978-7-5326-5698-1/B·333
定　　价	98.00 元

本书如有质量问题,请与承印厂联系。电话：021-69213456

目　录

新　版　序

　　此本交由上海辞书出版社刊行者，乃是简体字版，而且是经过再编辑的新订本。三篇论文《〈四书〉本〈大学〉与〈礼记·大学〉：两种文本的比较》《近代观与西学观——魏源研究的多元面向与反思》《清学之"开端"与"清史儒林传"之"首"》，皆原书所无，新编本增入；第一篇之初稿系受巴黎法兰西学院院士程艾兰教授邀请，在其所召集的"中、日、韩东亚近世《大学》文本之国际学术研讨会"上宣读，其后承蒙罗逸东教授（Professor Beatrice L'Haridon）译为法文，并收入程艾兰教授所主编的论文集中，在巴黎正式出版；原文定稿的中文版则交由《文史哲》学术期刊发表。第二篇最初宣读于中国人民大学主办的"清史国际学术研讨会"上，后收入会后论文集《西学与清代文化》中，由北京的中华书局出版。第三篇则原题《清学之开端》，发表于台湾的学术期刊《汉学研究》，收入本书后改为今名。

　　另有一篇原书本题《〈学记类编〉与师门传述》，现则经过修改后，书写调性已有不同，故将篇名更为《谁之书：成书于"师门场域"的〈学记类编〉》而收入本书。

　　本书的出版缘起，必须要溯自原任职于上海古籍出版社的童力军。我与力军兄相识于王阳明的家乡余姚之姚江畔，这也是我的师母之先翁陈训慈老先生的家乡。其后力军转往上海辞书出版社任职，我们的交情也随书而走，并未改变原诺，于是乃有此书之出版。

笔者于儒学本随蔡仁厚师治学于东海大度山上，其后至台北阳明山之华冈，从学于宋晞教授，并有幸于素书楼厅堂仰视钱太老师穆之儒者气息。此书未敢谓已臻学术之境域，然于下学上达生命印记，则诚有其淬炼者在，或可供后来者参，前辈方家者叱。

李纪祥　序于曲阜孔子研究院旅次

2019 年 7 月 30 日夏

原　序

　　海浪奏着潮音，波波相继，闻之令人坐久，此间朋友称之为"槟城的淡水"者，正呼唤着眼神与远望的山峦兜起对往日的遐想。这本书的书名有些身世，存在我的记忆中，借写此序而将脑海中的时光倒带，返回昔日，看看今日如何对昔日致敬！

　　作者将书自名为《道学与儒林》，不仅是九篇论文皆涉道学、儒林，更重要的，在世人皆不以素书楼与华冈有何深缘之际，我忽觉有些往事唤起的滋味大不相同，也遥想起，当年钱穆先生以"儒林与道学"为题卷试的风姿，今日以倒转的文字钤印在书的封面之上，成了书中扉页的回向。

　　钱穆先生自香港来台后，居于双溪素书楼，并接受中国文化学院张晓峰先生之礼聘，成为华冈的正式教师。华冈也是先生晚年最后一所任教的大学，他在此教授史学研究所博士班的课程。我的老师马先醒先生当年就修过他的"中国史学名著与秦汉史专题"的课。到了我们这一代，先生的学思趋向已全副放在儒学与传统文化上，我进入博士班时，是在1982年，连续两年的礼拜一下午，修习了先生所开设的"中国思想史专题与宋明理学专题"的课程。每周一下午，来听课的当然不只是华冈的学生，多的是其他大学的师生，更多的是十年不辍的慕贤与向道者；但毕竟只有华冈的学生是"正式的"，不仅是在华冈通过正式的选修程序，而且还有作业与考试。我选修的第二年，也就是钱先生正式宣布退出杏坛的那一年，我选择了钱先生的课作为我博士资格考试的专业科目，那一年只有我选择宋明理学专题来应考，我这张卷子，遂成了钱先生晚年最后的一张亲自改卷与给分的卷子，我记得分数是 89 分。

我还记得先生的考题第一题出的就是：儒林与道学。

我当然也还记得钱先生最后一堂课那天的讲题是：士不可以不弘毅，任重而道远，仁以为己任，不亦重乎！死而后已，不亦远乎！"最后一堂课"先生立姿之所在，正好与大厅悬着的一幅"一代儒宗"寿先生九十之横裱遥相对面，述说了先生宁为"老师"而不为"院士"的小插曲。

我当然不清楚为何钱先生只接受了华冈史学所博士班的聘书，也许有些世事，成此人间因缘。但这一张 89 分飘在我记忆深处的先生出题之卷，总也有些什么身世可说且大于与我的关系与意义罢！毕竟素书楼早在我尚未进史学系之前便有许多故事流传了，那是这张卷子的前世史。

那一年华冈兴中堂的士子人人都汗流浃背地写了一个下午的专题试卷。钱先生的"儒林与道学"很明显是在论两汉以经学为主的儒林之学与宋代以理学为主的道学。前者传经，有家法，有师法，其用在治平与士人政府之教化；后者修身传道，内而性之圣之，以师弟相期志于学而为文化担纲。至于清儒之学，那时我尚不能阅读《中国近三百年学术史》，先生课堂中也少言及。只记得唐宋八大家中，先生特举王安石，以为论道之文，亦是先生由文入道之转关。

了解我的师友与学生都知道，我读儒学是从东海的岁月启程的，这也正是为了硕士论文会去求谒哲学系蔡仁厚老师指导的原因。东海古籍室中的《二程全书》尤其是杨龟山编的《二程粹言》，正是引我入古昔长河聆听先人的一本常在手中之卷叶,记得东海典藏的是正谊堂本的线装书。从此,我任家教所得,买得皆是熊、唐、牟、徐、钱、方等今儒之书,尤其是唐先生的书,读来特别有感,虽然同寝室的室友说唐先生的书有如字海,不如牟先生清晰,但我自二程而所听于内者,竟每每再聆于唐先生的字海之内。特别是夜半的东海,风摇摇影姿姿的黑月,总是照在路思易教堂的飞鸟栖林。我读研究所的目的在于对于自我未来的追求,冀能由无知而知无知从何而来,而东海的岁月正是一个转折点,缘于《二程粹言》的古式,令我相接于唐君毅先生的今书。

我们这一代,无缘生在当年的北大,虽然常有机会到昔日的"燕大"去开今日北大的学术会议。也无缘亲与哲学与思想史传入并且交锋的往日学界;但是,无论是"道学"还是"儒林",在长达十年的台北建国南路"净法界"叶阿月老师提供的一个好房间中,人文书会从《原儒》开始,逐渐在孔夫子的《春秋》逐条中,忘却了这样的名词与问题:中国有没有哲学? 或是:中国有没有宗教? 哲学与历史的分合聚散? 以是我很开心地既能亲炙过钱先生,又能随着蔡老师而去谒见牟先生,且自愿成为唐先生的私淑;并且向书会的同学们介绍余英时先生的《犹记风吹水上鳞》。这些在我们治经学与理学时,并无近代的妨碍与冲突。本书中实无一篇关于汉代儒林之学,盖于章句之学既无根柢,于刘向、歆父子之经学与王莽时代之经学皆不甚了了,故此书所谓"儒林",实指"清学"而言。然修《清史·儒林传》固不当只止于"经"也,"国家清史纂修委员会"所拟之"学术志",其范畴就我所知,亦不只此。作者于"儒林"之学所涉本来肤浅,只以书中收入两篇相关文字,故假以为号而已! 儒学之于文化传统,如长江大河之为主脉,庙堂肃穆雍容,非僻壤之士徒近思能窥!

我这本论文集名为《道学与儒林》,正是想起了东海的图书馆前两排路灯之岁月,与埋头伏案于钱先生出的卷子前,下笔姿姿,仿佛就在心中向前人与先生诉说,这样的时光倒流时,两先生已归去儒林传中,我则在此以笔来作逝水青山,追昔怀往,先生之容颜与书颜顾在也。往事,有卷有叶,有夜有灯,这一缕儒学之路,对我而言,真是环顾不能成眠,何况还加上了多少白衣少年心事,才使当年扛起了尾随与私淑的在山之志进入了现下的心灵,在笔与墨与纸触动的刹那,青史已留痕。槟城眼前之浪虽不留痕沙滩,然浪声袭袭,正是心头驻停在此的节奏。正如朱门高弟黄勉斋所言,丝桐之音,南风之奏,在昔耶,在今耶!

本书共九篇文字,略分为两部分,大都已在研讨会上宣读过,会后修订收入会议论文集或在期刊发表。

其中,《〈近思〉之"录"与〈传习〉之"录"》与《古代中朝〈大学〉之图解》两文,皆不从内容入,而从形式分析入。前文论朱学与王学之本质,主论者在"言与文"的"录"自以为书名之析义,指出"文本"与"语境"、"著述"与"讲学"的两种理学存在的基本形态;后文中的两个术语:"图解"与"解图",则以东亚儒学为文化论述之场域,比较出了"图"与"文"的"解经"形态在中朝儒学传统上"图"的位阶之异同。

《〈学记类编〉与师门传承》一文,作者亦有深义意欲抉微,此即宋代书院兴起,主旨实在"道统","统"在不具"血缘"之师弟相传承,故曰以"道"为"统",主在文化与人极,不在"血缘"之"君统"。特借东土南溟学研讨会上,以南溟与弟子所编之《学记类编》研究发言抉义。

《理学世界中的"历史"与"存在"——"朱子晚年"与〈朱子晚年定论〉》一文,初发表时引起争议较多,作者认为系因行文风格企图融摄"思想史"与"哲学"之故,理学文献所以必须在"形式"遭遇时便有难关,便因过早代入了"内容",以古人所言作字面阅读,而忽略了文献流传的历史性。自我作为一名"阅读者",如何能在不同的情境与时空下进入古人的书写世界,首先便须有"形式"的灵敏度,否则便会堕入徒以古人字面所言——也即表面文字——为"内容"之因袭,此则与"抄书"何异! 牟先生《心体与性体》所以须费八年光阴,所以可贵,正在于牟先生向自己发问,以自己的"形式",重新作为一个起点,再度面对程朱陆王的文献,方才触及了古人的"内容",以提炼的方式写作,作为自己"书写"的"形式",成为其书中自我与古人会通遭遇的一段生涯寓存之所。首先是将古人书写并流传至我人手中的"内容",找出岁月与历史情境移转的"形式",这形式对自我及所面对的古人与其古书,成为一个可以汇通的桥,或是对谈的场域,此时方才能宣称在我之此时此刻此处,开始了"阅读"程朱陆王的"文本",这一个开始与启程,所涌出的心得、感受、思维,才是古人所谓的"自得"。若欲书写成书或是篇章论文,也是以此书写之心去用心于古人书写之心,方有得其"意"之可能。儒学与先儒之书,宁有是易哉! 非其易不易,而系其"学"不诚也!此所以牟先生要先写《生命的学问》之小书,其书之所以"小",正在于其言谆谆,不以其为小而不为,小书亦所以为"小学"而为"大学"之根基也。

近人治理学,多忽略王阳明《朱子晚年定论》一书前叙中所言之元代诸儒文字,以是所谓"宋明理学"者,必须思考"元儒之学"存在的问题,更进而为何种"元儒之学"在阅读与书写中出现了,以是王阳明早期的著作《朱子晚年定论》就成为研治王学与朱学必须注意的文献。尚不仅止于中土自身的"宋明理学"而已,东土的理学,在李退溪的视野之下,实有不同于王阳明所观看与体会的"朱子之学"者,以是又成为我人在今日可以以"比较儒学"的视野,再度重看与重研之"东亚儒学"!《人道之序:从"陈、黄之歧"到李滉〈圣学十图〉》一文,亦是在此视野下所重新思考与面对先儒所言的一篇古代中朝儒学之比较观点的呈现,尤其是作为一个中土所出被收编在《明史·文苑传》中的人物——程敏政,在东土李朝儒者李退溪的眼中,却有着完全不同的评价与儒学定位,这种在历史流传中所形成的历史分流与"程敏政"的不同版本,正是"比较儒学"的有趣与有意义之所在。

人生常是一个圆,多年前在东海与华冈夜阑凭眺的记忆至今犹存,而岁月已使作者成为韩愈所谓的"发苍苍而视茫茫"。对作者而言,能够在此刻带着回忆在"宋明理学专题"与"中国近三百年史专题"课中与学生分享昔日,正是一份愉快难得的缘分,尤其写此序时,浪与海的南风习习,更是令人舒坦开朗。

李纪祥　序于槟城旅次

2004 年 6 月 12 日

《四书》本《大学》与
《礼记·大学》：两种文本的比较

本文的旨趣有二：第一，将《四书》本《大学》与《礼记·大学》，从两者所各自隶属的《礼记》与《四书》，作出解题式的比较；兼论理雅各为何以"Great Learning"来翻译书名，而不是用"Tai School"（太/泰学）。第二，从《礼记》与《四书》两部合成书的注解者：郑玄与朱熹的注解文字，比较两种解释体系的差异，包括为何郑玄认为是"通论"而朱熹认为是"入德之门"，为何郑玄没有而朱熹却特别标出"三纲""八目"的新概念等。从郑、朱两家之注来从事比较的研究，过去并非没有学者尝试过，但以《四书》本《大学》与《礼记·大学》"成篇与成书"作为比较的视角，则是前人较鲜注意的一环，本文欲就此处补阙。

一、《大学》与《礼记·大学》：释名与译名

有关欧洲对中国古代经典中的《四书》《五经》之翻译与东传，其源肇始于欧洲东来的耶稣会士，此点已为学界之共识；换言之，欧洲汉学（Sinology）的起源，系由在华的欧洲传教士们发轫，此亦今日学术界无异言者。中西文化交流史的前辈学者、已故之方豪神父，在其《十七八世纪来华西人对我国经籍之研究》中，即对《四书》《五经》之西译及其与阐道之关系，做了详尽的介绍；①美国的学者孟德卫（D. E. Mungello）亦在其《奇异的国度：耶稣会适应政策及汉学的起源》一书中，做了相同的研究工作；可惜的是，后者至少在《四书》的部分，无论对于欧洲图书馆中拉丁译本之典藏、翻译内容与经典选择之取向，所述皆有不如前者。②

著名的英国汉学家、牛津大学汉学讲座首任教授理雅各（James Legge，1815—1897），在他与王韬合译的《四书》著名英译本中，将《大学》此书的书名译作"The Great Learning"，③"Learning"的译法表明了理雅各乃是追循朱熹的定义："大学"是"大人之学"，也就是"学，是为了学习如何成为大人"。在理雅各之前的英国伦敦会会士马士曼

---

① 方豪：《十七八世纪来华西人对我国经籍之研究》，《方豪六十自订稿》（台北：燕京印书馆，1969 年，二册）册上，页 185—202。
② 参孟德卫撰：《奇异的国度：耶稣会适应政策及汉学的起源》（*Curious Land: Jesuit Accommodation and the Origins of Sinology*）（陈怡中译，郑州：大象出版社，2010 年，页 267—328）一书的第八章，特别是有关《大学》《中庸》的拉丁文翻译部分。
③ James Legge，*The Great Learing*，*The Chinese Classics*，*Vol . I*（台北：南天书局，2001 年）页 355—381。

(Joshua Marshman，1768—1837)，便将朱子《大学章句》中的首句"大学之道"译作" The path or course of Learning proper for Men"，"Learning proper for Men"非常明显地是追随了朱熹对《大学》的观点："大人之学"，①虽然马士曼对《大学》书名的译名是音译的：*Ta Hyoh*。② 与他同期来华布道传教的马礼逊（Robert Morrison）牧师，是学界认为第一位来华的基督教牧师，则是继承了明末天主教耶稣会士的译法，将《大学》首句之"大学之道"译作"The great science"，"science"源自拉丁文的"sciendi"。③ 在明季耶稣会士的时代，拉丁文仍是他们的正式语言，因此明季天主教士翻译中国典籍是用拉丁文的。当初耶稣会士选用此词以译"学"字，本意是要指"知识"或"学问"。但显然在马礼逊的年代，"science"一词势必已不能引起此种阅读感受，用"science"反而会招致十九世纪的英语世界读者的误会，错导向"科学"的理解。因此，至理雅各时，便明确地将"大学"译为"Great Learning"，《大学》的书名译作 *The Great Learning*。《大学章句》的首句"大学之道，在明明德，在新民，在止于至善"。理雅各则译作：

What **the Great Learning** teaches，is — to illustrate virtue；

---

① 参王辉、叶拉美：《马礼逊与马士曼的〈大学〉译本》（广东省哲学社会科学十一五规划项目"基督教传教士儒经英译研究"，07YK01），页 417。马士曼的另一译法，是：Great or important Doctrine。

② 在 Joshua Marshman、Robert Morrison、James Legge 之前，英语世界并非没有人对中国的儒家经典作出翻译之贡献，包括《大学》在内，比如活动于 17 世纪迄 18 世纪的 Nathanael Vincent（d.1722），即被研究者 Matt Jenkinson 誉为："However, his greatest contribution to the intellectual history of the Restoration is located in his 1685 translation of Confucius's 'Great Learning', which seems to be the first time that a Confucian book began to be printed in the English language."见 Matt Jenkinson，"Nathanael Vincent and Confucius's 'great learning' in restoration England"，见 http//rsnr.royalsocietypublishing.org/content/60/1/35.full。

③ 参王辉、叶拉美：《马礼逊与马士曼的〈大学〉译本》，页 417。

to renovate the people；and to rest in the highest excellence.①

很明显地，首句中的"大学"一词，与作为书名的《大学》，理雅各是采取了同样的译词；而在《礼记·大学》中的"亲民"，理雅各也是追随了朱熹的"改字"，改为"新民"，理雅各还特别在译注文中对于朱熹何以"change 亲 into 新"作了解释；对于"亲民"一词，他认为"亲民＝亲爱于民"，因此，理雅各的译词是"to love the people"。② 理雅各除了《四书》(*Four Books*)之外，也译有《五经》(*Five Classics*)，在《五经》中的"礼经"部分，刚好，他所选择的正是《礼记》，因此我们不免要问，作为《礼记》组成部分的单篇《大学》，本来应当是追随汉代郑玄的注解系统才是，则理雅各是如何翻译《礼记》中的《大学》呢？ 我们发现，理雅各对《礼记》中的《大学》，完全是照搬《四书》中《大学》的译法，将此篇篇名亦译作"The Great Learning"，并未遵照汉唐学术体系中郑玄、孔颖达的注疏解题。理雅各的这种做法，并非新创。在中国本身，从元代开始，对于《大学》的版本与解说，便已经是朱子学的一尊化，从《四书》中的《大学》，进入到《礼记》中的《大学》，"大学"都已是采用了朱子对《大学》改动后的新编章句之改本与解释。理雅各在翻译《礼记》时，对《大学》篇名的译名，同于《四书》中《大学》的译名，亦是译作"The Great Learning"。

无论是早期传教士的翻译，或是后来如英国与法国各自的译文、译本传统，他们对于朱熹版本的继承，都不是独出心裁的，他们仍是受到了中国自身的学术背景之影响。自朱子学在元代定于一尊成为国家科举考试的官方之学后，有关元明清以来的《礼记》解说，便在朱学

---

① James Legge，*The Great Learning*，p.356.
② Ibid.

影响笼罩之下,元代陈澔的《礼记集说》便是如此。在陈澔的书中,《大学》一篇系编在卷十的第四十二篇,但翻阅至第四十一篇《儒行》之后,出现的却只有"大学第四十二"的篇目,以及其下作为小字注的"朱子章句"四字;①显然陈澔以为《大学》只要至朱子的《四书章句集注》中观看《大学章句》即可;《中庸》一篇亦是如此,翻阅陈澔的《集说》至第三十篇《坊记》之后,出现的只有"中庸第三十一"的篇目,以及"朱子章句。大学、中庸已列四书,故不具载"。② 因此,陈澔其实可以说是在继承朱子的《四书》之学后,亦是在程朱学脉的新儒学体系下,新编了一部《新礼记》,这个版本的《新礼记》与汉代戴德所编、郑玄所注的《礼记》,差别在于《中庸》与《大学》有目而无本文。是故陈澔在《礼记集说》序中言:

> 前圣继天立极之道,莫大于《礼》;后圣垂世立教之书,亦莫先于《礼》。礼仪三百,威仪三千。孰非精神心术之所寓,故能与天地同其节。四代损益,世远经残,其详不可得闻矣。《仪礼》十七篇,《戴记》四十九篇。先儒表彰《庸》《学》,遂为千万世道学之渊源。其四十七篇之文,虽纯驳不同,然义之浅深同异,诚未易言也。③

陈澔在序文中说得很清楚,原本在《礼记》中的《中庸》与《大学》,已经在先儒的表彰下,提升其地位成为千万世道学之渊源,二篇地位已另有编纂,与其他四十七篇亦已无可同语。是故陈氏的《礼记集说》只有四十七篇而已。因依戴圣之《礼记》为底本,故书目中仍依原编序次与卷目篇名,然抽去两篇之文不必再作集注新说,盖其二篇已在《四书》

---

① 陈澔:《礼记集说》,台北:世界书局,1990 年,页 322—323。
② 同上注引书,页 290。
③ 同上注引书,见《序》。

中也！

陈澔《礼记集说》，在明代为胡广的《礼记大全》所继承吸收。明代作为士子考试的科举举业，如果在考试的内容方面是以《四书大全》与《五经大全》为主，那么定于一尊的朱子学及其著作，显然已通过试子所必读的科举模板，使得《四书大全》与《礼记大全》中的《大学》，都是以朱熹的《大学章句》为主。这很可以解释为何明代士子不容易看到旧本《礼记》中由郑玄所注、孔颖达所正义的《礼记正义》之故；换言之，唐代作为官学体系的《五经正义》，至少在《礼记正义》中的《中庸》《大学》两篇，已经被元明两代的官学——朱子学的《大学》《中庸》新编文本所取代。

另一本同样是《礼记》名著、由清人孙希旦集解的《礼记集解》，亦是如此，其做法完全是继承了陈澔模式的四十七篇《新礼记》本（《孙希旦全书》共 61 卷），亦是只在书中放入《中庸》《大学》的篇次与篇名，对于正文中完全抽去；孙希旦《礼记集解》卷 50 于"中庸第三十一"篇题之下，小字云："朱子章句"；①而于卷 57"大学第四十二"篇题之下，亦小字云："朱子章句"。② 陈澔与孙希旦二氏的做法十分明白，《礼记》中的《中庸》与《大学》，必须要至朱子的《四书章句集注》中去阅读，或阅读《中庸章句》，或阅读《大学章句》，不须并存两印；何况阅读的序次与解释体系也全然不同。清人朱彬则在其《礼记训纂》中，依郑玄注本《礼记》而别作训纂，因之于卷 42 所次便是旧本之《大学》，但在其后，朱彬却又收入了朱熹的《大学章句》，题曰：《朱子考定大学》。③ 朱彬此举，不啻又将朱熹所"抽取"出别为章句的《大学》，"放回"到《礼记》中使之成为《大学》，朱熹将"篇"为"书"，朱彬复又将"书"为"篇"。朱

① 孙希旦：《礼记集解》，台北：文史哲出版社，1988 年，卷 50，页 1186。
② 同上注引书，卷 57，页 1289。
③ 朱彬撰、饶钦农点校：《礼记训纂》，北京：中华书局，1996 年，页 870—873。

彬虽然在《朱子考定大学》中依据朱子之章句而列其本文,但有几点却可指出:1. 朱彬所列的朱子改本,仍列"亲民"而非"新民";2. 在"此谓知本此谓知之至也"之下,并未列出朱注:"此谓衍文",于此句之上亦未列朱熹自作之《格致补传》;3. 朱彬仅列朱熹所次之章句本文,于其"注"皆未列出。由于朱彬已身在清代乾嘉汉学之时代,在上位者虽推尊宋学,然在下之士大夫学问主流已为尊汉而反宋,故于《大学》一篇,必宗《礼记》本而非《四书》本;朱彬仍列出《朱子考定大学》为附录者,则当因清代诸朝仍以朱学为官学并仍为举业之故。

在郑玄注本《礼记》中,《中庸》的编目的序次在《大学》篇之前;但在《四书》中,《大学》的编次反在《中庸》之前,而且是居于《四书》的四部书之首。朱熹在新编《大学章句》便将二程的这一段话放在全书正文之前,以指示《大学》一书的重要性。其云:

> 子程子曰:"《大学》,孔氏之遗书,而初学入德之门也。"于今可见古人为学次第者,独赖此篇之存。而《论》《孟》次之,学者必由是而学焉,则庶乎其不差矣![1]

在朱熹引用程子的文字中,我们可以注意到其中有两处提到了"大学"的篇籍属性,一是"孔氏之遗书",一是"独赖此篇之存";如果细思书名与书中某篇篇名的差异,那么"大学,孔氏之遗书"的"大学",究竟是书名还是篇名呢?朱熹似乎在此暴露出了一处"译古为今"意识中未察的小矛盾!朱熹在《大学章句序》中云:"《大学》之书,古之大学所以教人之法也。"(朱熹在这段文字中的第二个"大学"应当读为"太学")显然确实已将《大学》视为"书"的属性。在北宋二程的时代,纵然朝廷与

---

[1]　朱熹:《大学章句》,《四书章句集注》(点校本),北京:中华书局,1983年,页3。

士大夫都已经开始强调《礼记》中《大学》的重要性,皇帝亦有亲赐单篇《大学》《中庸》给朝臣的,但此时《大学》仍然是一篇文章而非一册书籍!因此,程子之言"大学孔氏之遗书而初学者入德之门"中的"大学",应为篇名,而非书名。当然,程氏之言出现在朱熹的《大学章句》中,而朱熹对于《大学》的尊重又来源自程氏,所以才会尊称其为"子程子"。由是,经过北宋而至南宋的历史发展,我们在朱熹的《大学章句》中,确实可以看到北宋的"子程子之言"在南宋被朱熹引用时,"引文"的历史化姿态已经是作为书名《大学》而不是作为篇名的《大学》了。理雅各因此在翻译这段引文时,便以朱熹的立足点而将之译成:

My master, the philosopher Cheng, says: —"The Great Learning is a book left by Confucius, and forms the gate by which first learners enter into virtue."①

理雅各上述翻译反映的,正是明代耶稣会士以来所见之朱子学影响下的风气:明清以后,无论《礼记》中的《大学》还是《四书》中的《大学》,都是朱子学式的:这可以解释从马士曼、马礼逊到理雅各,为何俱将一书、一文,均译作"Great Learning"之故。

对于程子所说的"孔氏之遗书"一句,理雅各注意到"孔氏"这一词,不仅能译作"孔子",单指一个人;也能当作复数词。因此,理雅各在他的译注文中特别标注出"孔氏=孔门",而将"孔氏"译为"the Confucian school"。② 理雅各注意到这一个词汇是有锐见的,对朱熹

① James Legge, *The Great Learning*, p.355.
② Ibid., p.356.

而言,《大学》一书并非成于孔子一人之手,由于朱熹认为《大学》有
"经"有"传",因而应当是孔子及其门人、再传共同完成的一本书籍。
理雅各将程子之文"孔氏之遗书"译作"a book left by Confucius",但
在译注中却对"孔氏"一词做了"the Confucian school/孔门"的翻译,
值得注意。

　　作为译词的"learning",还原到原文中,是指"学习"意含的"学";
但是在《礼记》中的许多篇中有关于"学"字的使用,却并不是指向"学
习",而是指向于"学习的场所",也就是"学校";因之在译词上,就不能
译作"learning",而应当译为"school",或者是其他类似的译词。对于
《礼记》中提到"学习场所/学校"的篇章及其文词,理雅各所译大多使
用"school"或是"college"等词,譬如《礼记·祭义》篇,文云:

> 祀乎明堂,所以教诸侯之孝也。食三老、五更于大学,所以教
> 诸侯之弟也。祀先贤于西学,所以教诸侯之德也。

这里的"大学"、"西学",理雅各的译词为:"the Great college""the
western school"。[①] 又如《礼记·学记》篇,文云:

> 古之教者,家有塾、党有庠、乡有序、国有学。

理雅各译文为:

> According to the system of ancient teaching, for the

---

① James Legge, *Li Chi: Book of Rites*(Montana:Kessinger Publishing),Part 2,Ki I/
The meaning of Sacrifices(祭义),SectionⅡ,第 20 条,页 231。

families of there was the village school; for a neighborhood there was the hsiang; for the larger districts there was the hsu; and in the capitals there was the college. ①

"国有学"之"学",理雅各系译为"college"。不论是译为"school"还是"college",都不是指向"learning",而是指向国家体制中学习的场域。《文王世子》篇:

> 凡学,春官释奠于其先师,秋冬亦如之。凡始立学者,必释奠于先圣先师;及行事,必以币。凡释奠者,必有合也,有国故则否。凡大合乐,必遂养老。

理雅各之译文为:

In all the schools, the officer (in charge), in spring set forth offerings to the master who first, taught (the subjects); and in autumn and winter he did the same.

In every case of the first establishment of a school the offerings must be set forth to the earlier sages and the earlier teachers; and in the doing of this, pieces of silk must be used.

In all the cases of setting forth the offerings, it was required to have the accompaniments (of dancing and singing). When there were any events of engrossing interest in a state (at

---

① James Legge, *Li Chi: Book of Rite*, Part Ⅱ, Hsio Ki/Record on the Subject of Education,(学记)第4条,页83。

the time), these were omitted.

When there was the accompaniment of music on a great scale, they proceeded immediately to feast the aged. ①

《王制》篇：

> 将出学,小胥、大胥、小乐正简不帅教者以告于大乐正。大乐正以告于王。王命三公、九卿、大夫、元士皆入学。不变,王亲视学。不变,王三日不举,屏之远方。西方曰棘,东方曰寄,终身不齿。

理雅各译文为：

When the time drew near for their quitting the college, the smaller and greater assistants, and the inferior director of the board, put down those who had not attended to their instructions, and reported them to the Grand director, who in turn reported them to the king. The king ordered the three ducal ministers, his nine (other) ministers, the Great officers, and the (other) officers, all to enter the school (and hold an examination). If this did not produce the necessary change; the king in person inspected the school; and if this also failed, for three days he took no full meal nor had music, after which the (culprits) were cast but to the remote regions. Sending them to

---

① James Legge, *Li Chi: Book of Rite*, Part Ⅰ, Wen Wang Shih Tzu/King Wan as Son and Heir(文王世子), 第 9—12 条, 页 347—348。

those of the west was called 'a (temporary) expulsion;' to the east, 'a temporary exile.' But all their lives they were excluded from distinction. ①

《王制》篇中的三个词汇：出学、入学、视学，理雅各或用"school"、或用 "college"译之。特别是《学记》中的一句"大学之教也时"，理雅各译为 "In the system of teaching at the Great college, every season had its appropriate subject"；以"Great College"译"大学"。② 先秦以前的 "学"字可以指向学制中的"学校"，已经在理雅各的译词中显示出两个 "学"字的差异："school/learning"。"大学"，无论是作为篇名或是书 名，我们在阅读到《礼记·大学》和《四书》本《大学》时，应注意到"宋明 理学"体系形成以后的汉学、宋学之两种学术系统的差异性格。因之， "大学"的"学"在郑玄注本那里应当被译为"school"；译为"Great Learning"只是朱子学兴起之后的一家之言。于是，"大学"一词究竟 应当如何训诂或翻译，便成了一个阅读起点(Where is the beginning for reading?)即开始存在的分歧与争议。

二、朱熹《大学章句》中的"大学之道"

(一)《大学》是"入道之始"

朱熹之女婿、高弟黄榦，在朱熹过世之后为他所写的《朱先生行 状》中谓：

---

① James Legge, *Li Chi: Book of Rite*, Part I, Wang Chih/The Royal Regulations(王 制), Section IV, 第 5 条, 页 233—234。
② James Legge, *Li Chi: Book of Rite*, Part II, Hsueh Chi/Record on the Subject of Education(学记), 第 6 条, 页 85。

先生教人，以《大学》《论》《孟》《中庸》为入道之序，而后及于诸经。以为不先乎《大学》，则无以提纲挈领而尽《论》《孟》之精微；不参之以《论》《孟》，则无以融会贯通而极《中庸》之旨趣。然不会其极于《中庸》，则又何以建立大本，经纶大经，而读天下之书，论天下之事哉！①

其意谓：朱子在教人时，必定是以《大学》《论语》《孟子》《中庸》四部书作为学习上的"入道之序"，而且必须要阅读完这四部书之后，才能开始阅读《五经》。黄榦这样的表述，是我们所熟悉的。但是朱熹的另一位高足陈淳，却有着不同的观点，"黄、陈之歧"是许多学者曾经忽略过的主题！陈淳在他的《严陵讲义》之中，曾经以极为精练的语言，表述了朱门何以重视"入道之序"的根本原因，他说：

道之浩浩，何处下手？②

提出了"求道"应当从何处"下手"的问题。在《严陵讲义》的《读书次序》篇也再次提到了"读书"的重要。"书"，是圣人垂训之所在，圣人已往，存于今者，唯有"书"而已；所以今人必须要"读书"，透过"读书"，才能得到圣人"留下/流传"的"道"。请读者注意，陈淳自题的标题就是《读书次序》，对陈淳而言，"读书之序"就是"入道之序"，对"入道之序"的关注，本来就是朱子为学与朱门教学的重要特色。确实如此，朱熹为学，深惧世人流禅、堕虚，因此不论在修养功夫与读书阶序上，皆主

---

① 黄榦：《朱先生行状》，《勉斋集》（文渊阁《四库全书》本），台北：商务印书馆，1983年，卷36，页44。
② 陈淳：《严陵讲义》，《北溪大全集》（文渊阁《四库全书》本），台北：商务印书馆，1983年，卷15，页4。

张学有等第,方符合孔门下学上达之宗旨。于是,凡朱门之后学,皆循此而讲求入手之基,从"何处入手"到"入道之序",都可以是朱门弟子中正视的一个大课题。于是,同是朱子门下的两位高弟,竟在这一问题上形成了重大的分歧与书信式的公开争议!陈淳主张在阅读《四书》之前应当先读朱熹、吕祖谦合编的《近思录》,陈淳的依据,在于《朱子语类》中的一条记录,记云:

> 四子,《六经》之阶梯;《近思录》,四子之阶梯。①

宋理宗时期的重要人物真德秀,显然便是陈淳主张的追随者,在他的《西山读书记》中即笔之云:

> 淳熙二年,东莱吕公自东阳来留止寒泉精舍旬日,相与掇周子、程子、张子书,关大体而切日用者,汇次成十四篇。……号《近思录》。先生尝语学者曰:"四子,《六经》之阶梯;《近思录》,四子之阶梯。"以言为学者,当自此而入也。②

在真德秀的笔下,朱子的语言告知,已经成了一段真实可信的故事版本。在陈淳所记录的这条师弟对话"记言文"中,从说到听、从听到记、再从"记言文"的被刊刻,而成了有关"朱子说"的书中文字;于是,后世的人不再是"听到朱子如何说",而是"阅读到朱子如何说",从观者的阅读角度,显然《朱子语类》是在"文"的情境下使后世人相信了陈淳的

---

① 见黎靖德编、冈田武彦校:《朱子语类》,京都:中文出版社,1979年,卷105,《朱子二·论自注书·近思录》,页4179。又见陈淳:《答李公晦》第三书,《北溪大全集》卷23,页7—8。
② 真德秀:《西山读书记》(文渊阁《四库全书》本),台北:商务印书馆,1983年,卷31,页77。

"听到"与"记录";也就是说,对后世人而言,并不存在陈淳的"听到"场景,只有"阅读到"的"记言文"。可是,如果我们回到当时呢？当时的对话显然是一种师弟间"言"的对话情境,稍纵即逝,即便有同门是当时的在场者,亦不能改变《语录》的这一属性。于是,《语录》的"语"字在"当下即逝"的时间性上成了"语录体"的致命伤;毕竟,"语录体"不是作者本人的直接书文,而是作为弟子们的"记言体"——"代言"之现身;作为"语录体"的"文",记录者反而成了"作者"。① 黄榦的主张便与此有关,与"言"与"文"的认知分歧有关;黄榦认为,"听到的言"不足为据,因为他没有听见朱子有此言;应当依据的,是来自当事人自己亲笔书写下来的"文",方为可信。黄榦在《书晦庵先生语录》云:

> 晦庵朱先生所与门人问答,门人退而私窃记之。先生殁,其书始出。记录之语,未必尽得其本旨,而更相传写,又多失其本真。②

其一"窃"字,充分显示出黄榦对"记语"之"文"的不信任感。黄榦在《答李方子》的书信,也正式提出对陈淳的反驳,云:

> 真丈所刊《近思》《小学》皆已得之,《后语》亦得拜读。"先《近思》而后四子",却不见朱先生有此语。陈安卿所谓"《近思》,四子之阶梯"亦不知何所据而云。朱先生以《大学》为先者,特以为学之法,其条目纲领莫如此书耳。若《近思》则无所不载,不应在《大学》之先。……如安卿之论亦善,但非先生之意。③

---

① 这样的观点,参考笔者本书《〈近思〉之"录"与〈传习〉之"录"》一文的论述。
② 见黄榦:《书晦庵先生语录》,《勉斋集》(文渊阁《四库全书》本)卷22,页6。
③ 同上注引书,卷8,页17—18。

《答李方子》书信中所提及的"真丈",即是真德秀;李方子在《宋元学案》中列于《沧洲诸儒学案》中。依黄榦的观点,一是据"师说"则未尝闻朱子有此言,二是据"师文"则圣门之学的"入道之始",应当要从朱子所亲笔的文字来寻觅何者才是首先阅读的第一个文本;黄榦更是明确地表示:他从未"听过"朱老师说了陈淳所记载的那些话。显然,黄榦与陈淳在"记言文"与"亲笔文"上发生了严重的分歧,而这个分歧,却正好涉及何谓"入道之始文本"的依据。黄榦的重点显然是在《四书》中的"入德之门",也就是《大学》,这是立足于"程—朱学统"的观点;而陈淳则是立足于朱子,在"后朱子时代"提出了新文本的置入学统中发生效应。"黄、陈之歧"显示的正是朱子过世之后,朱门弟子在有关"入道之始"如何认知产生争议的一个显例!当然,如果我们将"入道之始/入道之序"的研究课题放置在"后朱子时代"的"东亚理学"脉络中来考察,便会发现在不同的国度、地域,朝鲜李朝的著名学者——被尊称为"海东朱子"的李滉,又有着不同于中国的"入道之始"观,李滉从不同的角度与不同的立足点所提出者,乃是另一部"入道之始"的文本,此文本既非《近思录》也非《四书》本《大学》,而系另一部文本《心经》;所以李滉连带对于《心经附注》的注者程敏政也相当推崇,在朝鲜还引起过一段李滉与门人争论的公案;跨地域、国度的比较视野,更使此一"圣人之学/入道之始"的议题变得更为复杂也更吸引人。

（二）新的术语:"三纲"与"八目"

"黄、陈之歧"有关"入道之始"的争议,乃是发生于"后朱子时代"的事件;如果回到朱熹的生前,则对其而言,《大学》方是"入德之门"。我们遂可以立足此处,来考察何以朱子如此在意《大学》一书必须编为《四书》之始之故。不止如此,根据现行各家朱熹的年谱、史传,记载了朱熹易簀之前最后的一件大事,便是他仍在改动《大学章句》的《诚意章》;朱子一生的学术大事,都在《大学》一书,《大学》确实是朱子念兹在兹、所欲留于后世的一部名山事业,也只有《大学》的作者是署名为孔子、孔门的圣人之经时,才能吸引朱子如此付出。如果从这点来返观《大学》文本在汉代的地位,则显然尚未有如此的崇高位阶,《礼记》本的《大学》只是作为儒家文献中"记"文的位阶,迄今笔者未曾读到有任何汉儒将其视为"经"的!

朱熹继承了北宋二程的遗说,将《大学》视为是圣人之亲笔、孔子之遗书;因此,不同于汉人视《大学》只是解经的"记"的位阶,根本上就是应当被解释的"经"。朱熹在《书临漳所刊四子后》云:

> 圣人作经以诏后世,将使读者诵其文,思其义,有以知事理之当然,见道义之全体,而身力行之,以入圣贤之域也。其言虽约,而天下之故,幽明巨细,靡不该焉,欲求道以入德者,舍此为无所用其心矣。然去圣既远,讲诵失传,……故河南程夫子之教人,必先使之用力乎《大学》《论语》《中庸》《孟子》之书,然后及乎《六经》。盖其难易远近大小之序,固如此而不可乱也。故今刻四古经而遂及乎此《四书》者,以先后之。①

因此,朱熹在《大学》首章之前,便置入了引述于程子的经说之文,曰:

> 子程子曰:《大学》,孔氏之遗书,而初学入德之门也。②

---

① 见朱熹:《晦庵先生朱文公文集》(明刊本,台北:商务书馆影印,《四部丛刊》初编缩本,1965年)册下,卷82,页1493。
② 朱熹:《大学章句》,《四书章句集注》,页3。

所谓"独赖此篇之存","独赖"一词已道出了《大学》一篇的无可取代性。正是在汉儒的忽略下,朱熹才必须将《大学》抽出另视为一书。而"独赖此篇"的"独",其独特性便是在于《大学》昭示圣人"为学次第"的唯一性。在《礼记》中当然不止于《大学》能昭示古人之为学次第而已;因此,《大学》能被程、朱慧眼看出它的独特性,便在于它所揭示的"为学次第"与"入德之门"有着密切的关系!《大学或问》上便明确地载录了朱熹设为问答体而写出的再解释,云:

> 是书垂世立教之大典,……首尾该备而纲领可寻、节目分明而工夫有序,无非切于学者之日用。……此程子所以先是书而后《论》《孟》。①

《大学或问》又曰:

> 以是观之,则务讲学者,固不可不急于《四书》,而读《四书》者,又不可不先于《大学》,亦已明矣。②

《大学或问》的文字问答已将朱熹对《四书》的安排顺序阐明得很清楚;也对二程将《大学》定位为"入德之门"之义做了十分畅然的解释。《大学或问》中朱熹进一步阐发《大学》一书所以能为圣人垂世教大典者,完全在于唯此篇能"首尾该备而纲领可寻、节目分明而工夫有序"。在《大学或问》的文字叙述中,我们读到了一组专门语言,支撑起《大学》何以为"孔氏遗书""入德之门""圣学之始""入道之先":原来《大学》

---

① 朱熹撰,友枝龙太郎解题:《大学或问》,京都:中文出版社,1977年,页19。
② 同上注引书,页20。

中对于"圣学"、"大学"的规模、工夫次第说得分明,堪称是对于"人道之序""工夫次第"的"纲领"与"节目"!对朱熹而言,《或问》中这样的拟问答书写并不是场面话、夸饰语,而是刻意的书写;因为《大学》一书就是圣人所亲自透过门人的笔书写传下的圣典,"大学之道"的精义就是在于其"纲领"与"节目"!"纲领"是"三纲领",这是孔子在《大学》文中的垂教昭示,此即是:"大学之道,在明明德、在新民、在止于至善。""大学之道"的纲领有三:"明明德、新民、止于至善"。朱熹在《大学章句》中注曰:

> 此三者,大学之纲领也。①

朱熹明白地在其"注"中,指出了"此三者"即是"明明德、新民、止于至善",而此三者便是"大人之学"的"纲领"!《大学或问》中也一再申释何以此三词为《大学》全书的"纲领"之故。

　　所谓节目、条目,则是曾子所述所释的八节目,此即是:格物、致知、诚意、正心、修身、齐家、治国、平天下八个条目,以及此八个条目彼此间的先后次序、存在相互间的工夫及作用;朱子在《大学或问》中所谓:"节目分明而工夫有序"者,便是指此。在《大学章句》"欲诚其意者,先致其知;致知在格物"下,朱熹注云:

> 此八者,大学之条目也。②

所谓的"此八者",指的便是《大学》本文中所出现的八个成词:格物、

---

① 朱熹:《大学章句》,《四书章句集注》,页3。
② 同上注引书,页4。

致知、诚意、正心、修身、齐家、治国、平天下。对于此"八者",朱熹用的是"节目""条目"的术语,由于其成词之数是"八",相对于"纲领"之有"三",因此亦可以对称之而为"三纲领、八条目"或"三纲、八目"。其中"汉魏以来,朱儒之论,未闻有及之者",所论则正好针对《礼记》中的郑玄之注、孔颖达之正义,在郑玄与孔颖达那里,是没有这一组成对的术语概念的。

《大学》中本文之破题在"大学之道"。"大学之道"朱子释之为"大人之学"。"大人之学"的"大人"并非先秦古文的"君"之义,而系指成人成圣的"大人之学"。而如何能成其为"大人之学"的"大学之道",朱熹认为:《大学》本文在"道"下明白指示了三个"在"字,此即是"三纲领"!而在"三纲领"的经文之后,《大学》本文立即接以"八条目"之示。《大学或问》中,朱熹并且明言"八目"就是"三纲"的"条目"。则"大学之道",其"纲"言"规模"、其"目"言"次序",有阶有序,有等有第;因此,为学之次第,依朱熹的《大学章句》所指示,在于"八条目";而"八条目"之始,则在于"格物致知";这是朱熹认为汉魏儒者所未能发明圣学之所在精义!

在理雅各的译书中,对于《大学》中的"纲领"、"条目",也特别在一开始就在译注中提出来:对于"纲领",理雅各的译词是:"the heads";对于条目,理雅各的译词是:"the particulars",《大学》本文中的三个"在",指示出了朱熹的"三纲领",对于本文中的"在",理雅各的译词是:"is in"。①

(三)"经、传之分"与"作者/述者"问题

在《大学章句》中的另一个必须要注意之处,便是朱子对于《大学》

---

① James Legge, *The Great Learning*, p.356.

一书所作的"经、传之分"。将《大学》区分为两大部分,是我们阅读朱熹《大学章句》文本时所须留心者,这不仅与朱熹诠释《大学》的基础深相关联,也与"经、传"之作者/述者及其所构成的"道统"深相关联。首先,三纲与八目都是出现在"经",因此,三纲八目是孔子的遗言与遗文。其次,经的部分为孔子所述、曾子所记;传的部分则是曾子所述、门人所记。"传"的文本孰记之,在朱注部分未有明言,但在《或问》中却说得明白:门人是指子思! 不仅如此,子思还以此一经传文本以授孟子。于是,《大学》一书便同时含括了四子,也造述出了一个源自孔子的道统与学统;它不仅是圣人孔子之遗书,也是"孔—孟"之书,更是"孔—曾—思—孟"的学统与道统之书! 在《大学章句》中,朱熹曰:

> 右经一章。盖孔子之言,而曾子述之。其传十章,则曾子之意,而门人记之也。①

《大学或问》中则曰:

> 曰:子谓正经盖夫子之言,而曾子述之,其传则曾子之意,而门人记之。何以知其然也?
>
> 曰:正经辞约而理备,言近而指远,非圣人不能及也。然以其无他左验,且意其或出于古昔先民之言也,故疑之而不敢质。至于传文,或引曾子之言,而又多与《中庸》《孟子》者合,则知其成于曾氏门人之手,而子思以授孟子无疑也。②

---

① 朱熹:《大学章句》,《四书章句集注》,页4。
② 朱熹撰、友枝龙太郎解题:《大学或问》(京都本),页18。

在朱熹的章句化之下，《大学》之本文中，有经、有传，有三纲领、有八条目，其所以支持朱熹如此为之的源头，却仍要溯及北宋的二程。对于经与传、纲与目的发明，以及用三与八之数词来做出强调的组合、序次，正是朱熹所以章句化大学的根据之基础。于是，三个"纲领"、八个"条目"，便成了后世完全与《大学》联结在一起的"三纲、八目"。注释的影响已经诠释了本文，本文的阅读全然被注释所笼罩！朱熹所言汉唐儒者未闻有以此说《大学》者的自负，已经成为继承"孔—孟圣学"的一家之言！

上述中，笔者所谓朱熹对北宋二程的三纲领、八条目之继承，还不只是一种思想承继的说辞而已，更要者，是北宋的二程：无论是程颢还是程颐，在今传本《二程遗书》中，确实收录了有二程的《大学》改本，两人的改本不尽相同，但却皆有朱熹成立三纲领、八条目的影子！二程的《大学》改本之本子，在明代尚有流传，明代刘思原所纂辑的《大学古今本通考》中便有收录。二程的《大学》改本皆收录在《二程遗书》中，但是，过去的学人似乎很少留意到，因此，便也不曾以此来论朱熹对于《大学》阐释上的两个既重要又属独创的术语：三纲领、八条目，其实也与二程的《大学》改本有关。二程的《大学》改本，最早均收录在其《程氏经说》之中，属程明道者题为《明道先生改正大学》、属程伊川者题为《伊川先生改正大学》，然均仅列出两人《大学》改本的全文，未分章，亦无解说之文。① 据笔者在《两宋以来〈大学〉改本之研究》一书中的研究，认为程明道《大学》改本与程伊川《大学》改本在"《大学》研究史"上有如下几点首出之特色：

---

① 见程颢、程颐：《程氏经说卷之五·礼记》，《二程全书》（台北：中华书局，1976年，三册）册三，页1—5。

(1) 两人的改本均有三纲、八目的概念出现。在"《大学》改本史"上,以"三纲八目"作为《大学》一篇之主体结构,其首出首见者,应当便是二程的《大学》改本。

(2) 程明道的《大学》改本之结构形式为:三纲、三纲释文、八目、八目释文。而程伊川的《大学》改本之结构形式为:三纲、八目、格致释文、三纲释文、诚正修齐治平释文。

(3) 对于《大学》的改订,是否有经传之分,清人朱鹤龄以为确然,《大学》之分经、传,当始自程伊川。① 若然,则朱熹的《大学章句》之有经、传,其源头便在程伊川。

(4) 在《伊川先生改定大学》中,于"大学之道在明明德在亲民"之下,伊川自注云"当作新",可见伊川主张"三纲领"中的是"新民"。这亦影响《礼记·大学》篇中"汤之盘铭曰……无所不用其极"一段文字,自本来释"诚意"的脉络中,被抽出而视为是专释三纲领中的"新民"之专文。

(5) 既然二程改本均有提揭出"八目"的概念,则有关"格物、致知"两目也应当有释文,比较特殊的是程伊川改本中的"格致"释文,自其改本结构推之,伊川应当是以"子曰听讼"一节作为"格致传"的释文,此当与此传文之下有"此谓知本此谓之之至也"有关,故也。②

朱熹显然是熟稔二程之改本的,尤其是对程颐的《大学》改本更是如此;《大学或问》中详细讨论二程改本的文字甚多,特别是对于程颐改本更是一讨论的焦点,朱熹以问、答方式呈现他对程颐改本追随与

① 朱鹤龄:《与杨令若论大学补传书》,《愚庵小集》(《四库全书珍本》四集,台北:商务印书馆影印,1973 年)卷 10,页 5。
② 李纪祥:《两宋以来〈大学〉改本之研究》,台北:台湾学生书局,1988 年,页 44—52。

否的记录。《大学或问》云：

> 曰：程子之改亲为新也，何所据？子之从之，何所考而必其然耶？
>
> 曰：若无所考而辄改之，则诚若吾子之讥矣。今亲民云者，以文义推之则无理；新民云者，以传文考之则有据；程子于此，其所以处之者亦已审矣。矧未尝去其本文，而但曰某当作某，是乃汉儒释经不得已之变例，而亦何害于传疑耶！①

《大学或问》又云：

> 或问：听讼一章，郑本元在"止于信"之后"正心修身"之前，程子又进而置之经文之下，"此谓知之至也"之上，子不之从，而置之于此，何也？
>
> 曰：以传之结语考之，则其为释"本末"之义，可知矣。以经之本文乘之，则其当属于此，可见矣。二家之说，有未安者，故不得而从也。②

以上《大学或问》所述问、答二则，一从伊川改本之改"亲"为"新"，一则不从伊川改本之移"听讼章"于经文之下，而视为释经文"本末"之传文；凡此，皆可见朱熹之作《大学章句》，成其"朱子改本"，虽曰新意，然实有所承，依然有一个历史的脉络，是故，朱熹的"章句化"《大学》，便可被视为一"经学史"的事件而寻其源。

---

① 朱熹撰、友枝龙太郎解题：《大学或问》（京都本），页 9—10。又见赵顺孙纂疏、黄珅整理：《大学纂疏》（上海：华东师范大学出版社，1992 年）页 26 所引述。
② 朱熹撰、友枝龙太郎解题：《大学或问》（京都本），页 30。

三、《礼记·大学》篇与郑玄的注释

(一) 考订《大学》篇作者与年代的思想史意义

有关《礼记》中所收《大学》一篇的近代考订,可以分为两个面向,一是对于《大学》篇的年代考订,一是对于《大学》篇的作者考订。晚近以来,一批儒家郭店楚简的出土,引发近代学人的关注,纷纷发表论文争立新说,《大学》的考订也成为其中的一个小类别。这批论文有一个特别的趋向,便是回归到孟学、上溯至孟子师门来重新检视《大学》篇的作者与成书年代,以致追随了朱熹的故说。其胜处在于有新出土资料作为合法驰骋的场域,任何观点都可以联系到这批新史料,只要言之成理、言之成说;但由于这些学者大都对宋明理学的背景不够熟悉,因此在确立考证文题时,对于究竟系《礼记·大学》篇还是《四书》本《大学》,往往便未能自觉;1911 年以来"新式标点符号"的特色,显然还没有被正视为自己的"时代烙印"而在书写时提供自觉。

我们如果回顾近代学人的考订史,将会发现,近代学人虽然从不同的角度出发,对作者、对成篇年代,有着不同的观点,但其考订的焦点,却无不集中于《礼记》的《大学》篇,而不是《四书》中的《大学》;笔者提出的质询是:为何近代的前辈们从未批判到元、明以降"新编本《礼记》"中的《大学》作者呢? 特别是他们对于"新编本《礼记》"联结到《四书》中《大学》的做法? 是否这个作者与成书年代的问题,其实还有续论的可能;而其可能,其实不止在从近代的考订而向下的后续发展,而更在于回归式的向上而逆溯至二程、朱熹以来的内在历史脉络呢! 这个问题其实重新启动的也还有一个关于郑玄本《大学》与朱熹本《大学》的比较课题,无论是欲再现郑玄还是朱熹,抑或是再现《礼记》之《大学》还是《四书》之《大学》。笔者认为,这里面的学术史之脉络,仍然是潜在地针对了朱熹与朱子学的传统。对《大学》的作者重启提问，便是潜在的不再相信朱熹的权威说法，而朱熹的说法中最具特色的，便是从师承授受中提出了"经/传之分"："经"是孔子口授、曾子述之，"传"是曾子口授、门人记录。因此，对朱熹而言，《大学》是源出孔子的一部圣经，就文字而言，则是由孔子及其弟子、再传所合著的一部孔门之书。近代学人开始从战国儒家去考订《大学》的成书年代以及其作者，便已意谓了不仅是对朱熹的作者成说之拒绝，提出新的考察；也反映了对于朱熹分别经、传的说法之扬弃。但是，从明代"挪用"《礼记·大学》之本文以成单篇之《古本大学》以来，经王阳明的宣扬，特别是有关《大学》全文浑然天成出于一人之手的说法，对近代学人来说，不也是对朱熹"经传说"的批判吗？王阳明并不处理程朱有关《大学》作者/述者的课题，仍然将《古本大学》视为圣人之遗文。如是，我们可以发现，近代学人的考订《大学》年代与作者，与王阳明的批判"经传之分"，正好各自处理了朱熹《大学》的"道统"论述的一个方面。但是近代学人却完全不触及朱熹的"经传之分"的问题。近代学人考订《大学》的新说中，值得注意的一篇是冯友兰所撰的《〈大学〉为荀学说》。[①] 细心的读者看到冯友兰论文的篇名，应当便会敏感地联结到上述的朱熹引文。正是朱熹将孟子视为受传《大学》之"传"者，因此，冯氏的阅读显然读出了《大学》为"孟学"之气息而撰文予以表示反对之意。于是，继冯氏以下，近代学人迄于现代，仍然尚有学者陆续撰文以考订《大学》的作者或成篇年代；其始究竟为冯氏耶，谓之为二程、朱熹耶？更进一步而"考订"其"考订作者"之前人已先为之者，则明代万历年间的管志道，早已先行提出了一篇考订文《子思亲承尼祖道统说》，意谓《古本太

[①] 冯友兰：《〈大学〉为荀学说》，原刊于《燕京学报》第 7 期，1930 年 6 月；后收在罗根泽主编：《古史辨》（第 4 册，台北：蓝灯文化事业公司影印，1993 年），页 175—184。

学》一篇,实出于孔子之孙子思。其曰:

> 先儒每谓:颜子殁,唯曾子一人传道之统,因传子思以及孟
> 子。余曰:此影响之论也。①

又曰:

> 孔子以六十八岁归鲁,至七十三岁而终,子思朝夕祖席旁者
> 五年;此时之传道岂不真,而又待曾子续传之耶!②

于是《重订古本太学章句序》中遂谓"《学》《庸》出子思一人所作"。③
管志道的"子思作学、庸"的观点,实是出自明代的丰坊。丰坊伪造的魏
政和石经《大学》,始问世于嘉靖、隆庆时,流行于万历以后迄至明末犹
未已。目前可见最早的伪石经《大学》本子,系收在明隆庆二年(1568)
由王完所刊刻的《丘陵学山》中,其开卷之天号为《大学古本》、次之的地
号即为丰坊的《大学石经》。④ 管志道的《重订古本太学章句》其实亦系
受到此一丰坊石经《大学》本之影响,其初闻有石经本,系自耿天台处得
知,管氏为此作《表章石经大学序》,序文作于万历十七年(1589);⑤而

---

① 管志道:《子思亲承尼祖道统说》,收于管志道:《重订古本太学章句》(明万历丙午年管
志道自序本),东京:国立公文书馆内阁文库藏本,附录(此为抄本,无页码)。
② 同上注。
③ 管志道:《重订古本太学章句序》,收于管志道:《重订古本太学章句》(明万历丙午年
管志道自序本),东京:国立公文书馆内阁文库藏本(此为抄本,无页码)。
④ 收在王完编:《丘陵学山》,明隆庆二年刊85卷本,地号,台北:"国家图书馆"善本书
室藏本。
⑤ 管志道:《表章石经大学序》,收在《管子愓若斋集》(明万历二十四年序本,台北:"国
家图书馆"善本书室藏本)卷3,页3下。

耿天台之知有石经《大学》，则闻之于当时的尚书郑晓（1499—1566）；①郑晓亦非亲得知自丰坊，而系自同事许仁卿家中得知，于是作《古言》叙录石经《大学》之节次、源流，为之推崇揄扬，丰坊伪造的魏石经《大学》能风行于明代中叶以降，郑晓及其《古言》之影响实大，当时公卿赵大洲、王文禄、唐伯元、邹德溥、顾宪成、袁黄、刘宗周、郭子章等，皆受到石经本《大学》的影响。丰坊正是首先提出《大学》与《中庸》皆为子思所作的第一人，据明人王文禄《大学石经古本序引》所述，云：

> 《大学》《中庸》，子思一人所作。……贾逵云：孔汲穷居于宋，惧圣人之学不明，而先王之道息，作《大学》以经之，《中庸》以纬之。②

郑晓《古言》亦云：

> 孔汲穷居于宋，惧先圣之学不明，而帝王之道坠，故作《大学》以经之，《中庸》以纬之。则《学》《庸》皆子思所作之说，亦不为无见，盖必有授矣。③

此即是明代著名的"子思经纬说"。笔者推测，推测丰坊之所以要提出"子思经纬《学》《庸》"的新说，不只是对朱熹"曾子录、授"说法的反驳，亦与丰坊对传统经学史上《礼记·中庸》篇作者为子思的认知有关。

---

① 见刘斯原：《大学古今本通考》卷3，台北："中国子学名著集成编印基金会"，1978年，《大学石经小篆》，页187；卷9，《耿楚侗先生大学说》，页509—517。
② 王文禄：《大学石经古本序引》，收在王完编：《百陵学山》（"丛书集成初编"），长沙：商务印书馆影印，1937年12月，第123册。
③ 郑晓：《古言》（明嘉靖四十四年项子长刊本）卷1，台北："国家图书馆"善本书室藏本，页8—9。

而《中庸》为子思所作,最早见之于司马迁的《史记》,犹在汉宣帝戴德、戴圣辑大、小《礼记》事件之前。《史记·孔子世家》载云:

> 孔子生鲤,字伯鱼,年五十,先孔子死。伯鱼生伋,字子思,年六十二,尝困于宋,子思作《中庸》。①

张守节《史记正义》,注云:

> 《中庸》一卷,在《礼记》中。又作《子思子》八卷。②

班固的《汉书·艺文志》于《诸子略》"儒家类"下亦载:

> 《子思》二十三篇。名伋,孔子孙,为鲁缪公师。
>
> 《曾子》十八篇。名参,孔子弟子。
>
> 《漆雕子》十三篇。孔子弟子漆雕启后。
>
> 《宓子》十六篇。名不齐,字子贱,孔子弟子。
>
> 《景子》三篇。说宓子语,似其弟子。
>
> 《世子》二十一篇。名硕,陈人也,七十子之弟子。
>
> 《公孙尼子二十八篇》。七十子之弟子。
>
> 《孟子》十一篇。名轲,邹人,子思弟子,有列传。③

由刘向、歆以来迄班固对先秦诸子中儒家所著录书的排列,我们

---

① 司马迁撰、裴骃集解、司马贞索隐、张守节正义:《史记》(点校本),台北:宏业书局,1987年,卷47,《孔子世家》,页747。
② 同上注,页747。
③ 班固撰、颜师古注:《汉书》(点校本),北京:中华书局,1962年,卷30,《艺文志·诸子略》,页1724。

可以得知,无论是属于孔子亲授的门人七十子之流,或七十子所传而属孔门之再传、三传者,皆有作、述篇籍于汉代犹存而被载录入《艺文志》中。更要者,作为朱熹所言的《大学》"经"之述者曾子、"传"之受者子思,在《艺文志·诸子略·儒家》中,亦皆有著述传世,于汉代犹存焉:《曾子》有 18 篇、《子思》为 23 篇。于是,我们很难说朱熹的考订《大学》之"作者"与"述者"是全无根据的无稽之考察。同样的,丰坊造说"子思经纬《学》《庸》"及管志道造说"子思亲承尼祖",我们亦很难说这样的造说是没有考订依据与史源的;特别是我们将之与近代学人之重启对《礼记·大学》篇作者的考订做出联系时,便会发现近代学人对《大学》篇的考订也是在孟学、荀学间打转,或是将其年代设定在战国时代的儒家后学,其史源的最早依据,不也是《汉书》中的《艺文志》么!正是对近代学人的考订《大学》篇之作者做了历史的纵向观察,我们才能看清何以近代学人所考订的对象皆为"《大学》篇",而非"《大学》书",同时也更可看出近代学人的脉络,其实仍来自清代学术中"汉学式、反朱子"的学术动向,而返回汉代《礼记》中寻思、考订、重读《大学》篇,正是"清代汉学"的特色;而近代学人便承继了此一动向,由清代而迄于民国甚至当代。一旦我们为近代学人的考订寻找更早的历史脉络之渊源时,不仅必须落点于丰坊、管志道的"子思说",抑且,更应当溯至其源:朱熹有关《大学》"经/传"的作、述、授、传之考订说。

　　正是立基于此,丰坊遂得造说《大学》亦为子思所撰。管志道的《子思亲承尼祖道统说》显然便是在此一脉络下,继承丰坊而进一步"考订"之造说。管志道提出之新说观点,可以分两方面言之:一是以子思为《大学》作者,明系针对朱熹,但其说仍然在北宋二程的"孔氏之遗书"的影响下立论;二是就近代学人们的考订《大学》作者而做出"明人之说与近代学人之说"的联系。就前者言,笔者谓管志道的观点针对朱熹,也可以视为是一种"明代对其近代朱熹之说的反弹"。管志道所论,不啻在提出一种"孔子家学"的观点,谓孔门之学的文本若在《学》《庸》,则此传当传在血缘性关系中,亦即传于"其孙子思",而非传于"曾子门人"!依管志道所论,则孔子居家,晚年授学,系在"鲁城城内"的家居之所,故子思常得侍于其祖。管氏此说与朱熹所云传于曾子说最大的不同,不仅是在于孔门圣学之所传,究竟传在血统亲缘,或是传在非血缘的异姓弟子门人;同时,也将孔子与孔门的授学场域,移转到了位于鲁城城内的孔府之中。但孔子授学与孔门弟子来学的场所,实在"鲁城城外"筑庐舍以安弟子门人之处,亦是子贡守庐三年之处。管志道的《子思亲承尼祖道统说》将"子思"的双重角色朝向"孔子孙"而非"曾子弟子"方向移动,使得其说成了"孔氏家学"而非"孔门之学"!此一说法未免对于程朱与陆王的重视"学统之传""道统之传"中的"师—弟"授受造述之心,有所轻忽!

就近代学人之考订《大学》作者而言,管志道以子思为《大学》之作者的大胆性以及其所提出的证据,恐怕较诸近代学人的考订,不遑多让;但在近代学人与朱熹之间,尚有许多明代人的著作考订篇章,包括丰坊的伪魏三体石经本在内,也都不妨视同与近代学人一样,皆系针对朱熹的观点而发;如此,"《大学》/《大学》研究史"的内在延续性是否因此便被抽去了中间的一段呢!近代学人的事业与南宋的朱熹"之间",于是产生了忽略造成的一段空白,空白本不是空白,只是因为未曾衔接!

现在,笔者的追问是:为什么郑玄在注《礼记》时,没有对《大学》的作者有其敏感度、没有讨论《大学》的作者问题呢?郑玄的"没有考订"显然并不是郑玄的学问出了什么问题。笔者提出这一追问,只是想经由一种对比,突显出另一时代的学问特色,并不一定是在于"作者是谁"上;反之,近代以降的学人之考订《大学》篇的作者,反映的也未必是先秦时代或是汉代学人的治学特色,而可能只是自身对于新史料、新视野、新方法的迫切性,迫切性下的议题寻找,尾随的仍是宋明理学大叙事框架内的朱子建构"作者/述者"的课题,近代学人本欲承接清代汉学之新考订,结果自身仍然接续了宋学的后段议题而不自知!

孔颖达于《礼记》之大题"礼记"下,疏云:

> 《礼记》之作,出自孔氏。但正礼残缺,无复能明。……至孔子没后,七十二(子)①之徒共撰所闻,以为此记。或录旧礼之义、或录变礼所由、或兼记体履、或杂序得失,故编而录之,以为记也。②

因此,重要的是,古人本有一种认知,认为《礼记》便是有关于《礼》之释记,这种解释"礼"的文体成文,称之为"记",本出自孔门,由孔子传授,经七十子之徒而递传,遂成儒家者流的一项专业;这便是古人,特别是汉代迄唐人对于"礼记"的属性及其如何从"孔氏"开始而传递下来的基本认知。

(二)郑玄注本的诠释要义

1. 郑注与版本

今世传本中,除了作为经-传-注-疏之宋本《礼记正义》外,尚有清代阮元所主持刊刻、附有《校勘记》及《音注》的《礼记注疏》本。至于经-传-注的版本,则有相台岳氏刊的《礼记郑注》本,但新兴书局的相

---

① 阮元:《礼记注疏·校勘记》云:"惠栋校宋本有'子'字,此本'子'字脱,闽、监、毛本同,卫氏《集说》亦作'七十二子之徒'。"见郑玄注,孔颖达疏:《礼记注疏》(阮元刻十三经注疏附校勘记本,台北:艺文印书馆,1989年)卷1,《校勘记》,页25。

② 同上注引书,卷1,页11。

台岳氏刊本《礼记郑注》本实有其问题，不如为本文所据的《礼记注疏》本。如在"则近道矣"之下，其载"郑玄注文"云：

> （大）旧音泰，刘直带反。文公云：今读如字。
> （亲）程子云：当作新。[1]

显然，在上引两条郑玄注文中，新兴书局所据的南宋相台岳氏刊本，竟羼入了不应出现的文字，其一是"文公云"及其以下，其二是"程子云"及其以下，此当是明人覆刻相台岳氏刊本时所擅自羼入，要之此必后来者所为，非相台岳珂所刊之旧。然新兴书局所刊行之黄色封面之十三经各本，在台湾学界流传颇广，具有一定之阅读量及影响；是故，至少就《礼记·大学》篇之郑注而言，此本实不可据！

另外，台北的学海出版社亦在台湾刊出了题为"宋绍熙建安余氏万卷楼校刊本"的《礼记郑注附释音》，则是经-注本中之善者。学海出版社所据印者，乃是1937年的求青阁之影印本。此本共别为二十卷，每卷之后皆有"校记"，末附《王苍虬跋》《王大隆跋》《杨彭龄跋》。[2] 据《王苍虬跋》文所云：

> 此宋余仁仲万卷堂刊《礼记郑注附释音》二十卷，每半叶十一行、行大十九字、小二十七字，白口双鱼尾，上鱼尾上间有数字，细鱼尾下记叶数，每卷后记经注、音义字数及余氏刊于万卷堂余仁仲刊于家塾仁仲比校讫等字样。[3]

---

① 郑玄：《礼记郑注》（校相台岳氏刊本），台北：新兴书局，1971年，卷19，页212。
② 郑玄：《礼记郑注附释音》（建安余氏刊本），台北：学海出版社影印，1979年。
③ 同上注引书，页861。

跋文又云：

> 岳倦翁九经三传沿革例谓：九经有建安余氏、兴国于氏二
> 本，称为善本，廖氏世彩堂更合诸本参订版行，倦翁复据廖本采唐
> 石经以次二十三本反覆参订，刻梓家塾，即所谓相台本。是岳本
> 源出余本，多经刊正，宜为传世经籍最佳者。然以此礼记本与岳
> 本对勘，多有岳本误而此不误者。①

相台岳本为世所传九经刻本中号为善本者，传世亦广，然据王苍虬跋
文所云，可知王氏对此本之评价；是知此本犹在相台岳氏本之先且为
其源底本一据。建安余本《礼记郑注》之《大学》，系编次于卷十九中，
其大题为："大学第四十二"。下附双行小字，曰：

> 陆曰：郑云"大学"者，以其记博学可以为政也。

再下则题"郑氏注"三字。遂即接以经文，经文皆大字，注文与释音则
双行小字，如王氏跋文所云。经文"则近道矣"之下，郑玄所注云：

> 明明德，谓显明其至德也。止，犹自处也。得，谓得事之宜也。②

又云：

> 大，旧音泰，刘直带反。近，附近之近。③

---

① 郑玄：《礼记郑注附释音》（建安余氏刊本），台北：学海出版社影印，1979年，页861。
② 同上注引书，页792。
③ 同上注引书，页861。

相较于明覆刊之相台岳氏本，最可勘见明覆刻本已渗入朱注。

　　本文于本节所据，则仍以阮元所刻附《校勘记》的《礼记注疏》为主，一者阮刻本为清人在返汉意识下所刻之《礼记》最有代表性者，二者则阮刻本有孔颖达之《正义》疏文，而建安余氏刊本则无。以阮元本为据，俾以诠释郑玄所注的《大学》之义；同时，下文所云之郑玄注要义，仍须以朱熹《大学章句》为对象比较，将视野移动于汉、宋之间，以诠郑玄所注、孔颖达所疏之《礼记》本《大学》初义。

　　2. 郑注与阅读

　　清人陈澧于《东塾读书记》中，以为《礼记》之49篇应当以"分类"方式来阅读，并举孔疏所引郑玄《三礼目录》为据，言郑玄《目录》引据所云"此于《别录》属某某"者，知"礼之记"有"分类"，当始于刘向，而郑玄从之，孔疏引之。则刘向时校雠诸《记》之文共214篇，已有订其篇属性的分类之举；然则大戴之纂集《大戴记》是否亦如此，小戴之更为减删为49篇，而成《小戴记》，是否亦有所据之理，其理则与分类意识有关？要之，清儒陈澧发此意，并提出读《礼记》之法，谓当循孔疏、郑《目录》、刘向《别录》，从"礼"的"分类"切入来作"阅读"的依循策略，其有功于今本《礼记》也无疑！陈澧云：

　　　　孔疏每引《郑目录》，云："此于《别录》属某某"。《礼记》之分类，不始于孙炎、魏征矣。今读《礼记》，当略仿《别录》之法，分类读之，则用志不纷，易得其门径。张说驳奏用魏征《类礼》，谓不可改古本篇第耳，非谓不可分类读之也。[1]

若然，则据陈氏疏理，《王制》《礼器》《深衣》属制度，《月令》《明堂位》，

---

[1] 陈澧著、杨志刚编校：《东塾读书记》，香港：三联书店，1998年，页159—160。

《别录》属"明堂阴阳记",陈氏谓亦是"制度"之属;《曾子问》《丧服小记》《杂记》《丧大记》《奔丧》《问丧》《服问》《三年问》《丧服四制》,《别录》皆属"丧服";此最可见今本《礼记》之重"丧制"也!《郊特牲》《祭法》《祭义》《祭统》,《别录》则属"祭祀";《坊记》《表记》《缁衣》《礼运》《儒行》《哀公问》《仲尼燕居》《孔子闲居》《学记》《中庸》《大学》等,《别录》皆属"通论"。是则吾人所欲论之《大学》并朱子抽取之《中庸》,于刘向、于郑玄、于孔疏,其视《礼记》中之《大学》,盖属于"礼学"之"通论类"。由孔疏对此资料的保存及陈澧的发明,我们得知了郑玄对于《礼记》是有"分类"意识及阅读途径的;这与朱子的"以慧眼抽取"且置于"入道之始"的阅读意识,显然是不同的。

近代日本京都学派学人武内义雄尝撰文考略大、小戴《礼记》,曰《两戴记考》,其中复引陈澧之说而更为扩充,并整理出今本《礼记》49篇在刘向《别录》中分类属性,其文云:

陈澧《东塾读书记》谓"礼记当从刘向别录之法,分类而读。"刘向聚《礼记》四十九篇,分作十门:曰制度、曰明堂阴阳、曰世子法、曰子法、曰丧服、曰祭祀、曰吉礼、曰吉事、曰乐记、曰通论是也。其中自制度至乐记九门,皆礼学专家之记,异于一般儒家之著述。吾人得补儒家著述之阙者,皆属通论一门。刘氏列于通论者,为檀弓上下、礼运、玉藻、大传、学记、经解、哀公问、仲尼燕居、孔子闲居、坊记、中庸、表记、缁衣、儒行、大学等十六篇。①

由武内氏所云可知,其将"礼学专家"与"一般儒家"做了区别,这显然

---

① 武内义雄:《两戴记考》,收在江侠庵编译:《先秦经籍考》(台北:河洛图书出版社,1974年5月影印),页175。

是误将元明以下史志艺文著述中的分类意识，也是受到《宋史》中别《儒林》与《道学》传经、传道之区别所误，早期儒家者，本以来自孔门之礼乐诗书之学为宗，焉有所谓"礼学专门之学"可以别于"一般儒家著述"外之说法，武内氏此一认知意识显然有所误解也。

　　陈澧原文系云："今读《礼记》，当略仿《别录》之法，分类读之，则用志不纷，易得其门径。"而武内义雄径改其文而剪裁其意，使仿若为"当从刘向《别录》之法，分类而读"。一为"从"字，一为"略仿"词，其义大异。盖"略仿刘向"意指49篇之分类未全，故陈澧云"略仿"；而"从刘向"则云刘向已分类完成。陈澧并未将戴圣之《礼记》联系于刘向之参与再编辑；而武内义雄则以为戴圣所编之《礼记》本为46篇，逮刘向时新增3篇：《月令》《明堂位》《乐记》，是故《礼记》之有49篇，实成于刘向，武内氏称为"刘向新定本"；迄马融时始又改定为今本《礼记》49篇，郑玄所作注者，即此马融本。[①] 虽然，武内义雄对《礼记》诸篇之分类，则确系继清儒陈澧之后，更详其分类属性者，其所谓"十门"，有其贡献。至于戴圣所编是否为46篇，则武内氏之意见，仍须斟酌！

　　皮锡瑞于《经学通论》中对于陈澧所提倡的"分类而读"《礼记》，亦深表赞同，唯其推尊郑玄门人魏孙炎与唐魏徵，则与陈澧有异耳。其此论之标题为《论礼记文多不次若以类从尤便学者惜孙炎魏徵之书不传》，云：

　　　　《礼记》四十九篇，众手撰集，本非出自一人，一篇之中，杂采成书，……故郑君门人孙炎已有《类钞》，而书不传；魏征因之以作《类礼》，而书亦不传。……锡瑞案，戴《记》不废，张说有存古之

---

① 武内义雄：《两戴记考》，收在江侠庵编译：《先秦经籍考》（台北：河洛图书出版社，1974年5月影印），页160—161。

功;《类礼》不传,说亦有泥古之失。当时若新旧并行,未为不可。朱子惜《类礼》不复见,是以有《仪礼经传通解》之作,吴澄作《礼记纂言》,更易次序,更以类从;近人惩于宋儒之割裂圣经,痛诋吴澄,并疑《通解》之杂合经传。平心而论,《礼记》非圣人手定,与《易》《书》《诗》《春秋》不同,且《礼经》十七篇,已有附记,《礼记》文多不次,初学苦其难通,《曲礼》一篇,即其明证。若加分别部居,自可事半功倍。据《隋志》:《礼记》三十卷,魏孙炎注。则其书唐初尚存。炎学出郑门,必有依据,魏徵因之,更加整比,若书尚在,当远胜于《经传通解》《礼记纂言》,而大有益于初学矣。①

如此,在"分类而读"意识下属于"通论"类别的《大学》篇,郑玄又是如何来看待此篇的功效呢?先儒亦有引于郑玄之言者,曰"以其记博学可以为政也"。据陆德明《经典释文》与孔颖达《疏》文,均引此而曰郑玄之言。陆德明曰:

> 陆曰:"郑云'大学者,以其记博学可以为政也。'"②

孔颖达则疏曰:

> 正义曰:"案、郑《目录》云:'名曰大学者,以其记博学可以为政也。此于《别录》属通论。'此《大学》之篇,论学成之事,能治其国,章明德于天下,却本明德所由,先从诚意为始。"③

---

① 皮锡瑞:《经学通论》,台北:河洛图书出版社,1974年,《三礼》,页72。
② 陆德明:《经典释文》,台北:汉京文化事业公司,1980年,卷14,页220。
③ 郑玄注、孔颖达疏:《礼记注疏》(阮元刻十三经注疏附校勘记本)卷60,页983。

何以郑玄云《大学》此篇之总义在"博学为政"？笔者认为,这要与《礼记》中的《经解》之疏文一起参看,孔疏于此篇题下疏云:

> 正义曰:"案、郑《目录》云:'名曰经解者,以其记六义政教之得失也。此于别录属通论。'"①

陆德明《经典释文》亦云:

> 郑云:"经解者,以其记六艺政教得失。"②

将陆氏之《释文》与孔氏之《正义》两相比较,可以发现《释文》均无"名曰"二字,尤其无"此于别录属某某"之文,而孔氏《正义》则有之;此则牵涉后人考据郑玄《三礼目录》、刘向《别录》对《礼记》诸"记"之分类观点所据处。《经解》一篇之解题,则陆德明《释文》作"六艺政教"而孔疏作"六义政教",当以陆德明之"六艺"为是,盖班书《艺文志》即以"六经"称"六艺",此盖汉时复古之旧名而以之称新名也,故即以"古六艺"称孔子所传之"新六经",一示其王官学为法周复古,一示其王官学为尊孔所传诸经。班固《汉书·儒林传》云:"古之儒者,博学乎六艺之文",何以须"博学六艺"？ 班固又云:"六艺者,王教之典籍,先圣所以明天道、正人伦、致至治之成法也。"③是"博学乎六艺之文"其目的即在"致王教至治",故曰"博学可以为政"! 孔颖达疏文释《经解》篇何以入于"礼"类之故,云:

---

① 郑玄注、孔颖达疏:《礼记注疏》(阮元刻十三经注疏附校勘记本)卷50,页845。
② 陆德明:《经典释文》卷13,页209。
③ 班固撰、颜师古注:《汉书》(点校本)卷88,《儒林传》,页3613。

正义曰:"经解一篇,摠是孔子之言,记者录之,以为经解者,皇氏云:'解者,分析之名,此篇分析六经体教不同,故名曰经解也。'六经其教虽异,总以礼为本,故记者录入于礼。"①

则于彼朱子曰理学、曰道学,于郑注、孔疏则曰礼学。陈澧则并尊之,云理学即是礼学,反之则礼学即是理学。然礼、理以释《大学》或《大学》之首句"大学之道",两者之视野与路径及立足点,必有其异同,在这个有异同的立足点及其视野下的文本及章句、训义之阅读,亦有其文本世界观的整体、部分之异同,是故两造在阅读或是解释首句的"大学之道"时,所引发的阅读体知感受亦自有其异同。对于将《经解》之篇收入《礼记》而言的解释,孔颖达所引据的熊安生之言,是因为作为总析"六艺五经"的《经解》,其根本当在于"礼",所以将此篇入于"礼类"之中。同样地思考,如果《大学》之篇是对中央层级的"太学"之所学做出"总类式"的篇属定位,则"太学"所学为"治国平天下之道",其事亦总以"礼"为本,则自然《大学》之篇是应当入于"礼类"了。我们对于郑玄《三礼目录》中的"通论",应当有这样的理解方是。"通论"有着相当于今日"图书目录学"上的"总类"之意,但更有着作为"总论五经""总论六艺"的"通论总义"之归类意涵。因此,对郑玄而言,"以礼为本"视野中的"博学",便与后世宋明理学中"以理(心)为本"的"博学"之义不同。"以礼为本"下的"大学"与"大学之道",便是《大学》中所述"止于至善"的关怀,而如何可以自"治国者/为人君"的位阶达到此一关怀理想之道的实践,郑玄的理解系认为必须要自"大学如何可以博学为政"来思考;对郑玄而言,"为政"是指治国平天下,"大学"是指"学宫",故是一专门教授世子学习"为人君/治国平天下"的学问之场所,

---

① 郑玄注、孔颖达疏:《礼记注疏》(阮元刻十三经注疏附校勘记本)卷50,页845。

其所学即是在天子、诸侯之"博学可以为政";"博学"是由为人君的位阶向外推拓,期能将明明德外推外治时能够达于"止于至善"之地为其目标;然此尚不能有"本",尚不能明作为"为人君"位阶上的"明德"如何才能够与外推的"至善/天下"相联系且互为保证;故阐释其"本",作为其"本"者当然是"礼";但作为其本的"礼",又是什么呢? 于是,"自天子以至于庶人壹是皆以修身为本"的语言便交待了唯有人君之自能"明明德",才能为民之典范,而风化天下,令天下归一,要之,在"为人君"的位阶上者,必须要先要求自己,先自自己做起,方能外推于天下;这也就是"太学"所以要教导世子在此所学习的。

从孔颖达来说,只谈"修身为本"的实践法够吗? 比"修身为本"更为先行可为根柢的,孔氏认为,是"诚意为始"。是故言博学、言明明德,必须归约于"诚意",唯诚意方可以使博学有所践履得其德功。

3. 孔颖达疏文以"三在"为"三事"

无论是郑注的《礼记》本《大学》篇,还是朱注的《四书》本《大学章句》,两种文本的本文之首句,皆是:

大学之道,在明明德,在亲/新民,在止于至善。①

除去内容性的"亲"抑或"新"不论,就两部文本的本文首句而视之,两者在语言结构上,同有三个"在"字,并由此带出所谓"大学之道"的"三在"。对于此"三在"与"大学之道"的关系,郑玄并未作注,而仅仅是在"则近道矣"之下,注曰:

---

① 郑玄注、孔颖达疏:《礼记注疏》(阮元刻十三经注疏附校勘记本)卷60,页983。

　　明明德谓显明其至德也。止犹自处也。德谓得事之宜也。①

由此，可知郑玄于注中不仅未显示其有朱熹所谓的"三纲领"之概念，即便是作为《大学》篇本文结构所出现的"三"个"在"字，郑玄也并未特别重视其"在"之为"三"的语义。

　　倒是在孔颖达的《正义》中，将《大学》篇本文的三个"在"句，作了一番义疏，且为其"三事"。孔颖达《正义》疏曰：

　　　　在明明德者，言大学之道，在于章明己之光明之德。谓身有明德而更章显之；此其一也。在亲民者，言大学之道，在于亲爱于民；是其二也。在止于至善者，言大学之道，在止处于至善之行；此其三也。言大学之道，在于此三事矣。②

是故孔颖达于《正义》中总论此三在三事云："此经大学之道在明明得在亲民在止于至善，积德而行，则近于道也。"③是故世子于"大学"所学，当以己身之明德为本，彰明己德于行，则能爱民，能行于天下；此正孔氏于篇题所疏者："论学成之事，能治其国，章明德于天下。"然欲己身之有明德，则身修必自诚意为始，方能止处于至善，推本而行于天下；故君子必慎其独。

　　4. 郑注、孔疏本无"八目"但以"诚意"为"知本"

　　在郑注、孔疏中，也没有朱熹于《大学章句》之"经"中所揭出的"八条目"之概念及其成词。郑玄在《礼记·大学》篇本文"欲诚其意者先致其知"之下，注曰：

----

① 郑玄注、孔颖达疏：《礼记注疏》（阮元刻十三经注疏附校勘记本）卷 60，页 983。
② 同上注引书，页 984。
③ 同上注引书。

> 知谓知善恶吉凶之所终始也。[①]

而在本文"欲诚其意者先致其知"下句"致知在格物"下,郑玄则仍本上句以"知善恶吉凶"之"知"为说,谓此句之义为"知事之善恶"且"知深则善深"。郑注云:

> 格,来也。物,犹事也。其知于善深,则来善物;其知于恶深,则来恶物。言事缘人所好来也。此致或为至。[②]

是故郑玄意谓"致知"当须"至知",故以为"致知在格物"或当为"至知在格物";而"致知"则在能知善恶,能知善恶则可以"至知",一旦"至知"则"事之善恶缘人所好而来"。对郑玄而言,《大学》本文只有"至知"而无"致知"这一词语,是故郑注方谓"致知在格物"或当应为"至知在格物"!《大学》本文虽有"欲诚其意者先致其知",但郑玄显然不认为"致知"当成一词,只有"至知"能成其词,是故《大学》本文在反说之文中亦只有物格、只有意诚、心正、身修、家齐、国治、天下平;同时,亦只云"知至",而不云"知致";是故郑玄释"致知在格物"一句,以为当作"至知在格物"!同时,对于朱熹于《大学章句》的"经"中所强调的"三纲领"与"八条目"之概念,我们在郑玄的注释中,是完全领会不到的。能够领会到的乃是郑玄对于"至知在格物""物格而后知至"的训解,完全在于知善、行善,乃至于止于至善的主轴上。而这一切的根本,都是在于"诚其意"!是故郑玄同时亦将"知本"之"本"训作"诚其意"。特别是在经文"子曰听讼吾犹人也,必也使无讼乎,无情者不得尽其辞,大畏民志,此谓知本"

---

① 郑玄注、孔颖达疏:《礼记注疏》(阮元刻十三经注疏附校勘记本)卷60,页983。
② 同上注。

之章句,朱熹在《大学章句》中系将之作为释《大学》经文"物有本末"的"本末"之"传"。① 郑玄将"子曰听讼吾犹人也,必也使无讼乎,无情者不得尽其辞,大畏民志"完全视作对于"诚意"的释词,郑玄于此句下注云:

> 情犹实也。无实者多虚诞之辞,圣人之听讼与人同耳,必使民无实者,不敢尽其辞,大畏其心志,使诚其意,不敢讼。②

可知其意。尤其是在本文"此谓知本"下,郑玄则但以为只是接续"子曰听讼"一段申释"诚意"之意,系《大学》本文中专释诚意之章句的总结,故经文"此谓知本",郑注释曰:

> 本,谓诚其意也。

孔疏《正义》云:

> 此谓知本者,此从上"所谓诚意"以下,言此"大畏民志"以上,皆是诚意之事。意为行本,既精诚其意,是晓知其本,故云"此谓知本"也。③

又云:

> 此一经广明诚意之事,言圣人不唯自诚己意,亦服民使诚意

---

① 朱熹云:"右传之四章,释本末。"并云:"此章旧本误在'止于信'下"。见朱熹:《大学章句》,《四书章句集注》,页6。
② 郑玄注、孔颖达疏:《礼记注疏》(阮元刻十三经注疏附校勘记本)卷60,页986。
③ 同上注引书,页988。

也。孔子称断狱犹如常人，无以异也，言吾与常人同也。①

由此，更可证郑玄之注与孔颖达之疏，两者皆无所谓"八目"之"八"义在。经文"此谓知本"与其上"子曰听讼"一节的衔接，在郑玄、在孔颖达看来均极为合理，且均在申释"诚意"之事！经文所欲反复申说者，只在如何通过以诚意为本，而使之能正心、能修身、能齐家、能治国与平天下。是故就本篇经文"欲诚其意者先致其知"以及"至知在格物"两句而言，实无所谓"格物"与"致知"之"两目"，而亦不能成其为"两目"。

《大学》篇本文另一个"此谓知本"，系连读"此谓知之至"也而出现于经文"所谓诚其意者，毋自欺也"之上，"自天子以至于庶人壹是皆以修身为本，其本乱而末治者否矣，其所厚者薄而其所薄者厚，未之有也"之下。对于朱熹而言，他的《大学章句》之经文便系止于"未之有也"处，而对于其下的一句"此谓知本"，则从程颐，朱注曰："程子曰：'衍文也。'"②并保留其下句"此谓知之至也"作为其自撰的《格致补传》之结句，故其注云：

> 此句之上别有阙文，此特其结语耳。③

因有阙文，故作补传，补传之结语二句为："此谓物格，此谓知之至也。"④朱熹并云："右传之五章，盖释格物、致知之义，而今亡矣。间尝

---

① 郑玄注、孔颖达疏：《礼记注疏》（阮元刻十三经注疏附校勘记本）卷 60，页 988。
② 朱熹：《四书章句集注》，《大学章句》，页 6。
③ 同上注引书，页 6。
④ 同上注引书，页 7。

窃取程子之意以补之。"①并自注曰:"此章旧本通下章,误在经文之下。"②对此,朱熹《大学或问》中有更详尽的解说,云:

> 或问:"此谓知本",其一为听讼章之结语,则闻命矣;其一郑本元在经文之后,"此谓知之至也"之前,而程子以为衍文,何也?③

盖朱子自设之问,亦是注意到了《大学》本文中原有两个"此谓知本",为何郑玄不以为有衍文,可以成其解释,朱子却从程子认为是衍文呢?对于朱子取以为"格致补传"结语的"此谓知之至也",《大学或问》中亦有其问,云:

> 然则子何以知其为释"知至"之结语,又知其上之当有阙文也?④

对此问,朱熹则答云:

> 以文义与下文推之,而知其释"知至"也;以句法推之,而知其为结语也;以传之例推之,而知其有阙文也。⑤

在朱熹的《格致补传》传文中,有一句极为重要,亦与朱熹成立"八条

---

① 朱熹:《四书章句集注》,《大学章句》,页 6。
② 同上注。
③ 朱熹撰、友枝龙太郎解题:《大学或问》(京都本),页 31。
④ 同上注引书,页 32。
⑤ 同上注。

目"之序有关者,即为"是以大学始教,必使学者即凡天下之物,莫不因其已知之理而益穷之,以求至乎其极"。此传文之义,正在发挥以及成立"格物致知"必须在"诚意"之先的两个"条目"之故,是《格致补传》首据必用郑本《大学》本有之句式,曰:"所谓致知在格物者。"《大学或问》中之再问,亦触及此处,问曰:

> 此经之序,自诚意以下,其义明而传悉矣。独其所谓格物致知者,字义不明,而传复阙焉,且为最初用力之地,而无复上文之语绪之可寻也。子乃自谓取程子之意以补之,则程子之言,何以见其必合于经意? 而子之言,又似不尽出于程子,何耶?①

《大学或问》之所问,其实已经道出了其所欲回答的要点所在: 何以自朱熹的角度,郑本《大学》只有诚意以下有"所谓"的句法,而独于格物致知无此句式出现? 如是,导致《大学》本义的蒙昧不清,尤其至为关键处有二,一是阙了传文,一是少了对"格物致知"的阐义;遂至《大学》"八目"之首二目不明,大学之始教与最初用力之地亦不能明。有意思的是,朱熹在《大学或问》中的设问,却并非郑玄与孔颖达看待《大学》的焦点,郑注与孔疏显然既不认为《大学》本文中有两个"此谓知本"是个问题,也不认为在"大学之始教"有个所谓"在诚意之前"的问题! 自朱熹以下迄于元明两代,两个"此谓知本"历来号称难解,难解之故即在于自程子、朱子以来即以为此句之上或有阙文,或为衍文,故朱熹自作"格致补传"以补之,朱熹此举,遂启南宋董槐以下元明两代儒者有关"新格致传"的探讨。② 但对于郑玄而言,《大学》之本文于"未之有

---

① 朱熹撰、友枝龙太郎解题:《大学或问》(京都本),页 32。
② 见李纪祥:《两宋以来〈大学〉改本之研究》,第三章"格致传改本"所述。

也"之下接以"此谓知本此谓知之至也"是极为明白的章句,无须训解,是故郑注仅对"壹是皆以修身为本"之何谓"壹是"而下注,曰:

> 壹是,专行是也。①

故知郑注仅欲对何谓"壹是皆以修身为本"作注。则此一"此谓知本"之"本",即指经文"修身为本"为言。"修身为本"与"诚意为本",两者各有所重,经文之意,由一人之身以至天下人之身,皆同此"修身",故曰壹是皆以修身为本,其本乱而末治者否矣";"治国平天下"既以"修身"为"知本",则比"知修身为本"还要更根本的,便是在于"知诚意为本";故经文随即在"此谓知本此谓知之至也"之下接以释"诚意"之本文,云"所谓诚其意者毋自欺也",则经文之意,当在使受教者受学者能明唯毋自欺方能诚其意,若能诚意,则身自修矣!云"诚其意"之功与"此谓知本"之关系,则以能知能明善恶,方能行道为善;若知善愈深则能使来事成其善也深,善益深则恶益浅,故曰止于至善。孔颖达《正义》云:

> 其本乱而末治者否矣。本乱谓身不修也。末治谓国家治也。言己身既不修,而望家国治者,否矣否,不也,言不有此事也。②

《正义》又云:

> 此谓知本此谓知之至也者。本谓身也。既以身为本,若能自

① 郑玄注、孔颖达疏:《礼记注疏》(阮元刻十三经注疏附校勘记本)卷60,页983。
② 同上注引书,页984。

知其身,是知本也,是知之至极也。①

然则,除了以《大学》本文的阅读来作阅读者的"自证",证明在《大学》本文中有两个"知本",而以"诚意"为本的"知本",较诸以"修身"为本的"知本",是一个"诚意为修身之本"的语意诠释,我们如何能证明此"自证式"的"阅读"? 若然人人皆以"自证式"阅读来读本文,则朱熹果然便能在不同时代与背景下重读出不同的"三纲八目"脉络? 对此,笔者以为,孔颖达在《大学》之篇题下的疏文解题,很可以视作是对《大学》总篇旨的阅读,《正义》云:

> 此《大学》之篇,论学成之事,能治其国,章明其德于天下,却本明德所由,先从诚意为始。②

依此,孔颖达《正义》在两个"此谓知本"经文的比较上,已经做出了"诚意为始"的解读! 在两个"此谓知本(此谓知之至也)"之间的《大学》本文,皆是阐明"诚意"之经文,故孔颖达《正义》

> 所谓诚其意者,自此以下,至此谓知本,广明诚意之事。③

不仅是"诚意为始",而亦更是"诚意为本"。在孔疏视域中的《大学》本文结构,确然并无后世所谓的"八条目",虽然《大学》经文中有"古之欲明明德于天下者,先治其国",然后接以"欲治其国者先齐其家",直至"欲诚其意者先致其知,致知在格物";然后便是反之复说"物格而后知

---

① 郑玄注、孔颖达疏:《礼记注疏》(阮元刻十三经注疏附校勘记本)卷60,页984。
② 同上注引书,页983。
③ 同上注引书,页984。

至",继接以"知至而后意诚",直至"国治而后天下平";然而,上句主意
在言"古之欲明明德于天下",下句则主意在言"壹是皆以修身为本";
上句言明明德于天下者,其结语在于"致知在格物",依郑注,则实应为
"至知在格物",仍须归穴于"致其知"与"至知",而归本于"知善恶";下
句则归穴于"修身"为本,故以"此谓知本此谓知之至也"作结。上言之
"致其知"与"至知在格物",与行其事有关;下言之"壹是皆以修身为
本",依郑注,"壹是,专行是也",亦言其行事。是故经文于反说既毕,
遂即接以"所谓诚其意者,毋自欺也",这是在《大学》本文中首度出现
的"所谓"之句法,在《大学》经文中,共有五次出现此句法之形式,继
"所谓诚其意者"之后,分别是"所谓修身在正其心者""所谓齐其家在
修其身者""所谓治国必先齐其家者""所谓平天下在治其国者"等,在
正心与诚意之间,并未以"所谓正其心在诚其意者"之"所谓"句式来联
结,在诚意与致知之间,亦无"所谓成其意在致其知者"之句式;而且在
五句的"所谓"之句式中,唯有"诚意"是以"所谓诚其意者"的单说方式
来提揭"诚意",与其他四句系联结两者关系的句法不同。可见,对于
《大学》本文而言,在提出第一个"知本"为"以修身为本"之后,接着便
是阐说何以"诚意"是第二个"知本",以及何以"以诚意为本"是"以修
身为本"之本。

孔颖达《正义》又云何以"慎独"为"诚意之本",其曰:

> 所谓诚其意者,自此以下至此谓知本,广明诚意之事。此一
> 节明诚意之本,先须慎其独也。[①]

孔颖达所谓"此一节明诚意之本,先须慎其独也",其义则在"广明诚意

---

① 郑玄注、孔颖达疏:《礼记注疏》(阮元刻十三经注疏附校勘记本)卷 60,页 984。

之事"的大段大章之诸节经文中,阐明经文何以须言诚意以慎独为本之义。然堪注意者,为孔疏所言诚意之本须先慎独,只能于诚意系统内文中而说,而不能就整个《大学》篇来作总题之提揭;其因则慎独并无与"此谓知本"联系,是故孔疏在篇题之下只做"从诚意为始"的提揭。

四、结　论

不可否认的,学者要在今天研究《大学章句》,难免会受到朱熹的影响,包括他所建构的"三纲""八目""经传之分""格致补传""作者与道统""入德之门"等等,笔者亦然。笔者以"两种文本"为题,已经反映了此点。如何研究朱子的《四书》本《大学》以及郑玄注的《礼记》本《大学》,是一个比较进路下的课题。笔者在本文中已经尝试着将几个对照的聚焦比较出来,这样的比较虽然系在"后朱子时代的思考框架与视野"中完成,但笔者认为,通过"朱子如何"以看待"郑玄没有如何"或是"郑玄的特色为何",未始不是一个研究郑玄传下的《礼记》本《大学》的一条途径;同时,本文的若干对比,也可以将过去学者在《礼记》本《大学》研究上的不足,作出阙页的填补。以下便是笔者的结论条列,试图以清楚简洁的文字,再度作一次表述:

对朱子而言,"大学"是一本书,郑玄则视为一篇文章。

朱熹释"大学"为"大人之学",读音为如字;郑玄释"大学"为"太学"读音为"泰"。一指学问,一指学宫。

对早期传教士身份的汉学家而言,翻译此书时是追随朱熹的观点,译名的取向以"Learning"为主,几乎没有翻译为地点或是场所的。理雅各将《大学》的书名译作 *The Great Learning*,在理雅各之前的英国伦敦会会士马士曼,将首句"大学之道"译作"The path or course of

Learning proper for Men"。

理雅各将《大学》首句"大学之道,在明明德,在新民,在止于至善。"
译作"What the Great Learning teaches,is — to illustrate virtue;to
renovate the people;and to rest in the highest excellence."显然理雅各
也是追随了朱熹,用的不是"亲民"而是"新民"。

朱熹关注的是《大学》的作者问题,"经、传之分"也是从此思考而
出现的章句做法。

郑玄与孔颖达关注的是"从戴德到戴圣"的编者问题,从《汉书·
艺文志》、郑玄《六艺论》、《三礼目录》到《隋书·经籍志》可以作为一种
书目线索。清代人讨论的"辑佚学",因为许多书在孔颖达时仍能见
到,所以有它的局限,不可尽信。

近代学人讨论到《大学》或《大学》的作者与成书/成篇年代,包括
使用郭店竹简的资料时,都已受到朱熹的影响而不自知。尤其是丰坊
的"颜渊说"、管志道的《子思亲承尼祖道统说》,都被近代学人所忽略。

朱熹死后朱门出现了"读书之序"与"入道之序"的分歧,笔者称之
为"黄、陈之歧"。黄榦站在朱子的立场,仍以《大学》作为"入德之门";
而陈淳则站在"后朱子时代"的视野,意图将朱熹、吕祖谦(注意元明以
来的《近思录》只题作朱子编)的《近思录》也纳入到"入道之序"中,使
得《近思录》成为学子应读的第一本书;陈淳的依据在于《朱子语类》中
的一条"记言"之"文",而黄榦则否定"听到"的可信度,认为仍应当以
朱熹亲笔之文才为可信;"黄、陈之歧"不仅是《大学》与《近思录》孰先
的分歧,也是对朱熹的"言""文"采信的分歧。

朱熹提出的三纲领,在孔颖达那里只称为"三在";"三"的数字是
相同之处。朱熹提出的八条目,在郑玄那里是不成立的概念。因为,
郑玄与孔颖达都主张以"诚意为本"、以"诚意为始"。《大学》本文中的
两个"此谓知本",郑玄与孔颖达都认为第一个"知本"是"以修身为

本",而第二个"此谓知本"则是阐说何以"诚意"是第二个"知本"的"本",以及何以"以诚意为本"是"以修身为本"之本。

孔颖达在《礼记·大学》之篇题下的疏文解题,很可以视作是对《大学》总篇旨的概括,《正义》云:"此《大学》之篇,论学成之事,能治其国,章明其德于天下,却本明德所由,先从诚意为始。"依此,孔颖达《正义》在两个"此谓知本"经文的比较上,已经做出了"诚意为始"的解读!在两个"此谓知本(此谓知之至也)"之间的《大学》本文,皆是阐明"诚意"的文字,故孔疏云:"所谓诚其意者,自此以下,至此谓知本,广明诚意之事。"这不仅是"诚意为始",而亦更是"诚意为本"。在孔疏视域中的《大学》篇本文结构,确然并无后世所谓的"八条目"。

对郑玄而言,他只承认有"致其知""至知",不同意有"致知"这一词;所以他注"致知在格物"为"至知在格物"。

郑玄认为在"太学"中所学的是一种"博学可以为政"之"学",因此,"自天子以至于庶人壹是皆以修身为本",反映的正是戴圣编辑《礼记》的理想:以礼治国。这也是郑玄在《三礼目录》中将《大学》篇分类为"通论"的原因。

《近思》之“录”与《传习》之“录”

《近思录》与《传习录》皆是兴起于宋明理学中的思想传记类型。一为"辑略"之新体，一为"记言"之变型，两者的差异，则可以自"录"字的再解读中，掌握住"文"与"言"的本性而得以进行区辨。二《录》都企图在"当下即逝"的时间状态中，分由"文"与"言"的途径以进行"当下即是"的传道活动。二者一名"近思"，一名"传习"，同出于《论语》，反映了追随孔子的理想；但其同名为"录"及其何以为"录"，则尚可探究。

一、前　言

钱穆宾四先生曾经列举过中国人必读的九部经典，分别是：《论语》《孟子》《大学》《中庸》《老子》《庄子》《六祖坛经》，及《近思录》与《传习录》。[①] 其中六部皆为儒家经典，六部之中，二《录》并在其列。案，钱穆先生此说所蕴，不啻视《近思录》所辑而源出之周张二程原书之为"集"矣，而《近思录》则为理学经典，此当为朱子故；而《传习录》，则为阳明故；以《传习录》为王学之代表经典，亦足见推尊矣。这是钱氏对二《录》价值内涵之高度肯许，等于是将其看作儒门继五经四书之后的新经典。是二《录》由朱子及阳明弟子编纂之后，已能作为宋明理学经典之姿态，跃升于文化传统中，占有一席崇高之地，并成为现代人进入文化传统中必所凭借的二部典籍性书籍。

陈荣捷先生亦曾对《近思录》的价值与意义有过阐抉，其云：

> 《近思录》为我国第一本哲学选辑。其思想乃朱子本人之哲学轮廓，亦为以后《性理大全》《朱子全书》《性理精义》之典型，直接间接支配我国思想与社会制度七八百年，影响韩国、日本亦数百载。[②]

---

① 钱穆：《中国文化丛谈》，台北：三民书局，1975 年，页 359—383。
② 陈荣捷：《朱子之近思录》（收在氏著：《朱学论集》，台北：学生书局，1988 年），页 123。

注意其所用之措辞及性格定位,用的是"哲学选辑",什么是"哲学选辑"? 这种极具现代语性的用词,实不易让人把捉,当其用此四字时,是什么带入了《近思录》的视野中? 笔者个人认为,陈先生在用这几个字词来表述《近思录》时,其实就已经切入了"录"字之义之言传了。"选辑"的意思传达了是一种"选文"的行动,而后再将其重新"编辑"于一部"哲学"性质的作品中,成就了《近思录》作品的问世。可见,陈氏对《近思录》的体认,是此《录》系经由"选辑"的行为而问世的。

同样的,就王阳明思想的传布而言,其生前身后所形成及成就的"王学"及"王门",不仅在于其提出了另一条企向于圣贤的途径;就流传问世的王学"经典"而言,也凝聚出了《传习录》一书。《传习录》之最早刊刻及《朱子晚年定论》《大学古本序》之刊刻,皆在阳明在世之时,也正好反映了阳明别于朱子学外另立门户之图。然而,其仿朱子之《近思》之称《录》,亦命名"传习"之曰《录》,是否有觉察及意识到二"录"之同名歧异性呢?

因之,在宋明理学史上,两本重要的典籍,便在其编成形态及所以为"录"的关注下,进入了本文的视野及讨论之中。《近思录》与《传习录》,一取名为"近思",一取名为"传习",则其所以取名之故,"近思"成"录"的方式是自周、张、二程的原典中,选择性地编为一录;"传习"成"录"的方式则初始于对于阳明师弟"问答—教学"之记录;前者的成书方式显然是"选文"与"编辑",是书面形态的进行;而后者成书的方式则出以"记言",是一种从"言"到"文"的转换行为,如果编辑《近思》之目的在于引学子入北宋四子的思想之中,则"编辑"型的《近思录》能否达此目的,而作为一种"经典"来看待? 同样,记录"传习之言"的目的在于阳明师弟间问答的"语境",则《传习录》"记言"之成录,能否达其目的,令人从已经成为书面作品的"阅读"中,得到当时的"语境"? 因此,"近思"之"录"与"传习"之"录"虽然在成品上皆为书面的、文字的,但其所以成书的意趣,诚是有差异的。换言之,二《录》之为"录"者,其实并不相同。

二、《近思》之"录"

(一)《近思录》之"辑略"

关于《近思录》的编者及其编辑过程,陈荣捷先生已经作过很好的研究,并且指出了在朱子与吕祖谦的合编之下,可以提出二点观察:其一,编书因缘系由朱子邀约吕氏而起,故可视此书为二人同编,尤其从今本卷一《道体》编入的角度而言;其二,整个编辑的架构与大旨方向,自是以朱子所注心力为多。① 因之,自吕氏逝世后,朱门弟子已渐少提及师门与吕氏共纂之事,而有单视此《录》为朱门典籍之倾向,窥诸后来之历史发展,亦似如此,知《近思录》为朱子编著者多,而知为朱、吕二人合编者少。虽然《明史·艺文志》中仍并举二者之名,清江永《近思录集注》之中虽连称朱吕,而又云"朱子原订",且是书实"以朱注朱",绝未见"以吕注是书"。显示在后世流传中,视《近思录》之编者单一化为"朱子"的趋向也甚明。是故《四库全书总目提要》所谓:

> 讲学家力举门户,务黜众说而定一尊,遂没祖谦之名。但云朱子近思录,非其实也。②

大体上如实反映了此书"编者"部分的历史发展。然此决非朱子在世时代之实况,而应为朱子门人、后学、再传及入明清以后之情形。盖吕

---

① 陈荣捷:《近思录详注集评》(台北:台湾学生书局,1992年)的《引言》;陈荣捷:《朱子之近思录》,同前注引书;刘又铭《〈近思录〉的编纂》,《中华学苑》第43期(1992年3月),页143—170。

② 四库馆臣:《四库全书总目提要》(台北:商务印书馆),册三,页1901。

氏在南宋能见调和朱、陆之身份姿态,与元、明、清以来决不被视为理学家正统之情形,实大相迥异。

　　在朱子之前的理学家中,最重要也最必要的代表人物为谁,时并无定论,恐怕朱子之外,也还未浮现一个须要选择或排定道统或传承谱系的想法。因此《近思录》中选定以周、张二程的文录与语录文献为主,本身就代表着一个学术思想上有意图的行动;一个图式性、系统性说法的提出,透过《近思录》作为一个书面文本的形态试予凝结的。然而,周、张、二程四人的思想能否汇于一本选辑之中,被十四个卷目加以重新排列组合,本身就激荡着此一编辑选文的复杂与争议性;而且,在十四个卷目之中,是否维持的还是周、张、二程存在于北宋的"原音",也不无疑问! 要之,朱子所做的工作,实是一种已立身于"现代"面对北宋"传统"并上接于孔孟"传统"的先锋性尝试。钱穆氏即云:

　　　　周张二程同称四子,同列为北宋理学大宗,盖自《近思录》成编,而始渐臻为定论。[1]

试由南渡以后,人皆知以二程为宗,而不知尊张载、周濂溪的背景以观,当更能衬托出朱子之创举及其意义。

　　由朱子所撰之《书近思录后》看来,朱子编是书之旨趣,其意当是要在周、张、二程等四人"广大闳博,若无津涯"的著作中,选录出"关于大体而切于日用"者,将学者所以"求端用力,处己治人之要"及"辨异端,观圣贤之大略",做一个"别录""辑略""提要"式的呈现,以便那些凡自以为是"穷乡晚进有志于学而无明师良友"的好学向道之人,皆请来此共读此一"近思"之《录》,俾"足以得其门而入"。在这篇文字中,

―――――――――――――

[1] 钱穆:《附述近思录》,《朱子新学案》,四川:巴蜀书社,1986 年,册中,页 841。

朱子说得非常明确,《近思录》是一部入门书,"得其门而入"的"其门",明确指的即是北宋四子的学说。然而,在《朱子语类》中,朱子又不时发言慨叹其难读难体会:

> 或问《近思录》。曰:且熟看《大学》了,即读《语》《孟》,《近思录》又难看。修身大法,小学备矣;义理精微,《近思录》详之。①

更有意思的是如下一条语录:

> 张横渠语录用关陕方言,甚者,皆不可晓;《近思录》所载皆易晓者。②

则究竟《近思录》之编辑是否仍为"入门"之浅浅易晓者,还是保留了周、张、二程的精深义理性? 换一种问法:看完《近思录》之后,还要不要继续阅读四子之原书? 朱子《与陈丞相别纸》云:

> 伊洛文字亦多,恐难遍览。只前此所稟《近思录》乃其要领。只此一书,尚恐理会未彻,不在多看也。③

而《书近思录后》则有不同之提示:

> 足以得其门而入矣。如此然后求诸四君子之全书,沈潜反

① 黎靖德编:《朱子语类》(百衲本),台北:汉京文化事业公司影印,1980 年,二册,卷105,页 1045。
② 同上注引书,卷 98,页 998。
③ 朱熹:《朱文公集》(《四部丛刊》初编本),台北:商务印书馆,卷 26,册上,页 419。

覆，优柔厌訞，以致其博，而反诸约焉。则其宗庙之美，百官之富庶乎有以尽得之。若惮烦劳安简便，以为取足于此而可，则非今日所以纂集此书之意也。①

"然后求诸"之语已明白道出不可自满自限于此《录》之意；再者，"纂集"二字，也已道出"录"的成书方式是一种自原典中"纂"而"集"之方式。则就此文所表达的"朱子原意"而言，《近思录》似乎仅仅止于作为四君子的入门之书而已。细究之，则又不然，引文中"足以"二字道尽朱子"纂集"所注之心力，将四君子之书打散、编选，再重新"辑"为一本具有"略"义的十四卷之书，是否还能仅止于视为一部不具朱子创作意趣的工具入门之书？朱子《答严时亨》第二书云：

　　《近思录》一书，皆是删取诸先生精要之语，以示后学入德之门户。②

由此角度以视"朱子原意"，再阅读另一篇朱子之文字《答或人》第十书，其云：

　　《近思录》本为学者不能偏观诸先生之书，故摄其要切者，使有入道之渐，若已看得浃洽通晓，自当推类旁通，以致其博。若看得未熟，只此数卷之书尚不能晓会，何暇尽求头边所载之书而悉观之乎？③

---

① 引自江永：《近思录集注》，四部备要本，台北：中华书局。
② 朱熹：《朱文公集》(《四部丛刊》初编本)，台北：商务印书馆，卷61，册下，页1125。
③ 同上注引书，卷64，册下，页1195。

一本新的朱门典籍实已形成,有其"入四君子之门,得其津涯"的"辑略",以"辑"为手段,以"略"为旨义而成书;《近思录》作为一本替代四君子原书的辑略之意实隐然可见,"《近思录》一书,皆是删取诸先生'精要'之语"的说法,正是"辑略"式的著述成品。在后世流传中,《近思录》也确然伴随朱子地位之上升,及科举之重视,而成为理学中的朱门"经典"之一,学者多宁习"新录",而少窥"本书",《近思录》作为一部"辑略"之书,已有取代四君子书的迹象,自不待言。然而,在此一取代之之过程中,也带出了一个"本文"与"新编"的问题,这也是朱子编"近思"成"录"(《录》)所必然要遭遇的课题:"辑略"式的"再现"手段,能否取代"原典"的阅读? 周、张、二程本人的著作与朱子的《近思》之"录",哪一个才能传达出周、张、二程的思想之真貌? 思想真貌的"再现",应是"还原"式的,还是"诠释"式的? 这一问题显然朱子必须要面对,而且决非依靠在编辑过程中与吕祖谦的合作愉快、相安无事,即能解决及弥平的一个课题。回荡在此《录》中的四君子之"众声",有无各自的棱角? 还是确乎透过朱子的"辑略",得以消融其为浃洽一贯? 是否已能传达给予后人——阅读者,在阅读与体悟中,呈现着周、张、二程四位北宋儒门前贤的精神真貌?

继续回应上述所提的另一问题,即《近思录》读完后应接读什么书? 对此,宋明理学传统中,向来有着一个几已成常识的认知次第,即"《近思录》,四子之阶梯;四子,《六经》之阶梯"。理学传统中所形成的,即是《近思录》与《四书》的阶序关系;换言之,是把《近思录》当作了"圣学"的入门书来理解其定位。这项认知传统本身是否确当? 是一个可以讨论的课题。吾人可以从学术文献角度,先来考察此是否为朱子之原说。在《朱子语类》中,确实有一段载录,传达了上述之语意,然而,在朱子本人之书写成文作品中,决无此种明白之表述,而《朱子语类》所传达的,仅能是朱子的口语表述,这种口语表述,不见得能证明是"人人听到了"。《语类》这一条的记录，是由陈淳所记录下来的，陈淳是朱门高弟，编著有《北溪字义》；诚然陈淳记录下来后，是"人人共见"，但因为并非"人人共听"，所以便产生了歧见。朱子女婿黄榦便表达了异议，怀疑陈淳此条所录的真实性。黄榦的怀疑并非无据，在朱子《大学章句序》中，便继承了二程的说法，明言《大学》方为"圣学""入德之门"。这里已经透露出了《语类》之类的成文作品在取信度上的危机，"本人所说"与"本人所写"在表述上的方式、形态、取信方面，是既不同也不能用同样方式去阅读/理解的一个牵涉到"语"与"文"的问题。总之，黄榦怀疑陈淳之说法，是因为"朱先生以《大学》为先者，特以为学之法，其条目纲领莫若此书耳。若《近思》则无所不载，不应在《大学》之先"。① 不应在《大学》之先，就是不应在《四书》之先，换言之，也就不能成立《近思》为《四书》阶梯之说法了。这是朱门两位高弟在论《近思录》为学次第之位置安排看法上的重大歧异。也使吾人注意到，《近思录》与《大学》孰为入德之门之始，实已反映了"理学"与"圣学"的可区分性。

（二）《近思录》的分卷与立题

所有今传《近思录》的本子，均区分为十四卷，对这十四卷的各卷大意，钱穆先生在《近思录随札》中曾经逐卷作过剖析。在《朱子语类》中，朱子曾经自己口述过"《近思录》逐篇纲目"，其云：

　　《近思录》逐篇纲目：1. 道体，2. 为学大要，3. 格物穷理，4. 存养，5. 改过迁善、克己复礼，6. 齐家之道，7. 出处、进退、辞

---

① 黄榦：《勉斋集》（影印文渊阁《四库全书》本），台北：商务印书馆，集部107，册一一六八，卷8，页16上。

受之义；8. 治国、平天下之道，9. 制度，10. 君子处事之方，11. 教学之道，12. 改过迁善及人心疵病，13. 异端之学，14. 圣贤气象。①

但值得注意是，朱子的《近思录》白鹿洞刻原刊本，则是只有分卷而无各卷标题的。可见在成书作品上，朱子系小心翼翼地，以"不立标目"而呈现旨义，当不无深意。这里，再一次地显示出了"口语"与"文字"两种形态的差异性，《语类》之"说话"随意性与成文"作品"之严谨性，在表意性上，确实存在着分歧。朱子曾经自言"不立标目"之故，其云：

> 《近思录》大率所录杂。逐卷不可以一事名。如第十卷，亦不可以"事君"目之，以其有"人教小童在"在一段。②

"杂"字颇值注意，朱子正是在深切体会中而发此言。周、张、二程四人的"原音"能否在朱子再辑的《录》中"共鸣"为一具有"作者性"的"新声"？抑或竟只是一"杂录"？显然标题立目与否的费斟酌，正是吟回再三而既反映在白鹿洞原刻本之公开现世上，也反映在《语类》的私下对弟子的说话记录中。

然而，《近思录》之成书既是要导引"穷乡晚近""有志于学"者之入门书；每一卷前，若无一标题以为宗旨，则更似无头杂录之书，此朱子所以费尽心思选编而仍有"杂"之叹。因此，在朱子逝世后不久，就出现了依《朱子语类》所言而为十四卷各立标目的本子出

---

① 黎靖德编：《朱子语类》（百衲本），台北：汉京文化事业公司影印，1980 年，二册，卷 105，页 1045。
② 同上注。

现,这自然不是朱子的旨意,因此,这个本子出现之后,黄榦又本其
"依朱子原意"的立场,表示了不同意见,其与李方子之书信中即
提到:

> 《近思》旧本二先生所共编次之日未尝立为门目。其初固有
> 此意,而未尝立此字。后来见金华朋友方撰出此门目,想是闻
> 二先生之说,或是料想为之。今乃著为门目,若二先生之所自
> 立者,则气象不佳,亦非旧书所有。不若削去,而别为类语载此
> 门目,使读书者知其如此而不失此书之旧为佳。试与真文言
> 之,如何?①

黄榦的意见,显然并未被采行。在南宋叶采的《近思录集解》中,各卷
标目已经刊在每卷之首,而且还外加上了"解题",这个"解题"是叶氏
自撰,但在叶氏本中至少还能区分"标目"与"解题"之不同;在后来的
清初茅星来《近思录集注》本中,也是如此,在文渊阁本茅著中,"标目"
是大字,而"解题"则是小字,明显作出了区分,还能让读者知晓"解题"
是茅氏自撰;②但在张伯行的正谊堂本《近思录集解》中,则"标目"与
"解题"都未加区分,全部以正文的形式印出,这导致误解,以为这些标
目与解题全然便是朱子与吕祖谦之现身说教,自然学子与士子会不加
思索便予以轻信,这便失去了当初朱子小心谨慎地不立标目之初旨。
而且,茅氏本的"标目",与《语类》中朱子所言者,也已有异,如卷七朱
子原曰:"出处进退辞受之义",而茅氏则作"去就取舍",卷十朱子原
曰:"君子处事之方",而茅氏则作"临政处事之方";③张伯行之正谊堂

---

① 黄榦:《复李公晦书》,《勉斋集》(文渊阁《四库全书》本)卷8,页16上。
② 见茅星来:《近思录集注》(文渊阁《四库全书》本),台北:艺文印书馆影印,六册。
③ 见茅星来:《近思录集注》(文渊阁《四库全书》本),台北:艺文印书馆影印,六册。

刊本,亦是如此,"标目"所变文者更多,除卷一、卷四外,均依己意以二字或三字为题,如卷五朱子原曰:"改过迁善克己复礼",而张氏则作"克治",卷九朱子原曰:"制度",张氏则作"治法"等;张氏之正谊堂刊本是清代以来最通行的一个本子,迄于民国尚纳入商务刊行之《人人文库》本、《国学基本丛书》本中,也依然是一个最通行的本子;抑又不仅此,张伯行还自行将《近思录》中有关程颢一段"饿死事小,失节事大"的原文采入者删去,更是隐在地对《近思录》"原文"动用了"作者"式的"编者"权。^① 而另一清代学者江永的《近思录集注》,则是一个以"以朱注朱"为主要宗旨的本子,此本全以《近思录》正文原貌为主,即使有注解,也仅以文集、语类中朱子之文/言为注释之本;另外,江本将朱子与吕祖谦"识语"一并置于卷前,也有还朱、吕同编之意在内;但其分卷及每卷前之标目,皆注明"朱子曰"之引语,仍表明了这是以朱注朱的标目,而非朱、吕同编的立题;凡此,皆在在显示出江永还原原本《近思录》的立场。江永于书前《凡例》中云:

> 近世……分出细目,移动本文,破碎纠纷,或漏落,或妄增,大失朱、吕之意,……皆非其实,其间伪缪益多,……此书遂不可读。今悉遵朱子遗书原本,以还其旧。^②

又云:

> 原本十四卷,各为事类,而无篇目,朱子尝言逐卷不可以一事名近,本题篇目,如第一卷题云道体篇,亦非其旧,今本语类近思

---

① 见张伯行:《近思录集解》,台北:世界书局。
② 江永:《近思录集注》,凡例。

录,逐篇纲目一条,注于卷首,俾各篇有总领,仍不失朱子之意。①

"以还其旧"与"仍不失朱子之意",皆表明了江永的此书之立场,在于还原,在于可读"朱子之意",在方式与手段上,江永仍是在"版本学"上进行的。至此,我们其实已经可以窥见传统"版本学"中所蕴的"诠释学"意含了。

以上对清代三家茅本、江本、张本《近思录》所述,带出的仍是一个"原文"的问题。不同的是,三家所面对的是朱子《近思录》的"原文"与三家利用"集注"此一形式是否已进行了"改编"的问题;而朱子所面对的则是周、张、二程的"原文"及自己"辑略"所出者是什么的问题。

要之,《近思录》是一种"辑略"。"辑",是指其选文行动的性质;而"略",则是指此种行动之成品。这里借用的是刘向之子刘歆的《七略》的"略"字之古义,及其"辑略"之用名,去观察及重释《近思录》中之"录"字的意含。②

(三) 小结

清修《四库全书提要》馆臣于《二程全书》(四部备要本)前所附《提要》中有云:

臣等谨案,《二程全书》二十五卷、附录一卷,江西巡抚采进

---

① 江永:《近思录集注》,凡例。
② "录""略"分别出自刘向与刘歆父子。近人有区分"录""略"之不同者,如姚名达,见其《中国目录学史》(台北:商务印书馆),然是否如此尚可探究,非必仅由"目录学""校雠学"一途而已也。《荀子》有《大略》篇,《淮南子》有《要略》篇,是"略"较"录"义更古。朱、吕二人在用"录"字进入《近思录》或"书名"时,想到的学术背景究竟是什么? 是本文还有待续探的问题。

本,宋二臣门人所记,而朱子复次录之者也。自程子既殁以后,所传语录,有李籲、吕大临、谢良佐、游酢、苏昺……诸家,颇多散乱失次,且各随学者之意,其记录往往不同。观尹焞以朱光庭所钞伊川语质诸伊川,伊川有"若不得某之心,所记者徒彼意耳"之语,则程子在时,所传已颇失其"真"。故《朱子语录》谓游录语"慢",上蔡语"险",刘质夫语"简",李端伯语"宏肆",永嘉诸公语"絮"也。①

已见两程子殁后,彼所传世之语录中,诸家所录者,不唯多异,各"随学者之意",其且"记录往往不同";而朱子于《语类》中更详为评析,各评为谢录"险",刘录"简",游录"慢",永嘉所录"絮",要之其皆有"偏";此已见二程当日传道之"语",于诸弟子所"记"中,实有着朱子所视为"偏"的"诠释"与"领悟/理解"之各人特色,及求道者在欲回返地通往二程本人之学时,产生了何者得二程原意或本义的"近真"问题。《提要》所谓"颇失其真"者之"真"字所指,即系一种诠释过程中"作者"与"读者"的天平偏向及座落下的价值评断之用语。"真"或"近真"的意思,显然是"原意"的、"作者"的;而朱子所谓"险"也、"慢"也、"简"也、"宏肆"也、"絮"也的用词,则也反映了朱子作为一种"读者"身份之反应,或是更次层的"读者"阅读"记录"后的反应,都显示了朱子所下的批评语词,显然与《提要》所云者近同:标准在近不近"真"。"近真"的意向是趋向"还原"与"可能唯一",故读者的活动便不再被视为是"多元的",而是被视为是"分裂的"。在阅读取向上如果是趋于"二程"而运动时,就不免对此"多元"而有了"道术为天下裂"的忧心,"分裂"的忧虑来自"原意"取向上的价值(或求道)选择。显然"多元"在此并不

① 《二程全书》(《四部备要》本,台北:中华书局影印,三册),卷前所附《钦定四库全书提要》。又《提要》所引述朱子之语,见《朱子语类》卷97,页985。

被认为是一种乐观的"发展"形态,而代之以回返于"原意"的回归与统一来作为"裂"后收拾的善后。朱子编订《二程全书》定本,便是属于一种版本上的善后行动。近"真",在此的意思是向上的、历史的、与回返性也即还原性的。然而,"真"也未必就是表示了"真"能得二程之"真",尤其是"自得"之"真";一种属于恰好是相反于向上/回返的向下/后世的"自得";否则这就违背了读"语录"或即便是二程子读孔孟典籍时的意图:自得。《二程语录》中有数条业已表达了"读经""读典""求道"与"自得"间的关系论述:

> 学贵于自得,得非外也,故曰自得。①
>
> 或问如何学可谓之有得?曰:大凡学问,闻之,知之,皆不为得;得者,须默识心通;学者欲有所得,须是笃,诚意烛理上知则颖悟自别,其次须以义理涵养而得之。
>
> 须潜心默识,玩索久之,庶几自得。学者不学圣人则已,欲学之,须熟玩味圣人之气象,不可只于名上理会,如此,只是讲论文字。
>
> 学者要自得,《六经》浩渺,年来难尽晓,且见得路径后,各自立得一个门庭,归而求之可矣。
>
> 苏季明尝以治经为传道居业之实,居常讲习,只是空言无益,质之两先生。……正叔先生曰:治经,实学也……人患居常讲习,空言无实者,盖不自得也。为学,治经最好;苟不自得,则尽治《五经》,亦是空言。今有人,心得识达,所得多矣;有虽好读书,却

---

① 《二程全书》(《四部备要》本),册一,《河南程氏遗书》第二十五,页1上。以下四条所引,分见遗书第十七,页4上;遗书第十五,页12上;遗书第二十二上,页14上;遗书第一,页1下—2上。

患在空虚者,未免此弊。①

以及对于"言论"与"学"的区分:

> 有有德之言,有造道之言,有述事之言。有德止言己分事,造
> 道之言如颜子言孔子,孟子言尧舜,止是造道之深,所见如是。
>
> 古之学者一,今之学者三,异端不与焉。一曰文章之学,二曰
> 训诂之学,三曰儒者之学。欲趋道舍如者之学不可。②

都是表述了"自得"的重要性,即使在于它便是"读经"与"学"的依归,
而不是一种回返性的"训诂"之"原意"的还原;以及此种"理解"的运动
过程,其最后的归宿,在方向上,不是回返性的、向上的,而是向下的、
落于现在所在世的我之自家身心上。

很显然地,一种"语录"式的"记言"之体,作为传道活动中的载体
形式,其本质究竟是什么? 便可以在此做出追问。是全然反映明道、
伊川的"真",作为一种"副本"的形态,抑或是其本质在时间的运动过
程中,必然有一种"彼意"的"现在化"趋向? 所以,不同的弟子、后人或
学者在"阅读"时,也就必然会产生"慢、简、险、絮"等"分裂/多元"所显
示的现象。吾人更可借《提要》对"语录"所作出的描述之言,提出一种
存在于"记言体裁"——"语录"作为"记言"的载体形式称谓——的"双

---

① 《近思录》卷二中所收录之一条《与方元寀手帖》,亦是论述了读经、自得、求道之关
　系。此条不见于《二程文集》,《二程全书》(《四部备要》本)系置于附录《河南程氏遗
　文》卷一中。《近思录》中则明谓此系伊川之语,其文曰:
　　伊川先生谓方道辅曰:圣人之道,坦如大路,学者病不得其门耳。得其门,无远之
　不到也;求入其门,不由经乎! 今之治经者亦众矣,然而买椟还珠之蔽,人人皆是。经
　所以载道也,诵其言辞,解其训诂,而不及道,乃无用之糟粕耳。觊足下由经以求道,勉
　之又勉。异日见卓尔有立于前,然后不知手之舞,足之蹈,不加勉而不能自止矣。
② 《二程全书》,册一,遗书第二上,页6上;遗书第十八,页4下。

重发声"结构之本质的分析。伊川在世时，尹焞即以朱光庭所"录"质诸伊川，伊川亦自谓"不得某之心"。① 然而伊川却未问朱氏："此为汝自得者否？"无论如何，一种关于诠释与理解的活动在传道过程中，是以"二程"作为轴心而展开的则不待言。因为以"二程"为轴心，是以伊川可自言朱氏所记"若不得某之心"；而朱子亦可谓程门高弟某某所记为"简"、为"慢"、为"险"。朱子编《近思录》时，不论是二程之"语录""文集"，均是以"文"而将之择入，这是在"辑略"主导性取向下的一种"文"的转换工作，而"语录"要能供给朱子这样的"文"之性质，就必须在诸家"语录"已经呈现了一种"文"的状态之基础下始克进行为之。就朱子而言，其编《近思录》的时间，正是在其编竟《二程全书》之后，朱子编二程遗书，实殆已经历了《提要》所云的诸家语"录"之"杂音"阶段后稳定下来的过程，所有的"杂"均已被朱子以编辑为文献式的全集形态而稳定在《全书》的"文/字"之中；故朱子得以在此基础上续进行《近思录》录"文"的"辑略"性工作。《近思录》中，有"文"、有"语"，皆为朱子所择入。无论是同为记言录语的选择，如《语录》中论及"扬雄"之处，过于五条，而《近思录》所采择而入者，唯有五条，有三条在卷十四

---

① 《朱子语类》中亦录有一条朱子之语也讨论到了此点。其云：

记录言语难。故程子谓若不得某之心。则是记得它底意思。今遗书某所以各存所记人之姓名者，盖欲人辨识得耳。今观上蔡所记则十分之中自有三分以上是上蔡意思了。故其所记多有激扬发越之意。（卷97，页985）

其中"三分以上是上蔡意思了"，指的是上蔡偏离了原意呢？还是必然如此的诠释现象？由"上蔡语险"看来，显然"十分""伊川意思"的"七三开"之意，是一种向上回返于伊川的原意型表述。又，《语类》中有另一条云：

或问尹和靖言看语录，伊川云："某在，何必看此。"此语如何？曰："伊川在，便不必看；伊川不在了，如何不看！只是门人所编各随所见，浅深却要自家分别它是非。前辈有言不必观语录，只看《易传》等书自好。天下亦无恁底道理，如此只当读《六经》，不当看论孟矣。"（卷97，页985）

亦表述出固然是"某在，何必看此。"或是"伊川在，便不必看。"然而，对朱子而言，"伊川不在了，如何不看。"才更是朱子师弟讨论此条时的实际，也迫使朱子必须面对程门语录的文献性问题，朱子选择的，也确乎是一个"伊川不在了，如何不看"的以"伊川"为轴心的原意型取向。

中;或是在二程自为的文字中,如《定性》与《识仁》,朱子择入的是前者,置于卷二中;这都是一种"文选"式的"辑略"工作。

关于"双重发声"的结构,很显然地,正是呈现在"记言体"此类的载体形式中。无论是"原音"还是"编声",从外部来看,《近思录》是"一部"作品;自内部分析,却正激荡着双重发声的碰撞在此一记言文本中。向着"原音",企图聆听,就是语用为"真"的意向思考;向着"编声",企图在阅读中将主体化入,就是"编声"或"读者心声"的流入。这种双重发声的结构,一是贴近"发言者"的发声:版本学意义上的"定本""还原",或是历史时间运动方向上的"还原",皆是指此;这是"言"的属性。二是属于编者/作者或读者/录者的操作发声:这是"文"的属性。"文""言"必须在"记言文本"这种形式中历经"诠释学过程"的阶段,而后在作者/编者或读者的自觉已达于一种被"诠释学"上称为"视域融合"的稳定态中驻下。《近思录》正是这样的一种双重发声结构之文本。

三、《传习》之"录"

《传习录》中"传习"之名,出自《论语》,其义则门人多有言者,如聂豹云:

> 《传习录》者,门人录阳明先生之所传者而习之,盖取孔门"传不习乎"之义也。①

---

① 聂豹:《重刻传习录序》,收于吴光、钱明等编校《王阳明全集》(上海:上海古籍出版社,1992年,二册)卷41,册下,页1585。

蔡汝楠云：

> 《传习录》者，阳明先生之门人录师传之旨，图相与习之者也。①

有关《传习录》的注本，坊间现存者甚多，甚至有将之作为善书而印行者，视为儒教之导人入善之宗教书；此外，未通行坊间之明、清古籍注释评本，或收录于各家文集中之条录散评资料；及邻邦日、韩之较佳之评注本；凡此，皆甚多。诸本虽各有其长，然自广东开平陈荣捷之《传习录详注集评》出，终不能如此本之佳善，陈本实已为研读《传习录》所当必读之注评辑本。

今本《传习录》共分三部分，亦即上、中、下三卷。卷上包含三种：即分由徐爱、陆澄、薛侃所录之王门师弟答问。卷中则包括《答顾东桥书》等书信八通，俱属于通信以讨论学问者；另附有《训蒙大意示教刘伯颂等》及《教约》，他本亦有删去者。卷下则包括五种，分由陈九川、黄直、黄修易、黄省曾、黄以方所录之王门师弟问答。大抵上述为今传《传习录》三卷本之所共，各本所增收附录者不一，有增收《大学古本序》者，有收《大学问》者，亦有收《朱子晚年定论》者。吾人若细心考究《传习录》在王阳明生前及死后之收录与刊行实况，则知其版本传刻实甚复杂，其能形成现在流行之三卷本，系经历一段长时间演变之结果；而仍在演历中也，此即陈荣捷氏之《拾遗》51 条之辑补附见于其《传习录详注集评》中，亦收于新编上海古籍本《王阳明全集》中。陈氏此举，显然在传统三卷本之外，加上了一卷"别卷"——即《拾遗》，而非仅止于《大学问》《朱子晚年定论》之充作附录而已，陈氏显已参与进行了一

---

① 蔡汝楠：《叙传习录后》，见《王阳明全集》卷 41，册下，页 1588。

种新的版本之构造,而陈氏的编辑行为系增"文"的,是"辑"的,因为陈氏显然已无机会再处于"录"阳明"言"之场域,对他而言,"王门师弟传习"已是一不能亲临的"在场情境",彼只有在"言"已成"文"的状态中方能得到所谓"传习的历史",也只有借着"选文""辑文"来增添此一历史场景之可能再现性。①

大要言之,今通行本《传习录》之演历可以区分为三阶段:一是初刻《传习录》,二是续刻《传习录》,三是《传习续录》。以下即分述之。

(一) 初刻《传习录》:徐爱录本与薛侃刻本

《传习录》作为一种"语录"论学的书面作品形态出现,始于阳明早逝之高足徐爱,徐爱于正德二年(1507)受业,正德七年十二月与阳明同舟归越,遂有成《录》之举;此书或未刊刻,然确为文字书写之作品。正德十三年(1518),阳明四十七岁时,门人薛侃得徐爱所录及其序跋之言,又得陆澄所录,乃并本人所录共129条,刻于江西虔州为三卷,是为初刻《传习录》本,即今本《传习录》上卷。是《传习录》之首以文字见世者,实由徐爱。徐爱之目的,据其所自云:

> 先生于《大学》格物诸说,悉以旧本为正,盖先儒所谓误本者也。爱始闻而骇,既而疑,已而殚精竭思,参互错综以质于先生,然后知先生之说,若水之寒,若火之热,断断乎"百世以俟圣人而不惑"者也。……世之君子,或与先生仅交一面,或犹未闻其謦咳,或先怀忽易愤激之心,而遽欲于立谈之间,传闻之说,臆断悬

---

① 继陈荣捷氏之后,陈来等人又有关于阳明语录遗文的辑录之举,并考释其确为新本《王阳明全集》中所未收者,显然陈来也是参与了此一《传习录》的后编工程。见陈来《关于〈遗言录〉〈稽山承语〉与王阳明语录佚文》,《清华汉学研究》第一辑(1994年11月),页176—193。

度,如之何其可得也! 从游之士,闻先生之教,往往得一而遗二,见其牝牡骊黄而弃其所谓千里者。故爱备录平日之所闻,私以示夫同志,相与而考正之,庶无负先生之教云。①

此即陈荣捷氏之所云,徐爱辑《录》,保存阳明教言,护教与宣扬阳明学之意甚重。

由上引徐爱之言,可考知者有两点:第一,《大学》古本的问题,盖阳明欲批评朱学,而援引郑玄注之古本《大学》,并有《大学古本序》《大学古本傍释》及《大学问》等为之阐说,欲从圣门典籍以抨殚朱子所改造之朱本《大学》也。由徐爱之言,可知当时人已少见古本——即郑注本《大学》,甚至在常识上俱已由朱本出发而视古本为"误本"。第二,徐爱有鉴于"口传"师门之学所可能有的"流传"性流弊,遂有记录师门传习之口语为"文字"——即书面文本,不论是手抄本抑或刻本均是——之举,此一举动值得分析与注意之处,吾人以为仍然在"口语"与"文字"两种"传道"形态所引起的种种值得思究之处。

由徐爱所书:"故爱备录平日之所闻,私以示夫同志,相与而考正之,庶无负先生之教云。"可见《传习》之称《录》,正是以徐爱用了"录"字来表达"传习"过程的师弟问答。最早的《传习录》,至少以徐爱之抄本看来,确乎是一种"语录"式的"记言"体裁类型。而后虽迭经演变,迄钱绪山、谢廷杰之编定与刻成,虽已加入了以"文"为主的书写论文或信笺,仍称《传习录》未易名。再者,一篇虽未收于今本《传习录》中,而只收于《王阳明全集》中的徐爱之《传习录序》,其中亦有一段极有意思的叙述:

---

① 《传习录》卷上,徐爱前序,《王阳明全集》卷1,册上,页1。

　　门人有私录阳明先生之言者。先生闻之,谓之曰:"圣贤教人如医用药,皆因病立方,……今某与诸君不过各就偏蔽箴切砥砺,但能改化,即吾言已为赘疣。若守为成训,他日误己误人,某之罪过可复追赎乎!"爱既录先生之教,同门之友人有以是相规者。爱因谓之曰:"如子之言,即又拘执一方,复失先生之意矣……吾侪于先生之言,苟徒入耳出口,不体诸身,则爱之录此,实先生之罪人矣;使能得之言意之表,而诚诸践履之实,则斯录也,固先生终日言之之心也,可少乎哉?"录成,因复识此于首篇以告同志。①

其曰"先生闻之",而不赞成"门人私录"者,盖阳明意在"记言"亦为"痕迹"也。显然,由阳明本人的角度,已透彻地看到了"记言"书写的本质中,有着"拘执—固定—僵化"之性格;而徐爱则"反"之而行,虽遭同门援据师言之质疑,然爱终"录"之,且云:"言意之表,践履之实",是徐爱又得"书写"之另一本质也。人称徐爱为王门颜子、阳明高弟,信不虚也。

(二) 续刻《传习录》:南刻本与钱刻本

　　嘉靖三年(1524)时,阳明五十三岁,南大吉得同门所录阳明论学书之已刻本后,欲为广刻,遂将薛侃所刻之《传习录》三卷作为上册,而以己所搜录之阳明论学书之另刻本续为下册,命其弟南逢吉"校续而重刻之",成续刻《传习录》,此二册本之下册中所收录的,为阳明论之书信八通,而实为九篇,即《答徐成之》二篇、《答人论学书》(即《答顾东桥书》)、《启周道通书》、《答陆原静书》二篇、《答欧阳崇一》、《答罗整庵少宰书》、《答聂文蔚》第一书。与今本《传习录》卷中之目略有不同,其

---

① 徐爱:《传习录序》,《王阳明全集》卷41,册下,页1567。

原因当在于钱绪山之增录去取之故,据钱绪山存于今本《传习录》卷中《前叙》所云:

> 德洪曰:昔南元善刻《传习录》于越,凡二册。下册摘录先师手书,凡八篇。其《答徐成之》二书,吾师自谓:"天下是朱非陆,论定既久,一旦反之为难,二书姑为调停两可之说,使人自思得之。"故元善录为下卷之首者,意亦以是欤?今朱陆之辨明于天下久矣。洪刻先师《文录》,置二书于外集者,示未全也,故今不复录,其余指知行本体,莫详于《答人论学》与《答周道通、陆清伯、欧阳崇一》四书,而谓格物为学者用力可见之地,莫详于《答罗整庵》一书。平生冒天下之非诋推陷,万死逼生,遑遑然不忘讲学,唯恐吾人不闻斯道……此孔孟以来圣贤苦心,虽门人弟子,未足以慰其情也;是情也,莫详于《答聂文蔚》之第一书。此皆仍元善之旧。而揭必有事焉,即致良知功夫,明白简切,使人言下即得入手,此又莫详于《答聂文蔚》之第二书,故增录之……今所去取,裁之时义则然,非忍有所加损于其间也。①

此前叙对原南大吉刻本下册中所收录之阳明亲笔书函,之所以增删去取之故,及其与"阳明学"之关系,实已为详且尽矣。是钱绪山对南大吉二册本《传习录》之下册所更动者唯在"阳明论学书"之"去取"而已,尚未牵涉到今本《传习录》中卷所形成的"问答书信体"之现貌。今本《传习录》中卷虽源自南大吉与其弟南逢吉之校刻于越者之续刻《传习录》二册之下册,然其间自有甚不同者,钱氏今本卷中《前叙》已叙之详矣。故南大吉《传习录序》云:"是'录'也,门弟子'录'阳明先生问答之

---

① 钱绪山:《前叙》,《传习录》卷中,《王阳明全集》卷2,册上,页40。

辞,讨论之书,而刻以示诸天下者也。"故陈荣捷氏谓:

> 南序有云:"是录也,门弟子录阳明先生问答之辞,讨论之书,而刻以示诸天下者也。"观此,可知不特薛侃已刻问答之辞,而其他门人亦已刻论学之书。所谓续刻传习录者,乃南大吉并已刻之语录与另刻之论学书为传习录二册也。①

其中堪值注意者,为南本既刻竟而传世,而阳明门生及世人当犹以《传习录》而称之,并未称南本为《续刻传习录》之名也;南氏所自著之序以《传习录序》为序名,及上引钱绪山《传习录卷中前叙》中凡称南大吉所刻者,皆称其为《传习录》即可以为证。是至此一阶段,《传习录》之称《传习录》者,已指二册本也,而此时阳明犹在世,且亲见此一刻本之《传习录》。

南本续刻之《传习录》,其下册之与今本《传习录》中卷相异之处,除"阳明亲笔论学书"之去取外,尚有一点重要之牵涉,即今本卷中之"阳明论学书"何以为"今貌"——即所谓的"书信问答体"?"今貌"系何人所为?系南本原有?抑钱绪山于"去取"阳明论学书信时一并所为?据钱绪山收于上海古籍本《王阳明全集》中之《续刻传习录序》云:

> 洪在吴时,为先师裒刻《文录》。《传习录》所载下卷,皆先师书也。既以次入《文录》书类矣。乃摘《录》中问答语,仍书南大吉所录,以补下卷。②

---

① 陈荣捷:《传习录略史》,《王阳明传习录详注集评》,台北:台湾学生书局,1992 年,页 9。
② 钱绪山:《续刻传习录序》,《王阳明全集》卷 41,册下,页 1583—1585。

序中所提之《传习录》，系指南刻本《传习录》无疑；然其中殊不可解者，为"乃摘《录》中问答语"之《录》，究系何《录》？指已刻之《文录》，抑或指南大吉本《传习录》册下之书信者，抑或南本中较诸薛本为多出之所辑而仍属语录者，因之钱氏"摘"出而以为新的下卷，故曰"以补下卷"，故曰"仍书南大吉录"？陈荣捷以为钱氏后来所更动者为：

> 德洪并易论学书为问答体。此即今之传习录中卷。①

则其系以钱氏所更动者，即增录《答聂文蔚第二书》，移置《答徐成之》二书等，并易此一新的"论学书"为问答体，故钱氏所更动者，即今本《传习录》卷中之现貌；案此亦为目前诸家究《传习录》版本者之通行看法。即钱德洪所易为"问答语"者在改南刻本之书信原貌为稍似问答语体制者，以符传习书名之实。然吾人若重观钱氏《续刻传习录序》，则知未必如此，《序》云：

> 洪在吴时，为先师袞刻《文录》。《传习录》所载下卷，皆先师书也。既以次入《文录》书类矣。乃摘《录》中问答语，仍书南大吉所录，以补下卷。复采陈唯濬诸同志所录，得二卷焉，附为续录，以合成书。②

案今本《传习录》卷中之钱氏前叙，并未署年，依笔者所揣，此前叙当与卷下跋语同时而撰，当在嘉靖三十五年之时；而已收于新编上海古籍本《王阳明全集》中之钱绪山此《续刻传习录序》，则已知系撰于嘉靖三

---

① 陈荣捷：《传习录略史》，《王阳明传习录详注集评》，页 10。
② 钱绪山：《续刻传习录序》，《王阳明全集》卷 41，册下，页 1583—1585。

十三年。可知至少在嘉靖三十五年或三十三年以前,南刻本犹称《传习录》,袭旧称而未易,即此二册之越刻本;至钱绪山之《续刻传习录》本,虽对南本已作更动,犹是如此。今本《传习录》卷中之《前叙》作时较晚,虽仍称南本为《传习录》,然三卷本《传习录》已刊于世矣。今重观此《续刻传习录序》中所云者:"既已次入《文录》书类矣。乃摘《录》中问答语,仍书南大吉所录,以补下卷",既称"以补",则知钱氏所续刻,乃削去南本之录书信者,故约"乃摘……以补",而非是习成看法之以为钱氏续刻《传习录》以成《续刻传习录》时,南本册下犹存大要也。钱氏之复南本论学书信于《传习录》中,并易为问答语、去取"论学书"以成今本之貌者,系在嘉靖三十五年之时的崇正书院刻本,今本卷中《前叙》可为之证,故云今本卷中钱氏之前叙与卷下之跋语,系同时而作也。而由此亦可知嘉靖三十三年的水西精舍刊本,乃如《续刻传习录序》中所云,系一种"以合成书"的刻本。水西精舍本包含两部分:钱氏所重编而仍书南大吉所录的《传习录》,与钱氏所续编且为二卷的《传习续录》。今人陈来在北大所发现并据以考校之《传习录》版本,馆题为"嘉靖三年南大吉序重刊本",陈来则考释其为嘉靖三十三年之水西精舍本,据其所云,此本共有二部分四册,即首为南大吉序之《传习录》二册,与《传习续录》二册,笔者无由亲见北大本,谨据陈来考文所描述,试作另为推论之言。陈来以为,此本"现'仅'存四册",以无南本所收之论学书也,然陈氏既已考出此本为嘉靖三十三年由钱绪山刻成于宁国府之水西精舍本,则应知此本本无论学书,盖已遭钱氏削去,故钱氏嘉靖三十三年之《续刻传习录序》中所云"以合成书"者,正与北大本合;北大本《传习录》部分首为南大吉《刻传习录序》,内容则为徐、陆、薛三人所录传习之语,二册;《传习续录》则首为钱绪山《续刻传习录序》,亦是二册,若与钱序"得二卷焉"相符。故知北大此本或当系完本,而非"仅存四册",陈氏仍以不见论学书为有阙也,其盖以为《传习录》部分仍全南本原貌，而钱氏三十三年所刻则仅为《传习续录》本；然依钱氏序中所云"以合成书"者，正以见钱氏之《续刻传习录》，已并南本之更易而合刻之矣，故水西精舍本为合刻本而非《传习续录》之单刻本，陈氏未审。然若北大本果为嘉靖三十三年之水西精舍合刻本，则仍有不可解，所疑者在序中所云"乃摘《录》中问答语，仍书南大吉所录，以补下卷"一段文字，未知北大本《传习录》部分有分卷或分卷之痕，足知下卷有更动之迹而非仅南本册上之旧否？

据上所述，是此时犹可见钱氏似较南氏更能掌握《传习》称"录"之本质当为"语"式之问答体裁，故欲统一南氏之《传习录》上下两册；钱氏此一认知，至少与后来钱氏对《传习录》之再刊刻与广搜遗言、语录为"文"以成"三卷本"者有异。

上海古籍本《王阳明全集》中收有南大吉原序，其序中有云：

> 是"录"也，门弟子"录"阳明先生问答之辞，讨论之书，而刻以示诸天下者也。①

极有意味的是，南大吉文中之二"录"字，前者指书，为《录》；后者之"录"则为一动作、行为，已混同了两种不同性质的"问答之辞"与"讨论之书"为说，可见该录已不仅指徐爱与薛侃的问答之语，作为对"阳明之语"追记乃成文者为录；也指阳明亲笔，属于"书写"的讨论之书亦视为录。前者虽记阳明之言，然作者实为徐爱与诸弟子，后者则作者为阳明本人。是故南氏之"录"字用语，已反映了两种类型的书写："语录"与"文录"在《传习录》中的混同。《传习》之"录"已由最初的"语"与"记言"，而有渐增渐趋"文录"的走向，这正与"阳明的生命与学问"生

---

① 南大吉：《传习录序》，《王阳明全集》卷41，册下，页1580。

生相息。"记言"者,多在阳明生前,因属"现场"也,故必"记言";"成文"者,则多在阳明殁后,因已为"追摹"故也,故其"文"之属性甚强,即便原属"言"者亦然,此所以"记言"终亦成"文"也。此一趋向至钱绪山编刻《传习续录》时更为明显。

(三)《传习续录》

嘉靖七年(1528)十一月,钱绪山、王汝中赴广信奔阳明师丧,讣告同门,收录阳明遗文遗献。三年后同门各以所记见闻,由钱氏辑而释录之,然尚未刊刻。嘉靖三十三年,同门曾才满得到钱氏手钞本,复旁为采辑,名曰《阳明先生遗言录》,刻行于湖北。后钱氏读之,"觉当时采录未精,乃为删其重复,削去无蔓,存其三之一,名曰《传习续录》,复刻于宁国之水西精舍"。跋文所云,与钱氏作于嘉靖三十三年之《续刻传习录序》正可互为参证,是《传习续录》系刻成于此年,唯是否有单行本则尚未能详。嘉靖三十五年时,钱氏游于湖北崇正书院,又因沈宠之一段因缘,而得以"复取逸稿,采其语之不悖者一卷,其余影响不真与《文录》既载者,皆削去。并易中卷为问答语,以付黄梅尹张君增刻之"。跋文所跋,乃嘉靖三十五年之崇正书院刻本,此本则当为后世所传三卷本《传习录》之原型。① 后世通行的《传习录》三卷单行本,或者是由谢廷杰所刻成、现存最早之隆庆本《王文成公全书》中的《传习录》、编次为《语录》三卷之全书本,莫不皆由钱氏此一原型本为据演化而来。此一原型所具:卷上即为薛侃所刻之《传习录》,卷中则为以南大吉所刻为底本而由钱绪山所更易之论学书部分,卷下则为钱氏就广搜遗言复为删正所新编新刻之《传习续录》者。然仍有若干考据分歧,存于近人之版本考校文中。如钱明即以为于钱绪山跋文中所云"易中

---

① 见钱绪山《传习录》卷下,嘉靖丙辰夏四月之跋文,《王阳明全集》卷3,页126。

卷为问答语"者,与钱氏之易南大吉本之"问答语",当有不同,显非一事。其盖以为钱绪山所刻之《传习续录》应为三卷本,故钱绪山跋文中所云"易中卷为问答语"之"中卷"者,乃指《传习续录》之卷中,而非今本之卷中。钱明并以为:是故《传习录》成今本三卷之合成样态为一册者,当始于嘉靖三十七年由胡宗宪所刻之《传习录》。如若删去《示弟立志说》,增入《朱子晚年定论》,已成《传习录》三卷并附录为今传定本形态者,则定于隆庆六年之谢廷杰《王文成公全书》本。①

(四) 小结:《传习录》中之"言"与"文"的属性

由以上所述之《传习录》之刊刻,已可以大概了解今本《传习录》之形成与演历概况。由时间向度而言,研究王学者向来有所谓的阳明之学凡三变之说,无论是前三变还是后三变,皆意谓:阳明学纵或有其一贯之脉络,但无可否认,其作为每一阶段的思想中心之语词确有不同,这由阳明自己所提揭之宗旨及其语词的不同即可以看出,或用心于内、心外无理,或知行合一,或但言诚意,或揭致良知、集义、事上磨炼等。因此,如若我们以"阳明学"为其一生的学问作"系统化"的理

---

① 钱明之观点,最主要在以为《传习续录》系三卷本,由是钱绪山下卷跋文所云,便只是单纯为《续录》而言其始末,"易中卷为问答语"遂不牵涉今本《传习录》之成型,成型当在嘉靖三十七年胡宗宪之合刻本。而陈荣捷则以为《传习录》三卷今本原型当源于嘉靖三十五年刻于崇正书院者,也即钱绪山跋文所云者,故其以为此跋文中所云"易中卷为问答语"之中卷,即今本之卷中。陈来则据北大所藏,馆题为嘉靖三年之本者,以为实即钱绪山跋文中所云之嘉靖三十三年刻于水西精舍之本,此本为合刻,包含两部分:即《传习录》与《传习续录》,然此是合刻本,非是三卷本也。故钱明所考,以为三卷本始于嘉靖三十七年胡宗宪之手,而陈荣捷则以为首刻成于嘉靖三十五年崇正书院本,其分歧者在此。若由陈来所考见北大藏本看来,其既已为合刻本,则逾两年之"增刻"本,便极有可能再经钱氏之删削增逸,进一步将合刻本付梓而成三卷本。故钱绪山于跋文中所言"以付黄梅尹张君增刻"之者,"增刻"系相对于前此之钱刻而言。陈荣捷文见《传习录略史》;陈来文见《有无之境》(上海:上海人民出版社,1991 年,页 374—381)第 12 章《附考》之《著述辨疑》;钱明文见《阳明全书成书经过考》,收在《王阳明全集》卷 41,册下,页 1632—1648。

解,则"良知"与"致良知"或可作为其中心义旨,则依此来统合其各阶段之学说,难免"用心于内"或"知行合一"易被视为早期学说,仍存有与朱子之学抗衡的痕迹,无论在术语上、世界观的展现上、世俗教化的语用上,王学的独特风格都还未能成型,则由徐爱等录、薛侃刊刻的《传习录》上卷,便显得不那么重要,与王门后来因四句教所引起的四有四无之钱、王"天泉证道"公案或左派、右派之争,也不易联系;因此,单以上卷而言"阳明学",便会遭遇此一复杂的问题。

一般而言,《传习录》较受推崇的在其中卷部分,[1]是否因其为阳明亲笔?但这只是一般看法,真正实况如何,还得看学习者与阅读者的目的与诠释方式而定,也许有些学者特别善于从思想家的早期境地去诠释一种哲学思想生命的原型;而也有些学者或许会善从较为驳杂不纯的下卷入手,因为,它呈现的是一种"变"的思想历程,从不定的、变的状况中,也许反而更另有天地;我们有理由相信,王门后学的趋于多元,以及左派、右派的长期争议,便是与下卷所反映的历史实境之理解不同有关,至少王门二大高弟——钱绪山与王汝中的"天泉证道"之不同记录便已反映了二人是在"下卷"甚至是"下卷之后"产生分歧的。

事实上,今本《传习录》下卷确实比较杂而不纯,而且没有像前两卷那样曾经过阳明的亲自审阅。钱绪山当日于刊刻时即已担心这样会使读者"之趋不一",故特别于跋文中希望"读者"能"不以知解承,而唯以实体得",如是,则可以"无疑于是录矣"。注意其所用的语词是"读者"与"是录",可见钱氏之刊刻"传习"之"录",正是仿"近思"之"录",希冀来学者能透过"阅读"此"录"而得阳明真传;此"录"之性质已转为从"文字"性格上来意会与理解,这很好的解释初刻《传习录》在卷上之后,何

---

① 见蔡仁厚师:《王阳明对心性工夫的指点——〈传习录·答陆原静第二书〉疏解》,《中华文化学报》,创刊号,页149。

以选入了阳明文字性书信之因；可见续刻《传习录》之刊者南大吉并未意识到原始性的《传习录》之"录"的性格。钱绪山将南本《传习录》中之书信编入《文录》于前，反映了与南大吉编刻《传习录》不同的走向；然却又在最后，还是依从了南本的做法，仍将"阳明论学书"易为"问答体"而重新编在新的三卷本《传习录》中，实不啻是将"文录"之"文"抽出而编入于"记言"的"语录"之中。虽然在《传习录》是"语录"还是"文录"上，钱氏确有其区分上的认知；但另一方面，在"语录"已"杂"而不能"之趋于一"时，钱氏还是偏向了以阳明亲书之"文"入于《传习录》中，意图化解"语录"在阳明身后所可能有的不可信度。然既知其可能引起争议于前，却又不能精审采择防于事先，争议、致疑终是不免，如顾应祥即以《传习续录》所录之门人问答，多有未当于心者，"疑为门人传录之伪"，以"伪"而致疑。① 足见此时已不仅是"之趋不一"的"记言"式歧异，而更是阳明殁后的"考文"为"伪"之问题了。钱氏作跋文言"之趋不一"时的背景，正是在阳明殁后，然最初之刻及用"传习录"是名，实在阳明生前，以是知《传习录》在阳明生前殁后，实有一段由"记言"而"成文"的演历过程。视钱绪山于今本后附跋文之所云，由"记言"而"遗言"，由"遗言"而"遗文"，终至"读者"与"是录"，其演历之痕，极为明显；则是知其盖已视阳明之"言"——"遗言"为"文"，故有并此二者皆视为"文"之言，并视阳明之"亲书"为最可征信者。此当即因阳明生前传学，弟子笔记不一，故殁后遂有不能征信之叹。则知对"现场"的"记录"，仍然有着"记言"的"不一"之记，此所以形成置入阳明亲笔书函之"卷中"部分，反成为了最可信的"阳明学"。如东正纯《传习录参考》即云：

> 上卷文成初年之见居多，而下卷则殁后钱绪山之徒撰录之。

---

① 转引自钱明：《阳明全书成书经过考》，《王阳明全集》卷41，册下，页1639。

唯此卷晚年亲笔,纯粹无可疑者。①

虽然如此,然"中卷"之本质实已非"问答式"的"传"与"习"的传道"语"境,而为"文"了。

总之,《传习录》的文体性质,在其刊刻过程即有数变,大体上,一成于徐爱,二成于南大吉,三成于钱德洪。最后形成的刊本,虽仍名为《传习录》,延续了徐爱的原名,但已由一卷本变为性质迥然不同的三卷本。

在徐爱时,《传习录》的本质可以反映在徐氏所用的"录"字上,此字足见其称是"录"为《录》,正是以"录"为问答记言之义。其后虽迭经演历而成三卷本,尤其是钱绪山加入的今本卷中"文"的部分,既有"文",而又称是书为《传习录》,可见钱氏仍不能觉察"录"之初意在徐爱及阳明生前原为"语录"之义——一种记言"现场"状态的"录"。或者钱氏确能觉察,而宁弃"语"与"文"之区分,而将阳明之属"文"的亲笔论学书易为"问答语"入于《传习录》中,自为一卷,以增《传习录》之信度?然此是否尚是王学重视"语境",取径"当下"的本旨?或是徐爱初《录》"传习"的本意!

在钱氏的跋文中,用的是"读者"与"是录",可见钱氏已转仿"近思"之录,在阳明殁后为之,当然这亦与其时空背景不同有关。值得注意的是从谢廷杰刊本至今日的新刻本《王阳明全集》(上海古籍本)的编纂,在目次中皆将三卷本《传习录》冠以分类性的标题:"语录一""语录二""语录三",而其实却皆已涵盖了卷中的"易为问答语"的阳明诸书函,及列为附录的《训蒙大意示诸生》《教约》及《朱子晚年定论》等。《王阳明全集》的编者显然确实是由"语"与"文"的区分意识而进行的,由"语录"与"文录"而认定三卷《传习录》本乃是"语录"的性质。

---

① 东正纯:《传习录参考》,转引自钱明:《阳明全书成书经过考》,《王阳明全集》卷41,册下,页1640。

这个在《王阳明全集》中被视为"语录"标签的《传习录》,在钱氏手中时,是"言",是"文"?显然钱氏并未究心察觉其复杂性,走的仍是很单纯的由初本《传习录》之"记言"而来的方向,称之为"语录"。

阳明自言者,亦是"言"胜于"文"。传道与体道须当下"面授",重视在场的亲临。钱绪山《刻文录叙说》云:

> 先生读文录,谓学者曰:某此意思,口口相传,若笔之于书,乃是异日事,必不得已,乃为之耳。
> 又曰:讲学须得与人人面授,……涉纸笔便十不能画一二。①

又邹守益撰《阳明先生文录序》中,追载其师之言亦有云:

> 当时有称先师者曰:"古之名世,或以文章,或以政事,或以气节,或以勋烈,而公克兼之。独除却讲学一节,即全人矣。"先师笑曰:"某愿从事讲学一节,尽除却四者,亦无愧全人。"②

此种重"言"之语调——"口耳相传""人人面授",与朱子为编辑《近思录》而与吕氏往复来函,津津于求"文"之编选务必精当,而后方能"开示来学""有志闻道"之方式,确有不同!

四、结　　论

笔者于结论中,将正文所述凝结为三点论述,以为本文之结。

---

① 钱绪山:《刻文录叙说》,《王阳明全集》卷41,册下,页1574。
② 邹守益:《阳明先生文录序》,《王阳明全集》卷41,册下,页1569。

　　1.《近思录》与《传习录》之不同,事实上,正代表着宋明理学书面文本的两种典型之不同。前者代表着一种纯然以文字书写为符号示意的传道行为;而后者,作为一种文本的典型,则意谓着一种以"语"为主的传道活动,必然要面临发声(音)的易逝性,此点导致了"记言"的必然出现。以文字来掌握声音的易逝,企图捕捉现场的对话语境及语义。在此种"记言"形态中,"言"才是第一义,"记"的目的仅在希冀"留住"与"再现"此一"言"之原态。这与纯粹以文字/书写为第一义的《近思录》有着典型的不同。因此,二《录》虽然俱以书面本文的形制流传下来,但《传习录》的类型显然更为复杂,"当下即是"能否在"当下即逝"的时间本性中,被文字"录"住,显然正是"记言"模式与体裁必须要面对的首要问题。

　　从"录"的原义而言,在刘向父子那里,是"录"也是"略",录略均是一种文字/书写的提要与勾勒"原典"之活动及此活动之成果——书面制品,可以称之为"辑略",也可以视为是一种编辑性格的成文策略活动。朱子显然能掌握这个学术脉络,《近思录》者,"录"周、张、二程足供"近思"之文也,此活动正是一种"辑"与"略"的活动;而王门弟子则不过仿称《近思录》之称名而亦以"传习"名之为《录》,显然彼等并未注意《近思》之"录"的古典原义。

　　当然,传习以"录"为名也并非不可,"传习"虽在"语境"上进行,但"录"却仍然是一文字/书写的行为。只是,徐爱、南大吉、钱绪山似乎并未意识到二"录"是否应有其差异性存在,而这个差异足够与王学/朱学的差异联系起来。阳明在允许门弟子印行《传习录》时,可能也没想到这个问题。他自己印行《大学古本》去差异朱子之《大学改本》时,当曾意识到版本的差异可以用作为一种学术上差异化的策略;但对自己的《传习录》却显然未曾意识到此"录"与朱子之"录"的异同,这个差异在思想性格上可能比前者版本上的差异更为深刻,因为前者只是本文间的字句更动，而后者则牵涉到了学问性格中"意义"(道)的立足之所在的"文字"与"语言"的问题。

另外，就《近思录》而言，其自身也衍出"辑略"与"原典"间的差异问题。"辑略"能否掌握原献之意？还是只能是一种作者的编辑策略之"写作"？是否因而就只能是一种"文选"。"选本可以借古人文章写自己的意见……如《文选》。如此，则读者虽读古人书，却得了选者之意。意见也就逐渐和选者接近，终于'就范'了。"①鲁迅不只是如此一语中的地点出了《文选》作为一部"作品"的性格，如昭明太子在此书序中就不讳言地规定了何谓他心目中的"文"被"选"了进来，并非盈天下凡以"文字"出之者皆是，以是经文及史文皆在其所摈之列。② 这种"什么……可以被选入""什么……不可以被选入"的模式，就是作者的思想模式，就是一种以"辑略"为"录"式下之作品。鲁迅极有卓识地指出了《文选》的源流及"选"的意义所在。这种"辨章学术，考镜源流"的眼光，使本文亦注意到"辑"与"略"的成词，及此词与"录"的内在渊源关系。

2.《传习录》之为《传习录》，在后世经过刊刻之后，已经以"王学"中最重要的"文本"姿态出现。但我们亦知道，在它的当时也就是最初因缘，却仅仅是一种"记录"传道言语、问答情境之"纪录"，是一个"摹本"，而不是"本文"。这个"摹本"的"本文"是"言"——也就是王门师弟间的对话，对话的目的是为了"传习"，传习王门的良知之学。而在当时，阳明自己最重视的书面文字作品，却是《与顾东桥书》《古本大学序》《大学问》《答聂文蔚》《答罗整庵少宰》等文字作品，这些文字后来大多也被钱绪山等收录在《传习录》中，但显然其初它们作为以"文"为

---

① 鲁迅：《选本》，《鲁迅全集》，台北：谷风出版社，1989年，册七，页130。
② 萧统：《昭明文选序》，台北：文化图书公司，1974年。

"本"的性质,与初本《传习录》中的记"言"之"文"的"记言",是不同的。

因此,《传习录》事实上在形成及流传中,可以区分为两个阶段:先一个阶段,出现的是一种"摹本",为了记录"语境"——语/言——而出现的文字作品;后一阶段,这个"纪录"逐渐形成为后世研读王学、阳明学,进入王学、阳明学的最重要典籍——它已是一个典籍,而不只是一个纪录。它作为王门经典的性格是文字性的,是以被"阅/读"而非"听/聆"而存在。然而,当我们阅读它时,却又常是当它作为"记录"之"纪录",又错觉式的以"言"而非以"记言"去认知《传习录》,以"保留语境"之"语"或"言"为其第一义的,企图亲临现场参与;"文"只是一个"记录"捕捉的手段,是次要的,"摹本"的。因此,我们称这种类型的《传习录》为"记言"类型。

3. 朱、王之异的另类思考。我想提出的,仍是"言"与"文"的问题。朱子的"录",是一个摹本行为,但事实上,这是一个由"彼文"到"此文"的"辑略"式之"录",正如《文选》之"选",它已是一个创作行为。阳明则以己为原本,《传习录》要人"阅/听"自己的当下。盖前者有个圣贤及古典在,故须有个"效"之进阶,故曰摹本;后者则超迈圣贤古人古书,以己所印证即为"道"之所在——"原本",故其核心在"觉",是故所学以"自得"为真本,真本即原本。因此,朱王之异,从此角度视之,便在"摹本"与"原本"之异,在"效"与"觉"之异。摹本式学问,定要透过文字典籍,尤其是"古"典,因古典能存圣贤之真,故须"道问学";因此,朱门也讲究"著述",透过文字注疏来"再现"经典中之圣贤原意,这也是《近思录》的著述之意,"录"字要这么读才能理会。而原本式学问则注重语境传述,故必重"讲学",透过"言传""对话"来令人"觉",所以王门之士可以不识一字亦成其"觉",对"文字"常视为"迹"。在"言"与"文"之间,常不自觉流露出一重"言"之"言/文"意,即以此故。但问题是,重"言"的"讲学",为了延续其"身后"之影响,势必要将易逝之"言"

以"记言"方式存留下来——《传习录》即其之例,而成为"语录"。一方面是"'语'录","语"是动词,是语言交织之境域,"语境式讲学",重视的是"当下";但另一方面,却又是"语'录'","录"是动词,用"书写"将"语"转化为"文",后人因要揣摩当时之"当下",透过"文字"来"阅读"揣摩,如是,"语录"又成为一"摹本"矣。因之,到最后,"语"与"录"都会成为名词性格,在"成文/书写"中,以"典籍"的姿态而流传下来。

入道之序：
由“陈、黄之歧”到《圣学十图》

本文首先提出朱子学术性格的特色之一，便在于"读书之序"即为"入道之序"，在历史文化传承的面对中，必须建构圣人与经典之间的关系，由是圣域方可臻至。

　　在朱门第一代中，陈淳与黄榦关于入道之序的歧见，是一个较少被人注意的课题。两人对于入道之序理解的差异，便在以《近思录》抑或以《大学》为初学入门之书上反映出来。以《大学》为"入德之门"，是程朱师门之旧说；而以"近思，四子之阶梯；四子，六经之阶梯"，则系后于朱子历史地说。

　　以中土陈淳、黄榦的分歧作为一个观察的视角，则朝鲜儒者李退溪之《圣学十图》，其中所反映出的入道之序观，显已非"陈黄之歧"所能规范，虽然退溪学亦受两人观点之影响；然而，李滉毕竟在二书之外，提出了以真德秀《心经》作为初学入道之基的主张，从而形成了东土"朱—真—李"的"心—敬"之学脉。而《心经附注》的注者程敏政在古代中朝两地学术形象的差异，亦已显示了东亚朱子学传统中足堪比较的另一面向。

一、前　言

（一）朱、陆"自得/成圣"之异同

朱熹与陆象山的不同，不是在于两人对"涵养德性"态度的根本上有何歧异，两人均系一种"成德成圣之学"，而人的德性固是天具与天赋于我，却仍然须要一种"道途"以成就其德，对这点两人也是无异见的。[①] 两人的不同，表现在"读书"与"优入圣域"[②]关系的态度与看法上，则确有其歧异。对朱子而言，"读书"之大旨归趋就是"读圣贤书"，"读书"是我人在"今"面对"古"圣贤的造道方式，"读圣贤书"就是面对"圣人之旨"。

陆氏则强调的是"自得"，因而自谓"尧舜以前更有何书可读？"质疑了"无书时"，也应当可以"成圣"；故其又谓"若某虽不识一字，亦可堂堂正正做个人！"把"成圣"等同于"成人/为人/做人"，"圣"就是"人"，就是"我这个人"！[③] 因而"自得"就是"在己之成人"，"成人即成圣"。象山之学也因而取消了"古圣"在"我这个人是个人"的根本性

---

① 牟宗三谓宋明理学为一种"心性之学/成德之教"，而朱、陆在此基调的判准上都是一种儒学。见牟氏：《心体与性体》（台北：正中书局，1979 年）册一，第一部《综论》。

② 这四个字见于黄宗羲置于《明儒学案》（台北：里仁书局，《黄宗羲全集》本，册七）卷前的《师说》中，系刘宗周评定王阳明晚年造诣之语。

③ 象山《语录》云："上是天，下是地，人居其间，须是做得人，方不枉。"（包显道录：《象山先生全集》，"国学基本丛书"，台北：商务印书馆，5 册，卷 35，册五，页 453）
又云："人须是闲时大思量：宇宙之间，如此广阔，吾立身于其中，须大做一个人。"（前引书，卷 35，页 442）
又《象山年谱》淳熙十年癸卯 45 岁在国学条亦载云："人生天地间，为人自当尽人道；学者所以为学，为人而已，非有为也。"（前引书，卷 36，页 502）

上,不能再有优先性！抑且此"学"还牵涉到对"读书"的看法与定位,因为"尧舜以前更有何书可读";所以根本的是"在己",不是在于"我这个人"与"古圣人"联系上的"古圣人"之恒具优先性。

但其又谓:不经师法传授而读《孟子》可以"自得之",[①]"自得"什么？应当是"自得自为人之道";因此,《孟子》书之有无,对象山并无差别,有之,读书亦可以"自得";无之,"若某不识一字,亦可堂堂正正做个人","尧舜以前"与"不识一字"表述出的境界是一样的,它们的哲学立论都在于"在己自得与自成",既不是以"仰赖先圣",也不是以"仰赖读书"作为根本而"自得",而是"自为人"与"自成圣",凭自家所有者才是根本！这是一种以"我"为中心的树立,无分古今、无分中外,"东海有圣人出焉,此心同也,此理同也;西海有圣人出焉,此心同也,此理同也。……千百世之下,有圣人出焉,此心同也,此理同也"。[②] 同的不是在"文字"的表述,而是在表述者的"自家身心"！[③]

朱子则不然。他看到的是一种历史文化的脉络之世界,一个在此的人,必须要面对历史的脉络、文化的传承,将其消化吸收,才能使圣人之道/学昌明,进而涵泳持养,"在己"积累德性,"在己"成德,而"优入圣域","我"才能成为继承过往圣人传至今日的圣学之负载者。虽

---

① 象山《语录》记云:"某尝问先生之学,亦有所受乎？曰:因读《孟子》而自得之。"(詹阜民录:《象山先生全集》,卷35,页476)

② 见杨简:《象山先生行状》,《象山先生全集》,卷33,册四,页386。又象山《杂著》中亦有云:"千万世之前,有圣人出焉,同此心,同此理也;千万世之后,有圣人出焉,同此心同此理也;东南西北海有圣人出焉,同此心,同此理也。"(前引书,卷32,册三,页267)

③ 象山《语录》有一条载云:"自得,自成,自道,不倚师友载籍。"(包显道录,前引书,卷35,册五,页456)

　　《语录》另条亦载云:"心只是一个心。某之心,吾友之心,上而千百载圣贤之心,下而千百载复有一圣贤,其心亦只是如此。心之体甚大,若能尽我之心,便与天同,为学只是理会此。诚者,自成也;而道,自道也;何尝腾口说。"(李伯敏录,前引书,卷35,册五,页447)

然对于"历史的脉络"，朱熹是一种有条件的选择式的：这也就是"道统式"的历史思维与历史脉络之建构。这种思维的脉络化，必须表现在两个方面的依附，才能谈历史的脉络化，进而去承担。一是"人"，一是"书"；人是圣人，书是经典。圣人可以再建构其传承，这依然是历史的脉络化；而经典亦须经过再诠释。"人"与"书"，终必须要合一，成为圣人圣学的传承。因此，朱子建构的"圣人脉络化的历史"，表现于"人"者，系以"孔子"为根柢大原，其次则为曾子、子思、孟子，虽然朱子继承了二程，亦极称赞颜子，也盛称程子所乐言得自于周茂叔的"寻孔颜乐处"；但为何这一"人"的统绪，却不见"颜子"之出现于"四子书"中的"四子"呢？"四"子为何只有"四"而却无评价极高的"复圣颜子"呢？这是因为颜回没有"书"！可见"道统化的历史""历史的圣人脉络化"，是"人书合一"的，表现于"书"者，则是孔子为经与曾子为传的《大学》，孔子及诸弟子问答记录的《论语》，子思的《中庸》，及孟子的《孟子》。所以，今日所谓的"四书"，是包含了两个方面的：其一，为"四子"；其二，为"四子之书"。"四书"之初称为"四子书"者，便是既指"四子"也指其"书"。重要的仍是在"人"，道统的建构重要的根本还是在"人"。是因为在"历史的脉络中"，向于"今"者，于"我"而言，不能再面对"圣人"之"在今"，就必须也只能取其"书"之"在今"而为之"入途"，黄榦即云读圣贤书是一种"如亲见圣贤而面命之"的行为。[1] 所以，"道统"对于朱子，必然也必须包含两个方面的历史向度：人与书；而人、书必须相合又合一。而要发明"四子"之为"圣人"，自己也为圣人之传承者，就必须要承担着"书"的事业，在其所传下来的"四子书"中去诠释、注解、章句，先发明其在"书"中的"圣人之学"；而后作为"四子"的之所以

---

[1] 黄榦：《朱先生行状》,《勉斋集》(文渊阁《四库全书》本)，台北：商务印书馆，卷36，页42。

为"圣人"也就能彰显出来;而朱熹也重"自得",他的"自得"是使"书"上的"圣学"能经由自己的"敬之涵养"而受用、而成德,能使自己通过"自得"而合拍于"四子书"中"四子"的"圣人之学"。有一字不合于己,不合于"书"中的"人",那么,朱子就会再次改写"书"中的注解,不仅是面对"书"中的"圣人之旨"问题,也是继续在"历史的脉络"中传述"将来"的问题。① "书"对他而言,是极度重要的! 这正是黄榦所云的"其于读书也,又必使之辨其音释,正其章句,玩其辞,求其义,研精覃思,以究其所难知;平心静气,以听其所自得"。② 他的"自得"与象山的"自得",是不同的。

(二) 朱子之"读(圣贤)书"与"道统"

因此,朱子自必讲求"读书",在读"四子书"时,才能体会到"四子"的"圣人之道";不读"书",不读"四子书",就不能进入"历史文化的脉络"之中,也不能面对"历史文化中圣人的传承与积累",而发明"圣学"、承担"圣学",转化自己成为继承与承担、发明、传述"圣人之道/圣人之学"的"历史文化的脉络"及其在现在与将来。朱子同时也看到了在历史的脉络中,以孔子之圣学为标准的继承与陷落,何以道学与异学的必须分判,何以周程之学才是孔孟之学的继统? ——这也是"道统思维"的一端。所以,在朱子而言,"人"是继承"圣人"之道的"人";而"圣人"在"书"中,所以必须发明"书"旨,"书"因此是"经典"。而"经

---

① 《朱子语类》中载有一条云:"某于《论》《孟》,四十余年理会。中间逐字称等,不教偏些子。学者将注处宜仔细看。"

又曰:"《中庸》解每番看过,不甚有疑。《大学》则一面看,一面疑,未甚惬意,所以改削不已。"

黄榦于《朱先生行状》中亦云:"至于一字未安,一词未备,亦必沉潜反覆,或达旦不寐,或累日不倦,必求至当而后已。故章旨字义,至微至细,莫不理明词顺,易知易行。"(黄榦:《勉斋集》,卷36,页44)

② 黄榦:《朱先生行状》,《勉斋集》,卷36,页44。

典"中，也就传下了"圣人"之旨。"人"与"书"是合一的；朱子于是建构了"四子书"的体系，他继承的方向是由北宋诸君子去继承孔孟等诸圣贤的。

所以，朱子必定重视读"书"，也讲求"读书"的方法。其云：

> 为学之道，莫先于穷理。穷理之要，必在于读书，读书之法，莫贵于循序而致精。而致精之本，则又在于居敬而持志，此不易之理也。①

对他而言，象山的自得是寡头的"自得"，是相对于一种"合拍"的程序之下的"自得"，不能合拍于"历史文化脉络"中的"经典"，没有"面对"、没有"传承"，只有单独的"自己"的"自得"；这不是一种"历史文化脉络"之下对"自己"的"自觉"；面对历史文化众流的圣人之学与圣人之道，若只有这样的自觉，那么"自得"就是"禅学"，就是跳脱于"历史脉络化"下的"脱序"。朱子一生，便在"经典"之重建、发明、注解、集释、章句之付与极大辛苦精力心血之中，承担着"人—圣人"的"圣学/圣道"之责。《文集》所载朱子《书临漳所刊四子后》云：

> 圣人作经以诏后世，欲求道以入德者，舍此为无所用其心矣。然去圣既远，讲诵失传，……故河南程夫子之教人，必使之用力乎大学论语中庸孟子之言，然后及乎六经。盖其难易远近大小之序，固如此而不可乱也。故今刻四古经而遂及乎此四书者以先后之。且考旧闻为之音训，以便观者。又悉着凡程子之言及于此者

---

① 见朱熹：《朱文公文集》(明刊本，《四部丛刊》初编缩本)，台北：商务印书馆影印，卷14，《行宫便殿奏札二》。

附于其后。以见读之之法,学者得以览焉。抑尝妄谓中庸虽七篇之所自出,然学者不先于孟子而遽及之,则亦非所以为入道之渐也。[1]

黄榦的《朱子行状》则这样地描述:

> 尝谓圣贤道统之传,散在方册,圣经之旨不明,而道统之传始晦,于是竭其精力以研穷圣贤之经训。[2]

黄榦《行状》文字所表述者,可更清楚地以下图表示之:

```
       ┌─ 人:道统之传始晦 → 传圣贤道统 → 孔孟 → 孔、曾、思、孟 ─┐
  道统  │                                              慨然承担
       └─ 书:圣经之旨不明 → 明圣经之旨 → 四书 → 四子书 ───┘
```

这中间,"我(朱子)"与"圣贤(古)"之间,绝对是有一"历史的脉络"在其中无疑。对于朱子,与象山不同者便在于朱子不能说"自得"可以"无书可读","道统之传"必须是"我面对圣贤"时两造俱是"在历史之中"的。

　　朱子不能不重视"读书",唯有读"书","我"才能在"历史的脉络"之中。"读书"是朱子极度重视且重要的一个"学"的历程。所以,朱子对于"读书",定下了规模,立下了节目,讲求程序,紊乱了就不是圣学。这不仅是针对"禅学""陆学"的"判异端"的问题之对治;更重要的,是

---

[1] 见朱熹:《朱文公文集》,卷82,册下,页1493。
[2] 詹阜民录:《象山先生全集》,卷35。《宋史·道学传》与《宋元学案·晦翁学案》大旨与此同文。

他认为"学"就是"我与圣人"的关系对待的过程，就是"我如何面对历史文化中的圣人与圣人之典"的问题。"成圣"不是单独地、寡头地"自己"之"自得"，而是在历史文化的脉络之中的"古圣贤—我"之间的"相对"与"趋一"的历程。因此，"读书"就成为了一种"入道之序"；在其中，"四子书"是朱子一生中最重要、倾注最多心力的一个新构成的"合成文本"，合之则"一"，分之则"四"；在"四"中，且朱子定有一个阶序、层次，依着孔门的"下学而上达"的原则，朱子定出了阶序，在阶序中，"四"才能为"一"，这就是《学》《论》《孟》《庸》的次序之所由来。朱子曰：

> 学问须以《大学》为先，次《论语》，次《孟子》，次《中庸》。
> 某要人先读大学，以定其规模；次读《论语》，以立其根本；次读《孟子》，以观其发越；次读《中庸》，以求古人之微妙处。
> 《论》《孟》《中庸》，待《大学》通贯浃洽，无可得看后方看，乃佳。道学不明，元来不是上面欠却工夫，乃是下面元无根脚。

以上俱出于《语类》所记。至于黄榦的《行状》则仅以一段文字叙述了朱子的看法，堪称是为朱子作了极为准确的"定论"式传述，传述出"四子书"的"四"之所以为"四"，及在"四"中的所构成的"阶序"：

> 先生教人，以《大学》《论》《孟》《中庸》为入道之序，而后及于诸经。以为不先乎《大学》，则无以提纲挈领而尽《论》《孟》之精微；不参之以《论》《孟》，则无以融会贯通而极《中庸》之旨趣。然不会其极于《中庸》，则又何以建立大本，经纶大经，而读天下之书，论天下之事哉！

《行状》虽由黄榦执笔，但也经其他弟子贡献意见而成，至少在"四子书"的"读书次第"及其何以著成此次序上，可以说对朱子、在朱门，都是著为共识的不刊之论。

另外，堪注意者，为黄榦在此一表述"四子书"的次序时，用的语言是"入道之序"。可见关于"四子书"的"读书"，不仅有着"读书之序"，抑且此一"读书之序"同时也就是"入道之序"，其缘由黄榦已经以"提纲挈领""精微""会极"等语言表述了其所以然！

再一值得注意的，是黄榦提出的，"四子书"之后，才是"而后及于诸经"。这正是一种"四子书"与"五经"间联系的态度——一种"先后"次序的联系。其中，没有显明地提到"北宋诸君子之学"或"理学"或《近思录》在"入道之序"中的位置与关系。而这一点"没有提到"，在朱子身后的黄、陈各表中，竟形成了一种关于《近思录》定位的歧见。换言之，"入道之序"中由于"没有提到北宋理学"，"没有"便逐渐浮现上来成为一个问题。这个问题既牵涉到在"优入圣域"中，"理学"的定位为何，也牵涉到了"理学"与"圣学"的问题。对重视"历史文化的脉络"、必须把自己摆到"圣贤世界的历史脉络化"中的朱子而言，选择了北宋理学，贬抑了汉唐训诂、文章之学，就必须同时去承担"理学"与"圣学"之间的"阶序"关系的课题。朱子对此，自觉有多深，渠系如何面对千百年之后独承"孟子绝学"的"北宋周程之学"的再继其统续？北宋理学是承担了孔孟之学；但是，孔孟之学的"圣域之学"，与北宋诸君子所构成的"理学"，在"人"上、在"书"上，是如何"合一"的？"圣学"与"理学"，须不须要有一个一如"四子"之"四"的"入道之序"的再建构，从而形成一种"理学"与"圣学"之间"阶序化"的再建构？因而，《四子书》与《近思录》须不须要建构成一种"阶序化"的关系？《近思录》能否代表"理学"，一如《四子书》能代表"圣学"？这些问题的提出，也是本文所面对的课题行文之另一面向。

　　总而言之，朱子一生以发明圣学及北宋周程的伊洛之学为己任，不仅一生注入极大心血编纂、注解、章句了《四子书》；也用了极大心力来编纂、订辑周、张、二程之遗集，且作《伊洛渊源录》来表明自己与"伊洛之学"间的直承关系，这是一个"朱子之北宋理学的世界"的建构，一如前述，依然是有"人"、有"书"，"人"为根本，而却须"先"由读"书"入；而《四子书》，则是一个"朱子的孔孟的圣学之世界"，也是有"人"、有"书"，已如前述。但是，光凭"四子书"中取"北宋诸君子之学"的片段摘入注中，就能完成"圣学与理学"的"合而为一"吗？ 还是就是两个世界，分途而行，不须再进行一种"'圣学'与'理学'关系"的再建构？ 我认为，陈淳提出来《近思录》与《四子书》关系的论点，而且得到广泛共鸣者，其意义正在于此——凸显了朱子在此处自觉的模糊性。对于朱子自己的自觉性如何，是否模糊到必须要由陈淳的建构及与黄榦的相左，才能使此一议题的意义在"入道之序"中迫切地提出来？ 则我们显然还必须重新在朱子本人的文字、言论中去考察朱子的自觉性，这自然是必须要予以再细心分析研究者，笔者将另外撰文并思考此点。而在本文中，则笔者系直接进入陈淳、黄榦的歧异中，先进行陈淳及其同调者的表述，及彼等与黄榦的分歧。然后再以此为基点，也作为一个视角，进入朝鲜儒者李退溪的世界，去考察李退溪《圣学十图》中对"圣学"与"理学"及其关系构述。李退溪应该是有构述的，毕竟，包含着"圣学"与"理学"的"十"图，同时也是更大的"一"——《圣学十图》——的体系。以及由他所自提自问的"道之浩浩，何处下手"中，考察他在《十图》呈现了何种"入道之序"？ 这样的"圣学"阶序，与中土的"陈黄之歧"作一个相比时，所呈现出的退溪学样貌又系如何？ 本文就在这样的思考与章节行文中进行研究。

二、入道之序：陈淳与黄榦的歧见

> 先生教人，以《大学》《语》《孟》《中庸》为入道之序，而后及于诸经。
>
> ——黄榦《朱子行状》
>
> 四子，六经之阶梯；《近思录》，四子之阶梯。
>
> ——陈淳所记朱子语

陈淳与黄榦同为朱门最重要的二大高弟，其二人关于"圣学"当如何"入门"的学习阶序上，存在着环绕《大学》与《近思录》孰先而产生的分歧观点。究竟是《大学》为圣学入德之门，还是在《大学》之前，尚有个"《近思录》为四子之阶梯"？换言之，《近思录》应当与《大学》《四书》《五经》联系起来，成为一个"入道之序"的初阶，还是单独视为理解北宋四君子理学的文本即可？

要理解孔、孟之圣学，北宋先贤的理学应当摆置在什么位置？朱子为北宋理学所勾勒提要出的《近思录》一书，能否作为进入圣学之始？在初学"入德之门"《大学》之先，是否应当还有一本《近思录》，是"入德之门"的"门"！是两套系统："理解理学"与"理解圣学"，还是一套系统：由理学之先入而奠其基，而后至于圣学之理解？换言之，陈淳、黄榦之歧异，便是"入道之序"的歧异，也是对于朱子提出什么"入道之序"理解的歧异；而这歧异，便在于《近思录》与《大学》之间，是否存在着一种"学"上的阶序关系。"理学"是否应一并放进"圣学"中来学习、理解，这是必然的；那么，除了陈淳提出的"阶梯式"学习法之外，黄榦在反对之余，又如何看待《近思录》呢？

在已悬为功令的朱子学氛围中，"《近思录》为四子之阶梯，四子为

《五经》之阶梯"，此种"《近思录》→《四书》→《五经》"的进入圣学的学习阶序，几已成一常识。由《近思》而《四书章句集注》，由《四书章句集注》而《五经》圣人之学。而在《四书章句集注》中，又有着一个学阶之序，朱子为《四书》所订的学序是，《大学》为先，《论语》《孟子》次之，而后再进入最难的圣学精奥之《中庸》。朱子云：

> 盖不先乎《大学》，无以提挈纲领，而尽《论》《孟》之精微；不参之《论》《孟》，无以融会贯通，而极《中庸》之归趣；然不会其极于《中庸》，则又何以建立大本，经纶大经，而谈天下之书，论天下之事哉！以是观之，则务讲学者，固不可不急于《四书》，而读《四书》者，又不可不先于《大学》，亦已明矣。[1]
>
> 某要人先读《大学》，以定其规模，次读《论语》，以立其根本，次读《孟子》，以观其发越，次读《中庸》，以求古人之微妙处。《大学》一篇，有等级次第，总作一处易晓，宜先看。[2]
>
> 学问须以《大学》为先，次《论语》，次《孟子》，次《中庸》。[3]
>
> 问欲专看一书，以何为先，曰：先读《大学》，可见古人为学首末次第。[4]

如是，则就《四书》而言，《大学》确当为学者先观之"入德之门"；但是，以《近思录》为一部趋近圣人之学的"入门"之书，此种看法自朱子第一代后学以来，即已出现，所表达的信息，就是认为从朱子本身学术定位的立场，在对北宋伊洛之学的继承上，实已提出了一种可以为北宋诸

---

① 见《大学或问》，转引自赵顺孙《大学纂疏》，黄坤整理本，上海：华东师范大学出版社，1992 年，页 39。
② 《朱子语类》，台北：汉京文化事业有限公司，卷 14，册上，页 100。
③ 同上注引书，页 100。
④ 同上注。

君子及朱子之学作道统定位的看法。然而,确实又在朱子本人的文字之中,我们并没有在其亲自书写的文字——无论是《朱子文集》及不断增补出的佚文——中,看到朱子有此明确的提法。虽在朱子亲书中确实能不断见到关于《近思》四子的重要性提示的文字,但是,只有"四子书"被合成为《四书》的概念及已"合成为一部书"印行的事实;《近思录》则另外单行。我们找不到在朱子文字中有关《近思》与《四书》在"学阶之序"上的明确说法。而上述《近思录》为四子之阶梯,四子为《五经》之阶梯"的说法,则是出于《朱子语类》中陈淳的记录,而且只有一条。由于"语类记言"的单条流传,使得其既有着真、伪的可能,也有着由"诠释朱学"而来的具说服力与否的可讨论空间。因为"记言"之"语类",既非朱子之亲笔;抑且从"口语"上,也不能保证是"人人共听"的可信与共信。因此,陈淳的这条记载,由于某种原因,虽然在后世大行,皆视为是朱子自己的看法。但是,确实因其单条记载的事实,与已经被朱子亲自刊行《四书》的合成及为文说明何以合成、为学之序、节目安排等的事实,从而形成了朱门弟子在对此二书之关系论述上的认知歧异,并且其争议的语言中有着回返到朱子在世时的"亲书"与"口说"的倾向。虽然这个"返回朱子"以求解决歧异的事件并未在黄榦致李方子的信中挑起与扩大,这是因为黄榦说"可自行,然非朱子原意",可见黄榦并无意扩大这种歧异为一种争端,这也许亦是将朱子学悬为功令科举程序的元明清时代,此种结合《近思录》与《四书》学阶之序的看法能形成并普遍成为共识的原因之一。另外,就是朱子学既然成为圣学的标准,那么如何由朱子本人之学出发而趋往圣人之学,除了《四书》之外,《近思录》也确实可能提供了另一种"朱子学"的立场,而这个立场便是立足于更为"道学化"的"伊洛之学"上。朱子不也这样说过,他所以辑《近思录》之意,正是希望能够借"此编"总六百廿二条,提供给穷乡晚进有意于学而无明师良友之士,使其能够自得之,以入于北宋周张二程之学,以入于四君子之门么!① 因此,这种"近→四→五"的"学阶"看法,确实甚为普遍,明代官方所编的三书:《性理大全》《四书大全》《五经大全》,事实上,也可以视为是这种"学阶"论调之下的反映。康熙时刻行后便极为通行的正谊堂本《近思录》,张伯行在其《序》中即云:

> 唯子朱子,承先启后,崇正辟邪。振寰宇之心思,开一时之聋聩,亟取周子二程子张各书,探其关于大体,切于日用者,辑为是录,俾学者寻绎玩味,心解力行,庶几自近及远,自卑升高,而诐涅邪道不能淆,训诂词章不得而汨没焉。此则许鲁斋所称为圣人之基。而朱子亦谓"四子,《六经》之阶梯;《近思录》,又四子之阶梯"者也。②

不仅谓"近思→四子→六经"之"学序"为"朱子亦谓";且引许衡之言,视《近思录》为"圣人之基",则此正为陈淳式之言论,谓《近思》一书,为包涵了"理学"在内的"圣学"之"入道之始",故谓"圣人之基"。

乾隆时江永所编之《近思录集注》,江氏亦于其《序》中曰:

> 盖自孔曾思孟而后,仅见此书,朱子尝谓:"四子,《六经》之阶梯,《近思录》,四子之阶梯。"又谓:"《近思录》所言无不切人身、救人病者。"则此书直亚于《论》《孟》《学》《庸》,岂寻常之编录哉!③

---

① 见朱熹:《书近思录后》,《朱文公文集》,卷81,册下,页1468。
② 张伯行,前引书,康熙四十九年庚寅序。
③ 江永:《近思录集注》(《四部备要》本),台北:中华书局,1987年,乾隆壬戌九月序。

注意在江永之序文中，他的认知是"朱子尝谓"，这正是信从了陈淳的一种认知，而并未注意到由黄榦的不苟同可以产生的一种关于"朱子尝谓"的可能并不能成立。嘉庆时王鼎序江永此书时亦云：

> 今科场功令命题，一本五经四子书，其援引传说，必以朱子为断，诚以朱子之道，孔孟之道也。
>
> 且曰："近思录，四子书之阶梯，四子书，五经之阶梯也。然则士生圣教昌明之会，诵圣贤之书，志圣贤之志，学圣贤之学，以仰体圣人之化。舍是书其何以为阶哉！"
>
> 则必于《近思录》基之，体认既熟，于以读四子书，始恍然于义理之悦我心，由四子书而研穷诸经，益恍然于唐虞三代之学与治运，用天理而合乎人情者，亘万古而不易。①

其中，王鼎不仅亦引述了"《近思录》→四子→《六经》"之言，而更曰：

> 则必于《近思录》基之，体认既熟，以读四子书……由四子而研穷诸经。

明白谓《近思》此书为"入道之基"。因此，吾人可以发现，一种为"理学"定位的观点，必须在朱子身后出现，表彰《近思录》一书为继"新四经"之后，新的"第五经"之产生，不仅是继承朱子对濂关伊洛之学的定位，同时也就是对于其师门朱熹的定位。表彰《近思录》既是在表彰其内容——周张二程，也是在表彰其编者——其师朱子；因此，如果不处理《近思录》一书的"学阶之序"，又如何能安置北宋四儒的

---

① 王鼎，嘉庆十九年甲戌序，江永：《近思录集注》。

地位，谓其为"千载之后，有以接乎孟子之传"？因此，人与书，在朱门之中是并行的，既是"孔曾思孟"的"道统"之传，而亦是《学》《论》《孟》《庸》的"四子书"之序；而理学，则既是《近思录》的逐渐形成的新的第五之经，直配四子之书；又是濂洛关学的继承四子书，也是周张二程四君子的直承孔曾思孟之统绪。案，朱门极为重视"读书之序"，明白以此与"禅悟"划清界限，点出了追随并企图勾勒孔子之门"下学而上达"的真貌，至有讲求"读书之序"的传统，此自朱子本人及朱门初传以来，至于此际，犹可见之。上述王鼎的一段话，便是在表述此种"读书之序"与"入道之序"相合为一的传统。朱门且以此有别于"近有一种禅学""江浙之陆学"的不讲"读书"，无论陆门之是否如此，然视直接发明本心，不经"格物穷理"与"圣人之典"者，虽所以号称为"简易直截"，然而，却正是一种既缺少了"道问学"之序，也缺少了"尊德性"之序，更无一种在历史文化中对"圣人之传"的面对，这在朱子视之，其实就已是"禅学"渗入了的儒学；这种观点，至少可见朱门的强调朱、陆之分，有一种即为"读书之序"与"禅悟"之间的概念区分与划清。故朱门初传之高弟陈淳，在其与友人门生之书信中，便一再申明强调读书之阶序的重要，尤其是"四子书"之阶序。如《答陈伯澡三》云：

　　所寄《论语疑》册子，颇见日来进学工夫，不易不易已。据鄙见，各批凿于其下，幸更思之，但看文字，非可只一番，便要钻研都了。得圣贤精微严密之旨，须至于再、至于三而浃洽之；方见得趣味，源源而出；然圣门事业浩博无疆，而用功有节目，读书有次序。初学入德之门，无如《大学》，此书见得古人规模节序；在诸书中，为提纲振领处，必先从事于此，而《论》《孟》次之，《中庸》又次之；四书皆通，然后胸中权衡尺度，分明轻重长短，毫发不差，乃可以读天下书，论天下事，于是乎井井绳绳，莫不各有条理而不紊矣。①

又《答陈伯澡六》云：

> 大抵吾儒工夫，有节目、次第，非如释氏，妄以一超直入相诳眩。须从下学，方可上达；须从格物致知，然后融会贯通；而知与行又不是两截事。……陆学从来只有尊德性底意思，而无道问学底工夫。……吾友考索路脉，已自不差，更望一亹一亹加功，早毕了《论语》，即又从《大学》看起，《大学》既毕，复温《论语》，意味又别；温《论语》又毕，则基址已自稍稍立定；然后从而开廓之以《孟子》，自不复难而亦时有洒然之意矣！续后方以《中庸》，会其归，则圣贤蕴蓄，事理本末，精粗深浅，皆可了然在目，而胸中权衡尺度，无星毫分寸之紊矣！至是然后可读天下之书，论天下之事，而皋、益、伊、传、周、召大业，亦自不离乎其中矣！此文公先生所示学者次序，决不可移易。决非欺世误人者。而姚学谕却不循此，两年来先专从事于诗，李探花持书折之，谓其何不先从《大学》看起，姚却引圣言"兴于诗"为据，而固执其说，时并举以讲订，某复语以文公四子之序；须着如此用工，渠有难词，似此等意见，便与圣贤天地悬隔。②

文中姚学谕之语，犹可见在悬为科考准则之前，朱门弟子犹致力于宣扬、卫护、坚持此种由师门而定下的读书之序也。亦知由"五经"而"四书"，不仅是官场功令典范的绝大转变，亦是自北宋《三经新义》以来，

---

① 陈淳：《北溪大全集》（文渊阁《四库全书》本），台北：商务印书馆，卷26，页3。
② 陈淳，上注引书，卷28，页7—8。

以"四书"而取代之的朱门成就。其间，推动居为新典范的"四子书"，便由朱子一手纂成，且为其注入注解，合刊成书，可说是毕生精力皆在此，如黄榦《行状》所云者：

> 先生著述虽多，于《语》《孟》《中庸》《大学》，尤所加意，若《大学》《论语》，则更定数四以至垂没，《大学》诚意章，乃其绝笔也。①

陈淳亦云：

> 文公四书，一生精力在是，至属纩而后绝笔，为义极精矣。凡立语下字，端端的的，如逐字秤过一般，无一字苟且过。……注文与经文，字字有照应。②

近人陈荣捷先生便许为朱子在中国学术地位缔建之功勋之一，其云：

> 五经在国家取士与学校教育中仍占极重要之地位，儒学亦仍以《五经》为社会道德之准绳。但在新儒家思想之发展中，经典权威，则已丧失。在新儒家哲学发展中，朱子转以四书作替代。③

又云：

---

① 黄榦：《勉斋集》，卷36，页46—47。
② 陈淳：《北溪大全集》，卷33，《答扬行之》，页13。
③ 陈荣捷著、万先法译：《朱熹集新儒学之大成》，收在陈荣捷：《朱学论集》，台北：台湾学生书局，1988年，页21。

　　　　其哲学意蕴,则至为重大,以其含有:一、脱离五经权威地
位之羁绊。二、直探孔孟基本义理之教。三、引介合理之治学
(治经)方法。①

　　至以《大学论语孟子与中庸合为四书》之标题,许为"朱熹集新儒学大
成"之重要成就与重大意义所在之一。

　　故朱门弟子于此,亦莫不视为一介大事,兢兢于发明"四书"之"读
书次第"与"入道之序"之深切的关系。黄榦亦然,其《朱先生行状》中
有云:

　　　　先生教人,以《大学》《论》《孟》《中庸》为入道之序,而后及诸
经。以为不先乎《大学》,则无以提纲挈领而尽《论》《孟》之精微,
不参之以《论》《孟》,则无以融会贯通而极《中庸》之旨;然不会其
极于《中庸》,则又何以建立大本、经纶大经,而读天下之书、论天
下之事哉!②

可以视为一种"定论"之言,盖后来《宋史·道学传》撰朱熹本传即多参
以黄榦《行状》之文。

　　因此,对于朱熹所纂成的"四子书"上,关于"四书"的"读书之序",
陈、黄二人可说既无间然,亦无与朱子本人不同处,而亦无与二程子之
不同处。唯陈、黄二人在谈到朱子与吕祖谦所合编之另一书——《近
思录》,尤其是在其与"四子书"之关系时,则产生了极大的歧见,而且
在致第三者(李公晦)的书信中,黄榦正式提出了对陈淳的反驳,其《答

---

① 陈荣捷著、万先法译:《朱熹集新儒学之大成》,收在陈荣捷:《朱学论集》,页19。
② 黄榦:《勉斋集》,卷36,页44。

李方子》有云：

> 真丈所刊《近思》《小学》皆已得之，《后语》亦得拜读。"先《近
> 思》而后四子"，却不见朱先生有此语。陈安卿所谓"近思，四子之
> 阶梯"亦不知何所据而云。朱先生以《大学》为先者，特以为学之
> 法，其条目纲领莫如此书耳。若《近思》则无所不载，不应在《大
> 学》之先。……如安卿之论亦善，但非先生之意。①

李方子，字公晦，号果斋，《宋元学案》列入《沧洲诸儒学案》中，系朱子
较晚之弟子，在《近思录》与"四子书"的关系阶序的观点上，他与陈淳
乃系同调者。而此信中黄榦所云的"真丈"，即真德秀西山，《宋元学
案》中载其与李方子关系云：

> 嘉定七年（宁宗七，1214），廷对擢第三，调泉州观察推官，适
> 真西山守泉，以师友礼之，郡政咸咨焉，暇则辨论经训，每至
> 夜分。②

其甚为敬重李方子也甚显然。真德秀亦为一"《近思》，四子之阶梯"的
主张者，与陈、李二人同一立场，倡的是同调。在其《西山读书记》中，
便明显地已标录出来了"语类"中之"语"，使其成为"朱子之文"，反映
了追随陈淳的态度，真德秀在《西山读书记》卷31中即笔之云：

> 淳熙二年，东莱吕公自东阳来留止寒泉精舍旬日，相与掇周

---

① 黄榦：《勉斋集》，卷8，页17—18。
② 全祖望、黄宗羲等：《宋元学案》（台北：河洛出版社）卷18，《沧洲诸儒学案》，册下，
  页20。

子、程子、张子书,关大体而切日用者,汇次成十四篇。……号《近思录》。先生尝语学者曰:"四子,《六经》之阶梯;《近思录》,四子之阶梯。"以言为学者,当自此而入也。[1]

《西山读书记》另有一条亦谈到了《近思录》的定位:

> 使学者先读《大学》,以立其规模;次及《语》《孟》,以尽其蕴奥,而后会其归于《中庸》。尺度权衡既定,由是以穷诸经、订群史,以及百氏之书,则将无理之不可指,无事之不可处矣。又尝集《小学》书,使学者得以先正其操履;《近思录》,使学者得以先识其门庭、羽翼四子,以相左右。盖此六者,学者之饮食裘葛,准绳规矩,不可须臾离也。圣人复起,不易斯言矣。[2]

此文前段言《四书》之序,正是朱门其共识,皆无疑议。唯后又继言二书,相较之于后世张伯行等之所言,增《近思录》则为"新五经",增《小学》则为"新六经"矣;此种说法,于真氏此言中亦无不可;故真氏言"此六书者,……不可须臾离也"。更有意思者在"圣人复起,不易斯言",表示了圣学之传统,不仅在于《四书》为前此圣人之亲笔,而继起斯道者之后儒所笔之二书,亦确为可经"圣人复起"于今亦可之"入道""载道"之书。又,真氏在此文中,对《近思录》的定位,显然是"先识(圣人/圣学)门庭""羽翼四子"之书,亦然是追随着陈淳的讲法。虽然《学案》说他乃系"黄榦之再传",然在此一"读书阶序"的立场上,他显然是"陈派"的!故黄榦在致李方子之信中,便一起反对了三人:真德秀、李方

---

[1] 真德秀:《西山读书记》(文渊阁《四库全书》本),台北:商务印书馆,卷31,页77。
[2] 同上注引书,卷31,页90。

子、陈淳。由于黄榦致李氏之信函的主旨便在于此，虽然口气温和客气，但吾人可以知道黄榦真正的想法与态度，就是反对这一观点，而且强调对于陈淳的"记录"，他没听到，此言无异已间接地否定了陈淳的"私录之言"，至少已认定它不是亲出于"朱子"的"观点"。① 其中的依据，在上引黄榦《答李方子》信中，提到的理由有三：（1）朱先生——先师没有此语，也即是说：没有这种看法。（2）《近思》"无所不载"，故"杂"，不应在《大学》之先，因为"入道之门""入德之基"，于朱门而言，应是要先立纲领条目。（3）《近思》尤其因为首卷《道体》的困难度，"近思反成远思"之书。"远思"之书，既然"难读"，则确不足以作为圣学之初阶。朱子本人也常提及此书之难与杂：

> 《近思录》大率所录杂，逐卷不可以一事名。
>
> 《近思录》首卷难看。……却不如《语》《孟》，只是平铺说去，可以游心。
>
> 问蛰卿《近思录》看得如何，曰："所疑甚多。"曰："今猝乍看这文字，也是难有时，……"②

然而，黄榦仅由远思之"难"与"杂"字入手去为《近思录》作为学之序的定位，既没有解决也没有看出陈淳的此种结合《近思》与《大学》成为"入道之序"提法中的深刻意义，便在于触及了"理学"与"圣学"关系化

---

① 黄榦本人其实不是很赞同以"记言"式的《语录》来传播朱子之学说，在其《书晦庵先生语录》一文中，这个态度很明显底反映出来，其云："晦庵朱先生所与门人问答，门人退而私窃记之。先生殁，其书始出。记录之语，未必尽得其本旨，而更相传写，又多失其本真。"（见黄榦：《勉斋集》，卷22，页6）

其中一"窃"字，充分显示出黄榦对"记语"之"文"的不信任感，及其大有与其师朱子本旨相悖之可能。

② 以上所引俱见黎靖德编：《朱子语类》，台北：汉京文化事业公司，卷151，册下，页1045。

议题的核心！或许陈淳仅是偶然"私记"，但他的记录，却确实碰触到了连朱子自身都要自觉面对及处理的一个课题：如果我们在道统上系以二程或周程为正统，则是否应当透过这个周程之学以趋近孔孟之学，庶得圣人之旨？则《近思录》被提出来作为代表四君子之学的一部经典，一如《四子书》般代表孔孟的经典时，《近思录》应当是《四子书》的津梁，否则周程之学的继承道统及其正统性说便毫无意义。

显然在现存《勉斋集》中，除了"难读"等上述三点原因之外，我们很难再发现任何黄榦的文字中对此有更深一层的阐述。但可以确定的是，由于《致李方子》一信的明确答复之针对性，使得《近思录》与《四子书》中存有与否的"阶序"关系，可以视作是朱门二大高弟间的重大歧异，更何况是牵涉到了在明清时期已被视作是周程理学代表著作的《近思录》一书。尽管黄榦在不经意的回应中，有着对《近思录》之地位不置可否的意味；然而，由朱门后学的反应看来，不论陈淳的说法是否系一"私记"，或仅能被视为是他自己的理解与诠释，至少在他的说法中，我们认为陈淳实已触及了朱子学术定位的核心，这不仅是表象上的朱子之继伊洛之统，而且更是由伊洛之学到朱熹学这一脉的"理学"，如何是孔孟圣学的"正宗""正统""道统"的问题；以及在"人"与"书"上，如何能呈现出孔孟圣学的正宗与道统之传，就在周程迄朱子。则《近思录》作为《四子书》之外的一部"新"的"经典"，便似乎正好填补了这一空白，而此书也恰好是出于朱子所亲辑。更何况，陈淳的说法中，还为此书与《四子书》之间，作出了"入道之序"式的联系，而联系两书的语研，不妨即视为是一种"理学"与"圣学"关系表述的语言，无怪乎此说能得李方子、真德秀等人的支持了。

虽然黄榦表示了反对，表示了未曾听闻；虽然黄榦对其"不苟同"仍有其抑制，或是对此事不太经意；在陈淳致李方子的信中，还是现出了二人在此事上有着歧见的端倪，其《答李公晦》第三书云：

　　所示《近思录》并林子武之说，良荷启益。按此跋意自平正于
理无咻者。向闻先生亦曰："四子，《六经》之阶梯，《近思》，四子之
阶。"今子武不以为然，乃欲读《四书》，只参考此《录》使互得以发
明。似此言者，彼只据先生已解之《四书》理义已明白者而云云
尔。若据古《四书》本文，非先有得乎此录，四先生之说，则亦将从
何而入？而孔孟所不传之秘旨，亦将从何而窥测其蕴乎？况先生
所解《四书》之说，亦自四先生之书得之，而此录则四先生之要言
所萃，今学者先读之，使知道统之复续，实有赖于四先生，而起尊
敬师慕之心，然后循序渐进于孔孟之门，自当不迷，其所趋亦何
疑乎？①

　　案，陈淳在此信中，不仅仍然坚持着"《近思》，四子之阶梯"的说法，而
且也仍坚持着系"向闻先生亦曰"，不啻与黄榦之"未闻朱先生有此说"
正好针锋相对。尤有进者，陈淳在此信中也很明确详尽地说明了《近
思录》在整个"孔孟周程"之"圣学"及"道统"中的位置，及其所以必须
和《四书》联系起来，并且"先"于《四子书》之故。可以这么说，对于
"圣学"与"理学"，陈淳是有自觉的，孔孟与周程都在一个时间系列推
移的轴上，在一个线性时间观的历史文化脉络之中。"孔孟"之后，其
学"不传"，继起"复之"者，即为朱子所推尊的"四君子"，发明"孔孟不
传之学""不传之秘旨"者，即为"四君子之学"。陈淳整个论点的中心，
便在"道统"二字上，"道统"在"人"，人有其"学"，其学在"书"；故以
"人"而言：

　　　孔（曾思）孟—周张二程

---

① 陈淳：《北溪大全集》，卷 23，页 7—8。

以"书"而言；则自是：

《六经》—《四子书》—四君子之书的要录：《近思录》

是故黄榦〈行状〉中的"孔孟周程"，及由此而区分与合一的"圣学"与"理学"，陈淳作了区分，"孔孟"之学失传，继之者在"周程"；而"孔孟周程"之"合一"，则必须由周程四君子之"理学"为根柢，方能入途"圣学之域"——"孔孟之门"。否则，"若据古《四书》本文"，不"先有得乎此录四先生之说"，如何能窥孔孟之学之蕴，欲使"今"之学者知"道统之复续"，然后"循序渐进于孔孟之门"，自是在孔曾思孟周张二程的道统之学中，有一个"入道之序"在。陈淳已经间接在《致李公晦》的信中，说明了何以《近思》→四子→《六经》必须成立之故；也同时再次交待了这是"亲闻之于朱先生"，不是他自己的安排臆说。在此函中的林子武，显然是反对这个说法的，而且也提供了反对的理由，由陈淳所转述看来，其反对之理由仍是在于《四子书》已经是一部融入北宋"理学"的章句集注本，《近思录》作为"参考"即可。这样的理由不知是否可为黄榦反对的立场做代言。但不论如何，当时朱门，对于陈淳此说，有赞成支持与将用者，也有以黄榦为首的反对者则毋庸置疑。至于李公晦寄陈淳的《近思录》，其原有一跋，故信中提及"此跋"，然信中未言跋为孰作；但在陈淳《北溪大全集》中，收有一篇《书李推近思录跋后》，则知作跋者为"李推"，且李推并无反对之意，只是陈淳认为，或系李跋言有未尽，故启林子武之致疑，遂反对此说，可见李推恐亦是特赞成以《近思》为四子阶梯之说者。[1]《书李推近思录跋后》云：

---

[1]　案：陈荣捷先生据《朱子实纪》、《宋元学案》、李退溪《宋季元明儒通纪》等书，撰成《朱子门人》，列出共上百人，唯均不见林子武与李推二人。近年新出之方彦涛所撰《朱熹书院门人考》（上海：华东师范大学出版社，2000年）一书，亦未见。

　　某窃详此意甚平正,向闻先生亦曰:"四子,《六经》之阶梯;《近思录》,四子之阶梯。"此自无可疑者。而子武乃不以为然,盖缘跋中大意固正,而行文语脉纡缓,发挥本旨未甚相照应,不见此编与四书相关切之处,遂有以启其疑云耳。大抵圣贤示人入德,所以为理义之要者,莫要于四书,但绝学失传,寥寥千载,直至四先生而后明。而四先生平日抽关启钥,所以讲明孔孟精微严密之旨者,又杂见于诸书,不可类考。辛吾先生辑其关于大体而切于日用者为此篇,其次第仿《大学》,其会趣准《中庸》,其规模《孝语》《孟》,诚后学迷途之指南,而入圣门之正路也。故吾先生所以发明《四书》之宏纲大义者,亦自四先生之书得之。而此编其四先生之要旨萃焉。欲起学者于俗学横流之中,若不先乎此,则准的不立,而邪正之分不明,圣门将何从而入? 而千载不传之秘旨,又将若何而窥测之。今先刻以示人,使读者知圣传之所在,有以起尊敬师慕之心,而卓然不迷其所趋;然后循序而进于孔孟之门庭堂奥,自当从容造诣,一唯吾所之,而无寸步之枉矣! 尚何以为疑,而谓之非其序乎![①]

此《书后》不啻系陈淳又在《答李公晦》书之外,再一次阐明了朱先生所以编《近思录》之旨意,以及《近思录》在"入道之序"的角度上而言,真正是一个"进入圣门"的正路、指南,必须"先"于《大学》之故,并且反诘式地问说:

　　若不先乎此,则准的不立,而邪正之分不明,圣门将何从而入? 而千载不传之秘旨,又将若何而窥测之?

---

① 陈淳:《北溪大全集》,卷14,页7—8。

"邪正之分不明",指的正是在继承孔孟道统的传学上,《近思录》体现的正是一种"周程迄朱"之学的道学体统的正典性,也说明了"异学"是必须由《近思录》来作"正邪之分",否则"异学"自谓继承"孔孟",又将若何? 此函中,陈淳又说了一次"向闻先生亦曰",可见对于"《近思》→四子→《六经》"的"阶梯"之说,陈淳系公开化于同门之中,且均言"亲闻",则黄榦否认此一"亲闻",且言"未闻",其间确实隐隐有些对立之意,且牵涉到对师门两部大书:《近思录》与《四书章句集注》之相关于"道统""入道之序"的看法之歧了。

当然,黄榦、林子武一派朱门之士,反对以《近思录》为"入圣门之始",并不是就代表着彼等并不重视或就不推崇《近思录》一书;而系在牵涉到一种从其师朱子之学或朱门学术的角度来说时,"什么是入德之基或入道之门"的"书"时,就会牵涉到了朱学/朱门教学中最极重视的"入道之序"的问题。盖朱门是将"读书"与"入道之序"联系在一起的,在陈淳的《严陵讲义》之四篇中:"道学体统""师友渊源""用功节目""读书次序"实已针对"圣门之学"的四大方面,作了清楚的释说,他自己也对《严陵讲义》的四篇大旨大纲,极为重视,亦极自负,在《与郑节夫》书信中即有云:

> 某《严陵讲义》四篇,曾见否? 此吃紧为天下来世学者立一定准程,非止为山峡间一州之设的,无相误处,幸勿以厌平淡、喜新奇之心而易忽之。①

按《严陵讲义》今收于《北溪大全集》中,陈淳于《读书次序》篇中,特别强调了"书"与圣学,与载道之关系,即"书"是"载道之书",不容以忽

① 陈淳:《北溪大全集》,卷32,页9。

视，而"读书"之重要，更不容小视，其有用功节目，"吾儒……自有正法；造道入德，自有正路、等级、次序，一定不可复易"，①不容躐等！《讲义·用功节目》篇云：

> 道之浩浩，何处下手？②

披头即提出"求道"的问题。"入道之序"的关注，也就成为朱子之学与朱门教学的重要特色。《严陵讲义·读书次序》篇云：

> 书，所以载道，固不可不读，而圣贤所以垂训者不一，又自有先后缓急之序，而不容以躐等。③

"书"，既为"载道之书"，圣人所以"垂训之所在"，则"读书之序"便与"入道之序"深层地联系起来，而成为"进德造道"，趋往圣域之途的正途之方。《近思录》正是在这个意识上所成立起来的趋往北宋诸君子的"辑略"之书，摆置在"入道之序"中，是"参考书"还是"入门书/基础书"的问题，也就因此必须浮现上来，成为朱门教学的一个重大问题，也是教人"入道""成德"的一个"先读何书为始"的重大问题。在陈淳看来，更是一个为"北宋四君子之学"定位，及"圣学"与"理学"关系如何能借"书"联系与表述的重要课题。因此，《近思录》在"入道之序"上，占有何位置？能否成为"四子之阶梯"？就在陈淳的上述意识的引进下，成为朱门的一个争议性问题。在黄榦而言，虽非决裂，但也非断然否定，但至少是不承认"陈派"所提出的讲法的。吾人可以这么说，

---

① 陈淳：《与郑节夫》，见《北溪大全集》，卷32，页10。
② 同上注引书，卷15，页4。
③ 同上注引书，卷15，页6。

　　黄榦其实完全遵守着朱子由程子那里继承而来的一个命题式讲法：
"《大学》，初学入德之门也。"朱熹确实继承了也谨守着这个观点为基
础而编、而注、而作、而刊《四书》，黄榦也谨守着朱子表现在《大学章句
序》及《解题》中的"程—朱"观点及讲法。即便就《语类》中有着同门陈
淳的"记言"，却也另外有着视《近思录》为"难"的"记言"；对黄榦而言，
视《语类》所"记"之"言"为"没听到"，而谨守着以"四书"为体系的"入
道之序"，只以《大学》为入德之门；而反对陈淳、李方子、真德秀之
说，就"朱子之文"而言，他的坚持与只就《四书》为主以成立"入道之
序"的主张，是完全可以站在另一角度来理解的；也可以说，黄榦的主
张与坚持，毋宁是更为"其来有自"的。

　　但是，在处理朱子所面对的"道统之传"的"两个阶段"：被我们区
分为"圣学"与"理学"的"孔孟"及"周程"的"衔接性"——即"道统之传
承"问题时，朱子之文与朱子之言，却也确实未曾留下明白的"入道之
序"的交待。陈淳的《读书次序》及"圣门之人"的讲法，其实便正好在此
处将"道统之断"与"道统之绪"所对应到的"圣学"与"理学"的"绝/传"
问题，以"书"的方式作了一个"道统"之"断绝"与"复续"的处理，而也有
了朱门特色的"入道之序"的"阶梯"式安排。而且，重要的一点是：读
《近思录》确实是比读《四书》，更像是在承担与进阶者一种"理学的"道
统之传承中；由"北宋四君子之学"所撑起的"理学的"圣门之域世界的
向往，也确实能在读《近思录》中感受到；这样，读《近思录》，就使我们由
"理学"而趋入"圣学"，由周程而趋入"孔孟"；正如陈淳所言的："《近
思》，为四子之阶梯"；这种"孔孟之圣学"，正是"周程之理学"式的。

　　其实早在宋末叶采刊行《近思录》时，在叶氏自制《序》中，便已提
出了"陈派"之观点与讲法，可说是正式随"书"公诸于世的"陈派之
言"，而不再仅是陈、黄双方之书信辨歧，虽然我们目前并没有看到真
德秀所刊行的《近思录》版本及其中所附收的李推之"跋语"。叶氏之

《序》云：

> 朱子与吕成公，采撷四先生之书，条分类别，凡 14 卷，名曰
> 《近思录》。规模之大而进修有序，纲领之要而节目详明，体用兼
> 该，本末殚举。至于辟邪说，明正宗，罔不精核洞尽。是则我宋之
> 一经，将与四子并列，诏后学而垂无穷者也。尝闻朱子曰："四子，
> 《六经》之阶梯；《近思录》，四子之阶梯。"盖时有远近，言有详约
> 不同，学者必自近而详者，推求远且约者，斯可矣……或者谓寒乡
> 晚出，有志古学，而旁无师友，苟得是集观之，亦可以创通大义，然
> 后以类推之，以观先生之大全，亦"近思"之意云！

此序作于淳祐八年(1248)。末句明显有驳"远思"之意！值得注意的，
是"尝闻"并非"亲闻"，亦非"亲聆"；正确的说法，应是叶采自陈淳的语
录中"阅读"到或是得预闻"陈、黄之辩"，而"得闻"此一说法。"得闻"
并非"亲聆"！而后世学人凡引述此一说法时，大都将之表述为出自朱
子本人的说法；其实都是此种类型。以陈淳所"记录"者，黄榦所反对
而表"未闻"者，转成为"朱子曰""尝闻朱子云"等的"朱子自言"，而其
源只是"陈淳所记"，由于黄榦的断然否定"朱先生有此言"，因此，这句
话也只能止于"陈、黄之歧"；更重要的是，朱子确实未曾"写"过！

叶采不仅明白在刊本序中追随了陈淳的讲法，而且还提出了"我
宋之一经"的说法。在这样的说法中，《近思录》已经被叶采视为是"宋
代"的学术圣典，是宋学的特色，结穴于北宋四先生的学问，也通过朱
子的编纂成辑而显；这一部产生于"宋代"的"书"，已是继承道统、发明
圣学，且相埒于孔门曾、思、孟《四子书》的一部新的"经"书。虽然叶序
中并无"拟经"之意，而是自"道统承传"的角度，认为《近思录》较之他
书，更能上继以四子为圣学"书"的孔曾思孟之统；因此，可说是与扬

雄、王通均不同。但是,其所以成"经"之故,则在于北宋之诸君子,如同曾子、子思、孟子般,使圣学能大明于世;轲死无传,经过四先生而始再续其绪,四先生学之精义又集结在《近思录》一书;则《近思录》之同于《大学》《中庸》《孟子》中之述"孔圣"之旨般,可以配《论语》,同登圣门/孔门之域的"经"书。因此,叶氏不啻是提出了"新五经"的观点,虽然仍继承着"四子"的"子书"而转为"经书"的语言,但已正式地提出了"四子书"与"近思录"是可以被视为新的"经书"之观点;这与北宋王安石之《三经新义》中的《周礼》《书》《诗》又有不同,盖王安石系取五经之"三"为"新经";而此处则取子书之《论》《孟》及《礼记》中《学》《庸》之篇为"书",在取"四"之外,又配以朱子新编为"五",而成就其"道统论"下的"人"与"书"。抑且,在"入道"的阶序上,叶采也正式的依从着陈淳的观点:《近思录》→《四子书》→《六经》。在这样的观念下,很可以理解为什么叶采会提出视《近思》为一"经"的讲法。在"入道之序"中,集结了北宋四子理学/道学的《近思录》,必须视作是"经典",才能在已被视为新孔门圣典的《四子书》之"先",成为"必读"之"书"! 我们窥见的,是除了"书"之外,周、张、二程四君子的"人",也即将入于孔庙之两庑的"圣域"中。

三、《圣学十图》中的"圣学"与 《十图》阶序问题之分析

(一) 退溪学: 以朱子学为中心的圣学

退溪之学,学无师承,有之,则一准朱子之学而自得之,如其弟子赵穆(月川)《祭文》之所云者:

> 猗欤先生,天资纯静,不由师承,早事诚敬晦庵书中,惕然有

悟，俯读仰思，弗得弗措；抽绎四子，益加精力。①

赵穆又云：

> 晦翁既没，枝派遂分，学者未必能守其的传。故理学有通录，
> 而学术有所统一；朱书虽存，编帙浩穰，读者未必能究其旨趣，故
> 删节其要语，而圣学有所发端。②

此以其师退溪之学，准的在"朱学"也，其"圣学"亦是以"朱学"为准的
"圣学"，凡此，皆言其与朱子晦翁之关系。盖由朱学之体悟践履，以进
窥于"圣学"，实为其学思践行历程之主轴；退溪之著述，亦莫不皆环绕
于此。故梁启超与黎元洪称其为"真儒""道东之正学""朝鲜之朱子"，
盖有以也。李退溪编《朱子书节要》，其序云曰：

> 晦庵朱夫子，挺亚圣之资，承河洛之统，道巍而德尊，业广而
> 功崇，其发挥经传之旨，以垂教天下后世者，既皆质诸鬼神而无
> 疑，百世以俟圣人而不惑矣！
>
> 或曰："圣经贤传，谁非实学；又今集注诸说，家传而人诵者，
> 皆至教也。子独拳拳于夫子之书札，抑何所尚之，偏而不弘耶！"
> 曰："子之言似矣，而犹未亡也。夫人之为学，必有所以发端兴起
> 之处，乃可以因是而进也。"……昔圣人之教，《诗》《书》《礼》《乐》
> 皆在，而程朱称述，乃以《论语》为最切，于学问者，其意亦犹是也。
> 呜呼《论语》一书，既足以入道矣！今人之于此，亦但务诵说而不

---

① 赵穆：《祭文》，引自《退溪先生年谱》卷3，见《增补退溪全书》册三，汉城：成均馆大
　学校出版部，1985年，页609。
② 赵穆：《言行总录》，同上注引书，册三，页599。

以求道为其心者，为利所诱夺也。此书有《论语》之旨而无诱夺之害，然将使学者感发兴起而从事于真知实践者，舍是书何以哉！由是而旁通直上，则沂伊洛而达洙泗，无往而不可，向之所云：圣经贤传，果皆为吾之学矣。岂偏尚此一书云乎哉！滉年薄桑榆，抱病穷山，悼前时之失学，慨余韵之难理，然而区区发端，实有赖于此书。故不敢以人之指目而自隐乐，以告同志，且以俟后来于无穷云。①

是退溪于朱学，既无师承，不得乎《语类》及门口耳应答之功，而自阅遗书，深造自得于默会体察与兴发实践之功，此盖其所以作《朱子书节要》，特重于朱子书札之意耶！故其弟子黄俊升既版刻其师此书，而又跋之曰：

> 退溪李先生滉，喜得《全书》，敬信如神明，潜心积久，深会领要，以为天子平日精思力践之功，后学入头下手之地，尤在于书疏，非它文比。乃手抄其最关于学问而切于日用者，约繁就简，略加订解，凡所取才三之，而其平生出处言动之节与夫师友讲明警责之旨，该括无余，诚进修之直诀，而斯文之宝典也。……将见是书之行，与《近思录》同为《四书》之阶梯，而其规模之大，心法之严，则又有四先生所未发者矣！②

故安鼎福于退溪没后百余年为之重刻《李子粹语》，其作跋亦赞云：

---

① 见李滉嘉靖戊午年（嘉靖三十七年，1558）《朱子书节要序》，日本刻版《李退溪全集》（阿部吉雄编，韩国：大一精舍社印，退溪学研究院发行 1975 年。二册，台湾大学图书馆藏本），册上，页 116；案：据其弟子奇大升云，退溪此书系手稿，乃其没后始由门人刊行之，同书，页 6。
② 同上注引书，卷末，黄俊良嘉靖辛酉五月甲辰跋。

朱子殁三百有二载，而退溪李子生于东方，以斯道为己任，讲明朱子之学，平日著述之富，门弟记录之多，自有东方以来所未有也。①

尹东奎于《李子粹语》之《后语》亦曰：

退翁善学朱子也。欲学朱子当先学退翁；欲学退翁，不求之遗训，何以哉！此是编所由述也。……亦犹退翁之编《朱子书节要》。……退翁之言曰："公读是书者，苟能虚心逊志，耐烦理会，则将溯伊洛而达洙泗，无往不可。"奎于是编亦云："读者果能依其训而求之，则其于杨休雍容之气象，若将朝暮于濯缨之上，而可渐溯于武夷九曲之源矣。"②

昔玄奘氏为求西土释学，而可以"亲身"而"履"斯土；今退溪于"东土"，则以"伊洛朱子书"之由中土而东传后，由"读书"而穷理潜性，容于涵德，而臻"道传东土，一人而已"之境；是虽无"中土"历史文化之源流所荟，亦可以在"亲身而履"之外，借"典籍东传"之历史因缘，而"我东国先正之于道学，（虽）有不待文王而兴者"。③　而下引一段赵穆之言语以状之者，则更为形容之：

先生之生，上距朱子之世，几乎四百年；地之相距，亦几乎万余里，而先生尚且读其书，求其义，以达其道，后之人若以先生学

---

① 《李子粹语》，《增补退溪全书》，册五，页483。
② 同上注引书，页486—487。
③ 同上注引书，页463。

晦翁之心而求先生之学,则其之于道也不远矣!①

末句所言,乃道出退溪之学,终极在向往"圣域"的"圣学"境界;而其准的,一以"朱子"为道途之准的焉。而所形容之"先生处境座落",则甚有意义:其一,言退溪之上距朱子之世,已四百年矣,则此种"道统",显与中土本身之"道统"之"承/绝"者不同;近人所探,莫不以中土朱学之"传入"朝鲜为其因缘认识之法;而在退溪,在其弟子赵穆所言者,则恐不在此种历史之因缘与因素背景,而在"道"之如何可能在朝鲜能于四百年后而通过退溪以显之也!就时间而言,退溪如何能于近四百年之后,"以先生学晦翁之心而求先生之学","志于道""造于道";其二,就空间而言,"地之相距,亦几乎万余里"所述,关键实不在"万余里"之遥,以地远言之,朱熹本人亦相距洛水万里之遥;关键则在于没有"孔子""孟子"的朝鲜,以一"异国"而能"跨文化"出现了"朝鲜之退溪学式的朱子学";如赵穆所云者:

> 月川赵穆曰:我东土僻陋,士局见闻,上无以传,下无所承,虽有作者,鲜克必至,求其学问之正大,义理之精深,工夫之至到,操履之坚确,潜心发愤,体道成德者;以穆所见,一人而已。②

其所云"上无以传,下无所承"者,恐是心中实感;原来,"道"与"道学"的普遍性确实是可以有其所臻至而使"学道之人"兴怀"古今中外(天下)"的理想性、求道心的;在一个异文化的平列中,我们看到了"一人"之奋起,有"学道之心",有"学晦翁之心",而可以跨越"国度"的"界

---

① 《李子粹语》,《增补退溪全书》,册五,页601。
② 同上注引书,页480。

限"，形成了"西方有圣人出，此心同，此理同；东方有圣人出，此心同，此理同"的"道之世界"。而阳明所云的"良知天下古今之所同"，也在李退溪一人之身上及其弟子赵穆的语言感悟中有以呈现出来。李退溪之学之所以值得研究，其关键恐怕就在赵穆所言的"上距朱子四百年"与"地之相距万余里"所显示出的一种"跨文化"现象。儒学的移动，不仅是一历史现象，其中恐怕更有"理"字可说。使得吾人在探究朱门在初传之际就已出现"陈、黄之歧"所显示的"道途：入圣贤之域"可与李滉的"上继朱子，地距万里"的"朱学—圣学"之特性，作出一比较。

由此，李滉由以"朱学"为准的而产生的"光明俊伟，粹然一出于正，揆诸孔孟程朱之言，其不合者寡矣！"①以及"终日所论，不过乎孔孟曾思、濂洛关闽之书，而其出无穷，语益亲切，不离乎穷理致知、反躬践实、为己谨独之事，而扩而充之，则虽举而措之国与天下可也"。②虽其言"孔孟—周程"，而皆是立足于"朱子"而为上下发言的学脉，此一"学脉"，实不如中土人士自言者为之亲切者，实由"孔孟学脉"对退溪而言，并非朝鲜本土的"历史文化脉络"，而系由"朱子"而得之的"圣学的脉络"也！换言之，退溪的"圣学"实就是以"朱学"为中心的"圣学"。因而其《圣学十图》也就向"体系化"发展，其"体系化"中的"入道之门"，也就产生了退溪学自身的特色，而有与"黄、陈之歧"不同者。可以说，在"入道之序"中的"入门之基"上，退溪学是呈现了另一形态。

在李滉以"朱子/朱学"为中新所建构出的"圣学"，与中土因为"孔孟周程"之历史实存而形成的"道统"，有其可比性，亦有其差异性。一者，"道统化"的"圣学世界"之中，每一个人物，均是一一时间次序实列

---

① 李退溪自作《墓碣铭》，《退溪先生年谱》卷3附录，《增补退溪全书》，册五，页601。
② 同上注引书，页599。

的，纵然其中有断、有续，也因而形成了"理学"上接"圣学"的"道统世界"及其"圣学—理学"之"学"；另者，则在于专一于以"朱子/朱学"为中心，因而此中心所上下脉络化的历史世界是通过朱学的退溪实存化而建构的，因此，在退溪学所建构的"道学世界"中，"道统"意味并不浓厚，退溪以"道"为己任之承担，也并不是要承担此种"道统"，其承担者在于"朱学"中的"圣人之学"及其"圣人世界"能在"东土"发扬并实际流行显世。纵然陈、黄之歧中所关切的《近思录》《四子书》也是退溪所关切的《近思录》《四子书》；但是，其中仍然有着"道统"有无的差异，而这差异经比较后，更能看出以《圣学十图》为主的退溪学，是一种以"朱学"为中心而建构的"圣学"之"体系化"的表述。"十图"中当然也有次序，且与《近思录》《四书》《小学》等书亦有关系，但却并不代表与"道统承传"有关，而是一种体现了李滉"朱学"式"圣学"之另一种形态。

　　(二)《大学》与《近思录》之外：《心经》与"初学入门之基"

　　与朱门初传之弟子不同，退溪之生卒时间是在明朝弘治迄余万历之年间，因此，退溪可以有更多的资源来助成其进窥于朱子学问之堂奥；若由《圣学十图》来看更是如此。据其《进圣学十图札》所自言，十图之中，仅有三个半是出于其自手；而其余，则或出于周敦颐，或出于真德秀，或出于元程复心、王柏，朝鲜大儒权近(阳村)；甚至于其撰《宋季元明理学通录》以究朱门之传承时，还曾参考了中土今已罕睹的戴铣之《朱子实纪》，故陈荣捷先生撰《朱子门人》一书实，即特云其重要参考之书，除《朱子实纪》《考亭渊源录》《儒林宗派》外，便是退溪此书。[①]

　　也与朱门之陈淳、黄榦辩"入道之序"歧异集矢于《四书》《近思录》

---

① 陈荣捷：《朱子门人》，台北：台湾学生书局，1982 年，页 2。

不同,退溪在程朱性理学的基础——亦即《四书》、北宋周张二程诸君
子之书、《近思录》及朱子本人著作之外,还有一本极重要之书,影响其
学,亦为其本人所甚看重者,堪称是退溪眼中的"经典"之书,此即真德
秀的《心经》。真氏晚于黄榦与陈淳,甚且其本人亦未视己书为朱门求
取圣学之可传之"经典",其本人亦曾参与陈、黄之辩,而属于"陈派"。
然退溪于此书则云：

> 初学下手用功之地,莫切于《心经》一部。①

并尝对其弟子郑子中云：

> 更宜以一部《心经》,为早晚诵习夹辅用之地。②

《与具汝膺书》又云：

> 易东相聚,固是好事,共读《心经》,甚有议论,从前看未透处,
> 得以看透了;看到尽底,或有谬误看处,因得省改,丽泽相资,古人
> 所乐,方信不我欺也。诸人既去后,或能接续其功,久而不已,安
> 知其不有得。③

又云：

> 吾得《心经》,而后始知心学之渊源,心法之精微,故吾无平生

---

① 《退溪先生言行通录》,卷2,《增补退溪全书》,册四,页26。
② 《退溪先生文集》,卷26,《增补退溪全书》,册二,页28。
③ 《李退溪书抄》,卷9,《李退溪全集》册下,页195。

信此书如神明,敬此书如严父。①

是退溪直承真德秀而上继程朱,以《心经》为较诸明季中土之以《近思录》为"入门之基"者,更为"入门之基"矣!故将"初学下手用功之地"许予以《心经》,推重此书致有"信如神明,敬如严父"之语。

《心经》对退溪并悟理学方面的影响自不待言。而真德秀对退溪的影响于此也可深刻地观察出来。不仅真德秀之上理宗《大学衍义》与退溪之上李朝宣祖《圣学十图》若相仿佛,其目的与意义均是希望"人君即圣人",则天下之治可期。抑且真德秀之撰《心经》,明代程敏政则为之撰《心经附注》,退溪初得《心经》之本子,即是此程氏所附注之本。据其弟子李德宏云:

> (先生)常访上舍姓黄人,始见《心经附注》,心甚爱之。②

另一弟子金诚一则曰:

> 辛酉冬,先生居陶山玩乐斋,鸡鸣而起,必庄诵一遍;谛听之,乃《心经附注》也。③

在退溪之弟子中,赵穆是较为特别的一个,赵氏因受中土"朱王之争"氛围影响,曾反复与退溪辩论程敏政《心经附注》一书之地位,不仅影响了其师对《心学图》之订改,抑且赵氏尚据中土排程、排王最剧的陈建之《皇明通纪》,而引列其排殚程敏政之三事:卖题事、泥于势利事及朱陆

① 《退溪先生言行通录》,卷2,《增补退溪全书》,册四,页24。
② 同上注引书,页23—24。
③ 同上注引书,页24。

早异晚同之论。虽于第三事"朱陆早异晚同论"，不论程敏政此论如何，退溪仍自有其看法；然于前二事终不免耿怀于心，盖退溪既尊信《心经》，日夜诵持，而其《心经》本子又从程敏政《心经附注》而来，故其向来对程敏政有所尊仰；因此赵穆所引陈建之论，对视程氏为朱子心学一脉吾道中人的退溪，因而有所受沮，于晚年(66 岁)终作了《心经后论》一文，抒己见以释怀；然由《后论》看来，仍能感受其怅怅情绪于文字之间。①

因此，对退溪而言，他并不太在意程敏政的"朱陆异同论"，他仍旧从程氏为真德秀《心经》作注的脉络，将程敏政奉为正宗之朱学学者而尊仰着，对他产生打击的是程氏的人品，动摇了他与《心经》间的神圣性联系。然而经由此述，吾人可以察觉：程敏政的形象与地位，为什么在中土与东土有如是之差异呢！在中土，他的"朱陆异同论"与《道一编》由于影响了王阳明，产生了心学及《朱子晚年定论》，以是有陈建等程朱派学人士的强烈批判，甚至于引起庙堂的政争，因而陈建指出，吴澄与程敏政，都是王阳明的前驱人物；②而在东土李退溪的眼中，程氏却是屹立在真德秀《心经》脉络下的人物，既没有"王学"的疑虑，也没有"心学"的疑虑，所以陈建《皇明通纪》对程敏政的指摘，令退溪在意与伤感的，仍是在于学术上的人品，也是由于此，程氏的地位在与《心经》的联系上，有了缺憾！因此，退溪终必须作《心经后论》，以安此憾，以释此怀。

另一方面，退溪崇信《心经》，乃是因为退溪在朱子已全面建立"圣学—理学"之体系后，"道"既大明，退溪乃由修养体悟与力行实践以入

① 关于此事，参安炳周著、姜日天译：《退溪心学的两个特点》，收在《退溪学在儒学中的地位——第一届退溪学国际学术会议论文集》，北京：中国人民大学出版社，1993 年，页 286—291。又，其弟子赵穆在此事上与其师之争论及对退溪之影响，参申龟铉《略论李退溪与赵月川关于〈心经〉之问答论辩》一文，有更详细之析论，同上引书，页 327—337。

② 见陈建《学蔀通辨》，台北：广文书局，1971 年，前编，卷 1—3。

朱学，亦以此，在朱学中与践履息息相关的"心"，便为退溪所重视，成为其学之核心。若由退溪之眼光来看《心经》之"心"，自是朱子《大学章句》中《格物补传》言"心与理"关系之"心"，而非象山之学中的"心"，亦非阳明之学中的"良知"。抑且，重要的一点是，退溪对揭出朱学的"心"，是毫不忌讳，也不必如明代中土般，因有"陆王之学"的顾忌而避谈"心"之为"学"；退溪直言一己之学就是"心学"，"孔门不谈心学，而心学在其中"。以"心"为"学"就是退溪学中"学圣"与"圣学"的核心。对退溪而言，"心"又即为程朱所履言的"敬"。朱子云：

> 盖吾闻之，敬之一字，圣学之所以成始而成终者也。[1]
> 敬者，主一无适之谓。[2]
> 敬字工夫，乃圣门第一义，彻头彻尾，不可顷刻间断。[3]
> 敬之一字，真圣门之纲领，存养之要法，一主乎此，更无内外精粗之间。[4]
> 自秦汉以来，诸儒皆不识这敬字，直至程子，方说得亲切，知所用力。[5]

李退溪更是如此，可以说，其"心学"，就是"敬学"；这个核心特色的"心—敬"进路之圣学，在其《圣学十图》中完全展现无遗，由此以言退溪的学脉，便是由"朱（熹）—真（德秀）"的而来学脉，此言应是可以成立的。案退溪曾有云：

---

[1] 朱熹：《大学或问》，引见赵顺孙：《大学纂疏》，页 17。
[2] 朱熹：《论语集注》卷 1，《学而》篇注，北京：中国书店，1985 年，《宋元人注四书五经》，册上，页 2。
[3] 《朱子语类》，卷 12，册上，页 84。
[4] 同上注引书，页 84。
[5] 同上注引书，页 83。

真西山议论虽时有文章习气，然其人品甚高，见理明而造诣深。朱门以后，一人而已。[1]

退溪此言，加之以对《心经》之推崇，实已可见西山在其心中之地位。

退溪在《圣学十图》中总云：

> 今兹十图，皆以敬为主焉。[2]

又引朱子言云：

> 吾闻敬之一字，圣学之所以成始成终者也。[3]

又曰：

> 敬为圣学之始终。[4]

并于《心学图说》中征引程复心之言云：

> 盖心为身之主宰，而敬又之主宰也。[5]

---

[1] 见《李子粹语》，卷4，《答黄仲举》，《增补退溪全书》，册五，页454。案，西山在退溪心中朱门第一人的地位，此实可以对较于清初全祖望在《宋元学案》中之案语，盖祖望比较西山与鹤山，而有"西山晚节不保"之语。则真西山之在中土与东土，其学术形象与地位，又有大异焉者。

[2] 李退溪：《进圣学十图札并图》，第四《大学图》退溪《说》，《增补退溪全书》，册一，页203。

[3] 李退溪：《进圣学十图札并图》，第三《小学图》退溪《说》，同上注引书，页202。

[4] 李退溪：《进圣学十图札并图》，第九《敬斋箴图》退溪《说》，同上注引书，页210。

[5] 李退溪：《进圣学十图札并图》，第八《心学图》退溪《说》，同上注引书，页208。

故其所尊信崇奉的《心经》一书,既以《书经》之《大禹谟》"人心道心"十六字为卷一之始,又以朱子《敬斋箴》《求放心斋铭》《尊德性斋铭》为终。贯穿其间者,是功夫底蕴,以"心"为"敬",退溪此种以"心—敬"为主的学问,在以推崇尊奉真氏西山之《心经》为"经典",为"初学入门之基"的看法下,亦已展现在他呈进给宣祖的《圣学十图》中。无论是他的"圣学",或是"十图之学",其学脉均系"由真而朱",以臻"朱学",上窥"圣学";而他的"初学入门之基",既不是《大学》,也不是《近思录》,而是真德秀的《心经》。这在他与弟子金晔之一段问答中表现无疑:

> 金晔问:《小学》《近思录》《心经》,何书最切? 先生曰:"《小学》体用俱备,《近思录》义理精微,皆不可不读。而初学用功之地,莫切于《心经》。"[1]

是故,退溪遂在中土"陈、黄之歧"外,提出了《心经》是"初学用功之地"之"书"的另一种中土实未闻见的说法;不啻是另一种"入道之序"的"序"之展现。

抑且,由退溪与其弟子金晔之问答看来,其许以《心经》为"初学之基",不仅是已与《近思录》做过比较后之言,亦是与《小学》做过比较后之言! 为什么在退溪而言,会有将《近思》《心经》来与《小学》作为并列以判定何者为"先"的比较之言呢? 这在朱门的"陈、黄之歧"中,是绝无见之的,不仅朱门初传无见此种比较之言以定"入道之序",即使在朱子自己的文字、言说中,也未明见此种将《小学》纳入"入道之序"的"阶序"式思考中;《小学》在朱子,仿佛只是在"理学—圣学"之外存在着的一部"书",止于童蒙而设——虽然也为朱子所重视。

---

[1]《退溪先生言行通录》卷2,《增补退溪全书》,册四,页26。

总之，退溪以"由真而朱"为学脉，提出了《心经》是"初学入门之基"的观点，其意义有实可在今日被我辈看作中、朝两地朱子学的差异与别途发展——在何书为"入德之门""初学之基"这点上，与陈淳、黄榦的说法相较而言，自是饶富意味。至少真德秀之学在后世中土受到重视的，其实是一种被视为"帝王/圣君之学"的《大学衍义》一书，而非《心经》；然而，《心经》却在东土大扬，成为"东土之儒"——李退溪最为称道与重视的"圣学—理学"之"入门书"。另外，就今日我人来看，真德秀别于"陈、黄之歧"之外，提出《心经》为"初学入门"这一点上，以此为基，进行了不同的思考。也可以说，对朱子本人之学所蕴的"入道之序"中何者为"先"的问题之理解，陈、黄固有着歧异，而对此歧异，退溪其实亦有着自己的看法，也有着自己的理解与工夫进路；不仅在"陈、黄"之外而独立一帜于东土。抑且，也可以入于"陈、黄"之中，视作其对"陈、黄之歧"疑难的面对。在两造中，就黄榦而言，其不纳入《近思录》，实有着面对"理学"定位的问题，北宋君子之学不做定位，"道统"如何能成，更何况这也将更进一步涉及其师朱子之上承北宋诸儒的道统问题；就陈淳的纳入《近思录》以为"入道初阶"而言，则亦有着《近思录》之"难"读、深奥，反成一"远思"之学的困扰与困境。则退溪在比较《大学》《小学》《近思录》《心经》之后，所深思而提出并以回应其弟子金晔所问者，似乎便已在陈、黄之歧的两造之难中，提出了一个属于退溪自己的观点——一种立基于《心经》、瞩目于工夫实践性的观点。

（三）《圣学十图》中的"圣学"与《十图》阶序问题析论

对于《圣学十图》中的"圣学"，系"圣人之学（学为圣王）"还是"圣人之学（学为圣人）"，及其应否有所区分？此点，笔者认为在"理学即圣学"的"人人皆具圣人之性"以及"尧舜与我同然"上，"圣王之学"与"圣人之学"作为"圣学"，是相同的；这也就是《大学》上所说的："自天子以至于庶人,壹是皆以修身为本。"如果定要区分,则"圣王成圣",显然比"圣人成圣"在事功上的效用性要来得更大;所谓"君子之德,风;小人之德,草;草上之风,必偃。"但就程朱、陆王皆尊孟子之学看来,其回归到孔子的,都皆是一种以"成人—成圣—成德"为基调的儒学,在这点上,任何一种"儒学",皆无其区别,亦即"君王"并未在"成人成圣成德"这一点上,有着高于"他人"的"必然性"。

关此,韩国学者安炳周在其《儒教之忧患意识与退溪之敬——以"圣学十图"为中心》一文中,已经做了很好的阐述;安氏并且认同于李相殷对《圣学十图》之译解,[①]认为退溪的《圣学十图》实兼有"圣王"与"圣人"之学二义,"退溪的'圣人之学'不仅是对帝王,而且对任何人也适用"。[②] 但是因为退溪此《十图》又确系针对年仅十七岁的宣祖呈进,因此,其中对"君"对"国"对"民"的"忧患意识",也甚显然。这点,其实已将退溪《圣学十图》向着真德秀的《大学衍义》拉近了不少。[③]笔者在此倒无意表示与安炳周相反或不同的论点,只是想再次强调,以宋明理学为基调的儒学,本来就希求天下臻治,且人人成德;因此,对于具有"权/位"能影响更大的"君/王",彼等自是不会不予注意;然而,在教化君王的基调上,他们提出的,除了"治术"性关注及本"德治主义"以为基本之态度、原则外;从"理学—圣学"的基调来看,仍然是以"圣学"的"成德成圣"为其本质的,"民"与"君"都是"人",在"人而为圣"之"道"的前提下,其性其命,并没有由"天"而来的差异性及不等性;

---

① 见李相殷:《圣学十图译解》,韩国:退溪学研究院编辑,韩国书院印行,1974 年,序文,页 5。

② 安炳周:《儒教之忧患意识与退溪之敬——以"圣学十图"为中心》,《第四届近世儒学与退溪学国际会议论文集》,台北:学海出版社,1979 年,页 153。

③ 笔者这样说,乃是因为中土学者有言《大学衍义》为"帝王之学",如果真氏《大学衍义》系与退溪《圣学十图》同质,则安炳周的析"圣学"为二:"圣人之学"与"圣王之学",就有其"凡人"与"君王"的差异性,而非如其所欲言其为同一性者。这点,看来还可以再为文作进一步的比论与分析。

此点，无论是"教之君"还是"教之士""教之民"，都没有本质上的差异。因此，即便退溪之上《圣学十图》对象是宣祖之"君"，但《十图》中的"圣学"，其基调仍然是"圣人之学"，讲的仍然是"人之成圣"或是"作为君的人"之成"圣"；亦即是"宣祖/君/人"所以"成圣成德"之"圣学"。

安炳周并于其文中，将退溪"十图"之来源，依据退溪在《〈进圣学十图札〉并〈十图〉》中所自云者，做了一个一目了然的简表，兹引列如下：

1.《太极图》：周濂溪。周濂溪太极图说、朱子注，退溪说明。

2.《西铭图》：林隐程序（程复心）。张横渠西铭、退溪引用宋儒之西铭解说，退溪说明。

3.《小学图》：退溪。朱子小学题辞、朱子大学或问，退溪说明。

4.《大学图》：李氏朝鲜权近（阳村）。大学经文、朱子大学或问，退溪说明。

5.《白鹿洞规图》：退溪。洞规后序。退溪说明。

6.《心统性情图》：林隐程氏（上图）、退溪（中、下图）。林隐程氏（程复心）心统性情图说，（可看到从"臣谨按程子好学……图有未稳处稍有更定。"并附有退溪小注），退溪说明。

7.《仁说图》：朱子。朱子仁说，退溪说明。

8.《心学图》：林隐程氏。林隐程氏（程复心）心学图说，退溪说明。

9.《敬斋箴图》：王鲁斋（柏）。朱子敬斋箴，退溪说明。

10.《夙兴夜寐箴图》：退溪。陈南塘（柏）夙兴夜寐图，退溪说明。[①]

---

① 见安炳周：《儒教之忧患意识与退溪之敬——以"圣学十图"为中心》，前引书，页154—155。

吾人若由"陈、黄之歧"的视角以关注《十图》中所含摄之"阶序"问题，则也可以在《十图》中寻视到考察的基点。对于"阶序"的问题，就退溪而言，其实也可以说是一个如何成"一"的体系化问题；一如《四子书》之为"四"，《十图》之"十"，同时也是一个可以"为一"的"合成文本"，而"入道之序"，就在其中起着"为一"的作用。

退溪对此《十图》所关切者，乃在如何以"心学—敬学"为核心而贯穿《十图》成一圆融之体系，故体系化、圆融化在退溪而言，实有其必要。然而，《十图》既上呈于宣祖之案前，则由第一之首图至第十《夙兴夜寐箴图》，亦必形成一次序展现状态，孰先孰后，不能不有其安排及所以安排之意义，此《十图》中必含摄有"阶序"问题之可得而言者。故"阶序化"问题不解决，则《十图》之由"一"至"十"之次序便无意义可言，体系化、圆融化自亦成问题与弊端，故退溪与友人尝有辨《心学图》当在第四或第五者，亦由此也。

再者，退溪之学由朱学而来，亦本之朱学，以此为中心，则朱学本就蕴就"入道之序"的构想、安置及其本有之问题，已在朱门第一代浮现，遂亦成为退溪《十图》中有关"阶序"问题之可谈者。

退溪在《十图》中确系有着"入道之序"的观念，其自己亦曾言在《进圣学十图札》中，云：

> 道之浩浩，何处下手？古训千万，何所从入？圣学有大端，心法有至要；揭之以为图，指之以为说；以示人入道之门，积德之基。①

《进圣学十图札》又云：

---

① 见李退溪：《进圣学十图札》，《增补退溪全书》，册一，页195—196。

　　昔之贤人君子，明圣学而得心法，有图、有说，以示人入道之门，积德之基者，见行于世，昭如日星，兹较欲取乞以是进陈于左右，以代古昔帝王工诵器铭之遗意，庶几借重于既往，而有益于将来。于是仅就其中拣取其尤著者，得七焉。其《心统性情图》则因程图而附以臣作二小图，其三者，图虽臣作，而其文其旨，条目规画，一述于前贤，而非臣所创造，合之为《圣学十图》。每图下辄亦僭附谬说。①

道之浩浩，何处下手？此即"入道之序"中最为根本的"入门之基"的问题。退溪又云道虽浩浩，然圣贤则仍以示人以要；就退溪而言，堪注意其"圣学"系与"心法"对举而言，显示在退溪所已体会的大端、至要，即此《十图》；而朱学之特色在"下学而上达"，循等渐次，不乱其序，以至于德；退希既云"入道之门"与"积德之基"，故《十图》中亦着有"入道之序"及"入门之基"的问题所已蕴就。而此问题，亦必为退溪曾予思虑，成为其所曾承担曾面对之一课题在其间。由此，吾人遂得以就"入道之序"为轴，展开其在《十图》中对"入道之门、积德之基"的分析与讨论。

　　就此《十图》总而现之，并由"陈、黄之歧"的视角为立足转以观照此《十图》中的"阶序"问题，吾人认为，实有集中于《大学》《近思录》《心经》三方面之影响可与论之者。吾人可以这么说，在《十图》由"一"至"十"的总序上，退溪是"陈（淳）派"的，这由"首图"为《太极图》可以看出，正是《近思录》卷一《道体》的影子。然而在《小学图》与《大学图》为《十图》之根本的论点上，退溪又可说是"黄（榦）派"的；抑且还溢出了"黄派"，直接涉入了朱子《大学章句序》中所提出确为体现在《四子书》

━━━━━━━━━

① 见李退溪：《进圣学十图札》，《增补退溪全书》，册一，页196。

中的《小学》之在"圣学"与"入道之序"中定位问题;退溪则实由"敬学"
为"成始成终"的主意,来补朱子所"另作"的《小学》,以入于自家的"圣
学"之《十图》体系中。再一方面,《心经》以"心—敬"为主的学问之功,
也可以在《十图》中的其他诸图看出其影响,尤其是末图《夙兴夜寐图》
中,整图以篆体所书,敬字为中心,显示出《心经》在退溪学中所成的
"心—敬"之学的影响极大。则"成始成终"之"成始"一词,能从《十图》
中搬置一图置于《十图》之"首"么! 这也牵涉到"首图"何以不是《心
经》脉"心图系列"的质询。

以下,吾人即就(甲)首图,(乙)《小学图》与《大学图》之关系及其
"二本"地位,(丙)"心—敬"学脉下的《心经》进路之展现问题三方面,
来考察《十图》中的"入道之序"。

(甲) 首图

《圣学十图》之首图即为《太极图》,则此显然是一种《近思录》式的
安排。按,《近思录》之"首卷"为《道体》,而《道体》之首则为周敦颐之
《太极图》,不仅因为《太极图》虽然难解难读,却标志着"道之大原",也
标示着由朱子所尊崇的北宋道统四君子之首——周敦颐,朱子且论断
其学为二程学之所从出。① 所以退溪之《十图》,既以濂溪之《太极图》
为首,次图则为因张载之《西铭》而成之《西铭图》,则显然是依从了《近
思录》的安排,仿卷一《道体》以《太极图》为首。从这个方面来说,他可
以视为是"陈、黄之歧"中的"陈派",不仅是"由《近思录》而四子""圣学
即理学",亦且是须先"周程理学"(《近思录》)而后"孔孟圣学"(四子
《五经》之学);至于对朱子本人所提出的《大学》之读书次第、规模、节

---

① 这个说法,则至清初之时,已为全祖望在《宋元学案》中所批评反驳,谓伊洛之学不出
自周子,是故《宋元学案》即以《安定学案》为卷首;近人钱穆亦于《朱子新学案》中谓
"宋学"非出于"濂学",而更有胡瑗、范仲淹者在;亦不仅止于"义理"之"理学",而更
有一番治平求治气象。

目，退溪亦是将此精神体现了：《十图》之有序、有体、有用、有规模、体系，正是一种由《大学》而来的朱学之特色及精神。但是，李退溪未将《大学图》排置第一，则《大学》之在程、在朱、在《大学章句序》中所正式登录为文的"初学入德之门"的程朱旧训与典训，退溪应如何看待而安之入于《圣学十图》中呢？作为"入道之序"的第一图，是否就是程朱典训下的"入德之门"？这又回到了黄榦所坚持的主张，"入道之序"须以《四子书》为中心，其中《大学》为先，是"朱先生"教人之法，《近思录》只是参佐；亦且，《近思录》有《近思录》的问题，就是"太难"，使"近思反成远思"；这样，黄榦的立场也就是对陈淳立场的质疑；同时，亦就是对退溪《圣学十图》之"首图"安排从《近思录》的"陈派立场"采行的质疑。

　　回到朱熹，其与吕祖谦编辑《近思录》的原意，乃是为使"穷乡晚进之士"及"初学者"，能有其下手之处；然而如今又因其"首卷太难"及"所录皆杂"，而有不成其为陈淳所云"入门之基"，反成"远思"之虞；故退溪亦自云："《近思》义理精微"，则退溪是如何看待《十图》中"首图"安排的《太极图》所可能如陈、黄之辩中，由黄榦而来的质疑？或许退溪考虑到了，或许只是依从着朱熹的《近思录》的次序安排。因为，在东土中，我们只看到对退溪《心学图》《心统性情图》等的讨论，而尚未见到有关《十图》中"首图"质疑的讨论。

　　对于《近思录》的卷一，何以放置的是《道体》一卷，虽然《朱子语类》中所记录的朱子与门人之讨论，亦言"太难"，"本不欲"，以及其本是吕祖谦之意；但是朱子毕竟依从了标示"卷一"的本意——即必须要标示出"道之大原——人的成立及圣的可学之根本"，然后再从"用力之端"中讲求卷二以下的"工夫节目"。退溪在《圣学十图·太极图》下自亦《说》曰：

　　右濂溪周子自作图并说。平严叶氏谓此图即《系辞》"易有太极,是生两仪,两仪生四象"之义,而推明之。但《易》以卦爻言,图以造化言。朱子谓此即是道理大头脑处;又以为百世道术渊源。今兹首揭此图,亦犹《近思录》以此说为首之意。盖学圣人者,求端自此,而用力于小大学之类及收功之日。而溯极一源,则所谓穷理尽性而至于命,所谓穷神之化者也。[①]

其本于朱子而自手书之《七先生遗像赞》,此间公藏诸本《退溪全书》均未收,仅收录于日本刻版《李退溪全集》中,"七先生"之首即为周濂溪。以次为程明道、程伊川、邵雍、张载、司马光、朱熹。其中除朱熹遗像赞为自作外,余均手书于朱子作者,兹书影于下,以见其从朱子之心意:

　　　道丧千载,圣远言湮;不有先觉,孰开我人,

　　　书不尽言,图不尽意;风有无边,庭草交翠。

伊川《明道行状》谓孟子之后道丧,明道先生有以接千载之后;朱子则建构一个"道统的周濂溪",为其编出一本遗集,纂出一个来历不明但考证历历以之出于周濂溪的《太极图》并《说》;遂更立"周濂溪"为道统再续之首。因此,陈淳推本《近思录》之意,即是推本朱子以"周濂溪"之为"道统再传之首"义,则卷一《道统》之《太极图》亦标示着"书"为"首"之意。李退溪显然追随之,故其《说》既引述朱子曰:"道理之大头脑""百世道术渊源",而己亦曰"盖学圣人,求端自此""首揭此图,亦犹《近思录》以此说为首之意";显然既是朱熹的又是陈派的观点;总之,《圣学十图》之首揭《太极图》,便是将以周濂溪为首的"理学"置进了

---

① 李退溪:《进圣学十图札并十图》,《增补退溪全书》,册一,页12。

"圣学"体系中；而且上溯孔门之域，必须由此入途，亦即须由朱子所建构的"理学道统"而入。这正是陈淳的主张，也是他理解的朱子之学中的"入道之序"。

但退溪在上引文中又言：

> 盖学圣人者，既求端于此，而用力于小大学之类及收功之日。

这已经呈现出"圣学体系"中含有两种状态：其一是《太极图》为"首图"的"求端于此"的状态。而"用力"则另有工夫节次论，此即《大学》中的"格致"之功，及《小学》中的"敬"字工夫。退溪所指之"用力"者，系并指《小学》《大学》而言，则《太极图》但只能标出"大头脑""道之大原"，却未必是"用力之端"；若要寻圣学用力之端，工夫之始，仍要回到《大学》中的"八条目"中来，以《格物补传》之"格与致／心与理"为始下手地；而这点却又牵涉到了《小学》的问题。在退溪上揭文中，实已写出了在朱学中本来就蕴有的"入道之序"之歧异；而对于"圣学"之所以"杂"、之所以"博大"、之所以"浩浩"的感受，也更使《圣学十图》呈现出体系化的走向及建构；在"造道之端""用力之序"上，也有着各种不同面向的讲法；至少，在《十图》中作为"首图"的《太极图》，是不能呈示一种"用力之端"的"首"及"要"，而退溪则将此归之于《小学图》及《大学图》的"二本"；"本"者，"用力之基"也。

（乙）《小学图》与《大学图》："二本"之图

从朱子本人或朱门后世的角度以言，则退溪《十图》中实有三图可作为入道之阶序上的首图：（1）《太极图》，如上所言，这是陈派观点，依从的是《追思录》的卷帙安排；而退溪在图之《说》中也提到了。（2）《大学图》，这不仅是黄派的观点，直以《四子书》为圣门典籍，而摆置《近思录》作为一旁的"参考"用书。这自然也是程朱对《四书》《五

经》的将《大学》定位为"初学入德之门"的观点。（3）《小学图》，这是
依朱子《大学章句序》中所言而来的与"大学"相对的"小学"观点，是故
循古制则"小学"在"大学"之先；盖朱子读《大学》之"大"为如字，与郑
玄之训为"泰"有其不同，以"大学"为学宫也。然《大学》为"孔门之遗
书"，《小学》则无古圣遗典，乃朱子取《礼记》中等篇辑缀而成。退溪则
显然继承此意，而分别作有《小学图》及《大学图》，而《小学图》其序次
又在《大学图》之先。

退溪在《圣学十图》中，确实承担了朱子《小学集注》与《大学章句》
间关系的课题，其《小学图说》云：

> 或问：子方将与人以《大学》之道，而又欲其考乎《小学》之
> 书，何也？朱子曰：学之大小，固有不同，然其为道则一而已。是
> 以方其幼也，不习之于《小学》，则无以收其放心，养其德性，而为
> 《大学》之基本；及其长也，不进之于《大学》，则无以察夫义理，措
> 诸事业，而收《小学》之成功。[1]

> 右《小学》，古无图。臣仅依本书目录为此图，以对《大学》之
> 图。又引朱子《大学或问》通论大、小之说，已见二者用功之梗概。
> 盖《小学》、《大学》相待而成，所以一而二，二而一者也。故《或问》
> 得以通论，而于此两图可以兼收相备云。[2]

《大学图说》则曰：

> 国初臣权近作此图。章下所引《或问》，通论大、小学之义，说

---

[1] 《增补退溪全书》，册一，页201。
[2] 同上注引书，页201—202。

见《小学图》下。然非二说当通看，并与上下八图皆当通此二图二看。①

其意先云《小学》《大学》之二而一、一而二而归相待而成，可以通论；继则以论二图之在《十图》中之位置，盖以二图为《十图》之"二本"，其余"八图"向此二图回归者，当即主意在程朱之"入德之门"义。而退溪又以《小学图》次序第三，《大学图》次序第四，明显亦是自朱子《大学章句序》而来：

> 三代之隆，其法寖备。……人生八岁……皆入小学……及其十有五年，……皆入大学。……此又学校之教，大小之节所以分也。

是故在一个人的教育过程中，由幼及长，是一个生命成长的次序，由是亦成为古圣先贤制定学校教育的次序，"小学"因而必是在"大学"之先，以养成蒙童之性情为目的，既涵养其德性作为根底，此即朱子所云有个"作人的样子"者；至"大学"，遂可进而培养其进德之目，措施处世致治之方。这也正是退溪将《小学图》置于《大学图》前之故。

然而，朱子虽另作《小学》一书，但不管在朱门第一代中还是在后世，此书都仍然是仅起着童蒙教育之影响，而未能如《大学章句序》中所言者，能够使《小学》以"书"之姿态而进入"道统"之中，与《四子书》所呈示之序发生关联；而朱子亦未真能于此有其进一步之工夫用下，盖无论就《小学》之"人"（作者与道统之关系）的确定传承而言，"书/典"（与道统之关系）之确定传承而言，都未能臻至以考定制作《四子

---

① 《增补退溪全书》，册一，页 203。

书》体系的境界。是故,《大学章句序》中的"小学",实于《四子书》中尚欠矣;故王阳明讥之曰:以《小学》补一"敬"字。意谓朱子之《大学》及《四书》,均有欠于此也,故俟《小学》而补。退溪则据朱子意亲制作一《小学图》,使与《大学图》并为《十图》之"二本",则其《十图》中之"大学"与"小学",即是"圣学"之"学"——古昔先王圣人所以治国成教之法也。抑且,他也由"敬"字,于《十图》中补足了朱子仅能言之于《大学章句序》中,而不能具体体现于《四子书》"统"与"序"中的困扰。在《十图》中,"小学"是充分得到退溪重视与展现的,而不是仅将之针对"蒙童"之教上;即便是未受蒙童之养的成人——即《四书》所针对未必有童蒙之养的"士人",在退溪而言,也应有"小学"的明伦、立教之养,盖"大学"必须由此收功,因"小大学"道通为一也。是故,退溪的《小学图》之制作,若自朱门第一代在"入道之序"即有"陈、黄之歧"的角度来看,则退溪虽然在"大小学"之"序"字上是黄派的,但确实已溢出了黄派,直接涉入了朱子《大学章句序》中所言而却未体现在《四子书》中的《小学》之定位问题。退溪继承了朱子另辑《小学》的精神与立意,以"敬"学为"本"来补此阙,而将之入于自家的"圣学"之《十图》体系中。

案,由退溪在《大学图说》之末自注所言:

> 《太极图说》言静,不言敬,朱子注中言敬以补之。[1]

可知退溪以《太极图》为首,因其言静,可觅解"道之大原";然言静而不言敬,则工夫无端之始,故曰"补敬",则《小学》《大学》之图均皆言"敬",故即继前二图而序次之为第三、第四。故知退溪虽从朱子、东莱编《近思录》之意,以《道体》为先,以《太极图》为《圣学十图》之首,此确

---

[1]《增补退溪全书》,册一,页203。

是陈派的。然而言及用功之地，则已自第三、第四图突显了一个工夫入手以及用功之序，进入了论述古昔圣王制作学校施教的次序与世界，而以"小学""大学"作为"人"的由幼及长的二个重要"受教"阶段，此所以"小学""大学"为"二本"也。而"二本"归"一"，故曰"二合一""一而二"。

又案，退溪《圣学十图》中所用之《大学图》，系取之朝鲜大儒其先贤权近，而非取自《朱子语类》中的《大学图》，亦非取自中土元儒王柏《研几图》中之《大学图》，此实可注意者，当另为文并中、朝宋元之际及李朝时之《大学格致传》现象一并探讨究之。而要之，退溪之《小》《大学》二图既已为《十图》之"二本"，而形成一"用功之序"与"入道之序"的序次呈现在退溪《圣学十图》中，退溪并在《大学图说》中说明了二图所以为"二本"之义，其云：

> 上下八图皆当通此二图而看。盖上二图示求端扩充、体天尽道，极致之处，为《小学》、《大学》之标准本原。下六图是明善、诚身、崇德、广业、用功之处为《小学》、《大学》之田地事功。而敬字又彻上彻下，着工收效，皆当从事而勿失者也。故朱子之说如彼，而今兹十图，皆以敬为主焉。[1]

退溪不仅说明了何以《小学》《大学》可以为"二本"，又何以为"二本"之故；而且也说明了另一种"本末"的"入道之序"。如果由第三、第四图入手，显然是黄派并朱子《大学章句序》的观点；须由此而通前二图，盖前二图为"二本"之"标准本原"也，这已经呈示了一种会通"陈、黄"的"圣学观"，也表示退溪学中的"圣学"，就是由"朱子学/理学"而

---

[1]《增补退溪全书》，册一，页203。

进入的"圣学";而后六图亦须由"二本"而下贯,盖下六图为"二本"之"田地事功"也。然而,就工夫实践而言,《十图》之可以由《小学图》《大学图》之"二本"上下通贯之故,则因其系由"敬"字"着工收效",此则又牵涉到退溪在实践层面而制绘出的下六图——以"心—敬"进路工夫实践为主的诸图。

是故,退溪以第三、四之两图为"二本",明是一种黄派的观点而亦可以在《十图》中形成一种由此"二本"进于前、贯于后的"入道之序"之呈现,也可以视一种循朱子之理学而臻圣学,以及调和了陈、黄之歧的观点之呈现。就其是一种黄派观点而言,"入德之门"系在《四子书》,《四子书》则以《大学》为先,故曰"朱先生教人以《大学》为先",此固黄榦之语也;然而由上观之,则退溪亦并以陈淳、黄榦之所以"为先"者入之于《十图》中矣!一则曰"静",虽须补"敬",然而却以"本原"及"理学"的姿态,从朱子《近思录》的卷次安排而入,持守着由"程朱"而"孔孟"以进入"圣学"的"入道之序";一则曰"敬",自黄派的"入道之序"而来,由《四书》而《五经》;自朱子所编,由程子所继而来的《学》《论》《孟》《庸》之序,而以《大学》仍为程、朱、黄所云的"入德之门"。然后又从朱子《大学章句序》之所云,及朱子所编而别行之《小学》,将《小学》绘制成图而纳入了《圣学十图》之中,编为序次第三,在序次第四的《大学图》之"先"。

故知对于黄派的以《四子书》为序的、以《大学》为"入德之门"的观点,退溪其实不止于此,退溪显然已溢出了黄榦的课题,而直接进入《大学章句序》中,面对了朱子所应承担也欲承担的一个课题:《小学》与《大学》的"入道之序"的问题。可以这么说,朱子自始即认为,古有"小学",且在"大学"之先,然《大学》系"孔氏之遗书",故可以订改恢复其原有之孔门规模、节目、次序——即所谓三纲、八目者;然于"小学",朱子虽有心,却苦于无"书"可凭,虽勉强辑补——自《礼记》之中的《内则《弟子职》诸篇，仍然只能勉强而成一部"辑缀书"，非如《大学》在《四子书》中已然能确定承担"入德之门"的"圣人遗旨"之篇。因此，北宋程门暨诸儒虽皆已注意"小学"的重要：

> 程子曰：古之学者易，今之学者难。自古八岁入小学，十五入大学。有文采以养其目，声音以养其耳，威仪以养其四体，歌舞以养其血气，义理以养其心。今则俱亡矣。
>
> 蓝田吕氏(大临)曰：古之学者，有小学，有大学。小学之教，艺也、行也，大学之教，道也、德也。……古之教者，学不躐等，必由小学，然后进入大学。自学者言之，不至于大学所止则不进；自成德者言之，不尽乎小学之事则不成。①

而皆承认，"小学"之"典制"已亡失矣。朱子在《大学章句序》郑重地强调"小学""大学"的同等重要性，且也其间有着"小学"先、"大学"后的"先后之序"，其云：

> 三代之隆，其法寝备，然后王宫国都以及闾巷，莫不有学。人生八岁，则自王公以下，至于庶人之子弟，皆入小学。而教之以洒扫应对进退之节，礼乐射御书数之文。及其十年有五年，则自天子之元子、众子，以至公卿大夫元士之嫡子，与凡民之俊秀，皆入大学，而教之以穷理正心修己治人之道。此又学校之教，大小之节，所以分也。……此古昔盛时，所以治隆于上，俗美于下，而非后世之所能及也。

---

① 引自张伯行《小学集解》(正谊堂本，北京：中华书局，《丛书集成》)卷前，《小学辑说》，页 1。

故而虽勉力为补之，然补成后的《小学》，毕竟只能是一本在"形式"有其意义，而在"入道之序"已经建构的《四子书》之外，单独而存着。《大学章句序》呈现的，是古"学"之理念：必须要有《小学》/小学，以养童蒙之性情；而后进之以《大学》大学，才能收"小学"之功。而朱子《小学》一书所能呈现的，也只能是此种恢复古代圣王原貌的努力之片断。事实上，《小学》并未在朱子生前进入朱门，或朱门所建构的"孔门"教学之序、入道之序中，也未能正式地成为朱门之后学所普遍认可接受的"小学"之"书"；《小学》仍然在"入道之序"外单独存在着，与理念中的《大学章句序》的"小学"，似乎仍是两回事。换言之，朱子于"小学"，虽有难编《小学》之功，但"小学"在"入道之序"中却未能建构完成，而竟朱子之志。《四子书》仍然是朱子建构的"孔门"学问之中心，《小学》并未进入《四子书》的"入道之序"中，成为《四子书》的阶梯，成为先于《大学》的"基础之书"。

现在，退溪则在《圣学十图》中，面对也承担了朱子此一课题，这由其安排《小学图》在《大学图》之先，最可以看出。复者，退溪言《小学图》《大学图》为"八图"之本，为"十图"之"二本"，亦正是《大学章句序》中所言古昔三代学校之教，教之节目，国家化民成俗之意，学者修己治人之方，皆可以收功治隆之上，俗美于下；故曰由幼及长，先涵养之于小学，继进之以大学，两者相备之意。

退溪并没有另外补编或重写《小学》，他只是将朱子在《大学章句序》中对"小学"的关注，及朱子在《小学》序中以"小学"为"治平之本"云云者，承担下来，纳入其"圣学"中，也纳入了《十图》中；由《十图》来体现朱子言"小学"是"圣学"之遗。并且，也承担了"陈、黄之歧"：一方面，以首图为言"道原"而循陈派之"序"；一方面，则以《大学》为主而承担了黄派的"入道之序"；而又直承了朱子言"小学"之意与未竟工作，序《小学图》于第三，置于《大学图》之前，而呈现朱子《大学章句序》

所言及编《小学》之苦心。

有关《小学图》的另一个问题，就是自程迄朱以来，凡言"小学"者，莫不将其限定在"童蒙"之时，虽曰其收功不止，然设施对象，毕竟在童蒙，此亦所以"小学"能在"大学"之先！由年龄"幼长"之序故也。朱子《小学序》云：

> 古者之小学，教人以洒扫、应对、进退之节，爱亲、敬长、隆师、亲友之道，皆所以为修身、齐家、治国、平天下之本。而必使其讲而习之于幼穉之时，欲其习与智长，化与心成，而无扞格不胜之患也。①

然而，朱子于《大学或问》之自设问答中，确也注意到此，讨论到了关于"小学"既已亡矣，则"成人"当如何的问题。退溪在《小学图说》中，将《或问》之文俱收在《图》之文中，问曰：

> 若其年之既长，而不及乎此者，则如之何？曰：是其岁月之已逝，固不可追，其工夫之次第、条目，岂遂不可得而复耶？②

对此，对退溪的回答是肯定的，关键仍是在一"敬"字，看来，退溪所以形成"心-敬"之学为其特色、核心，不是没有原因的。退溪所引《或问》文答曰：

> 吾闻敬之一字，圣学之所以成始而成终者也。为小学者，不由

---

① 《小学集解》卷前，《小学辑说》，页1。
② 李退溪：《进圣学十图札并图》，《增补退溪全书》册一，页201—202。

平此,固无以涵养本原,而谨夫洒扫、应对、进退之节,与夫六艺之教。为大学者,不由乎此,亦无以开发聪明,进德修业,而致夫明德、新民之功也。不幸过时而后学者,诚能用力于此,以进乎大,而不害兼补乎其小,则其所以进者,将不患其无本而不能以自达矣。①

朱子与退溪意思,似是认为,"小学"施于童蒙之目的,是要自"事"、自"行为"、自洒扫、应对、进退中养成一种"敬"的态度,涵养其本原、德行、根柢,而"大学"则是要在学问、六艺中以"敬"而积进其德目、节次,从而可以施明德于天下。如果今人"童蒙"未有能受"小学"之养成教育,则"大学"教人也是一样的要在"敬"中通达"小学"中原本赖以养成的洒扫、应对、进退的"敬";"小学""大学"都是"敬"字工夫,则不论童蒙、成人,都是一个"敬"字之学;则,"小学""大学"是所以"二合一"矣!揆退溪之意,则《小学图》之所以能进是于宣祖者,也正在于其与《大学图》都是教人一个"敬"字工夫的真谛;因此,成人世界又何尝不然,一旦"无本","大学"亦无以成之,为一无根柢之学,则"小学"固亦不限于只可以"童蒙"为对学矣。此其固曰:岂有不可补之理也!退溪对于《小学图》与《大学图》所屡屡强调者,实在此。总之,退溪既据《大学章句序》以见"小学"之必须,而又据朱子所辑之《小学》以制《小学图》,复本《大学或问》所云,成人亦须"小学"工夫,可由"敬"以补之,则《小学图》与《大学图》在工夫本质上由"敬"字相通,此所以"一而二""二而一"者也;故曰:二本之图。

　　(丙)以"心-敬"为主之诸图

　　退溪实以"心学"贯穿《十图》,而又以"敬学"为"心学"之本。此可以有言者,有三:(1)退溪将朱子学视为"心学"。退溪之"心学",盖以朱子

---

① 李退溪:《进圣学十图札并图》,《增补退溪全书》册一,页202。

《格物补传》所言之"心-理"之"心"而言此"心学"，盖于此人，方有实功，收效于入道，积功于圣域。(2) 退溪言"心"，不言"本心"，其视白沙、阳明之学为宗象山之学而来，其《白沙诗教、传习录抄传目书其后》云：

> 滉谨案，陈白沙王、阳明之学，皆出于象山，而以本心为宗；盖皆禅学也。[1]

虽其于二人之书，皆未睹全集，然至少确曾观览《传习录》，而皆致驳议；其曰阳明之学为"本心"之学，视之为陆学、禅学，故朱子之心学与陆王之"本心之学"，其于圣学，为正统/异端、儒/禅之辨。(3) "敬"之一字，主一无适，彻上彻下，观此，可以知退溪屡言"圣学之心法"者，在于"心学"为践履之实，而"敬"字更点出"心学"为一践履之学；朱子之学，学宗在此，在"圣学"、在伊洛传承之"理学"、在"心学"、在"敬"字之实功。而在此一学脉下，退溪学有取于真氏之《心经》，亦可以知其所以然矣。《心经》之构造，选先圣大训，以及伊洛、朱子之言附之，皆以实切而可臻圣域者入选。故退溪崇此书。然退溪此书之本子，则为明儒程敏政之《心经附注》本。《附注》者，程氏取朱子以下宋元诸儒有关实功者之粹言摘之以入为《心经》之"注"；退溪亦信之甚笃。盖退溪所面对者，不仅为以"朱子学"为中心，而朱子以下之诸儒，亦皆为其相助之翼，故程氏发明《心经》所为者，亦为退溪所遵信，并程氏亦为退溪所尊崇。一直到其门人赵穆得中土之信息，谓陈建之辟程氏三缺失；亦谓程氏于中土为朱学罪人，主"朱陆同一论"。退溪为卫护《心经》及《附注》，与赵穆论难，达十数年之久；最终终于一改《心学图》；而终又细读《附注》中诸儒之说，终于承认程氏之置入于吴澄之说，且以之殿

---

[1] 李退溪：《白沙诗教、传习录抄传因书其后》，《增补退溪全书》，卷41，册二，页335。

全书,确实有病,为退溪所不能接受;亦确有与程氏《道一编》明主"朱陆早异晚同"者,有相似之嫌。遂于殁前四年,作《心经后论》,对此作一总结。退溪在《后论》中,并未一改其"朱学"是"心学—敬学"的学宗与"朱—真"的学脉。其主要针对者,乃是由与赵穆之辩而来的转变,集中在程敏政上,也集中在《附注》上,至于是否影响了《心经》之地位,及《心经》是否为其"朱—真—李"学脉下的"心学"之基本入道书,答案应是否定的。退溪在《后论》中,言说的心情极为复杂,他必须面对原来所不知,单纯视程敏政为所景仰的《心经》功臣;现在,他则必须面对(1)程敏政人格有问题,(2)程敏政的学术有"调和朱陆"之"嫌"。对于前者,退溪实有伤感,一种自己视为尊之仰之的《心经》之《附注》的作者,伴自己追随追求朱子学半生的经典中之《小学》的编作者,如今竟然人格有瑕,怎谁也会怅然若失、不能释怀。不唯于人品上有卖题、势利的瑕疵,而且还有着叛离朱门的学术问题。对前者,退溪依然为程敏政作了辩护,《心经后论》云:

> 顷者横山赵士敬,日读《皇明通纪》,录示其中篁墩公事实数三条,然后略知篁墩之为人与为学乃如此,于是慨然而叹,焉而伤者,累月而猷不释也。盖其三条内,其一卖题事也。……滉以为赂卖之事,稍知自好有廉隅者不为,而谓以公之贤,求古人心学,负天下重名,而为之乎!……其二汪循之论,谓公于势利二字,未能摆脱得去。此未知所指为何事?若果有实事之可指,则是不免上蔡鹦鹉之讥,其于心学之传,固难议为,不然吾恐循也。徒见斯人曾被卖题之累,曰以势利目之也。则其事之虚实,既未的知,又安可以是为斯人之定论乎!①

---

① 李退溪:《心经后论》,《李退溪全集》,册下,页483—484。

而对后者，则不仅牵涉到程氏在"朱—真—李"学脉（心学）中的地位也牵涉的自己的学术。退溪《后论》面对的方式，是将《心经附注》与《道一编》分开处理。对退溪自己也不能认同的"朱子早晚之变"及"朱陆早异晚同"，退溪系将之归诸《道一编》的著述之旨有缺，确为程氏所不当为，《心经后论》云：

> 其三则陈建论公《道一编》说也。其说云：篁墩欲弥缝陆学，乃取朱陆二家言语，早晚一切颠倒变乱之，矫诬朱子，以为早年误疑象山，晚年始悔悟，而与象山合。其误后学甚矣……噫！信斯言也，篁墩其果误矣。其为学果有可疑者矣……愚未见《道一编》，未知其为说如何？然执书名而揆陈语，其必谓道一而无二，陆氏顿悟而有一，朱子早二而晚一；苟如是，则是陆无资于朱，而朱反有资于陆矣！斯不亦谬之甚耶！……由是观之，赂卖之狱，虽曰诬陷，而势利之诮，恐或有以自召也。此滉所以叹伤累月而犹未释者也！①

而对《附注》，则认为仍然是程氏不移之贡献，其云：

> 篁墩于此，但不当区区于初晚之分耳。若其遵朱子之意，赞西山之经，注此于篇终，欲以纠末学之误，则亦至当而不可易也。……故滉窃以谓今之学者……以此读此经此注，而不以篁墩《道一编》之缪参乱于其间，则所以为圣为贤之功，端在于此矣！其尊之信之，当如何哉！②

---

① 《李退溪全集》，册下，页484。
② 同上注引书，页489—490。

可见,他仍然是肯定程氏在《附注》的贡献及地位,同时,也持有护住了真氏之《心经》,而"朱—真—李"的心学脉络,也就从学术性上持住了。《心经》仍是可以尊信的,这一个基调,退溪倒是始终未改变,也自《后论》中可以看出他的力持及力持的辛苦,辛苦中不能没有感伤、遗憾与打击罢!笔者倒不认为他是刻意为了自己的学脉而护住《附注》,而是对于自己半生受用,自《心经》—心学的进路窥进朱学、圣学的生命实境,仍然认为《心经》与《心经附注》是可以尊信的。退溪显然是在此层面上立说,他并未以生命来说谎,故其云:

> 许鲁斋尝曰:"吾于《小学》,敬之如神明,尊之如父母。"愚于《心经》,亦云。①

又云:

> 吾观是书,其经则自《诗》《书》《易》,以及于程朱说,皆圣学大训也。其注则由濂洛关闽,兼取后来诸贤之说,无非至言也。何可以篑墩之失,而并大训至论不为之尊信呼!②

然而,《心经》中也记录了弟子或难者之难,弟子质曰:

> 曰:其他固然矣。至于末章之注也,既以朱子说分初晚之异,以草庐之说终焉,此正与《道一编》同一规模议论也,子何讥斥于《道一》而反有取于此注耶?③

---

① 《李退溪全集》,册下,页486。
② 同上注引书,页485。
③ 同上注引书,页485。

对此,难之者可谓深刻矣。退溪解"难"云：

> 曰：徒务博文而少缓于约礼,则其弊必至于口耳之习,故朱
> 子于当时,其忧之戚之之切,诚有如此所引十二条之说。其门人
> 述行状又云：晚见诸生,缴扰于文义,始颇指示本体云云。则尊
> 德性以纠文义之病,非篁墩之说也,乃朱子之意,固然也。篁墩于
> 此,但不当区区于初晚之分耳。若其遵朱子之意,赞西山之经,此
> 于篇终,欲以纠末学之误,则亦至当而不可易也。况只引朱说而
> 补以诸如发明朱说之条,未尝一言及于陆氏之学,以为朱子晚悔
> 而与此合,如《道一编》之所谓乎！①

退溪之解虽有牵强,然而,退溪又确实仍然执行着将《道一编》与《附
注》一分为二的方式,认为前者确有程氏明白提出"朱陆归一论"之学
病;后者——《心经附注》则仍是尊朱、发明朱学之作。故《附注》中之
为难者所诟病之引注,退溪以为系朱子晚年确实有慨"末学"务诵而不
习行之病;故程氏之意,亦意在对治此病,而非有阑入陆学之诡心,且
退溪又引《行状》所述为证。此种解释,亦见之于他处,如《白沙诗教、
传习录抄传因书其后》亦云：

> 朱子晚年见门弟子多缴绕于文义,故尔指示本体,而有归重
> 于遵德行之论。然是岂欲全废道问学之功,泯事物只理如阳明所
> 云者哉！而阳明欲引此以自附于朱说,其亦误矣！入大学者先小
> 学,欲格物者务涵养,此固朱子之本意！②

---

① 《李退溪全集》,页485。
② 李退溪：《白沙诗教、传习录抄传因书其后》,见《增补退溪全书》,册2,页335。

　　对退溪而言,《心经附注》中最难以面对者,当系程氏所引入的吴澄之言。案,吴澄之学,明人多有疑之者,谓为阳明之先声,援陆入朱之先行,盖亦与程氏之引入有关,《道一编》固无论矣,《附注》中不仅引此,而有以之为殿,凡为殿必有深意,故退溪必须面对;何况阳明之《朱子晚年定论》中所引之元儒诸说,只道三名:饶鲁、吴澄、程敏政,而亦只引证一说——即吴氏之说!无怪乎明儒程朱学者皆必对草庐之学为之致疑致难。故《后论》中亦对《附注》中所引吴氏之说,再度进行了参究,终于退溪也承认了吴氏此条是有问题的,也致疑程敏政为何会采录此条,《后论》云:

　　　　滉……平生尊信此书,亦不在四子、《近思录》之下矣。及其每读至篇末也,又未尝不致疑于其间,以为吴氏之为此说也,何见?篁墩之取此条也,何意?其无乃有欲率天下归陆氏之意欤?既而又自解,以为朱子之学,大中至正,无堕于一偏之弊矣。①

　　无论是"每读至篇末""至疑",或是"自解",原本无失之《心经附注》,虽在退溪分途以解:由《道一》与《心经附注》分而视之的方式回应难者中,仍然在《附注》之"篇末",有着连退溪都不能收揽于一己身心的学术问题:吴澄的"心学",确然还是"朱学"的"心学"否?

　　然而,在退溪自己经过一番变化后,作了《心经后论》,重新将"程敏政"区别为《道一编》——中土的程氏,与《附注》——东土的程氏之后,"吴草庐"的问题虽仍然在《附注》中存在,但已降低至最小,可以致疑《附注》而不足以动摇《心经》,确也是退溪一番心路历程之实然,《后论》书写自叙了其这一段历程心情之点滴,故其《后论》之篇末,仍以

_____

① 李退溪:《心经后论》,见《李退溪全集》,册下,页483。

《心经》可尊为之殿言焉：

> 其尊之信之，当如何哉！许鲁斋尝曰："吾于《小学》，敬之如
> 神明，尊之如父母。"愚于《心经》，亦云。唯草庐公之说，反复研
> 究，终有伊蒲塞气味，罗整庵之论得之，学者当领其意而择其言同
> 者取之，不同者去之，其亦庶乎其可也。①

降《附注》中程氏所引"草庐之说"，为一诠释的问题，且可以以罗
整庵之说代之；而《心经》，则仍为"朱子—真德秀"学脉下的退溪学中
之"经典"！

故吾人若以退溪之"朱—真"学脉、"心学"为宗、"敬"之为之执行
用功之实际田地，以揆诸《十图》，则实可发现，这一"心—敬"之学，是
贯穿了退溪之《十图》的，也可以说，退溪之进此《十图》，是因为在他的
视域中，《十图》能"明圣学之心法"，《十图》皆是"圣学"，而"心法"则贯
穿其间，体系化其成为一"圣学"，使《十图》成为一可以"示"、补之以
"说"可以"明"的用功之体系，序次之"圣学"，是"学"之而可以入圣人
之域的实际田地与可臻至之境界，而非仅思辨上的体系。而要区辨
"思辨"与"田地"，则"心法"又为退溪所指向的关键，"圣而可学""学而
为圣"，则"圣学"之所以为"学"、为"圣"，就不是"思辨空言"，不是"明
而明"，而是"明而诚"的实功之路，故退溪明言"圣学心法"者，即意在
此；"入道之途"实功在"心法"，"心法"之紧要即在"心"；而"心—敬"之
学的进路，又主轴其"心法"。故退溪又云：

> 心具于方寸而至虚至灵，理着于图书而至显至实，以至虚至

---

① 李退溪：《心经后论》，见《李退溪全集》，册下，页483。

灵之心,求至显至实之理,宜无有不得者;则思而得之睿而作圣,岂不足以有征于今日乎!然而心之虚灵,若无以主仔,则事当前而不思;理之显实,若无以照管,则目常接而不见。此又因图致思之不可忽焉者。[①]

心虽然虚灵具众里,然"心之虚灵无以主宰",则必"读书(图)以穷理""格物以致知""穷理以尽性",唯"心"可以用功,唯"敬"可以为"心"之主宰;唯"心—敬"之学可以由"格物读书(图)发端",而致崇笃德性之实,故退溪又云:

> 抑又闻之孔子曰:学而不思则罔,思而不学则殆。学也者,习其事而真践履之谓也。盖圣门之学,不求诸心,则昏而无得,故必思而通其微;不习其事,则危而不安,故必学而践其实。思与学,交相发而互相益也……用力于二者之功。而持敬者,又所以兼思学,贯动静,合内外,一显微之道也,其为之之法,必也存此心于斋庄精一之中,穷此理于学问思辨之际,不睹不袜之前。[②]

是故退溪实以"心—敬"之学为进路、心法,而体系化、圆融化、一贯十图,分之为十,合之为一。此及《十图》之第四《大学图说》所自云"而今兹《十图》皆以敬为主焉。(自注)《太极图说》言静不言敬,朱子注中言敬以补之"者;亦《进圣学十图札》中所云"盖圣门之学,不求诸心,则昏而无得"者。既如此,则退溪何不选一"心学"——持敬践履之"图"以为"《十图》之首"? 盖《十图》之"末图"为《夙兴夜寐箴图》,此图

---

① 李退溪:《进圣学十图札》,见《增补退溪全书》,册一,页197。
② 同上注。

环中为一"敬"字，是即以"心—敬"工夫为主意之图，则"首—末"皆以"心—敬"为之图，岂不正符其学其旨？

细绎退溪之《进圣学十图札》及《圣学十图》，则吾人可发现，退溪于《十图》之序次中，隐隐自有其结构，且十分为二，前五图、后五图。前五图之结构，退溪云为"以上五图，本于天道，而功在明人伦、懋德业"。此语系次在第五图《白鹿洞规图》之后，并非《札》中呈宣祖正文。后五图亦然，次于《夙兴夜寐箴图》之后，其云"以上五图，原于心性，而要在勉日用，崇敬畏"。则退溪确似隐分图序结构为二之意。前五图，由"本于天道"言"道之大原与人偏之义"，虽有"收功"之语，然实重在"明"，属"思"者；故由《太极图》而明"道之大原"，《西铭图》则明"理一分殊"，《小学图》明为学之本，《大学图》明学之规模、节目、次第，《白鹿洞规图》明人伦与五教。后五图则"原于心性""要在勉日用，崇敬畏"，实重在"诚"，属"学"者；故以"心"为"本"，而先着以《心统性情图》，明臻功在"心"，而"性情"皆践形，工夫归于持敬。《仁说图》则着"仁"，《心学图》则示人以"心—敬"之关系工夫，敬为心之主，心为身之主；《敬字箴图》与《夙兴夜寐图》，皆环中以"敬"字。故后五图皆为"心—敬"实学之图，以收"敬"字彻上彻下，原心性而日用性情，臻仁达圣者。故《心统性情图》退溪《说》云：

> 学者诚能一于持敬，不昧利欲而尤致谨于此未发，而存养之功深，已发而省察之习熟，真积力久而不已焉，则所谓精一执中之圣学，存体应用之心法，皆可不待外求而得之于此矣。[①]

《心学图》则《说》曰：

---

① 李退溪：《进圣学十图札》，见《增补退溪全书》，册一，页205—206。

　　　　林隐程氏摄取圣贤论心学名言为是图……以见圣学心
法……臣窃以为求放心，浅言之，则固为第一下手着脚处。①

故《心学图》本就以"心"以"敬"而为图之主。《敬斋箴图》与《夙兴夜寐
箴图》皆环中以"敬"字为图之主。

　　以上十图，前五属思，后五属学，正相对映于《札》中所云兼孔子
"思学"之道以及持敬以达此道之义。

　　笔者认为，这是一种退溪学中"心—敬"学而来的分"二"之举，故
系其序次大意在"由明而诚"，由"天道之本"而致"日用实功"；此种分
法，似可与退溪在《小大学图》之《说》中所言者，作一对照。《小大学图
说》系言《小学图》《大学图》为《十图》之"二本"，向前则求端扩充至首
二图，向后则崇德广业用力至后六图；向前以"致本原"为说，向后则以
"用力""田地"为说；由"二本"之说看《十图》之序次结构，与分"二"之
结构，分法不同，可相比较。然两种分法中，"二本"之向前为"明"、向
后为"诚"者；其实亦正与"前五（图）后五（图）"之"明/诚"之分，"思/
学"之分法可以互通。此正见退溪学中之主轴，不仅欲继承朱子之"学
思并进""学思有序"之特色，而亦欲发明朱子学中之"心—敬"践履实
功之特色；仍是"明诚"进路，学思并重，由"敬"字之彻上彻下，乃可以
收实功，臻圣域，以"敬"为"圣学"之最根本"田地"，一步有一步之积，
一如《补传》之言"格致"、《心经》之言"心法"。盖就退溪而言，"圣学"
之"圣"字实吃紧，"圣"字有实义，以"敬"为"学"故也。

　　然而，对退溪而言，在"二"分之序次结构中，"前五图"中，《小大学
图》所以明"敬"，乃因首图《太极图》言"静"不言"敬"；则正好呼应了笔
者在前述所质疑的，退溪既以"心—敬"为精神主意并贯穿《十图》，则

────────

① 李退溪：《进圣学十图札》，见《增补退溪全书》，册一，页208。

首图何以为置周子言静不言敬之《太极图》？虽说朱子已于注中补之，然《十图》毕竟以"图"为本，文字仅为辅助说明，说明后仍须返图而观，方是进图本意。笔者对此质疑，亦尝自思之、忖之、理解之，而终以为，或者退溪之意在于：此正朱子《补传》言"格致"之义也，由明而诚、由思而学，由格物而穷理以致吾心之知；若仅单言"心"，而不先"致思"，则"心—敬"之学或即有落入"本心"之虞，如此，则是陆学之"本心之学"矣！而非"由明而诚"之朱子之"心学"。观其《白沙诗教、传习录抄传因书其后》文即可知，又《传习录论辩》中亦云：

> 阳明之见，专在本心，怕有一毫外涉于事物，故只就本心上认知行合一而衮合说去。若如其说，专事本心而不涉事物；则心苟好好色，虽不娶废伦，亦可谓好好色乎？心苟恶恶臭，虽不洁蒙身，亦可谓恶恶臭乎？阳明亦自知其说之偏，故以不分知行为知行本体，以分知行为私意隔断……①

故知其盖以阳明为本心之学，简易直截，然而却少一段圣功。故必合内外、合思学、合明诚；"格物穷理"以"致心之知"，以敬持之，主一无适，始能兼学思，扩充此"理"而反躬收德于性情之中；故自明而诚而来的"心—敬"之学，必有序次，这不仅是朱学的，也是退溪学的。是故《十图》虽为"心—敬"之学贯穿，然而有序次，仍要以"明道学/圣学之大原"为着于"首图"；第三图之《小学图》虽着"敬"字工夫义，与《大学图》合为"二本"；然退溪仍以之为"前五图"，属"明"、属"思"部分。第六图以下，则全以"敬"义为图。是退溪之以首图为《太极图》，不仅是从《近思录》卷一《道体》之安排，从陈派之主张；而更要紧的，是他在

---

① 李退溪：《传习录论辩》，见《增补退溪全书》，册三，页334。

《十图》中以《太极图》为"首图"而呈现出的一种体认追随朱子之学中
的"由明而诚""由思而学"之积渐有序的圣学观,就是一种圣学如何可
臻的圣学观;显然退溪的体认,最后还是落实在能使"圣"字有"实"义
的践履工夫上。由这点来说,"二"分结构中的"后五图",毋宁已展现
了退溪学中紧要的"心为身之主,敬为心之主"的"心—敬"之学。后五
图实较前五图更能体现退溪学中的"圣学"之实践性,就是一种"心—
敬"之学的实践;既紧扣着"二本"之图:"小学"与"大学"的人伦与节
目;也归返于首图的"道之大本":着"心"着"敬"而收圣功于"心性"与
"日用"之笃中。

　　再者,退溪既在与及门弟子之讨论问答、书札往来中,比较了《小
学》《近思录》《心经》三书孰为初学入门较佳之书,退溪的态度显然倾
向于《心经》的立场;而晚年所作的《心经后论》,则不仅未曾由程敏政
之《附注》而颠覆其对《心经》本文的坚信不疑,抑且经过一番的冲撞洗
礼的历程之后,其对《心经》所持的态度,更与其生命学思历程息息相
关,也更注明出《心经后论》中所言的《心经》不下于《小学》《近思录》之
文,实亦更可见是有所思、有所为之言,仿佛正为昔年之比较三书的
"初学入门之书"作了一个定论,透露出的信息便是:以《心经》为退溪
学中的"入道之序"中的"初学入门之书"。堪注意这种比较正是"退溪
学的",既不同于陈淳的,也不同于黄榦的。且此种"退溪学的"入道之
序,实已融入《圣学十图》中。

　　复也,退溪既在言谈文字中常将此三书并列,可见其在意识中实
已视此三书为"圣学入道之序"中的三本初学入门之书,则无可置疑。
因此,《圣学十图》不妨便由这三书而体现了一种综合化的"入道之
序",既由《近思录》而循陈淳所言:《近思》为四子之阶梯,故以《太极
图》为首,次入《西铭图》,以明"道之大原",亦明"理学及通往圣学"的
大原大本即在周濂溪的《太极图》并《说》;亦明《小学图》之在《大学图》

之"先"义，既追随了黄榦的主张，又补入了《小学图》在"圣学"中的"本"之位置与意义。但是，无论是陈序，还是黄序，都可以看出，以《心经》为"初学入门"的"心学"基调——即"心—敬"之学，仍然主导着退溪之撰拟《圣学十图》的整个构思，也形成了《圣学十图》全幅的基本精神。

四、结　论

本文首先借由"朱陆异同"之一端——朱、陆对"读书"，尤其是儒门经典书所持态度的比较，以指出了朱子之学是一种历史脉络化取向的学问形态，由承担"书/典"而承担"圣/人"及由此而来的"道/统"；以是"读书"对朱子而言是一件历史文化中的大事责任。朱子重视"读书之序"，讲求规模、节目、次第，对他而言，"读书之序"就是"入道之序"。

由这样的定调中，吾人对朱门第一代的二大高弟——陈淳与黄榦间有关"入道之序/读书之序"的歧见，也可以更为了然。不论是黄榦的以《四子书》为中心，仍强调《大学》为"入德之门"，还是陈淳的以《近思录》作为《四子书》的初阶；都是在追求一种"入道之序"，也都在理解其师有无以《近思录》作为"入道"之"初阶"。两相对照，分歧正是在《近思录》之是/否入序而滋生。两造间各自所据的理解，一则曰朱夫子无此言，而就"文"而言，亦无此种见解，黄榦所据者是一种以《四子书》作为教/学中心的朱学之理解。一则曰确系亲"闻"之于朱夫子，并且提出了不经《近思录》，《四子书》便有着"正统圣学"的根柢之脆弱性之质虑。前者显然直接返回朱子的面向北宋，面向孔孟，认为"圣学"就是以"孔孟之学"为主的"圣学"；但黄榦却已无法在此种依据中去解释《行状》中的"道统论"。在以《四子书》为"圣学"中心的论述下，北宋周程之学与朱子之学，都不过只是"圣学/孔孟之学"的诠释者的角色之正统，所谓"道统"中的继绝，并不能使周程的著作在"入道之序"中形成一种"经典"的填入；这样，"道统"的"道"便在北宋诸君子中无所落实。相对的，陈淳对"理学（或道学）"与"圣学"之间的理解，显然更能环扣"道统论"，更能考虑到"理学"的道统性及周程诸君子的正统性，也更能在"入道之序"中考量到"读书之序"中的"北宋诸君子之学"的正典意涵。如果不加入《近思录》，则"入道"便可不由程朱，也不能由"书"而突显北宋诸君子的"道统"承传性；既然读书之序就是入道之序，则《近思录》必须填入"道统论"中的意义，便已在其"《近思》→四子→《六经》"这句话中，清楚地呈示出来。

　　由"陈、黄之歧"的视野角度，去看东土朝鲜李退溪呈给李朝宣祖的《圣学十图》，则以朱子学为中心的退溪学，亦然继承着朱学中的发明圣学、实践圣学的规模、节目、次第之特色；同时，也有着"入道之序"的自觉及言说。经由正文之述，吾人已可发现，李退溪在"入道之序"上，有着与中土"陈、黄之歧"下不同学脉的不同表述。退溪提出了的圣学中之"初学入门之基"，乃是真德秀所著的《心经》，这显然已呈示了中土与东土在对朱学传统继承中，关于"入道之序"之看法、观念、实践、构想上的差异。李退溪其人在朝鲜并无显明之师承，与其说其继承了其前以来东土的儒者之学，不如说他是完全经由朱子学及其后学所设定的诸经典、典籍著作，而兴发其志，自践履体知中有成的一位"登入圣域"的儒者。他在引进及阐明"外来之学"上，显然有其贡献，但是他又足未出土，不是留学中土的学者，而是在东土彼邦借由中土传入的朱学典籍，自己兴发而起，立志传承朱学与登入圣学，终而形成了以"朱子—真德秀—退溪"为其学脉特色的退溪学。而且，李退溪所持用诵读的《心经》的本子，是由程敏政所注的《心经附注》之版本。由日本和刻所收之《心经附注》本看来，在端平年间已有朱门心学的看法与提出，颜若愚在端平年间为刻《心经》并作跋时即言：

西山先生摭圣贤格言，自为之赞者也。先生之心学，繇考亭而溯濂洛洙泗之源，存养之功至矣。[1]

而程敏政在中土与东土的学术形象及定位，也因之而大有差异。在中土，由于王阳明心学的兴起，形成了程朱、陆王学派间对立的冰炭水火，程敏政亦因之而被陈建大力抨击，被视为王学之渊源的前驱人物，从而亦在身后卷入了"朱子晚年"与《朱子晚年定论》而来的长期学派与学术之争，程氏之学术也在此一史脉中强烈被质疑而关注。然而，在东土，程氏却是退溪眼中的朱子心学的重要传承人物与发扬者；无关乎"心学"上的程朱、陆王学派用词之敏感，因为东土朝鲜并无此种学术现象。退溪的朱学传统，亦不必有因使用"心学"而产生是否为正统/异端的顾虑。这也显示了在宋元时的朱门传统中，确实有着"心学"的一条脉络，并且视之即为朱子学术的核心，以是真德秀有《心经》之著作，作为践履之学而"是书晨兴必焚香危坐诵数十过""盖无一日不学，亦无一事非学"，[2]以此而存养，以此而持敬。李退溪走上的，正是这一学脉，在他的视域中，"心学"是一个"圣学"中的至要"心法"之道途，因而他自真德秀的《心经》而转手此一"践履/读书"之性格，使之成为退溪学中的"初学入门之基"，而可以由斯发端，前往"圣学之域"的造诣之途，从而也确立了他的"朱—真—李"之学脉特色。

也由于李退溪呈现的是"朱子心学"这样的一条线索，这条线索对他而言，是可以成立为一种上通于濂洛及洙泗的"圣学"之主轴的，是故退溪喜以"圣学"对"心法"而一再并提。因此，退溪在整个东亚朱学传统中，建构的乃是一条由"朱—真"而来的心学脉络。他之所以能在

---

[1] 颜若愚端平改元十月跋，见日本刻本《李退溪全集》，《心经附注》卷前。
[2] 同上注颜若愚跋。

陈淳与黄榦之外,提出了以《心经》作为"入道之序"中初阶的立论,也可以在此一学脉中反映出来;《心经》与定调朱学为心学的立论,正由于中、朝的学术场景之不同而呈现了异同。

这样的比较之所以有其价值,便系因为东土彼邦能够呈现出另一条朱学发展的传统,则反过来正好也对应了中土亦只是朱学传统的发展路线之一种;换一种场景,就有可能呈现出不同的发展。

由于在东土的发展与在中土却被视为异端——在比较中,我们看到了"心学"一词的使用,是如何的不同,尤其在与《心经附注》的作者程敏政的结合中,也呈现着中土与东土的不同历史之样貌,一则是作为异端之先驱人物,一则是朱门心学的重要典籍之注释阐扬者,这两种发展,更可以对比出来,在中土之外,退溪学建构与继承的是另一种朱子学脉,而这学脉在中土之宋末元际本来就已存在着;而经由比较,也反过来观照出了"程敏政"在中土"不合法"的状态之成因。因此,有了退溪学这一脉的"朱子心学"学脉之对照,我们便可以知道,原来程敏政也是明初中土继承真德秀的另一位"朱子心学"学脉的传承者。如此一来,在退溪眼中,王阳明或有可能也是一位"朱子心学"学脉中的偏激人物,由于他的"心即理"太过简易直截——优点在退溪眼中却是浅与陋的缺点,所以被归类为陆学流禅的同型。[1]

因此,退溪也是在以"心学"为基调的"圣学",而制作了呈进给宣祖的《圣学十图》。在《圣学十图》的体系中,也有着"入道之序"的课题承担与面对。退溪在《进圣学十图札》中所提问的"道之浩浩,何处下手"已表述出此一问题意识,对朱子、对朱门中的"陈、黄之歧"、对退溪

---

[1] 参考李退溪《白沙诗教、传习录抄传因书其后》及《传习录论辩》中对阳明、白沙的评语。又,冈田武彦氏在《王阳明与明末儒学》(吴光、钱明、屠承先译,上海:上海古籍出版社,2000年)第一章第二节《明学的源流——朱陆异同源流考》中,也讨论了朱门(尤其是吴澄、程敏政)心学的发展与退溪学、阳明学的关系(见该书页17—32)。

本人而言，都是一个重要的问题。而堪注意者，为退溪在《进圣学十图札》中所提问之八字，与陈淳所言者，几全部相同，可见陈派观点确实对退溪有所影响无疑；而退溪特为黄榦之《朱子行状》作辑注，又可见他对黄榦在朱门地位的认可与尊重。① 而其采用真德秀之《心经》及称许真氏为朱子以后之第一人，又可见真氏对他的影响。要之，在《圣学十图》中，皆可见到此三人之影响痕迹。② 是故退溪之《十图》，在"入道之序"上，即便作为"首图"之《图》，亦有三种可能：以"序"而言的"首图"，即陈派的《太极图》；以"本"而言的《小学图》与《大学图》；以及"敬之彻上彻下"而来的"心—敬"践履之学诸图，即由《心经》而来的"心学/心法"，遍布于《十图》之践履性中，无不收摄一归于"敬"中；末图之《夙兴夜寐图》之环中为"敬"，正不妨视为是"彻上彻下"的"首图"义涵。退溪紧抓住了朱学的实践核心——"心—敬"之心法/工夫，而贯通融摄"圣学"成为一个体系化的《十图》。《十图》构成了一个"圣域"，而"入道之序"则是通往"圣域"的用功之节目、阶序，这正是"圣学"的意涵。不仅"圣"字吃紧，"学"字亦吃紧，因为它们都呈现着"入道之序"的通往"圣学"、进入"圣域"的可能性，不仅在中土的"陈黄之歧"外存于东土；也从"陈黄之歧"作为一个立足的视角，我们观照到也比较到了这个中土与东土的同异，尤其在"没有王学"的东土，"心学"这一学脉下的退溪学世界。而此点，亦是在以"性即理"为主轴纲脉定调朱子学术时可以为吾人所参照的："心"字并不是东亚朱子学传统中必然的忌讳！

---

① 此辑注今收在日本刻本《李退溪全集》中。
② 在《十图》中对李退溪有影响的权近、王柏、程复心三人，当另撰文研究，此处暂不赘。

附　录

书影一　李滉《圣学十图》书影,《增补退溪全书》本

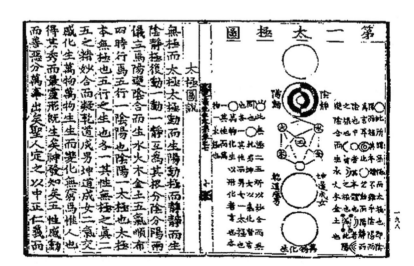

主靜立人極焉故聖人與天地合其德日月合
其明四時合其序鬼神合其吉凶君子修之吉
小人悖之凶故曰立天之道曰陰與陽立地之
道曰柔與剛立人之道曰仁與義又曰原始反
終故知死生之說大哉易也斯其至矣
朱子曰圖說首言陰陽變化之原其後即以
人所稟受明之自惟人也得其秀而最靈純
粹至善之性也五性感動則陽變陰合而
陽勤陰靜則陽健陰柔也是所謂太極也形生神發則
生水火金土之性也善惡分則成男成女

之象也萬事出則萬物化生之象也至聖人
定之以中正仁義而主靜之人極焉剛又有
得乎太極之全體而與天地混合無間矣故
下文又言天地日月四時鬼神四者無不合
也又曰聖人不假修為而自然心束至此兩
修之君子之所以吉也不知此而悖之所小人
之所以凶也修之所以吉者在乎敬肆之問而
已矣敬則欲寡而理明寡之又寡以至於無
則靜虛動直而聖可學矣

○右濂溪周子自作圖并說平嚴葉氏謂此

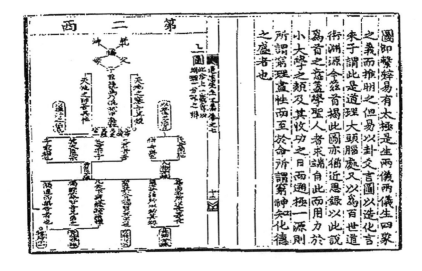

圖即繫辭易有太極是生兩儀兩儀生四象
之義而推明之但易以卦爻言圖以造化言
來子謂此是道理大頭腦處又以為百世道
術淵源合經首揭此圖亦猶近思錄以此說
為首之義蓋學聖人者求端自此而用力於
小大學之類及其收功之日而遂一源則
所謂窮理盡性而至於命所謂窮神知化德
之盛者也

圖

西銘圖

道曰悖德害仁曰賊
知化則善述其事
窮神則善繼其志
存心養性為匪懈
存吾順事沒吾寧也

西銘

乾稱父坤稱母予茲藐焉乃混然中處故天地之塞吾其體天地之帥吾其性民吾同胞物吾與也大君者吾父母宗子其大臣宗子之家相也尊高年所以長其長慈孤弱所以幼其幼聖其合德賢其秀也凡天下疲癃殘疾惸獨鰥寡皆吾兄弟之顛連而無告者也于時保之子之翼也樂且不憂純乎孝者也違曰悖德害仁曰賊濟惡者不才其踐形惟肖者也知化則善述其事窮神則善繼其志

養性為匪懈惡旨酒崇伯子之顧養育英才穎封人之錫類不弛勞而底豫舜其功也無所逃而待烹申生其恭也體其受而歸全者參乎勇於從而順令者伯奇也富貴福澤將厚吾之生也貧賤憂戚庸玉女于成也存吾順事沒吾寧也

朱子曰西銘程子以為明理一而分殊乾為父坤為母有生之類無物不然所謂理一也而人物之生血脈之屬各親其親各子其子則其分亦安得而不殊哉一統而萬殊則雖天下一家中國一人而不流於兼愛之蔽萬殊而一貫則雖親疏異情貴賤異等而不梏於為我之私此西銘之大旨也觀其推親親之厚以大無我之公因事親之誠以明事天之道蓋無適而非所謂分立而推理一也○龜山楊氏曰西銘理一而分殊知其理一所以為仁知其分殊所以為義○又曰西銘一篇始末皆是理一分殊○發蔡鄭氏曰西銘第一節明理一

第三　小學圖

立教
　父子之親
　君臣之義
　夫婦之別
　長幼之序
　朋友之交

明倫
立教
敬身
　明心術之要
　明威儀之則
　明衣服之制
　明飲食之節

立教
明倫
敬身

　　立教
　　明倫　　廣立教
　　敬身　　廣明倫
　　　　　　廣敬身
　　其行　　實立教
　　　　　　實明倫
　　　　　　實敬身

人為天地之子後一節言人學天地當如子
之事父母也

○右熊城林隱程氏作此圖名訂頑程子改之
為西銘　此圖盖聖學在於求仁
須體認此意方見與天地萬物為一體
須體認此意方見得與天地親切
實如此處為仁之功始親切有味免於姿
為交改之患又無認物為己之病而心從容
惄故程子曰西銘意極完備乃仁之體也又
曰充得盡時聖人也

小學題辭

元亨利貞天道之常仁義禮智人性之綱凡此
厥初無有不善藹然四端隨感而見愛親敬兄
忠君弟長是曰秉彝有順無彊惟聖性者浩浩
其天不加毫末萬善足焉衆人蚩蚩物欲交蔽
乃頹其綱安此暴棄惟聖斯惻建學立師以培
其根以達其支小學之方灑掃應對入孝出恭
動罔或悖行有餘力誦詩讀書詠歌舞蹈思罔
或逾窮理修身斯學之大明命赫然罔有內外
德崇業廣乃復其初昔非不足今豈有餘世遠
人亡經殘教弛蒙養弗端長益浮靡鄉無善俗
世乏良材利欲紛挐異言喧豗幸茲秉彝極天
罔墜爰輯舊聞庶覺來裔嗟嗟小子敬受此書
匪我言耄惟聖之謨

或問子方將語人以大學之道而又欲其考
之於小學之書何也朱子曰學之大小固有不
同然其為道則一而已是以方其幼也不習
之於小學則無以收其放心養其德性而為
大學之基本及其長也不進之於大學則無
以察夫義理措諸事業而收小學之成功今

使幼學之士必先有以自盡乎灑掃應對進退之間禮樂射御書數之習俟其既長而後進乎明德新民以止於至善是乃次第之當然又何為不可哉曰是其歲月之已逝固不可追其功夫之次第條目蓋不可得而復乎此者則如之何曰是其所已成始而成終者也為小學者不患其無以涵養本源而謹夫灑掃應對進退之節與夫六藝之教為大學者不由乎此亦無以開發聰明進德修業而致夫明德新民之功也此後學者誠能用力於此以進乎大而不害兼補乎其小則其所以進者將不患其無本而不能以自達矣

○右小學古無圖諸儒依本書目錄為此圖以對大學之圖又引朱子大學或問通論大小之說以見二者用功之一而二二而一者也故或問得以通論而於此兩圖可以兼收相備云

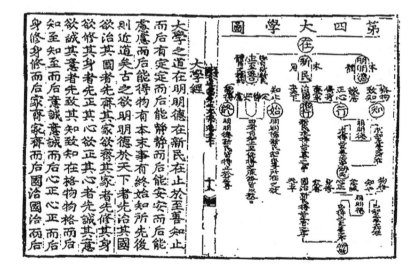

第四大學圖

大學經

大學之道在明明德在新民在止於至善知止而后有定定而后能靜靜而后能安安而后能慮慮而后能得物有本末事有終始知所先後則近道矣古之欲明明德於天下者先治其國欲治其國者先齊其家欲齊其家者先修其身欲修其身者先正其心欲正其心者先誠其意欲誠其意者先致其知致知在格物物格而后知至知至而后意誠意誠而后心正心正而后身修身修而后家齊家齊而后國治國治而后

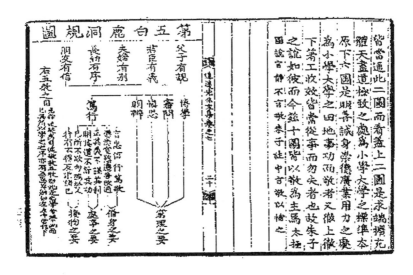

卷七　刻　……　附録

洞規後叙

熹竊觀古昔聖賢所以敎人爲學之意莫非講
明義理以修其身然後推以及人非徒欲其務
記覽爲詞章以釣聲名取利祿而已也今之爲學
者旣反是矣然聖賢所以敎人之法具存於經
有志之士固當熟讀深思而問辨之苟知理之
當然而責其身以必然則夫規矩禁防之具豈
其待他人設之而後有所持循哉近世於學有規
其意也故今不復施於此堂而特取凡聖賢所以
敎人爲學之大端條列如右而揭之楣間諸君
相與講明遵守而責之於身焉則夫思慮云爲
之際其所以戒謹恐懼者必有嚴於彼所謂規
有不然而或出於禁防之外則彼所謂規者必
將取之固不得而略也諸君其念之哉

○右規朱子所作以揭示白鹿洞書院諸君
洞在南康軍廬山之南有唐李渤隱子
此養白鹿以自隨因名其洞南唐建書堂
爲國庠學徒常數百人宋太宗頒書籍官于
主以寵勸之中間無廢朱子知南康軍講于

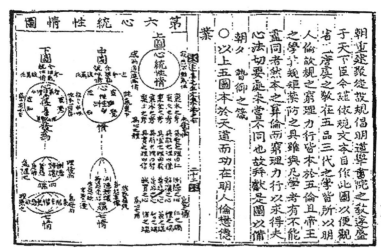

第六　心統性情圖

上圖　心統性情

中圖

下圖

朝廷建聚徒設規倡明道學書院之敎遂盛
于天下臣令雄依規文本自作此圖以便覽
省二濟眞之敎在五品三代之學皆所以明
人倫欲規之窮理力行皆本於五倫且帝王
之學亦幾矩禁防之具雖與凡學者有不能
盡同者然本之彝倫而窮理力行以求得夫
心法切要豈未嘗不同也故茲獻是圖以備
朝夕賢御之箴

○以上五圖本於天道而功在明人倫懋德

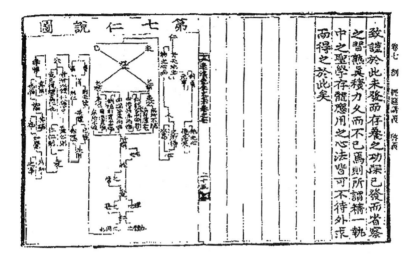

第七仁說圖

致謹於此未發而存養之功深已發而省察之習熟真積力久而不已焉則所謂精一執中之聖學存體應用之心法皆可不待外求而得之於此矣

仁說

朱子曰仁者天地生物之心而人之所得以為心未發之前四德具焉而惟仁則包乎四者以涵育渾全無所不統所謂生之性愛之理仁之體也已發之際四端著焉而惟惻隱則貫通統四端之體迄以周流貫徹無所不通所謂仁之用也專言則未發是用公者所以體仁也言則仁是體惻隱是用公者所以體仁擖言克己復禮為仁也蓋公則仁仁則愛孝悌其用而起其施也知覺乃知之事

又曰天地之心其德有四曰元亨利貞而元無不通其運行焉則為春夏秋冬之序而春生之氣無所不通故人之心其德亦有四曰仁義禮智而仁無不包其發用焉則為愛恭宜別之情而惻隱之心無所不貫故論天地之心者則曰乾元坤元則四德之體用不待悉數而此體已具情之既發而其用不窮誠能體而存之則眾善之源百行之本莫不在是此孔門之教所以必使學者汲汲於求仁也其言有曰克己復禮為仁言能克去己私復乎天理則此心之體無不在

而此心之用無不行也又曰居處恭執事敬與
人忠則示所以存此心也又曰事親孝事兄弟
及物恕則亦所以行此心也此心何心也在天
地則塊然生物之心在人則溫然愛人利物之
心包四德而貫四端者也或曰若子之言程子
所謂愛情而貫四端者非歟曰不然
程子之所訶以愛之發而名仁者也蓋所謂情性者雖其
以愛之理而謂仁者也蓋所謂情性者雖其分
域之不同然其脈絡之通各有攸屬者則曷嘗
離絕而不相管哉吾方病夫學者誦程子之言
而不求其意遂至於判然離愛而言仁故論
此以發明其遺意亦曰程子以為異乎程子之說不亦
誤哉曰程氏之徒有以萬物與我為一為仁
體者亦有以知覺釋仁之名者皆非也
謂物我為一者可以見仁之無不愛矣而非仁
所以為體之真也謂心有知覺者可以見仁
包乎智矣而非仁之所以得名之實也觀孔子
答子貢博施濟眾之問與程子所謂覺不可以
訓仁則可見矣又安得以此而論仁哉
○右仁說朱子所述并自作圖發明仁道無

第八心學圖

心
敬

復徵臨大學傳曰為人君止於仁　今欲求
古昔帝王傳心體仁之妙盡於此　盡言焉

三十八

第九敬齋箴圖

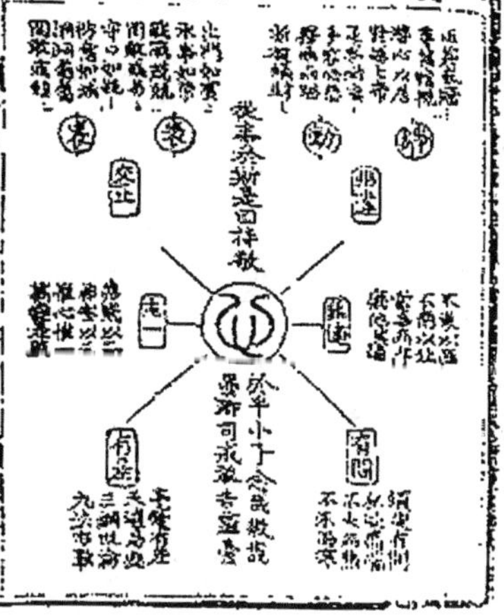

敬齋箴

正其衣冠尊其瞻視潛心以居對越上帝足容必重手容必恭擇地而蹈折旋蟻封出門如賓承事如祭戰戰兢兢罔敢或易守口如瓶防意如城洞洞屬屬罔敢或輕不東以西不南以北當事而存靡他其適弗貳以二弗叁以三惟心惟一萬變是監從事於斯是曰持敬動靜弗違表裏交正須臾有間私欲萬端不火而熱不氷而寒毫釐有差天壤易處三綱既淪九法亦斁於乎小子念哉敬哉墨卿司戒敢告靈臺

朱子曰周旋中規其回轉處欲其圓如中規也折旋中矩其橫轉處欲其方如中矩也蟻封蟻垤也古語云乘馬折旋於蟻封之間言蟻封之間巷路屈曲狹小而能乘馬折旋於其間不失其馳驟之節所以爲難也守口如瓶不妄出也防意如城閑邪之入也又云敬須主一初來有个事又添一个便是來貳他成兩个元有一个又添兩个便是參他成三个須臾之間以時言毫釐之差以事言○臨川吳氏曰箴凡十章章四句一言靜無違二言動無違三言表之正四言裏之正五言心之正而達於事六言事之主一而本於心七總前六章八言心不能無適之病九言事不能主一之病十總結一篇○西山眞氏曰敬之爲義至是無復餘蘊有志於聖學者宜熟復之

○右箴題下朱子自敍曰讀張敬夫主一箴掇其遺意作敬齋箴書齋壁以自警云又曰此是敬之目說有許多地頭去處臣竊謂地頭之說於做工好有據依而金華王魯齋柏

第十　夙興夜寐箴圖

排列地頭作此圖明白整齊皆有下落又如
此常宜警玩警省於日用之際心目之間而
有得焉則敬為聖學之始終豈不信哉

书影二　李滉《圣学十图》第七《心学图》书影，《李退溪全集》本

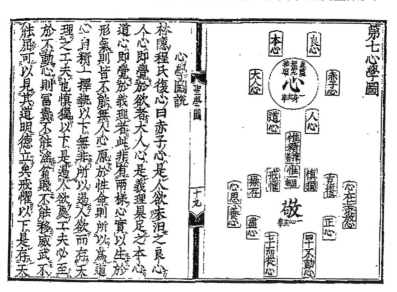

心學圖說

林隱程氏復心曰赤子心是人欲未汨之良心
人心即覺於欲著大人心是義理具足之本心
道心即覺於義理者此非有兩樣心實以生於
形氣則皆不能無人心原於性命之所以為道
心月精一擇執以下無非所以遏人欲而存天
理之工夫也慎獨以下是遏人欲處工夫必至
於不動心則富貴不能淫威武不能屈而道明
德立矣戒懼以下是存天

○右林隱程氏採取聖賢論心學名言為是
圖分類對置多而不厭以見聖學心法亦非
一端皆不可以不用功力以衛其而從上根下只
以淺深生熟之大概言之有如此者非謂其
工程節次如致知誠意正心修身之有先後
也戒懼云以大概歛言求放心是用工初
頭事不當在於之後而已驗以為求放心
幾意之則固為第一下手著即處就其深而
極言之則一念少差亦是放顏子亦是放心於
不睹是顏子纔失便能知之纔知之便不
放惟是顏子纔差失便能知之纔知之便不
於三月之後只

书影三　李滉《心经后论》书影,《李退溪全集》本

心經附註　後論

得之豁然實途之覺醉夢之醒蓋於此見道
之在人心不可泯如此然非
先生抟之精而合之大惡能與於是哉抟執
經閫下敬誦之餘不敢自私謹刻之以惠後
學傳四方硬天下後世之人曉然知心學之
正傳而加存存之功則
先生此書將大有裨于斯道豈獨僅志而已
哉工既告完護歲月於末云
弘治壬子十二月望日門生歙西沙溪汪祚
識

心經附註　後論　王祚

心經後論

滉少時游學漢中始見此書於逆旅而求得
之雖中以病廢而有晚悟難成之嘆然而其
初感發興起於此事者此書之力也故及平生
尊信此書亦不在四子近思錄之下矣及其
每讀至篇末世又嘗不致疑於其間以為
吳氏之為此說何且皇墩之取此條乎其
鮮以為朱子之學大中至正無墮於一偏之
無乃有欲率天下歸陸氏之意歟既而又自
敬奏猶自謂有浮泛之失甚為戒懼人以收斂
著實功夫日夕而抽求之其從遊之士以私淑
之徒或未能深體此意流而為口耳之習者
不少乎一公生於此後而任斯道抹流歟之意
切亦不得已而言是亦朱子之意其亦何
偽之有哉所可規者章廬之為陸學當特已
有其議後世公論亦多云云又未知墩之
因讀皇明通紀錄示其中篇墩公舉實數三
為人與為學畢竟何如乎項者橫城趙士敬

心經附註　後論

四八三

书影四　程敏政《心经附注》书影，《近世汉籍丛刊》本

心經附註序

西山先生真文忠公嘗撫耳
聖賢格言為心經一編首危
微精一十有六言而以子朱
子尊德性之銘終焉走每敬
誦之蓋儼乎若上帝之下臨
聖師之在目也然猶疑其註
中或稱西山讀書記而凡程
朱大儒開示警切之言多不
在卷意此經本出先生而註
則後人雜入之故邪齋居之
暇謹為之參校且附註其下

而識其首曰嗚呼人之得名
為人可以參三才而出萬化
者以能不失其本心而已顧
其操縱得失于一念俄頃之
閒聖狂舜跖於是焉分其可
畏如此古之人所以為涵養
本原之計者至不敢撤琴瑟
而慶簀徹于左右使體立用
宏顯微不二用底于希聖希
天之極功有以也性學不明
人心陷溺寄命于耳目騰理
于口舌此先生之所深悲而

书影五　程敏政《心经附注》书影,《李退溪全集》本

心經所由述也然則學者宜
何所用力而後無忝于人之
名哉蓋當反覆紬繹得程子
之說曰天德王道其要只在
謹獨又曰學者須是將敬以
直內涵養直內是本。朱子系
曰程先生有功于後學最是
敬之一字敬者聖學始終之
要也蓋是經所訓不出敬之
一言故其語約而義樀其功
簡而效博誠所謂障川之柱
指南之車燭幽之鑑大有功

心經附注　卷首

于斯道而造夫顛沛不可忽
焉者也晚生末學何所知識
輒手錄成帙以告同志者而
於言敬之說特加詳焉敢
以是求多于先生之書哉圖
寅心于聖經賢傳之中為檢
防熟複之地云爾。
弘治五年壬子七月聖後學
新安程敏政謹序。

四一七

书影六 李滉手书自作《晦庵先生画像赞》书影,《李退溪全集》本

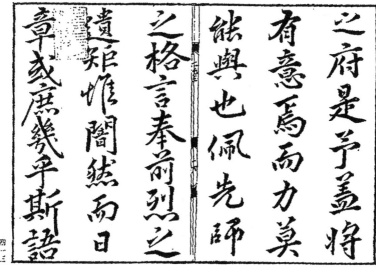

理学世界中的"历史"与"存在"

——"朱子晚年"与《朱子晚年定论》

王阳明之著作《朱子晚年定论》中的"朱子晚年",实为阳明所欲处理的一个课题,并以"年谱"的形式作为"历史"而进入阳明的论述之中。朱子晚年作为"朱子的"晚年与《朱子晚年定论》中的"朱子晚年",有无不同?不同的根源来自何处?是"朱子亲身参与"的一段时程,抑或是被阳明处理而命名了的"历史"?"晚年"的意涵究竟是什么?"朱子晚年"究竟是归属于"亲身参与"还是"命名诠释"?生命存在的时间性"在此"应如何揭示与谛观?本文由存在式的思考出发,尝试理解"晚年"、"朱子晚年"、《朱子晚年定论》。

一、立　　题

（一）

关于解释学与文本理论，都能够阐明作为"书"的文本，在书写与阅读中，以文本作为中介或是场域，前人到了我们手中，我们理解了前人、历史。但是，所谓的"书写—文本—阅读"的图示化，却仍然是平面的，它并没有在时间的纵深提供我们一个关键性的领悟：为什么我们阅读时的文本，是"早"于我们现在的"前人"（因书写而来的）所拥有？在"书写—文本—阅读"图示的深处，是否还有着关于生命存在的意义未被我们阐明。

本文借着王阳明《朱子晚年定论》的"晚"字，企图由学术史指向于这样一个题旨的研究与说明。"晚"已经意谓了有个"早"在它之前成立，"晚年"不管是分期还是生命的成熟或衰落，也都意谓着一种变化之前与变化之后。因此，不管是"朱子生命的晚年"还是《朱子晚年》，首先要先解决的问题便是"晚"所揭示出的"在"之蕴含，我们才能在此基础之上，理解"朱子晚年"与"朱子晚年文献"，及在阳明手上——朱子已"先"逝去——的"朱子文献：语类、文集"，所阅读而后书写出来的《朱子晚年定论》。这意谓着"晚"的使用，有一个"早"与"晚"的交相对待，不仅指向于对于"历史—朱子"的生命/主体之使用，也反转地指向了自身的情境是"晚"于"朱子"。因此，"朱子晚年"就"早"于了《朱子晚年》。如是，亦构成了一幅"朱子（晚年）—朱子文本—阳明阅读"的时间序列图像。但，这样的图示是否仍是平面的呢？是否"编年"就已保证了这样的图示不是平面的,而是真实的"早→晚"存在? 还是必须寻求出其下仍有更深层的生命存在意蕴必须要去探求阐明? 在这基础之上,我们才能稳固地承认朱子→文本→阳明是稳固的历史/时间之时序,也就是"学术史"的探求才有了可成立之基,入我们眼帘之时,学术史才能成为我们所探究的学术史! 这里牵涉的首先是现象上的"早/晚"——编年,以及质问上的:《朱子晚年定论》中所编示出的,是谁的"朱子晚年"? 图示的"序"是什么? 图示的"在"又是什么? "在"与"序"有无可理解、可提示的关系? 其中更牵涉到"死后"与"生前",以及"人"在时间中的持存与不持存,及"书"作为"人为"的存在在此之形式转换后,"书写—阅读"的意义——与人之存在息息相关的,才能揭示。

(二)

当标题成为一次写作的事件,标题中的"与"字已经成为一个叙事上的联结,联结标题中左边的"朱子晚年"和右边的"朱子晚年"及其"定论"。"与"既是联结了两者的"之间",那么就是叙事。凡是联结,就表示尚有"间隔"。因此,"与"不仅在于使左、右联结成为一个标题,本身也参与着叙事;"与"亦不仅使左、右的各自存在成为一次叙事事件上的"共在",也间接揭示着自身,及作者的入题写作已然在此事件之中。没有一个是可单独的。

(三)

"朱子晚年"作为被命名者,如何与他自身是同一的呢? 无论阳明是否作了偏差了的论述,还是后来者能否"还原"先前者,这意谓着有一所指(物)被命名在时间的变迁之中(还不只是朱子生命的早、中、晚之变迁,而是我们已经以变迁的视野并且处在变迁之中的"现在",去命名早于我们的"朱子晚年"),而我们能将之还原到先前的"就是如此(物)"的"同一"状态。如此,我们能以一种"大化流行、生生不已"的时间状态来看待此种"朱子晚年"的命名式思维吗? 与自己同一,或令被命名物与其自身同一,显然是不存在的;在时间之流中,那是一种停格,停置在时间之点上,是一种"时"之"间"以及"编年"的在世模式,是为了确定不确定之物存在的方式,但却不是"同一"。

因此,阳明论述与命名的"朱子晚年",无论如何公正或有无公正,实是不能(无法)——在本质上不应当是如此来理解——还原及同一化的一种阳明与朱子之"间"关系化的过程。也因此,我们更不能确定,也不能理解,而必须带入更根本的质疑:

对阳明而言,朱子是否"存在",朱子"曾在"吗?

一旦"曾在"被言说,便已根植于"现在"的语境。在"曾在"与"现在"的关系中,由于"曾在"的"不再","现在"的言说中究竟"不再"与"曾在"之根植于"现在"的"仍在"有何种关系? 这是基于"在"的思考与质疑。在"曾在"的言说中,意谓着某人已经"死亡",言说者只能以"非某人"的身份而以"曾在"言说某人的"生前"于其"死后"。问"朱子存在"与"朱子曾在",才能质疑着"现在"的我们,怎能与某人的"生前"在一起而"共在"着;而某人在其活着的"现在",又怎能预知"将来"之"将在",而进行某种行动,预筹自己的"死后"能流传着自己的"生前"?

比阳明早的"朱子",究竟是什么?

朱子"在"阳明"生之前",阳明"在"朱子"死之后"吗?

这样的质问,又意谓着什么。因之,问出的是,出现于阳明"现在"中的,究竟系朱子的"生前",还是朱子的"死后"? 而这样的问式,"生之前"与"死之后",也已意谓了早、晚,意谓着一种历史时间编年上的顺序之先、后;"宋代"的"朱子"与"明代"的"阳明",已呈现了一种线性时间的"序"被"编"出,成为历史时间上的两个定点,两个定点之间,有其间距,间距着"已死者"与"现在者",间距着"早"与"晚"、"先"与"后"。这是一种"序"的观照。我们因此而能言说"宋代"在"明代"之"前","阳明"在"朱子"之"后";"早"不能在"晚"之后,"后"不能早于"先";这是因为"历史"已为"序"所"编",成为编制。不如此我们不能理解什么是对阳明而言的"朱子曾在",不能理解什么是"朱子死后"于阳明"现在"时所发生的与"朱子"有关的情事。必须是有一个编制,成为言说之基。这便是"序"的理解与质疑的探询。

于是,"序"与"在"形成了一种颉颃。"序"制作了早、晚,朱子与阳明的历史间距;"在"则必须揭示阳明言说"朱子曾在"与"朱子生前"的种种皆基于一种存有论的存有。"同一化"正调和着"间"于"时"中。"序"与"在"的颉颃中,必有某种联系,有待提问。因着这些问题,才能将质问带入我们进窥于生命的存在意涵之探询道途,也才牵涉到了"时间/编年"与"存在/永恒"的关系之域中。①

(四)

唐君毅先生在《生命存在与心灵境界》中曾言其廿七八岁时自南京玄武湖悟道澈明,此后著述,虽为哲学、学术性质,然大体之骨髓间架,实已不出于此;②又云一生思想学问之本原所在,志业所存,其中

---

① 这与西哲海德格尔(Martin Heidegger,1889—1976)在其《存在与时间》(*Sein und Zeit*)中所欲处理的"历史性"(Geschichtlichkeit)与"存在"(Sein)之揭示的课题有其类似。在本文中,已转化了问题的概念与照顾文本而生出的追问方式,以"编年为序"如何能有"存在"的议题形式,重新追问并表述于"晚年""朱子晚年"的探询之中。关于"存在"一词的用法,唐君毅先生对此有着分而合读的意义谛观,可以参照。参氏著《生命存在与心灵境界》(台北:学生书局,1977年),《导论》,册上,页1—4。
② 唐君毅:《生命存在与心灵境界》,《后序》,册下,页1157。

之文学诗性与兴言己志者,已具于《人生之体验》与《续编》,《人生之智慧》《孔子与人格世界》等篇。①《人生之体验续编》第五章第二节人死问题与人之"生"之意义,其有云:

> 人死了,究竟其精神是否即莫有? 如有? 到何处去? 此是古往今来……同有之一疑问。②
>
> 我们对此问题,最稳妥的办法,是自认无知,肯定死后世界是一不可知,或于此存疑,或只是静待此不可知之世界送来的消息。③

第三节之标题则为"死者与后死者之相互关系,及幽明之彻通"。(字上之点号为笔者所加)观者或可即知笔者何以将谓本文常向唐先生,若此"向"不能成立,则"朱子晚年"与《朱子晚年定论》于论朱子与阳明或阳明与朱子处,其中之生命存在意涵之有关"死后"与"生前"处即不能成立,亦无可究之。唐先生又云:

> 人在有生之日,其生即生于死之上,以其身体之向死,成就其生活与精神活动之向生。④

唐氏之论"他人之死",则实有一种儒学之"存有论"(ontology)在焉。唐氏续云:

---

① 唐君毅:《生命存在与心灵境界》,《自序》,册上,页1。
② 唐君毅:《人生之体验续编》(台北:学生书局,1996年),页98。
③ 同上注引书,页99。
④ 同上注引书,页102。

　　谓躯体之所在,即其精神之所在耶? 然宛在之音容,不可得
而再见矣;此音容中所表现之深情厚意,不可得而再接矣。谓此
音容与深情厚意,即一逝而不存耶? 然奈何此音容犹宛在,此深
情厚意,感刻于吾心者,可历久而不忘也? 然如其精神之尚在于
躯体之外也,则后死者又将何往而求之? 上天下地,索之茫茫,求
之冥冥,虽千百万年而终不能得也! 此处即动人之大悲哀,亦动
人之大惶惑。果他人之死,动我之大哀大惑如是;则我之死也,其
动后我而死者之大哀与大惑,亦如是。而人生代代,所动于后代
之人之大哀大惑,亦皆如是。……然此幽明之际,将何由证其必
实可彻通? 人何由确知他人之精神尚在,且可存在于后死者之心
灵精神之前?①

今我读唐先生此文本,其亦"动"人之心弦而向之不能已,然此文本与
唐先生何关? 何由证明其盈然语境者,必为唐先生之精神尚在? 我如
何证明唐先生在我之前? 其身躯已"过往"? 而唐先生又如何"在此",
遂曰我阅读此文本时,唐先生是一"此在",而我之阅读亦由精神之凝
入而"此在"? 此问题转之于朱子与阳明亦然,而更为复杂,盖后者
不仅通于前者为一生命存在之问题,而亦为一学术史之文献存在
问题。

　　吾人亦可注意到在"人死了,究竟其精神是否即实有?"中,唐先生
于此系用"精神"一语,此是早年定见之作,我说定见,乃因唐先生在
《生命存在与心灵境界》自序中已说到,平生大悟在玄武湖时,而亦含
摄在《人生之体验》与《续编》诸书。而至晚年之《生命存在与心灵境
界》,已用"生命存在/心灵境界"来表述"在世"与"死后"关系联系上所

————————

① 唐君毅:《人生之体验续编》,页 103。

起的"在"与"不在"的领会与思考;此种"在"或彼种"在"的九层或九种心灵境界,全由"生命/存在"而活动起义。

二、谁的"晚年"

对阳明而言,"朱子晚年"并非阳明的"亲历",并非"朱子自己生命存在的后一段历程",因此,它只是"文字的阅读"、只是"命名"、只是"历史"。由是,才会出现了本文中所必须遭遇到的质问。对阳明的现在而言,并不是在"亲历"中参与了"朱子文本",却又的确是在"亲历"中参与了"朱子文本"并因此而在"亲历"中建构了"朱子晚年"。这两种"亲历"显然不同,可以用"在己"与"对象"来言,也可以用"主体"与"客体"来言。然而,寻找一个不可区分也不必区分的焦点:朱子亲历的"晚年",与阳明并非亲历却参与了的"朱子晚年";两者所共享着的"晚年"一词所形成的焦点,便足以形成一个提问:什么是"晚年"?"死亡"与"死亡之后",对阳明、对朱子,甚至对我们而言,又是什么? 正是在这里的构想,本身即有一种领会,领会到在世的衰退与对形骸的焦虑,恰是"晚年"的特征。由是,"晚年"一词系由生命本身确有变化、确有历程而出,缘由迫近于"死亡"的一段时程,我们称之为"晚年"。如是,人人都可以使用"晚年"一词指向人的生命在先于"死亡"的一个生命历程之段落。因此,于朱子,也可以有"晚年"一词的使用;但是,我们能因此而加上一个限定的词意——"朱子的"晚年,并加上种种内容、形式上的描绘,使得某一个人在其生命自身的"晚年"经历,因此而成为人人可用的"公用语词"么? 譬如说,"朱子晚年"。一旦"晚年"在语言文字加上了某一个独特的人的限定状态之隶属后,我们还能使用"朱子晚年"这个词而称其是"朱子的晚年"吗? 在什么状态下,"朱子晚年"这个词才可能成立? 当其属于朱子之在其自身时？然则，此词是否在朱子死亡之后便自行失效？抑或作为任何一个他人，都可以使用这个不是在其自身的词语，我们因此而可以使用"朱子晚年"，也可以借此词而谈论、触及、介入、进入他人的"晚年"之生命场域，甚至提升至生命经验义理上的层面？

　　"晚年"，是我们在指定的时刻视察到一个我们可以视见及度量的一系列、一整段时间的位置，而在此时段之外的同时发生已经消失。就"在世界之内"而言，"朱子晚年"这一词可以成立，但当阳明用来指涉宋代的、比阳明"早"的"朱子的晚年"时，《朱子晚年》中的"朱子晚年"能指涉到已溢出阳明世界之先前及之外的朱子吗？

　　在"编年"的——次序上，"间距"能否被经历，还是只能仰赖于时间上的叙事学联结、再现、情节编串，或从属于主体介入他者的论述。因而，"朱子晚年"并非朱子与阳明或阳明与朱子的"共在"；因而，有可能"朱子晚年"只是阳明的"我在此"的活动而已。尽管《朱子晚年定论》中的铸词："朱子晚年"，显示出阳明向"朱子的晚年"之回归意图，但是，"《朱子晚年》"却更有可能就是如上述般的仍旧存在着一种"编年"上的"间距"，则最终也只能落入了相对性的"我在此"的活动；"间距"如果始终是"间距"，意图跨越间距、经历间距的方式如果始终只能停留在平面的叙事论述，那么，终究只是叙事、论述；而没有存有论上的"共在"之进场，尽管叙事的来源还是基于存有论的共在而出。"朱子晚年"在《朱子晚年定论》中有无可能依着阳明的铸词而进窥于一种"什么是晚年"的生命存在之探询呢？"什么是晚年"及"谁的晚年"探询的目的也就在此——什么是《朱子晚年定论》中的"朱子晚年"？

　　对阳明而言，当阳明阅读/书写/编辑"朱子（晚年）文献"时，是在"朱子晚年"吗？阳明使用"朱子晚年"一词的时刻已是在于朱子之不能书写的"死亡之后",这点至少能够作为提示,"晚年"除了能被构想为迫近"死亡"之前的状态外,也能跨入正德年间的阳明在世时被使用,问题在于:"晚年"之于朱子与"朱子晚年"之于阳明是否能够"同一"? 阳明用着的此词,能在什么状态下涉入非属自身的他者之独特性专属? 跨越一词的使用不仅显示着历史时间上的间距,"宋代的朱子与明代正德年间的阳明",作为时间,有着间距;作为历史,有着古今、先后的距离;作为"生存在世"的时段命名,则有着"命名"的跨越,而此一跨越,就必须要与朱子的死亡联系在一起,"朱子晚年"只有在其自身死亡之后,才能在已然死亡、继续死亡的状态下,偕死亡而进入正德年间。尤其在作为专属性的"朱子晚年"之"朱子",正德年间的时间坐标已经表示,"晚年"的唯一隶属者已然"死亡",则阳明能因专门独特的已然死亡、结束,而自己死者中取来"朱子"这一词而使用并真就能指涉及于已经死亡者的那段"晚年"之生命历程么? 或许有的,设若我们有了一种"历史"的构想。设若我们以一种历史意识在两个时间点间来回移动,那么某人的死亡与其生前与死后便可以联系起来,而"某人的""晚年"也就可以在"历史"状态下为我们所使用,成为我们手边所写下的字词,问题只在于:"历史"与"在其自身"是否能"同一"? "历史"的构想来自活着的人对已死的人的一种"曾经存在"式的力图"再现"。然而,"朱子晚年"仍然可以被追问与质疑,究竟是谁的"晚年"? 因着"历史",问题似乎已陷入了循环的陷阱,"朱子晚年"只能是在其自身的独特专属性上,因而朱子死亡之后,就不再有"朱子晚年"? 还是虽不再有"朱子晚年",但却因着"朱子"已死,遂可以隶属于无穷个他人,他人可以任意使用"朱子晚年",因为"历史"可以经由造述、构词而形成,"朱子晚年"遂继续在阳明的构词中存在着。但如此一来,阳明要人所信的"朱子晚年"之"定论"又如何能"信"人呢? 如果它不能实指着已死的"朱子"之"生前"的"晚年"? "晚年"究竟是谁的"晚年"？"朱子晚年"又究竟是谁的"晚年"？至少我们现在知道，由于"死亡"。"死亡"之前的迫近是"晚年"，"死亡"之后便开始有了"历史"的场域，而"历史"中正有一种"间距"，这个"间距"正因朱子的死亡而存在于朱子与阳明之间，朱子与阳明正成为线性时间上的两个有距离的定点，在两个定点之间，"朱子（晚年）"与"阳明（《朱子晚年》）"正被我们努力阐述而领会着。

三、易 箦 之 际

《宋史·道学传》朱熹本传载：

> （庆元）四年，熹以年近七十，申乞致仕。五年，依所请。明年，卒，年七十一。疾且革，手书属其子在，及门人范念德、黄榦，拳拳以勉学及修正遗书为言。翌日，正坐整衣冠，就枕而逝。①

我们仅能自阅读中得到的，已然与必然不在朱子自身的生命历程，只能是一种他者的叙述。在此，我们自上引文看到的书写者/他者的叙述是：

> 年七十一。疾且革。正坐整衣冠，就枕而逝。

以及侍终者有"其子、范念德、黄榦"，并且朱熹还"拳拳以勉学及修正

---

① 百衲本《宋史》（元至正刊本，台北：商务印书馆影印），《道学传》三，卷429，册九，页17—18。

遗书为言"。至于在《宋史·黄榦传》中,则出现了令王白田都要为之考证辟谣的"衣钵心传"之叙事,《宋史·黄榦传》云:

> (朱子)病革,以深衣并所著书授榦,手书与诀曰:"吾道之托在此,吾无憾矣。"①

上述《宋史》朱熹本传所述者,显然是依据黄榦所撰《行状》而来,至于《黄榦传》所述之衣钵道传事,则所据者似在朱子临卒之《与黄直卿书》,《书》云:

> 三月八日,熹启:人还得书,知已至三山,一行安乐,又知授学次第,人益信向。……吾道之托在此者,吾无憾矣。……病遂大变,此两日愈甚,将恐不可支吾。……异时诸子、诸孙,切望直卿——推诚,力赐教诲,使不大为门户之羞。至祝至祝。②

故王白田云:

> 又按朱子临卒《与勉斋书》,有"吾道之托在此者,吾无憾"之语,然止以授学次第而言,其于孔门之颜、曾未知何如也?朱子晚年与人书,每言斯道之传不绝如线,而论程门诸公,未有可当衣钵之传,其微意亦可见矣。勉斋最后《祭文》言末年之付嘱,将殁之丁宁,则戚戚然于微言之绝,大义之乖也。榦独何人,而当此期望之厚耶?今考此书,却无此意……至《宋史》,言以深衣为寄,考之

---

① 百衲本《宋史》,《道学传》三,卷430,册九,页1—2。
② 引见王白田《朱子年谱》(北京:中华书局,1998年),卷4,页269。

一无所获,盖暗用禅家衣钵之说,其为附会无疑。①

王白田事实上在此已批评了《宋史》的不当,这种批评,反映了作为"历史传记"——史传、墓志、碑状、年谱等种种类型皆然——的必然多元,不同的"传记"间的批评,缘于对于切入"自传"的正统性之争,这是诠释状态中的多元与唯一。由此,王阳明的《朱子晚年定论》所呈现的,也是一种对"朱子的晚年"之义理诠释的"定论"意图;在这里,我们可以看到无论是出于考订编年的"年谱",或是出于义理之翻案意图而作的"晚年定论",及《宋史》中的史传,抑或弟子们的"行状";潜藏于其中的一个共同性之源,便是"自传"有所"悬欠"。后人的"历史传记"无不源于此才能进行部分或全面的填补或重写;而如果诸种体裁类型的"历史传记"意欲独立自主,那是"诠释"已相关于书写者自身的"作者性"问题,而不再只是"传主"的问题。王白田的批评《宋史》,显然便系将目光集中于传主朱子上,因而诠释之争的语言——"暗用"与"附会",就会出现在王氏之笔下。

如果"禅宗衣钵"对身为儒家的朱子而言,是一种"附会",有一种"不敬",那么,都穆的"墓志",对于朱子"易箦之际"的描绘,显然就是一种神化,一种"神话"了的"墓志"之传记。都穆于《朱子易箦私识》中记曰:

穆观近岁所编《文公朱先生年谱》,其书易箦时事颇有疑误,恐不容无辨。盖先生以建炎庚戌生,以庆元庚申薨于考亭所居之正寝。是岁春,先生故宅之前,其山绝顶有数百年合抱之木一株,势干云霄,一日忽为巨风所拔。夏六月,溪流大涨,素所未有,宅

①　王白田:《朱子年谱》,《朱子年谱考异》,卷4,页410。

前之岸为洪涛卷去数百尺,则所谓木稼山颓、大贤之厄,其关于造化盛衰之运,固如此。今《年谱》所书,则谓:是日大风拔木,洪流崩岸,二异并见于易箦一日之间,则其事近诞,能无骇听。窃谓不若改"是日"为"是岁",则可纪实矣。①

可是,人对人的怀念,当反映在记忆的书写中,有着高山仰止的过度敬意时,一种"神化"之倾向的"易箦私识",这也是另一种"朱子晚年"的版本。而那个"神话"中的"朱子",是不是就是在其自身的朱子之"晚年"呢! 还是只是祝穆的历史书写及考辨,仍然以"墓志"作为形式。这仍然是从属于前节"谁的晚年"的问题,在不断现世的"墓志"与意图指涉"在朱子自身的晚年"的版书之中出现。

案:在《朱子年谱》中所记之最后一条,必当为朱子之"卒年",亦即"易箦之际"以届"死亡",②"年谱"的类型,依然是属于他人或是后世人所代记的"历史"之"传记"类型,而非是一种能"自己书写自己"的"自传",当然,"自传"亦未必可信,"说谎"与"失忆"都是传主的权利,

---

① 祝穆:《朱子易箦私识》,见戴铣《朱子实纪》(冈田武彦主编,和刻明正德八年歙鲍雄刊本,台北:中文出版社,1972年)卷10所收录,页518—519。

② 然而,却未必是"年谱"的最后一条,"传主"的"一生"与"年谱"的"首条——尾条"记事间的相应,中间还有许多"儒家"之情事可说,故戴铣《朱子实纪》便以"年谱"为传主之"生——卒"起讫之体,以"实纪"为突破传主生卒年而增之以"承"及"传"为一种新的"谱体"。实则"实纪"仍为"年谱"体例之延伸。戴氏于此书之《序》中谓:
　　《朱子实纪》纪朱子之始末,与夫今昔尊崇之实也,旧名年谱,今更曰实纪,何也? 谓之年谱,则绍乎前、彰乎后者,不足以该;必曰实纪,然后并包而无遗。亦犹史家有世表、年表,总谓之实录也。(戴铣《朱子实纪》)
"实纪"的"实",由其所言,自是"实录"之义,故戴氏欲仿"史"义而彰朱子一生外,并以"源"、"流"与"承"、"传"之"绍乎前"、"彰乎后"以纪述朱子圣学之学统,其超乎生卒年之构想,实是"年谱"之变例,从而转形成一种"学谱"之类型。然"实纪"仍非史部中之史类或史体,以史体言,未逾"年体"之基本型,以史类言,则属于"传记"或"年谱"之目;故"实纪"仍是"年谱"体例之延伸。其真正作意的存有底蕴,仍然与本文所欲讨论之传主的"生之前"(源)、"死之后"(流)有关。儒家在此所显示的宗法意识,由血缘之祭与继,而转为以"学"为内涵;血统、祭统遂为学统、道统。一些在此一时期前后出现的"学谱"类型书,其作意底蕴实皆与此有关。

这里所作的根本区分,系以是否能"在其自己"而成立的。在王白田的《朱子年谱》中,对朱子"死亡"所作的记载,为:

> 甲子,先生卒。

依此向前推述,可观王白田作为"他者/后人"之对朱子"易箦之际"的记录所载为:

> 六年庚申(1200)七十一岁。三月辛酉,改《大学·诚意章》。
> 五年己未(1199),七十岁。春三月,《楚辞集注·后语》《辨证》成。
> 四年戊午(1198),六十九岁,集《书传》。

于是,在朱子易箦、卒年的这一条,我们看到了种种的"墓志":有"深衣传钵",有交待照顾子孙,有勉学,有修正遗书,也有关于"老师一旦临殁,当据何种礼仪祭典"的对话;在黄榦《行状》中,在《宋史·黄榦传》中,在《宋史·朱熹传》中,种种的"墓志",作为"他者/后人"所书写的历史传记类型,间也传达了进入朱子"自传"一种企图。然而,什么是"朱子自传"?"在朱子自己"的这一年的生命存在是什么?易箦、死亡的不能书写自己,而必须由"墓志"来接手,是极明显的;一直到王白田的《朱子年谱》,这一"悬欠"都还在"将来"的可能到此中继续着。"自传"的"悬欠",缘于自己不能书写自己的临终与死亡之时刻,于是只有在未来中,由后人及他者来继续填补。然而,后人的填补,必定已不能再是"自传"的本质,而只能是作为一种历史的传记属性,是他人对传主的书写,由是我们看到了在"墓志"填补"自传"的"悬欠"之中,历黄榦而元代《道学传·黄榦传》,而至王白田的《朱子年谱》,甚至今

日;"自传"之"悬欠"的"将来"是何等丰富,而"墓志"之接续"易箦"的
"死亡之不能书写自己",又是何等多元!

又,王白田于庆元六年庚申(1200),三月辛酉,止载一事,即"改
《大学·诚意》章"。此当是依从黄榦之《朱子行状》,盖黄氏仅以此书
之改为朱子绝笔。而洪武本《朱子年谱》及李方子《紫阳年谱》则皆述
及此年另有关于《太极图》《西铭》事者。是可见"墓志"之多元的"回
忆"与"记录",也仍是来源于"自传"依于"死亡"的不能不"悬欠"。王
白田的《朱子年谱》本条只载"改大学诚意章",自是依从于黄榦《朱子
行状》。则阳明的《朱子晚年定论》可否不依从黄榦《行状》,不以"礼
书"及"诚意章"改订为此一"悬欠"的填补,而改以"晚年"学思之变及
"悔"字为主轴来作"墓志"呢? 这本不为朱子学派所认可、同意的"墓
志",有无可能事实上也为本来就已多元的朱子"自传"之"悬欠",因着
"朱子晚年"的塑辞,而开启了另一面向的多元填补呢? 自然是可以
的,依旧是缘于"自传"与"易箦之际"的"悬欠";于是,《朱子晚年定论》
基于"朱子晚年"四字的标出,以"义理上的定论"意图介入"朱子晚年"
的"填写",也就成了填补"自传"之"悬欠"的"墓志"版本——是一种关
乎"朱子晚年"义理体证的"墓志"之"填补"与书写。关乎义理,有着诤
议;作为"墓志",则是诠释版本之歧。不但作为诠释版本之一的"定
论",作为考订形态的"年谱",种种的形态,也都是"墓志"。其所据以
为基者,无不来自"自传"的"悬欠",基于"易箦之际"的"生前"书写,是
"后"人在"传主"之"身后"的意图填补,一种"历史"的书写与再书写。

究而言之,"晚年"是什么? "朱子晚年"是什么? "自传"之"在己"
的不可书写"易箦"以及"墓志"的不断填补、接续,在场景绵绵中,我们
看到了什么? 作为"墓志"之一的《朱子晚年定论》陈述了什么?

一种下一世(死后)的唯一方式,就是必须与下一来者发生联系,
无论是记忆、怀念、宛在音容;或是书写。在这里,书写因为已被我们

指涉了它的范畴称谓在于"书",因而,也限定了与阳明发生联系的唯一方式就是阅读阳明文本的方式,阅读阳明的《文录》《传习录》;在这里,则是阅读阳明的《朱子晚年定论》,而同时也就遭遇了阳明何能遭遇朱子的问题。阳明也是被限定了是以阅读文本的方式去与"朱子(晚年)"发生与上一世的(生前)联系,阳明称呼此种文本为"朱子晚年文本",以承袭自程敏政"中年说""晚年说"的话语方式说出。在《朱子晚年定论》中始自首编朱子论"向来定本之误"的《答黄直卿书》,终至"论注文字,亦坐此病"的《答刘子澄》,共 34 封朱子书信,无不说明了此点。① 在朱子与阳明之间,必须要有一层关于"死亡"的领会,一如笔者在本文"立题"中所引述唐君毅先生所言述者;否则,阅读朱子文本永远只能是平面的;只能有自己的现在性,而不能首先出现在自己之中有着与上一世的间隔性,再去领悟间隔就是因"书"而来。对阳明而言,"朱子晚年"已是历经"死亡"的"朱子生前"之"晚年"。无论阳明是否有此自觉,意识到其所欲论述的"朱子晚年",是一个已经经历朱子"死亡"的"朱子晚年",因而其论述的,已是在其"现在"的"朱子生前"。一种牵涉到"死亡"的存在之形式的转换——由"死后"到"生前"的那种领会,无论领会与否,总是已经存在并且就是成为阳明书写与论述《朱子晚年定论》时的存有之基。

四、自传与墓志

"自传"是书写自己的经历,自己书写自己的传记。而"墓志"则是

---

① 在王阳明《朱子晚年定论》中著为首编的《答黄直卿书》,在李绂的《朱子晚年全论》(段景莲点校本,北京:中华书局,2000 年)中已经移编至其书之卷 18。李氏书的首编为朱子《答吕伯恭》。姑且不论阳明对朱子书信是否尽到了"逐一排列"之"编年为序"之责,至少其书的整体形式就是"晚年"的"编年";被其排除的"中年",与不暇考订大段编入的"晚年",已经是一种"编年"了。

他者——在时间属性上为后起者——的书写。如果自己的经历是指一生的生命历程,是指由生到死的一生,那么,"自传"就永无完成的可能,因为"死亡"不能书写自身。"朱子的晚年"属于朱子,虽然曾经在世,但是却无法作为"自传"而书写自己的在世。而王阳明的《朱子晚年》则是一种书写"朱子晚年"的"墓志"。

"自传"永无可能自己完成,它必须由"墓志"来接手,而"墓志"的作者是"他者"。

"易簧之际"是"死前",已经必须是由"他者"来叙述的代词,更何况"死亡"。"死亡"本身不能书写"死亡",这是在人的一生中,能参与却不能自己书写、宣示的一个生命阶段的命名,用书写来完成"自传",它可能吗? 这已经揭示了一个人"在世存在"中的一种"悬欠"的本质,由于"死亡"之不能书写自己,而"悬欠"则揭示了对于"他者"的接纳。因此,"死亡"之不能书写"死亡",就是"在己"的"悬欠",必须由"他者"的"墓志"来参与;一种对"后世/将来"之必须接纳已蕴于"现在"。

人因为在"易簧"及"死亡"时,不能书写自己;所以,"自传"必然是不能完成"生—死"之间行程的书写类型。因此,当"晚年"之名称出来,如果是指"至死为止"的传主之一段生命行程时,已经不能是"在朱子的晚年",而是被他者书写并在书写中所命名的"朱子晚年"。然而,若不是"朱子的晚年",又如何会有"朱子晚年"! 若不是"自传"的"悬欠",又怎会有"将来"的"墓志"!

那么,朱子所不能亲与的"身后"之书写及文字之"墓志",意义又是什么?《宋史》朱熹本传之末载:

> 疾且革,手书属其子在,及门人范念德、黄榦,拳拳以勉学及修正遗书为言。翌日,正坐整衣冠,就枕而逝。

以上肯定不是"自传"。自传与墓志,只有墓志才能记录与书写含摄了"易箦之际"的"朱子晚年"。由"朱子亲身参与的文字书写"与"后人/他者的以文字回向于传主生前之书写",哪一种才能得"朱子晚年"所宣示的生命存在之意义呢? 朱子的晚年真的不能因着亲与而能独占有"晚年"的书写与说话的权利么? 只因为"易箦之际"而来的"死亡"之不能书写自己,以及其中的"悬欠"性么! 朱子究竟在其"身后"——"死亡"之后的"将来",能否参与"晚年/易箦之际/死亡"的生命存在意义之揭示? 在其"身后",对其"生前"各种意义的记录、揭示、诠释,是后人的"墓志"书写行动;除了以"生前"的方式参与于朱子"自传"中一段"易箦之际"的"悬欠"与"失落"外,还有什么方式能从朱子自身处揭示其自身的"在其晚年"? 他者的"墓志"书写可否独自完成,而竟不须要面对朱子的亲身参与? 如若朱子亲身参与"晚年"之"生命存在"中,由于有一种"悬欠",而有了对"将来"之接纳,也因而朱子所亲身参与的"晚年"虽不能书写自己,却仍可能因着能向于世,伴随着"死亡",伴随着文字,伴随着其"生前"亲笔的书信,偕同着印刷(雕版)、刊布、流传而与"死亡"一并向于身后、向于未来呢? 没有"亲笔"的"易箦""死亡",又将如何焉? 没有"亲笔"的"易箦""死亡",能是什么样的"易箦",什么样的"死亡";"身后"继续能在的"死亡",能否呈示着自身,以自身而昭示了"易箦",昭示了"晚年",不须要"生前"——这是后人的"填补"。那么,基于"悬欠",基于对于"将来"的接纳,而能在"死亡"之后继续存在的"死亡",在其与后世人——活着的人遭遇之后,"死亡"是什么? "易箦"是什么? "晚年"又是什么? 后人为什么还要继续不断书写"死亡",书写"易箦",书写"晚年",成为"墓志"!

那么,"朱子晚年"是什么?"晚年"是什么?"朱子晚年"是谁的"晚年"? 这个提问仍然不断冒出,在问题中追问着"序"与"在"的底蕴。即便我们已将问题带至了"自传"与"墓志"。

清人章学诚在其《文史通义·传记》篇中云：

> 盖包举一生而为之传，《史》《汉》列传体也。随举一事而为之
> 传，《左氏》传经体也。①

"自传"则不能"包举一生"，故朱子参与之"晚年"，亦不能通称之为"晚
年"，因"易箦"与"死亡"并非由自己来完成的"包举一生"，盖无"终点
与死际本身"也。而阳明"朱子晚年"中的"晚年"，却是一种有"终"的
"晚年"，此必为"朱子"之后起者始能为之。再深一层，自"生存在着"
而说之，若"迄现在为止"是一"终点（断限）"，则"朱子晚年"之于"朱
子"，仍是一可亲身之参与。然而，"迄于现在"与"死亡"的断限之义，
是不同的；"迄于现在"（传主随时可以搁笔以停，去为旁的事，"生存在
着"并非只是提笔）的"自传"书写，人人均得而用之，如回忆录、日记，

---

① 章学诚著、叶瑛校注《文史通义》（台北：仰哲出版社翻印，二册），卷3，内篇3，《传
记》，册上，页249。阳明门人王龙溪对"年谱"此种体裁之认知，亦是来自"由生迄
卒"的角度，相当程度地反映了"年谱—生命—生卒"是一种文字式存在的思考。其
《刻阳明先生年谱序》云：
　　年谱者何？纂述始生之年，自幼而壮，以至于终，稽其始终之行实而谱焉者也。
（《王阳明全集》，卷37，年谱附录二，册下，页1359）
又云：
　　其事则仿之于《孔子家语》，而表其宗传，所以示训也。《家语》出于汉儒之臆
说，……致使圣人之学晦而弗明，……求其善言德行，不失其宗者，莫要于《中庸》。
盖子思忧道之失传，发此以诏后世……其大旨则在"未发之中"一言，即虞廷道心
之微也。……友人钱洪甫氏与吾党二三小子虑学脉之无传而失其宗也，相与稽其行
实终始之详，纂述为谱，以示将来。其于师门之秘，未敢谓尽有所发；而假借附会，则
不敢自诬，以滋臆说之病。善读者以意逆之，得于言诠之外，圣学之明，庶将有赖，而
是谱不为徒作者已。故曰所以示训也。（同上，页1359—1360）
可见在其言中，"良知—生命—存在"隐隐似与"文字式存在"对立，然良知何以能"天
下古今之所同"（王阳明《答聂文蔚》第一书）？盖"古今"是一时间性异词，良知何以
能同于其"间"？圣言彝训之当依，与良知自存之不凭，阳明所谓"朱子晚年"之异同
者，是否义理核心即是指向于此！

甚至也可以用"年谱"之名,如《章太炎自订年谱》《陈子龙自订年谱》,
但他者却仍要来接手参与,以完成对传主的由生迄卒之书写,作为其
在"历史"上"曾在"的文字形态。

因之,对于朱子,无论其"自传"可完成否? 已经探讨的是自己书
写自己一生——由生到死——的不可能性。"自传"之不可能,与朱子
自己的生命历程,与朱子晚年亲身参与的生命历程,有何关系?

"自传"的不能,显示了"悬欠",也揭示了"将来"以及他者"墓志"
的根源于"悬欠"的必须参与。反过来说,一个人的在世生命过去之
后,他的一生,也只能通过历史传记的书写与再书写偕存其已死亡的
事实继续存在,"生前"得以彰显。在这个历史传记中,每个后人都因
着基于传主"自传"(不书写、不能书写,与书写;写作自己的人,不写作
而为它事的人,共有着"悬欠"的人)之"悬欠"的继续向于将来,而得能
以各种历史传记的形式参与传主的历史书写,与再书写。正是其为
"墓志",所以传主的死亡总是已在其中。"自传"是基于死亡的悬欠,
"墓志"是基于死亡的填补。正是由于已经不是"自传",而是"墓志",
所以阳明得以写出有关"朱子晚年"的《朱子晚年定论》,而参与了"朱
子晚年"学术义理的讨论、记录、呈现、传布,甚至是"为了阳明自己"的
宣传;《朱子晚年定论》中的"朱子晚年"的根基之源,究之,还是来自朱
子自身在世生命的一种"悬欠性"。由"在其自己"的"自传"与作为历
史传记的"墓志",我们窥见了两者间的关系,也窥见了作为根源所在
的,实是每一个人的生命总是在其在世时即已蕴含了的面对将来的
"悬欠性"。正是"悬欠",使得"自传"与"墓志"互为依存。"自传"的
"悬欠"须要由"墓志"来填补以完成"生—卒";"墓志"之能成立也正根
基源于"自传"的"悬欠";两者互为依存,成其整体。由是,我们在"立
题"中所特为提问为言的"与"字,在此有了存有论上的保证,我们也在
此而窥见了生命存在的"死后"与"生前",也进入了"朱子晚年"与《朱

子晚年定论》两者间在存有论上的关系。我们已用"自传"与"墓志"阐揭了此点。

五、书 之 中

一个人可否向另一个人发出召唤？曾在可曾在此？一个人能否进入另一个人的将来？

如果，"朱子"是在被编年时间上"已经"的逝者，那么，能否将他"生前"的生命存在之意义继续依附于某种形式而传向于在他的"死后"；一个过往的逝者，能否向一个在此的人发出召唤？反之，一个人在此，可否通过已经不是"现在"的"已经"，而进入一个过往的逝者之"生前"，以一种面对其迄今仍然"曾在"的现实并即以此作为凭借？面对"书"是否即是面对"书写者"，阅读古人的"书"是否即是一种时间上回返性的活动，即是面对"逝者"、面对"朱子"？面对"曾在"仅仅是一种现在的活动抑或是牵涉到了一种与过往纠缠的领会？一个在此的人如何能通过达于自己"出生之前"的"他人存在"，或是"曾在"？编年上的"宋代"如何能被安置下来，被置于"明代"，而"宋代"的活动能在"明代"被理解、被领会、被误解？阅读"朱子"能否就是阅读了在"明代"已逝去的"宋代"？"朱子"已然死亡的一种岁月已逝的痕迹是否就是仍然于明代刊行的、在朱子之生前即已书写的、在朱子死后仍在刊行布世的"书写"的书？自此"书"而阅读着"朱子已然逝去"的"现在痕迹"是否就能凭此，将"朱子生前的书写"转成为一种"现在痕迹的阅读"，尤其是已经历过"再版"与"重编"的"现在痕迹"。

为什么作为存在形式的转换者：书，是重要的凭借？因其是"书"，所以"书写"可以通达逝者之在此；所以"阅读"可以通达现在活动者之进入"出生之前"的世界？死亡赋与"书写"——生命活动的称谓的一种——以意义，因为在"死亡之后"，"书"伴随"死亡"继续持存，一旦生存的"肉身"抵达了"编年"的"最后一年"，"曾经存在"便以"书"的形式在死亡之后存在于人世、继续并且仍然有着各种可能的遭遇，换言之，只要人生前所写的"书"在他死亡之后继续存在，那么，一个人的死亡就继续伴书的存在而存在。在"书"的遭遇之身世中，一种可能，便是被人以"阅读"的姿态而注停。①

　　过去、现在、未来是现成的线性时间观，也是我们今日对于人的生存状态的时间性用语，堪注意用语中既有连续性亦有间隔性，"时间"的"时""间"，恰在此一中文语词中显豁出来。过去与未来——不再存在与尚未存在，都是一种否定性的意谓，这是以"现在"来度量的存在观；如此，"不再"与"尚未"便有一种虚无的本质。如果"世界"在"时间"上仅是这样的存在，朱子便不能前往"入道之门"，使孔孟圣贤之道成为一种"朱子的现在（明道）"，而且也便没有"将来的可能性（传道）"；对阳明而言，"朱子晚年"亦复成为一种"不再是"的时间观上之虚无，阳明书写"朱子晚年"原来不过竟是一种现实于"现在"的虚构游戏。"现在"被"间隔"开来了，它既不能与"过去"联系，也不能拥有"将来"。我们势必遭遇此一通行的时间意识与时间观。阳明也势必面对"良知古今天下之所同"以及其自承为"孔门/圣人之学"的质疑。这个质疑，便是：只要阳明在存有论上，不能通达于"朱子"，那么，考订也罢，定论也罢，阳明的"朱子晚年"便终究只是一个"现在的语言活动"；即便"定论"之上作为"朱子晚年"的朱子书信是经历了错误的编年，作

_____

① 因此，可能性也吻合地呈示了"非阅读"的可能，即"可能"遭遇祝融，如秦火，如绛云楼之火；也可能是战争，如八王之乱。在这里，我们又以"阅读"规定了"书"的在世形态；因而不能尽述"书"的所有"在世史"，不能说李清照在《金石录后序》中的感慨，不能言"考古学"对象之一——钟鼎铭文古墓器物的存在意义；当然，也必须考量到：《朱子晚年定论》确实是一种"书写"，也是一种"书"；而《朱子晚年定论》中的"引文"，又确实也是一种"阅读"。请参阅笔者《历史与不朽：在时间中的"在"与"逝"》，《历史：理论与批评》，第 1 期，1999 年 3 月，页 1—40。

为义理上及生命意义上的体道活动,也必须要先有此种可能,阳明才能作出错误的"编年",并且认定与执着自己所从事的,是一种更为深刻的圣人之义理的昭示活动与行为。

　　秩序化的时间状态:"序",显然在我们之前提供了我们一般性理解的时间基础:过去、现在、未来。过去,朱子出生—生存—死亡;而后,阳明出生—悟道—写《朱子晚年定论》;显然在上述的语意次序中,"朱子"比"阳明"早,而"朱子早年"又比"朱子晚年"早;因而"朱子"在"阳明"之先,"阳明"在"朱子"之后;阳明能写《朱子晚年定论》,而朱子不能写阳明,盖阳明为朱子之未来,朱子为阳明之先在。在阳明写下《朱子晚年定论》之际,盈然于朱子与阳明之间者,应是一幅生命是序列的图像。"宋代的朱子与明代的阳明",这样的语句于是呈现了时间上的次序,也显示了时间轴上被编年的两个度量之刻度;因此,时间之"间"就有了时间轴上"间隔"的语意。而《朱子晚年定论》的"朱子晚年",则显示着一种宋代的朱子与明代的阳明"之间"的趋向"同一化","同一化"则揭示着"共在"的意图,因着"间隔"的"彼"是"彼"、"此"是"此"而显。只要"死亡存在",本质上就是无可代理。"不可替代"便是"不可诠释";然而,"不可替代"亦是"只有诠释"。于是,只能在"不可替代—不可诠释"中,走"不可替代—唯有诠释"之路,以"可能性"通达"在"的整体性,而领会在我出生之前即已在世(曾在)的"朱子晚年"。对"朱子晚年",我们也只能说:阳明出生时宋代的朱子已然死亡,"现在"是其死亡之后 272 年,因而,"朱子晚年"便成了"过去",如果阳明仍然使用"朱子晚年",那么语意上便有矛盾,除非"过去"与"现在"可以"遭遇",因着"死亡"。否则"生前"与"死后"便系一组空词。"序"与"在",又在此处遭遇,成了写作与研究学术史时所面临的问题。问题覆盖着"序"与"在",问题也带出了"序"与"在"。

　　王白田《朱子年谱》于朱子 71 岁条记载云:"先生改《大学·诚意

章》",作为"墓志",如果提供的是这样的场景,那么场景中的朱子,便正在从事一种"过去"与"现在"是一整体的"在"的工作。《大学章句·序》是朱子60岁时完成,61岁时刊刻,对朱子易箦前的71年岁而言,是一个在时间的编年为"序"上不可逆返的"过去"。但是在"序"上的"现在",他将手头的书勉力拾起,置于案前,修改了《诚意章》;"章"字的书写,已经表示了他手头所持的正是"过去"、正是他所修订的《大学章句》分经一章、传十章的订本;生命的存在对朱子这一年而言,不仅是"过去",也是"现在";"过去与现在"仿佛已交织而构成了一幅"生命存在"的画面之整体,包括手边的"书":《大学章句》及《格物补传》——仿佛"身"外之物,却又不是。

朱子一旦出生,就会趋向死,不能再返回,也不能再返回那"中年"写作《太极图说解》的时光,而这段不可逆反的时光却不仅映现于现在,也与《太极图说解》的现在正置于我手边案头而"共在";《太极图说解》所"说解"的《太极图》与所"解"的《太极图说》也一并而"共在"。"回忆"与"现在"之"共在",此书之书写与此书在我身际之"共在",成了"序"与"在"之间有些什么的领会的画面理解。

一本书,流传至于阳明之手边案头,阳明读卷,阳明写作,《朱子晚年定论》抄本出世,《朱子晚年定论》刻本流传,阳明揭致良知教,阳明逝世;刻本以另一种版本进入现在,抵吾人之手边,我们阅读书名为《朱子晚年定论》的著作,其上镌刻著作者之名:王阳明,阅读着《朱子晚年定论》中的"朱子""朱子晚年""晚年定论",阅读着阳明书写过的文字,诉说他与朱子"之间"的故事,他与真德秀、饶双峰、吴草庐"之间"的渊源,及有关"朱子晚年"的文本,有关阳明择出的《答黄直卿书》《答刘子澄》等等书信——自《朱子文集》中择出,成了一本"新"的《朱子晚年书信集》,阳明忙着他自己的"朱子";也看到了在阳明身后,《朱子年谱》的出世,"考异"着阳明编序"朱子书信"的编序中的编年错误,我们此刻手中还有另一部镌刻作者之名为"朱熹"的《朱文公文集》(以及《朱子大全》《朱熹集》《朱子文集》),及一册《朱子书信编年考证》①。

不朽感是存在的一种时间性样式,在不朽的时间感中,我在回忆中"现"出了"某人的生前";或,在我之案前,摆置了"某人的生前书写——以文字/书之形"而"现"在我之眼前,进入了"阅读"之中。因此,不朽感是"回忆某人"的"现在化趋向",我们称之为"到向";而不朽感也是"我向于某人的回忆",因而某人在我回忆中映存,这是一种"回向"。因而,在以"身"的持存过去/死亡之后,"书"的仍然在世,一个人写的书仍然流传,我于是有所领会:在我死后,我仍能拥有我的将来。在我出生之前,书已在世,我于是复有领会:我现在所阅读的书,是我与我之生前可以联系的方式,我能谈论我的生前,我能选择某种生前在我手边,我能诠释与领会某种我的生前而属于我。

六、学术史场景

(一)《定论》之后的学术场景

"朱子晚年"在《朱子晚年定论》中,究竟是一种"现在是"还是"过去是"呢? 就理论层面而言,阳明的"朱子晚年"究竟是"真的过去"还是"真的现在"呢? 克罗齐(Benedetto Croce,1866—1952)说,虽然一切历史均应为"当代史";但是"过去的历史"又非"假"的,但也不是"真实的";②那么,此种"既非假也非真"究竟应当如何理解呢? 就后者而言,"过去是"显然便是一种立基于"证据"(evidences)、立基于编年性

---

① 陈来:《朱子书信编年考证》,上海:上海人民出版社,1989 年。
② 见克罗齐著、傅任敢译:《历史学的理论和实际》,北京:商务印书馆,1997 年,页136。

的考证工作。如《王学质疑》作者张烈云:"(阳明)著为晚年定论,实则以中为晚,以晚为中,与当日情事,迥不相涉。"①所谓"当日""中晚"之词,正是一种"编年"为"序",故有"当日之实"的概念与"实则"的语言陈述,因而"中""晚"是一种可以被"考证"的程序依"时间度量"而求出、还原的学问。这就是立足于"过去是"的工作。

但是,考证之外,同时又作为学派、门户之争的《学蔀通辨》《王学质疑》《朱子晚年全论》《陆子学谱》,以及专门考订朱子行实学术年序的王白田《朱子年谱》等,仍然无视于此种考证式的仅是对错的问题限定,要一而再地指出或维护《朱子晚年定论》中的"错误编年",无非是因为骨子里有更深的动机——这也就是一个理学家、求道者的为了"现在是"所进行的工作。他们之所以出现学派、门户之争,正是因为他们已关怀到此种形式背后的"真理—道"追求的层次面向。张烈又云:

> 朱陆同异,非其互为异也,乃陆之异于朱耳。天下之道,不容有二。②

"互为异"说的只是"朱陆"确有差异,"同异"指的实是"异"。而"乃陆之异于朱耳",则用的是一种学派上门户之争所常见用的"正统—异端"之思想与构论模式。"不容有二",张烈在此,何以用了强制性的训令式权威语言?这涉及了对于"孔孟之道""圣人之道"的理解问题,及由此形成的学术活动及其构词。由于"孔孟之道"的神圣性,而神圣性是唯一的,张烈强制性语言牵涉到的正是一种"正统"思维模式下的唯

---

① 张烈:《王学质疑》,台北:广文书局,1982 年,卷三,页四。
② 同上注引书,附录,《朱陆同异论》,页一。

一信念,相信自己所从事者方为趋往圣人之域的正途;这种信念,可以有"大宗—小宗"模式,以己为正宗,但不排斥他学;亦有"正统—异端"模式;而张烈所持的,正是此种斥外己者为"异端"的"不容有二"的正统思维模式。

阳明在龙场悟道——所谓龙场悟道,即是对"格物穷理"的解惑之后,立即去向五经印证,这已经显示着:在通过"朱子"之后,必须回到更本源、更原始的源头:孔子那里。阳明的"通过朱子",是"龙场式"的生命悟道;而他人的"通过朱子",则可能就是所谓的读朱子书的方式——朱子式的通向于孔子。因此,阳明显然仍持一个信念,即依从于孔子,称此为"圣域"之道,称为"圣学"[①];并依此而对"朱子"重作了检验,认为经由生命体悟,在悟道的过程中,"格物穷理"有其大的问题,而且是"内、外"的问题,"知、行"的问题,"心、理"的问题;孔子的道也就在这些问题的领悟中得以展现,而领悟者的"本心"中,本就具此领悟性,并本原地与孔子的道同一着。

《朱子晚年定论》认为"朱子晚年"终于体认到此,因此,阳明为了彰显这一不为朱学派人士所察觉到的事实,而著书以彰显着朱子的晚年悟道才是圣域的圣人之道,也是阳明所悟的孔子之道,而更是不假外求的在其自身的本心之道——是"正学",也是"圣学"。阳明门人在其47岁时为其刻了这本书,但是,两年后,正德十五年(1520)时,阳明又写了《象山文集序》,断定象山之学为孟氏之学,是圣人之学,并非禅学。[②] 陆象山与阳明学有何关系呢? 这就牵涉到了在阳明之前的"朱陆异同论"的学术史背景。

---

① 若相对于异端,则阳明用的是"正学"一词,《朱子晚年定论·序》云:
　　夫世之学者徒守朱子中年未定之说,而不复知求其晚岁既悟之论,竟相呶呶,以乱正学,不自知其已入于异端。辄采录而裒集之,私以示夫同志,庶几无疑于吾说,而圣学之明可冀矣!(《王阳明全集》,册上,页128)
② 王阳明:《象山文集序》,同上注引书,卷7,册上,页245。

（二）"朱陆异同论"下的"朱—王"学术史脉

"朱陆异同"作为一个课题,据近人研究,是从吴草庐、程敏政开始的,这不仅见之于陈建的批判,也实可以自阳明自己的序言中提到吴草庐之名而窥探一二;①至阳明时,"朱陆异同"由于《朱子晚年定论》之故,遂与王学联系在一起;谈"朱陆异同"就是谈"朱王之学的对立与分辨或异同"。陈建《学蔀通辨》一书所以重要,便是因为此书明显地突出了对"朱陆异同"与"王学"联系的质疑,提出了陆学死灰复燃的忧虑,从而将攻击批评王学的焦点放在《朱子晚年定论》一书,同时也更深刻地联系了"陆王"。显然,自阳明以来迄于清中叶,"朱陆异同"明显地作为一个课题而存在,并且与"由朱学而质疑陆王之学"深层的联系;"陆—王"的联系及其与"朱学"的对立,是既可以视为"朱陆异同",也可以视为"朱王异同",更可以视为"陆王—程朱异同",这样的景观,要一直到清代的惠栋与戴震,才提供了另一个世界观下与朱子发生关系的视野。此种阅读"学术历史"的印象,实隐然形成一种常识化、真理化图像而深刻在学人之心。毕竟,少有人去阅读或深思"陆王异同"与著述"朱王学谱",也是个事实(我们看到的多是"陆王学谱"或《陆子学谱》)。但如此一来,也就遮蔽了"由朱到王"的历程,而这个历程,不仅可能是个学脉,抑且也是阳明自己与朱学有关的求学历程掩映在《朱子晚年定论》中的,便是阳明要为此一历程作出一个总结,"定论"实有这个意图。

案《年谱》"(正德)六年(1511)辛未,先生四十岁,在京师。"条下载有阳明门下王舆庵与徐成之有关朱、陆之学的争辩,可见阳明在此之

---

① 在阳明的序中,提到的朱门后学有三人:真西山、许鲁斋、吴草庐。而且特别强调了草庐之"见之尤真,悔之尤切"。因此,"取草庐一说附于后"。(见《王阳明全集》,页141—142)

前尚未明确表态支持与同情陆象山：

> 论晦庵、象山之学。王舆庵读象山书有契，徐成之与辩不决。
> 先生曰："是朱非陆，天下论定久矣，久则难变也。虽微成之之争，
> 舆庵亦岂能遽行其说乎？"成之谓先生漫为含糊两解，若有以阴助
> 舆庵而为之地者。先生以书解之，曰："（略）仆尝以为晦庵之与象
> 山，虽其所以为学者若有不同，而要皆不失为圣人之徒。今晦庵之
> 学，天下之人，童而习之，既已入人之深，有不容于论辩者。而独唯
> 象山之学，则以其尝与晦庵之有言，而遂藩篱之；使若由、赐之殊科焉
> 则可矣，而遂摈放废斥，若碔砆之与美玉，则岂不过甚矣乎？故仆尝
> 欲冒天下之讥，以为象山一暴其说，虽以此得罪无恨。晦庵之学既
> 以章明于天下，而象山犹蒙无实之诬，于今且四百年，莫有为之一洗
> 者。使晦庵有知，将亦不能一日安享于庙庑之间矣。此仆之至情，
> 终亦必为兄一吐露者，亦何肯慢为两解之说以阴助于舆庵已乎？"①

遂于正德十三年（1518）刻《古本大学》《朱子晚年定论》《传习录》，又后
二年，正德十五年（1520）时，阳明写《象山文集序》；又一年，正德十六
年（1521）时，阳明在江西，《年谱》记载"录陆象山子孙"，并云：

> 先生以象山得孔、孟正传，其学术久抑而朱彰，文庙尚缺配享之
> 典，子孙未沾褒崇之泽，牌行抚州府金溪县官吏，将陆氏嫡派子孙，仿

---

① 见《王阳明年谱》，《王阳明全集》，册下，页1232—1233。案：《年谱》所记"先生以书
解之"者，是指阳明《答徐成之》之第二函，钱德洪编录于《年谱》正德六年（1511）；而
《王阳明全集·外集》所收之两封《答徐成之》，其第二函即"先生以书解之"之"书"，
其下注年均为"壬午"，时已为世宗嘉靖元年（1522），已相距10年，阳明致函徐成之
调解此事，不应相隔至此。当以钱德洪《年谱》为是。

各处圣贤子孙事例,免其差役;有俊秀子弟,具名提学道送学肄业。[1]

又云:

按象山与晦翁同时讲学,自天下崇朱说,而陆学遂泯。先生刻《象山文集》,为序以表彰之。[2]

是知朱陆异同之在明代士子,确为心中已横亘之一历史课题,以是在王门乃有舆庵、成之的话题与争论。

朱门后学中的"朱陆调和论",自吴草庐有此倾向以来,到明代程敏政的《道一编》中所提出的"朱陆早异晚同论",到王阳明之《朱子晚年定论》,实是一个脉络。这一脉络,显示阳明学由朱学/朱门而来的继承性及其历史脉络。因此,虽然王学在明代终究形成了"朱、王"对立的历史现实与可观样态,但是,却并不是"陆—王"(由"陆"到"王")的脉络,而是实由朱门中主张朱陆调和论的朱子学脉转化而出。"陆王"与"程朱"的对立,以及将王学与陆学合称"陆王"的起因,还有待考察。但不可否认,在学术史上,确实是忽略了"朱—王"脉络发展中历史线索。[3] 虽然在

---

[1] 见《王阳明年谱》,《王阳明全集》,册下,页1279

[2] 同上注引书,页1279。案:《象山文集序》下注为"庚辰",较《年谱》为早一年;未知《年谱》此处是否为倒叙之便。

[3] 唐君毅在《阳明学与朱子学》(氏著,《哲学论集》,页508—521,台北:学生书局,1990年全集校订版)一文中已经关注到这样的脉络,其云:
　　阳明之学,归宗近陆象山,然实由朱子之学发展而出。(页508)
　　阳明固谓象山之学能接孟子之传,但在阳明并不以孟子之学为至极。阳明最推尊者,乃是颜子。(页509—510)
陈荣捷在《早期明代之程朱学派》(氏著:《朱学论集》,页331—351,台北:学生书局,1988年增订再版)一文也注意到了朱学中持养的实践性与心学之关系。亦参刘述先:《论王阳明的最后定见》(页67—69),文中也提出了阳明思想与朱子之学的某种关联的观点。刘文收在氏著《儒家思想意涵之现代阐释论集》(台北:"中研院"文哲所筹备处,2000年),页47—72。

《宋元学案》中,全祖望并未以"朱—王"的脉络去放置资料与排列学谱,但不明显并不代表在《宋元学案》中便不可以勾勒出这样的学术场景。日本学者冈田武彦氏的著作《王阳明与明末儒学》,其第一章特别标以"明学的源流——朱陆异同源流考",便是在研究上关注到了这个层面;简言之,便是关注《朱子晚年定论》多于对《传习录》的关注。在此书第一章第二节中的立场与观点,冈田氏表现了两个创见:(1)《朱子晚年定论》是《道一编》的续编与副产品,(这个观察也许会解消部分《传习录》中"王学"与"朱学"是对立的阅读感受)而这点也尤其被陈建所洞察而指出,但陈氏并未认真地将王学置于朱门后学的脉络中,而直仍是将其与"陆学"联系起来,作为与"朱学"对立的姿态来进行"朱陆"与"朱王"的卫教性辩护与攻击。(2)阳明成学后的阳明学,在形式上是以"朱陆异同"为媒介而转化出的,而这才是"陆—王"系谱视像的真正原因,反而"朱—王"的脉络化并没有在明代被导出而且被遮盖了。[①]

因此,以"朱子晚年"为构词(源出于程敏政的"早"异"晚"同之"晚"),而在形势上则以"朱陆异同论"的历史场域为媒介,到阳明手上而开出的"阳明学",就可以视为是对"朱子学"后续的接续;对"朱子学"的重新探讨,也就可以视为是朱门后学的这一派而不是那一派;而重新探讨的"朱学"也可以是这样而不一定必是那样?冈田氏在著作中慎重标以"朱陆异同源流考"作为"明学的源流"的题目,显然便意谓着:明代王学是宋末、元代朱学变化、分歧的发展传承,是不同性格的继承者。也意谓着:明代学术是由"朱陆异同论"作为一个核心关怀的课题,而展开其新貌的。

---

① 冈田武彦:《王阳明与明末儒学》,吴光、钱明、屠承先译,上海:上海古籍出版社,2000年,第一章第二节《明学的源流——朱陆异同源流考》,页17—32。

因此,《朱子晚年定论》正是为了表现王阳明的全新领悟而所用的"旧典"——"朱子"作为此一旧典象征而进行的今学——印证,其实是新于旧式的领悟,旧与新之间,是"朱—王"的关系而非"陆—王"的关系而产生了旧典新诠。因而也是不同于正统朱子学派人士所认知的"朱子",以及对于《朱子文集》中的书信部分之重编/新编;如果"朱子"是作为旧典及"朱—王"中的传统,则"朱子晚年"就是阳明用以操作进入《朱子文集》中的"新词/新诠",这正是一般所称"以中年为晚年"者,尽管"以中年为晚年"指出了阳明在"编年"上所犯的错误,也尽管阳明似乎并不措意于此,如阳明《答罗整庵少宰书》中即明白云:

> 其为"朱子晚年定论",盖亦不得已而然。中间年岁早晚,诚有所未考。虽不必尽出于晚年,固多出于晚年者矣。然大意在委曲调停,以明此学为重。①

但编年上的内容编排错误并不代表阳明所用的形式不是"编年的","朱子晚年"已经揭示了阳明此书在整体形式上就是大段地编年形制;而所以不甚措意于每一封书信的正确年代之考订,甚至愿意承认疏略,便是因为在企图与目的上,是通向义理上的"定论"而为其所归。但要作出朱王之间的学说义理间异同之定论,也可以用其他的文类形式,如《古本大学序》便是透过《古本大学》的刊刻;《传习录》则系透过师弟间问答讲学弟子记言的刊刻;为何此一种"定论"一定要用"朱子晚年"为书名的方式呢? 先不论朱子是如何地缭绕于阳明成学过程中,具有一核心位置,即便"定论"之后,也不能不用某种方式来证明圣

① 陈荣捷:《王阳明传习录详注集评》,页253。

人之学仍然可以在"朱王"之间取得"道一";因此,程敏政的《道一编》便成了阳明仿袭取资的对象,作为朱门的程敏政,可以谈"朱陆异同";作为以朱子为典范的阳明,也可以如此地谈论"朱王异同",而无碍于阳明仍然对朱子维持着敬意;由是"朱子晚年"成为阳明编述《朱子晚年定论》的构想,这一段呈现朱子晚年思想变化总体状态的著述,其形制在本质上是"编年"的;其填补与重新论述并呈现给世人、昭告世人"朱子晚年"的思想"真相"究竟是什么的意义,则正是基源于一种"朱子晚年"的"墓志"能够进入朱子未完成的"年谱"之中填补"晚年"这一大段的(朱子)不言与(阳明)言。因此,"朱子晚年"之于"朱子",是未完成的,阳明则代其"定论"而为之完成;因此,"定论"是填补,也是诠释。

阳明对于朱子学的新看法,不仅见之于《定论》,而且还环绕于他所谓的五经而求印证,以表现出他的儒/经学是一种正学、得道,同时也敢于在印证之后,明言他对"朱子晚年之学"的新解与新发现。先是"独于朱子之说有相牴牾,恒疚于心",而后,"复取朱子之书而检求之,然后知其晚岁固已大悟旧说之非,痛悔极艾,至以为自诳诳人之罪,不可胜赎"[1];因此,阳明确实是一直企图一再地通过"朱子"的,只是,被印证的"朱子",变成了"向外性—支离"的"朱学"以及尽删旧学,"思改正而未及"的"朱子晚年"。这样的"墓志"书写,书写着"晚年"的"晚"字,原来是"不及改正中年旧说"的"来不及";也是一段布满悔艾情绪的生命,是"晚了/迟了"的"晚年"。"墓志"果然是"墓志",阳明在"朱子晚年"的"既迟且悔艾不及"中,不仅进行了"墓志"对"自传"的填补,而也昭示了"朱子晚年之学"是由阳明来继承、代理、完成的。如果《朱子晚年定论》是传达传记的"墓志"之再书写,那么这样的"朱子形象"

---

[1]《王阳明全集》,册上,页128。

确实难以令正统研读科举朱典或朱学的人士所接受。虽然阳明在《与安之》书中仍以为《朱子晚年定论》的功效是正面的"无意中得此一助",何助?《与安之》书云:

> 留都时偶因饶舌,遂致多口,攻之者环四面。取朱子晚年悔悟之说,集为定论,聊借以解纷耳。门人辈近刻之雩都,初闻甚不喜;然士大夫见之,乃往往遂有开发者,无意中得此一助,亦颇省颊舌之劳。近年篁墩诸公尝有《道一》等编,见者先怀党同伐异之念,故卒不能有入,反激而怒。今但取朱子所自言者表章之,不加一辞,虽有褊心,将无所施其怒矣。尊意以为何如耶?①

此处的"饶舌""多口",应系指龙场悟道后,与朱子的言论之有异而言,而非如前述正德六年阳明40岁"在京师"时其门下王舆庵与徐成之有关象山学术之辩的"象山言论"。盖阳明曰"无意中"恐亦是实,其与朱子不同的"格物"与"致知"之新理解,"攻之者环四面"想也大出其意外;此际想阳明当尚无立学派、与朱子分席、与象山作策略联盟之心与想法。否则其门下便不会有因"朱陆"学术而引起的争辩,可见此时阳明实尚无朱、陆之左右袒护,亦更无"陆—王"之师承意思,其不过是对象山同情多些而已。故正德六年之《答徐成之》第一书犹存旧见,以"尊德性/道问学"覆徐成之说"朱陆异同";《答徐成之》第二书则云:"夫学术者,今古圣贤之学术,天下之所公共,非吾三人所私有也。"而更至于有如下之言:

---

① 王阳明:《与安之》(《王阳明全集》,卷4,文录一,册上,页173),其下注"己卯"(正德十四年,1519),而《年谱》则与《朱子晚年定论》同系于戊寅年(正德十三年,1518)下,此当亦是先书笔法,取其文同类近之便阅。

> 昔孔子,大圣也,而犹曰"假我以数年,以学易,而可以无大
> 过";……此正晦庵、象山之气象,所以未及于颜子、明道者
> 在此。①

此种言词,是龙场悟道后初在京师之所发,既尚未见与朱学之对立若
同水火,亦未见有与象山为党同之心。纯只是表其与朱子所悟所见
"格物"之不同,及对象山之同情而已。然攻之者既环四面而不能谅
解,则效承程敏政之《道一编》(注意程氏为朱门人士),而又更进之,取
朱子书信宛若自言,作《朱子晚年定论》,思以"解纷",然此书既出而又
与古本《大学》、薛侃《传习录》相继刻成行世,攻之者恐非环四面,而更
及于联系"朱陆异同"以为陆学之异端再起,遂肇致学派之争;逮阳明
名满天下,遂扩入政治而不能息免矣。

阳明借"朱陆异同"公案的脉络,意图以"早异晚同"来呈现"朱学
发展的正宗在王学";可是,"朱陆异同"中的"异",却仍然不能在"同"
中掩没尽去;阳明"喜朱子之先得我心"的"喜"字,确实传递了这是一
个单方论述而非双方同意之后的字眼。王学作为一个学派,最后虽然
成立,不必依附在"朱"或"陆"上,但《传习录》与古本《大学》也终于取
代了《朱子晚年定论》而成为真正的王门经典,②王学也走上以"异"为

---

① 《王阳明全集》,册下,页810。
② 谢廷杰刻《王文成公全书》时,钱德洪仍要求将《朱子晚年定论》收入,也是一种世俗
的考量,仍然意在化解来自朱学派人士的批评,而非真正的传习师说之经典。关于
谢廷杰刊行《王文成公全书》与王阳明从祀之关系,请参朱鸿林《〈王文成公全书〉刊
行与王阳明从祀争议的意义》(收在杨联陞等编:《陶希圣先生九秩荣庆论文集》,
1987年,册下,页567—581)显示了世俗的真儒与学术上的真儒间,确实有着权力、
政治、学术理想间的纠杂问题,也就是道统与政统的可论述性的问题,这点,请参考
黄进兴:《优入圣域》(台北:允晨出版公司,1994年),特别是本书第二部分的诸篇
论文(页87—328)。而这样的区分,也是本文中笔者尝试的区分,关于《朱子晚年定
论》是不是可以别为两种层次的可行性的探讨:即作为存有论意义上的"朱子晚
年",与学术上有着历史与现实意义的"定论"。

根本而非求"同"于朱子的方向,放弃了作为朱门或朱学正宗的发展策略;"朱陆异同"遂成了"朱王异同"。对阳明自身而言,其晚年不提"朱陆异同"绝非偶然,代表着他不仅与朱子"异",同时更根本地摆脱了与陆子为"同"的关系,"陆—王"关系论,一直就是阳明所雅不愿承认的。[①]案《定论》阳明《后记》云:

> 朱子之后,如真西山、许鲁斋、吴草庐,皆有见于此,而草庐见之尤真,悔之尤切。今不能备录,取草庐一说附于后。

前述冈田武彦的思考,很显然的与这段文字的启示有关,渠正系由此而见到了朱门后学的另一种脉络。在阳明《后记》中这几个朱门后学的人名摆置中,其实已经显示了"朱→王"的发展,而不是"陆→王"的发展;然而,即便是朱门后学,为何阳明只写上这几人的名字,而不是其他门人。我们其实不易理解,只能知道有某种与阳明有关的学脉信息,可能在于其中,但是自从冈田武彦逐一考证,论述了由真西山到程敏政迄于王阳明的一种朱门中出现的"朱陆调和论"之历史发展后,我们遂对阳明的写作《朱子晚年定论》,有了较为深入的历史认知;而阳明之所以写下这三人的名字,也正是因为基于一种在他那个时代对"朱陆异同"及"朱陆调和论"的历史认知,至少向我们传递了一项信

[①] 所谓的阳明晚年之学,一般多系与"天泉证道"的"四有四无"公案有关,此一"阳明晚年定论"中作为分歧核心的"四有"与"四无",早就离《朱子晚年定论》中阳明所欲"定论"者甚远;这也反映了《定论》之后到《传习录》《传习续录》的一段阳明学的发展过程,朱子已不再是其自身义理脉络及体系的对立面或纠缠面;这也正与阳明早期高弟徐爱在世时所记录的阳明早期以"知行合一""心外无理"为学说宗旨,是不同的;盖徐爱在世时的《传习录》,尚是与《定论》同时期刊刻的作品;逮陆澄、薛侃以降,迄于阳明殁后之钱德洪刊刻《传习录》新本,皆以致力于王学的自身宗旨为重,为朱子的对立面反而只是义理脉络之外的人间纷扰。有关近人对于《明儒学案》中所反映出的"阳明晚年之学"之研究,则可参阅述先:《论王阳明的最后定见》,收在吴光主编:《阳明学研究》(上海:上海古籍出版社,2000年),页1—24。

息：阳明对于朱门之后迄于《道一编》之间发展的"朱陆调和论"是十分熟悉的。因此，如果在朱门后学之中出现了"由上（达）而下（学）"的入路时，会同情"象山"似乎也不是不能理解。吴澄便是一个明显的例子，《宋元学案》记其言云：

> 朱陆二师之为教一也，而二家庸劣之门人，各立标榜，互相诋訾；至于今，学者犹惑。呜呼甚矣！道之无传，而人之易惑难晓也。为人子孙者，思自立而已矣！族姓之或微或著，何算焉，能自立欤！虽为而浸著，不能自立欤？虽著而浸微，盛衰兴替，亦何常之有，唯自立之为贵。[①]

吴澄弟子描述其师时，以为宋以来儒学的集大成者，吴澄自己恐也有这样的期许与定位：

> 先生尝曰："道之大原出于天，神圣继之。尧舜而上，道之元也，尧舜而下，道之亨也，洙泗鲁邹其利也，濂洛关闽其贞也。分而言之，上古则羲皇其元，尧舜其亨，禹汤其利，文武周公其贞乎！中古之统，仲尼其元，颜曾其亨，子思其利，孟子其贞乎！近古之统，周子其元也，程张其亨也，朱子其利也，孰为今日之贞乎？"其自任如此。[②]

其以朱门之嫡传，欲调和朱、陆，恐怕反映的，便是朱学不能仅以"正统/异端"思维来看待同属儒学的"非我族类"，而更应思其"大"，能集

---

① 吴澄：《草庐精语》，引见黄宗羲、全祖望等：《宋元学案》（台北：河洛图书出版社，1975 年，三册），册下，卷 92，页 14。
② 同上注引书，册下，卷 92，页 6。

大成而非排他才是圣学。阳明对吴澄、程敏政这两位元、明的先进学
者之继承，若自朱门后学中之一种"朱陆调和论"的学术史脉看来，不
是也有着些许脉络端倪么！①

七、《定论》的不安

（一）托古改制

阳明正在力图追摹"过去的时刻"于"现在"，在过去的时光之追摹
心态中，有一本称为"朱子的"文本，已被赋予历史感且加上了编年注
记，进入了"过去时光"的"现在营造"中；营造"历史"就是营造"自己"，
"托古改制"仍然在阳明身上记着烙印。

因朱子而引致的学术上的问题，在其身后之后世甚至是在其自
身，就已经出现，勿论是其在世时与浙学的"永康之辩"，与陆学的"鹅
湖之辩"，或是朱门第一代弟子；每一次都历经再提、重提，才能成为
"意义"（道）的再度经历；例如黄榦与陈淳的歧异：《近思录》是否为在
《四书》之先便应先读的"入德之门"书，成不成为一种朱子生前时便已
所认定的接引"学（习）者"的入朱门之书，黄陈二人间皆存在着歧见。
又如道统，司马光是否在统中，弟子所观亦有不同！② 而至明代，在阳
明更是提出再提出，阳明"格竹"便是重新提问、重新体验；面对悬为功
令的明代朱子学，恐怕每一个有志于道的人，都有重新接近问题起源的
自我迫切。《定论》是一种重新经历的再提、重提，因此，阳明再提出"格

---

① 关于吴澄，清初李穆堂将之摆在《陆子学谱》中，视为"陆—王"的"学术史"；然与穆堂
　同时又兼为师友的全祖望，则在《宋元学案·草庐学案》中云："思和会二家，然草庐
　之著书，则终近乎朱。"（黄宗羲、全祖望等：《宋元学案》，册下，卷 92，页 5）显然即是
　针对穆堂所发。参黄进兴：《"学案"体裁产生的背景：从李绂的〈陆子学谱〉谈起》，
　收在黄进兴，前引书，页 393—424。
② 参见朱荣贵《从李方子〈文公年谱〉和〈朱子事实〉看朱门学术之歧异》，收在武夷山朱熹研
　究中心编：《海峡两案论朱熹》（福建：厦门大学出版社，1998 年），页 237—244。"

物(穷理)"的问题,一直到龙场悟道,他自己寻求"在《五经》中印道"——《五经臆说》,从而确立了自己,阳明开始自觉与朱子的"格物穷理"是一种"本真"与"非本真"(内与外)的差异;阳明自问于朱子的问题起源之重新提出而始,但是却以决裂性作为传承转化的面貌而现于世。

在以《定论》为主轴下,"朱子晚年"显然分裂为"朱子的晚年"与《朱子晚年》,后者对于前者,难道没有任何论述性的暴力?《朱子晚年定论》的书写者之自我的满足状态,是否会因《定论》而使"朱子的晚年"在《朱子晚年》中被论述所覆盖,阳明是否真的横施了论述的暴力而非一种对话?[①] 由于批评者如陈建、王白田多将矛头指向了《朱子晚年定论》中"书信编年"的乱序,因此考订阳明乱序也是一种批评的方式。然而,考订可以纠正"编年次序"上的错误,却不曾对阳明的自承乱序构成威胁;阳明曾对罗整庵承认中、晚年之书信编年太过松散,可见阳明主要的目的并不在此;阳明并不介意考订上的是否正确,那是因为他所措意的主要企图仍然是义理上的;不管中年、晚年,只要朱子之书信中有合乎阳明义理上可以发挥的,就是阳明编入此书的选项。这样说来,《朱子晚年定论》真的意在"朱子晚年"吗!恐怕未必,《朱子晚年定论》恐怕自述性质还更多地大于针对传主的历史传述之"墓志"性质,这由"定论"一词,实可以看出甚多的消息在其中焉。源于"悬欠"而来的"朱子"与"阳明"间的"对话"与"诠释"及"影响"的交融互涉之本质,也因为阳明将书写(编写)前人传记视为自述,"定论"遂有了一种"过度诠释"的"诠释暴力"之启人疑窦,《朱子晚年定论》也确实因此而被一分为二的视之了;这也以暗示了王学的自我寻求独立而不再依附朱子的做法,在尔后的阳明立言与播学中,转向以《传习

---

① 顾炎武在《日知录》(台北:明伦出版社,1979 年)的《朱子晚年定论》条中有一段话,说得很有意思,云:"本欲安排早异晚同,乃至说成生异死同。"(卷 20,页 537)不啻是言阳明在欺负"已死的人"了。

录》为真正的"自述"之中心。

钱德洪《朱子晚年定论·前叙》云：

> 《定论》首刻于南、赣。朱子病目静久，忽悟圣学之渊薮，乃大
> 悔中年注述误己误人，遍告同志。师阅之，喜己学与晦翁同，手录
> 一卷，门人刻行之。自是为朱子论异同者寡矣。师曰："无意中得
> 此一助！"隆庆壬申，虬峰谢君廷杰刻师《全书》，命刻《定论》附《语
> 录》后，见师之学与朱子无相谬戾，则千古正学同一源矣。[1]

袁德麟正德十三年(1518)跋记云：

> 《朱子晚年定论》，我阳明先生在留都时所采集者也。揭阳薛
> 君尚谦旧录一本，同志见之，至有不及抄写，袖之而去者。众皆惮
> 于翻录，乃谋而寿诸梓。谓："子以齿，当志一言。"唯朱子一生勤
> 苦，以惠来学，凡一言一字，皆所当守；而独表章是、尊崇乎此者，
> 盖以为朱子之定见也。今学者不求诸此，而犹踵其所悔，是蹈舛
> 也，岂善学朱子者哉？……然后知向之所学，乃朱子中年未定之
> 论，是故三十年而无获。今赖天之灵，始克从事于其所谓定见者，
> 故能三月而若将有闻也。非吾先生，几乎已矣。[2]

阳明自所作正德十年(1515)《序》则云：

> 洙、泗之传，至孟氏而息；千五百余年，濂溪、明道始复追寻其

---

[1]《王阳明全集》，卷3，册上，页127。
[2] 同上注引书，册上，页142。

绪；自后辨析日详，然亦日就支离决裂，旋复湮晦……

守仁……其后谪官龙场，居夷处困，动心忍性之余，恍若有悟，体验探求，再更寒暑，证诸《五经》、四子，沛然若决江河而放诸海也。然后叹圣人之道坦如大路……间尝以语同志，而闻者竞相非议，目以为立异好奇。虽每痛反深抑，务自搜剔斑瑕，而愈益精明的确，洞然无复可疑；独于朱子之说有相牴牾，恒疚于心，切疑朱子之贤，而岂其于此尚有未察？及官留都，复取朱子之书而检求之，然后知其晚岁固已大悟旧说之非，痛悔极艾，至以为自诳诳人之罪，不可胜赎。世之所传《集注》《或问》之类，乃其中年未定之说，自咎以为旧本之误，思改正而未及，而其诸《语类》之属，又其门人挟胜心以附己见，固于朱子平日之说犹有大相谬戾者，世之学者局于见闻，不过持循讲习于此。其后悟之论，概乎其未有闻，则亦何怪乎予言之不信、而朱子之心无以自暴于后世也乎？

予既自幸其说之不谬于朱子，又喜朱子之先得我心之同然，且慨夫世之学者徒守朱子中年未定之说，而不复知求其晚岁既悟之论，竞相呶呶，以乱正学，不自知其已入于异端。辄采录而裒集之，私以示夫同志，庶几无疑于吾说，而圣学之明可冀矣！[1]

朱子成为阳明阅读中的"我"，"我"的困惑尽滋于此。至龙场悟道时，始明一切困顿，皆在安宁此心，不假外求，"我"于是"不在"朱子文献之中。《朱子晚年》中的"朱子文献"，只是一种被选择出的"定论式晚年"的文本，目的是在证明《朱子晚年》文献中的"我"，就是书写《定论》的"我"，阳明因而在向于朱子中，使朱子同一化于自己，《朱子晚年定论》的"写作"企图于是揭示，《朱子晚年定论》中的"朱子晚年"，就是"我的

---

[1]《王阳明全集》，卷3，册上，页127—128。

朱子晚年"。问题是：在著述之旨中，"世俗"是否重要呢？在世的世，是世俗——现实的，还是存在——良知的？如果不考量现实的世俗，是否就是东林所评的"水间林下"呢？[①] 然而，"水间林下"又如何"事上磨炼"——致良知呢？这就是我所疑惑者：《定论》联系的"世俗"之"世"，能否仍以一种"世界观"而提出在圣门之学当中！

书写者的自我满足，是否能成为最后合理的依据？从阳明之序、钱德洪序及袁德麟跋看来，他们皆是颇为满足《朱子晚年定论》此书之问世的，满足状态中难道没有世俗的目标——至少是减少朱学的批评，以及使来学问道者减惑，免于多说朱学与王学的异同论。

对阳明而言，朱子是彼，阳明是此；《朱子晚年定论》中"朱子晚年"一词是阳明正式经由程敏政那里承袭而正式建构起来的新词。[②]《朱子晚年定论》则是由"此"到"彼"的一种运动、接近、减少间距，也就是企图在由"此"之"彼"的过程中，使彼此"同一化"，用阳明的话来说，就是朱子与阳明之学是"朱王同一"的。阳明在此，显然意图使"彼"与"此"无间距，且同一化，在成为"同一个"（朱学即王学，朱子晚年定论与王学是同一的）时，阳明作为本与朱子有"间距"的"另一个"，是否产生了"非同一"本质的"此"（这一个）对"彼"（那一个）的介入、干预、迫使（诠释能产生迫使从己行为）呢？这种论述或诠释上的暴力的起因，仍然是源自"间距"，缘于一种间断与阻隔的无对话状态，缘于我们对

---

① 顾宪成的原文是这么说的：
　　官輦毂，念头不在君父上；官封疆，念头不在百姓上。至于水间林下，三三两两，相与讲求性命切磨德义，念头不在世道上，即有他美，君子不齿也！（顾宪成：《小心斋札记》，甲辰，明万历戊申无锡刊本，台北"国家图书馆"善本书室藏本）
② 有关明代朱门学者程敏政对朱陆异同的重论，以及"道一"和"早异晚同"的提出，可参陈寒鸣《程敏政的朱陆"早异晚同"论及其历史意义》，《哲学研究》1999 年第 7 期，页 62—69。唯程敏政之"道一"论及《道一编》，恐怕还是承自于吴草庐而来；盖草庐之师程绍开，筑"道一书院"，思和会两家；是知朱门此倾向，皆非偶然，原有脉络可循。参黄宗羲、全祖望等：《宋元学案》，卷 92，《草庐学案》。

"早"的"已逝"之不见,而只能见到"晚"的"现在"的我们自己,也就是
阳明。因而,只有阳明的《朱子晚年定论》文字之自己能见,而无不在
的朱子之出场——已经死亡的人之"发声"。总之,"朱子晚年"这一词
汇已由阳明继承了程敏政的"朱陆早异晚同"并直接环绕于朱子而建
构出,在后起的学人如陈建、张烈、李绂等无不已接受此词! 问题则在
于,《朱子晚年定论》所建构出的"朱子晚年"一词,对我们有何意义?
是否就真能揭示朱子一生中作为"朱子晚年"那段行程,在一个人的生
命存在上,有其特别的意义? 一个人的"晚年"是有重大意义的,阳明
在《朱子晚年定论》中对此是否有贡献? 还是"朱子晚年"一词的建构,
其实并未揭示"晚年"一词对生命存在的意义、结构,而只是通向于"定
论"一词,"定论"使得"晚年"在编年上的"无可复辩性"显得更为深刻?
如是,那么,阳明显然从事的是"人死了"的一般性"编年",而不是具有
存有论意义上的"朱王同一"之活动。他的由"此"之"彼"的同一化是
建构在"定论"上的。

(二)"定论"的不安: 乡愿与依傍

《朱子晚年定论》因着阳明的提问:"朱子晚年"之是否转向? 以及
阳明用"定论"来回复自己的问,而可以被区分为两个部分:《朱子晚
年》与《定论》,《定论》则是《朱子晚年》的书写之轴。《朱子晚年》遂在"定
论"之放大阅读/书写下遮蔽了阳明对"朱子晚年"的"遭遇"——另一种阳
明对"朱子晚年"阅读与书写之可能。阳明《答聂文蔚》第一书中有云:

> 其谓思孟周程,无意相遭于千载之下。①

---

① 陈荣捷:《王阳明传习录详注集评》,台北:台湾学生书局,1992 年,页 256。

此虽为聂豹致阳明之笺文,然阳明取与论之,且"相遭"者中又无朱子,故陈荣捷氏即解读为阳明承认"孔孟"学脉之下,有个"濂洛周程"在,未提"朱子"之故,是因为在"朱王"并立下,"王"才是"孔孟""周程"以下的"道"之接续者。[①] 姑且勿论以阳明的胸怀,是否有此排他意思,但是《定论》确实操控了《朱子晚年》的存在性,因为《定论》以"年谱"及"考证"之方式来作"定论",将《四书集注》《或问》打入中年未定与旧本之说;而非《传习录》之"传习""问答"应响间的真理呈现,这已经走在一条可被"辨伪"的路上。因此,《定论》实际上已模糊掉了《朱子晚年》原先可以探究的课题:"朱子晚年"是什么?以及前去经历"朱子晚年"可与"圣人之道"的发生什么生命存在探求之关系。

对阳明而言,原初真正的求道之途,其目的当然不是在于"定论",否则,"心"便不必仍须在时间行程上历经一次可通达于孔孟圣贤或颜回、周程甚至朱子的历程(这些都是阳明常提及的先贤);阳明的真意应是指向于生命存在的圣学如何在其自身地被领会、被体验,并被显豁;无论是"在心"或是"在文字",《朱子晚年》的"朱子",也仍然必须要经历一次现在性,否则就只成其为被"间隔"开来的"过去"的朱子;也就是说,在我们自身,"朱子"仍然必须要成其为一次问题;而提问,就是去经历一次悟道行为;"朱子"也必须在此才能成为无间隔的在我自身"遭遇"下的"朱子"。作为文献中的朱子,仍然还有一次我的体道活动,必须要被阳明重新经历。年谱的终页,并不记录"朱子晚年"的"未

---

① 陈荣捷《从〈朱子晚年定论〉看阳明之于朱子》(收在氏著:《朱学论集》,台北:学生书局,1988 年,页 353—383),陈氏在文中细致地讨论了阳明是否"扬陆""抑朱"的问题,及阳明于朱子所立道统的态度。陈氏认为,阳明对此,系大体承受,然对于朱子在道统中的地位,则有取而代之之意。(页 365—367)换言之,在陈氏而言,由"朱王同一"至"取而代之",系阳明在 47—54 岁间的变化,阳明在 47 岁刻《朱子晚年定论》,50 岁揭致良知之教,54 岁则继周程与代朱子,以道统为己任。这中间仍然有一个环绕于朱子的依傍与自树立的过程。

来";仅在"编年"上成立的"朱子",无论有多少次整理与考订,都还只是"年谱",它并不揭示也不标志未来的"道在朱子"。作为官方的,悬为功令、科举的,必须在考试时字字如朱子文献的朱子学,显然因为与我"间隔"开来(因为它是年谱式的),而只能去记忆这被间隔开来的"过去";对阳明而言,摆脱这样的字面——格物/格竹穷理,就是去重新于朱子的"将来"——即阳明的"现在"——去"遭遇"朱子并面对朱子,提出在己的疑问,让朱子在"心"中成立,而且必须是自"心"中源出的才是"朱子"。如此,在"遭遇"中,阳明看到的只能是"心""涵养"的"晚年文献",朱子文献或朱子学对阳明就是"心学"的。阳明谈的"朱子晚年",本意中实是蕴含有指向此种学问的样态,而这也的确是阳明以朱子为核心的求道历程。

但是,从"定论"而言,我们在《朱子晚年定论》中确实是感受到"阳明的定论"多些,而"朱子晚年"是什么,则少些。阳明的"定论"作为"朱子晚年"之学的诠释探究,究竟能传达与呈现多少"朱子晚年之学",明眼人一看即出,不仅朱子与阳明间未曾同一化,而且正是在反之则朝向一种阳明意图自立的分裂化前进;换言之,阳明弟子一旦遵信阳明,显然就更加地同情陆象山,这是因为对立的方向性使然。在"息众疑"中,虽"四方来学",却也加深了与朱子学派的对立。正是在此,被朱子学派从"编年"来认定阳明以"以中年为晚年"是一种谋略的看法,确实显示了阳明此书的时间观仍然还是仅仅停留在"编年"形式上,不仅未曾揭示出阳明自身求道历程中与朱子的关系,反而因为"编年"上的有意轻乎的错置,而被置入了世俗播学的策略性上,所谓的"息众疑",便是:既可以"息众疑",也可以"起众疑"。"编年的晚年"正是阳明及其门人与世人交往的方式,是一种在世常识与常态的可运用形式。因此,围绕这本书迄于清代仍争论不休,并且焦点几乎都集中在"编年"或"早晚"上,理由便在此;阳明以"定论"遮盖了"朱子晚年"，其实也更遮盖了自身求道历程的揭示。① 此正孙锵所云以及其所特别要指出而强调者：

> 王学本独有千古，可俟百世。何必借朱子为定论？况明言其不必出于晚年哉？观"委曲调停"四字，先生盖犹有乡愿之见。而王学所以予人口实者，正在此也。……故本书（案：即指《朱子晚年定论》）之末，武昌本、江西本，均附刻定论。今删之。②

源于《定论》的"定论"，首先便令人看起来是普通的"年谱"较少予人以一种真正明道的义理书之印象，它与《传习录》的不同也正在此：朱子学派攻击《传习录》时常是"禅不禅"的，而批评《定论》时则是考订编年与辨别真伪的，也正缘于两书之间能有此种区别。孙锵之论实已意识

---

① 关于遮盖自己的这一部分，我认为阳明自己对门人道及的"乡愿意思"便是这个意思。近人中不乏对阳明之迫朱子就范于己的《定论》，颇有贬义者；如冈田武彦即云：
　　王德十五年，四十九岁的阳明写了《象山文集序》，其中也阐述了自己的朱陆同归论。……此论倒可以说是扬陆的，只不过为了婉转地叙述而取同归论的形式而已。阳明晚年由于提倡致良知说而不言朱陆同归。……但当初却压抑住这种倾向而特意提出朱陆同归论，这也许是因为其心中有乡愿媚世之念吧！（冈田，前引书，页43）
　　另外，成中英氏在《论王阳明〈朱子晚年定论〉与〈大学问〉所涵摄的知识问题》（收在《王阳明国际学术研讨会论文集》，贵阳：贵州教育出版社，1997年，页134—150）一文中，除了对阳明《大学问》作出分析，并与朱子的《大学章句》比较外，对于阳明之《定论》，也认为是"强人就范"的不公之作。其云：
　　王阳明不能因为他本人对朱子哲学的隔阂，而假设朱子必然认同于他，并在这种认同来证明朱子以前的哲学或中年"未定之论"一定是错误的。事实上，朱子若走了王阳明之路，朱子也可以被认定是错误的或偏颇的。（页141）
　　霍韬晦氏虽然平议朱、王为"知与悟──知识之路与生命成长之路"，但也认为阳明确实在"格竹子"这事上，有着"错会"，其云：
　　从哲学史的角度看，王阳明主张心即理，朱子则言性即理。朱子在先，阳明在后，因此学者多注意阳明之辨朱子处，……自入路言朱子教人即物穷理，心落于物而求之，理即似在心外；阳明早年格竹，便是例子。但这是错会。（霍韬晦：《东西文化与悟道方法的反思──从王阳明悟道说起》，《王阳明国际学术研讨会论文集》，贵阳：贵州教育出版社，页415）
　　无论是阳明"错会朱子"还是"以朱子为错会"，都表明了阳明面对的是朱子。
② 引见陈荣捷《王阳明传习录详注集评》页254所收。

到此,世间之论纷纷与对立出于此《论》,而王学之能"独有千古",实也不必依傍此《论》,是故其民国三年(1914)之《传习录集评》刻本便径删去了此《论》,意谓"王学"之"千古"在《传习录》,也意谓着民初尊王学者的扬弃《定论》。孙氏的说法与做法合不合阳明晚年自己之意呢?

《阳明年谱》"嘉靖二年癸未,先生五十二岁,在越"条"二月"下载:

> 邹守益、薛侃、黄宗明、马明衡、王艮等侍,因言谤议日炽。先生曰:"诸君且言其故。"有言先生势位隆盛,是以忌妒谤;有言先生学日明,为宋儒争异同,则以学术谤;有言天下从游者众,与其进不保其往,又以身谤。先生曰:"三言者诚皆有之,特吾自知诸君论未及耳。"请问。曰:"吾自南京已前,尚有乡愿意思。在今只信良知真是真非处,更无掩藏回护,才做得狂者,使天下尽说得我行不掩言,吾亦只依良知行。"①

案:此条亦载见于《传习录》卷下中,云:"我在南都以前,尚有些子乡愿的意思在。我今信得这良知真是真非。……我今才做得个狂者的胸次。"陈荣捷即将刘宗周之《阳明传信录》中所言置之于此。刘宗周云:"谈此方知先生晚年真面目。"②又,《年谱》中所谓"且言其故"者,以"谤议"皆集中于"立异端之学"而与"正学—朱学"相异也。而阳明所谓"三言"不能尽释底蕴者,还在其自悟。此时已距刻《朱子晚年定论》(47岁)时又五年矣。阳明认为,"吾自南京以前,尚有乡愿意思。在今只信良知真是真非处,更无掩藏回护,才做得狂者。使天下尽说我行不掩言,吾亦只依良知行。"是否已悟得"吾亦只依良知行"之狂者

---

① 《王阳明全集》,卷35,册下,页1287。
② 陈荣捷:《王阳明传习录详注集评》,页355。

胸次境地,即是不必再如从前刻行《朱子晚年定论》般,为"无意中得此一助"的目的;与朱子晚年之"同一"或"不同一"皆已非为学之首要,朱子有朱子之学,而阳明有阳明之学,皆不碍其为儒者之学;阳明之学到此方为"良知之学",王学已经树立,是否还要去"定论""朱子晚年"以求"朱王同一",这恐怕正是阳明说出"乡愿意思"与"谤议"间关系的真正体悟境地而切身于己者;而非弟子"三言"所论及者。故王学自树立,达"良知"无所依傍境地,始摆脱"朱陆同异论"之依傍与"朱子晚年"《定论》之"乡愿"!

阳明 37 岁时于龙场悟道:

> 先生始悟格物致知。龙场在贵州西北万山丛棘中,蛇虫魍魉,虫毒瘴疠,与居夷人躱舌难语,可通语者,皆中土亡命……因念:"圣人处此,更有何道?"忽中夜大悟格物致知之旨,寤寐中若有人语之者,不觉呼跃,从者皆惊。始知圣人之道,吾性自足。①

圣人处此,无外可依,无道可凭,更有何道?不过是自己之良知发露而已,愈无可凭,愈见唯良知是实存。这是"格竹子"解除的开始——本心的自我树立。然而阳明仍然"依傍"着朱子,行"托古改制",作《朱子晚年定论》,俾便世俗中阻力减少,传播所悟之学,此正是徐爱所云"闻而骇"的时期:

> 先生于《大学》格物诸说,悉以旧本为正,盖先儒所谓误本者也。爱始闻而骇,既而疑,已而殚精竭思。②

---

① 《王阳明年谱》,《王阳明全集》,页 1228。
② 《传习录》,卷上,徐爱前序,同上注引书,册上,页 1。

及至居滁以后，揭致良知之旨，《传习录》卷下云：

> 迩来只说致良知。良知明白，随你去静处体悟也好，随你去事上磨炼也好，良知本体原是无动无静的。此便是学问头脑。我这个话头自滁州到今，亦较过几番，只是致良知三字无病。[1]

钱德洪《阳明年谱》对此所记载的顺序，依次是：正德三年，始悟格物致知之旨。正德四年，始论知行合一。正德十六年，阳明五十岁，在江西，是年始揭致良知之教。此时，"依傍"与乡愿才真正地完成了摆落，如其诗所咏者：

> 无声无臭独知时，此是乾坤万有基。抛却自家无尽藏，沿门持钵效贫儿。
>
> 良知即是独知时，此知之外更无知。谁人不有良知在，知得良知却是谁？
>
> 绵绵圣学已千年，两字良知是口传。[2]

这里面似乎确有一个面对朱子，面对自我，摆脱依傍与乡愿的过程。其实，在《传习录》的若干记载中，本来就记录了阳明对这一段学程，以及"良知"一词在"存有"与"语言"上所经历艰苦的信息，在阳明夫子的自道中，有无摆落"依傍"与"乡愿"的独契圣学之喜乐，与"圣学世界"中"狂者胸次"的臻至呢？《传习录拾遗》中载云：

---

[1]《传习录》，卷下，《王阳明全集》，卷3，册下，页105。
[2] 同上注引书，卷20，外集二，《咏良知四首示诸生》《答人问良知二首》《别诸生》，册上，页790—791。

先生尝曰："吾良知二字，自龙场以后，便已不出此意。只是点此二字不出。于学者言，费却多少辞说。今幸见出此意。一语之下，洞见全体。真是痛快。不觉手舞足蹈。……学问头脑，至此已是说得十分下落。"①

《传习录拾遗》同卷又载云：

语友人曰："近欲发挥此，只觉有一言发不出。"津津然含诸口，莫能相度。久乃曰："近觉得此学更无有他。只始这些子。了此更无余矣。"旁有健羡不已者，则又曰："连这些子亦无放处。今经变后始有良知之说。"②

因此，如果不谈《定论》，《朱子晚年》有无可能（或已然如此）在阳明召唤与遭遇中，"朱子晚年"确实显豁了一种"由朱到王"而非"由陆到王"的阳明求道之程呢？因而阅读王学的方式就不再只是"陆—王"的系谱，而确乎必须有一个"朱—王"的反思历程？一旦我们经由另一种观点角度视域去诠解《朱子晚年定论》中的《朱子晚年》时。一如顾宪成在《学蔀通辨》序中讨论朱、陆（王）时所提出的新视野，顾氏云：

朱陆之辨，凡几变矣，而莫之能定也，由其各有所讳也。左朱右陆，既已禅为讳；右朱左陆，又以支离为讳。宜乎竞相持而不下也。窃谓此正不必讳耳。就两先生言，尤不当讳，何也？两先生并学为圣贤者也。③

---

① 陈荣捷：《王阳明传习录详注集评》，《传习录拾遗》第 10 条，页 396。
② 同上注引书，第 11 条，页 396—397。
③ 顾宪成：《学蔀通辨·序》，台北：广文书局，1971 年。

又云：

> 学为圣贤，必自无我入无我而后能虚，虚而后能知过，知过而
> 后能日新，日新而后能大。有我反是。夫讳，我心也，其发脉最
> 微，而其中于人也，最黏腻而莫解，是无形之蔀也。其为病，病在
> 里。若意见有异同，议论有出入，或近于禅，或近于支离，是有形
> 之蔀也，其为病病在表，易治也；病在里，难治也。①

续云：

> 朱子歧德性问学为二，象山合德性问学为一，得失判然。如
> 徐而求其所以言，则失者未必不为得，而得者未必不为失。此无
> 我有我之别也。然学者不患其支离，不患其禅，患其有我无我而
> 已矣？辨朱陆者，不须辩其孰为支离，不须辩其孰为禅，辩其孰为
> 有我而已矣。此实道术中之一大蔀，非他小小牴牾而已也者。而
> 通辨偶未之及，敢为吴侯诵之。②

顾氏此序，明为赞同陈建右朱之论，而实则更思超越之，提出了非关门
户，却能同时谛观朱与陆的立场：便是有我与无我，而非两家互诋之
"支离"与"禅近"，或是"尊德性"与"道问学"为"二"为"一"的问题。顾
氏实际已泯去了"朱陆"之"异"的争论，而重新提出真正的分际，应在
"虚/伪"与"有我/无我"；学道的真谛，不在尊朱、说陆的问题上打转，
而在于能否相信：这个世上"我"存在的最要意义，便是我之所以在

---

① 顾宪成：《学蔀通辨·序》，台北：广文书局，1971年。
② 同上注。

此,并非尊陆,亦非尊朱;而我存在的最大问题是来自于"有我",在"有我"中的朱陆异同问题,皆是虚言;而在"无我"中,朱陆也皆为一虚名而已;何须辩其为禅、辩其为支离呢? 在"无我"中,不仅我在,朱子、象山也在,朱陆是"并学为圣贤"的"两先生";因之,学为圣贤,必自"无我"入。顾宪成在此实已提出了另一种"朱子/阳明"能"并存/共在"于明世的理想态度与方式。顾氏并且认为"宋明理学"是已被"朱陆"二分法观看的学术史,顾氏所呈现出的是不欲再以此种已被二分的模式去回顾学术传统,也不愿再被此种历史所影响,去评价朱陆;顾氏希望在"有我""无我"上判别自己应如何能在,而不必在"朱陆"之必须择一中作被迫的抉择,择朱或择陆,显然都是"有我"。因此,"我"不必再走《定论》的路线,却可以走《朱子晚年》的路向,走上因召唤"朱子晚年"而使得朱子与阳明可能共在的路。观看"朱陆"或"朱王"的另一种态度,遂由东林的顾宪成所提出,既尊朱,也尊王,同时,还有自己。

(三) 非今日之所急

《四库全书总目提要》云:

> 至嘉靖壬子,建阳李默重编《年谱》五卷,自序谓"猥冗虚谬不合载者,悉以法削之,视旧本存者十七"。然默之学源出姚江,阴主朱、陆始异终同之说,多所窜乱,弥失其真。

这里已经说出了一个仿佛比《定论》更厉害的李默《朱子年谱》的图像,因此,由早、中、晚到《定论》,再进一步,便是更为精致地编年的"年谱"。起而与李默年谱相抗而捍卫朱子的,是清初的王白田。《总目提要》对此又云:

　　懋竑于朱子遗书,研思最久,因取李本、洪本相互参考,根据
《语录》《文集》,订补舛漏,勒为四卷。……其大旨在辨别为学次
序,以攻姚江"晚年定论"之说,故于学问特详,于政事颇略。

而白田弟子乔汲《刊刻后叙》亦云:

　　盖朱子集群儒之大成,学凡屡变,其提掇程子"涵养须用敬,
进学则在致知"二语以答吕伯恭、刘子澄者,乃乾道庚寅,朱子年
逾四十。后至七旬,凡与人书问往来,大旨皆不出此,此班班可参
者。至答何叔京、江元适诸书,则乾道甲申,朱子年未四十也。异
学争鸣,往往取其早年论议与己意稍合者,著为《晚年定论》,又为
《道一编》混淆其间。此《年谱》不可不作。比之《闲辟录》《学蔀通
辨》,意则同,而纂订加详也。①

王氏外孙孙仝辙所作是书《例义》则云:

　　陆学之非,朱子辨之已明;逮王阳明宗陆氏而其说复炽。所
撰《晚年定论》祇欲弥缝异同,以肆其诬罔。李古冲为阳明之学,
率其私意,删改旧谱,即《晚年定论》之计而更诡出焉。先生有忧
之,得洪本稍增补,并有闽本可参校,因订成此书……盖亦仿《闲
邪录》《学蔀通辨》大指而发挥统绪。②

---

① 乔汲:《吴邑乔氏刊本后叙》,引见王白田:《朱子年谱》,附录4,页563。
② 同上注引书,例义,页3。又,引文中的"洪谱",系指洪去芜所作的《朱子年谱》,见容
　肇祖:《跋洪去芜本朱子年谱》,收在《容肇祖集》(济南:齐鲁书社,1989年),页
　135—169。

　　这已可以解释王白田发愤著《朱子年谱》的原初动因固然是源自
《朱子晚年定论》的卫道之举,而且继承着《闲邪录》《学蔀通辨》同样的
卫道统绪;但因阳明后学已经进一步在"朱子年谱"的形式上继续发挥
着程敏政与王阳明一脉的"朱子晚年变化"之说,所以王白田卫道的形
式也是针对着李默之类的《年谱》著作而来,在全面性的考订上,证明
"朱子晚年"部是阳明及其后学的"朱子晚年"。看来,"年谱"的"生一
卒"型制,确实能够涵盖"朱子晚年",因此,无论是《道一编》《朱子晚年
定论》、李默《朱子年谱》,或是《学蔀通辨》、《闲邪录》、王白田《朱子年
谱》,都是在这个"晚年"之"晚"字上,走上"由早至晚"的编年方向,同
时,也争论着谁才是经由"编年"——不论是大段的"晚年"还是精细的
"年谱"——而成为诠释"历史"、诠释"朱子晚年"的正统。

　　事实上,《年谱》也确实看起来已比《定论》更像是一种纯学术的著
作之书名,更能够取信于当时。时人应是这么看待"年谱"式著作的,
至少在乾隆时的《总目提要》犹是如此。我们可以再回顾地回想一下
正德、嘉靖时的滋味,"朱陆异同"在"朱、王"间扮演的角色,阳明用着
"定论"的语言构述,甚至连罗钦顺对他的指摘也愿意承认是"早晚未
尽符合";现在,"定论"以及"早异晚同"已经成了"朱子中年晚年"的
"一年一年的年谱考证",谈论论圣人之道中朱王异同的本义,已然味
道尽失。场景如果再向下降至清末呢?

　　清末时局又变,湖北武昌书局重刻王白田此书时,涂宗瀛为之作
跋,跋云(光绪九年癸未,1883):

　　　　王白田先生之订《朱子年谱》也,将以辨"晚年定论"之非而关
　　其口也,勤矣哉,朱门之功臣也。

然话锋一转,又云:

慨自训诂词章之习于人心,学术之患更不在陆、王之歧。以
迄于今,外夷急功近利之风,惑世诬民之术,且骎骎乎染及我中
国。……鄂中无刻本,爰取应敏斋同年姑苏校刊本重梓之,而志
其缘起。若徒以谓斤斤然树朱门之帜是尚,非今日之所急
也夫。[1]

可见至清末时,西夷侵入,尤其是"近代"视野下的清末,场景丕变,思
维亦变,学问思虑之课题重心亦变,故曰"非今日之所急也"。显见述
朱、述王,及调和"朱王异同"或《定论》式之类的学派护教书,已非主导
学术动向的主要关怀所在。涂宗瀛之跋已表述出一种在阳明生前死
后之不一样的场景,甚至是不再以阳明与朱子的关系为课题重点的时
代与士人心境。这与阳明本人及后学时代之所急所务,在于如何牵连
到朱子的关系,如何针对朱子的"异"而使之"同一化"者,正堪对照。
思维的模式可以影响人们对一种学术的表诠及使用成为核心课题瞩
目的语言,以及形成主体自我表诠及对表诠者之客体使用的语言。现
在,由清末的"非今日之所急"世界观下所作的跋,对于王阳明的批评,
确然已大不同,即便涂宗瀛在态度上倾于反王向朱以为"定论",但仍
然敌不过"今日所急"的漫天掩来,清末光绪年间的"所急",至少在涂
宗瀛而言,已然意识到了不能再是"朱王之争""朱子晚年"之诠释之
争,而是中西之争与变法、维新与否的新旧改制之争。这或许正可以
对照出在阳明那个时代,朱子学仍具其绝对影响的时代,阳明在处理其
与朱子(学)的关系时,是如何去思维并建构了一种处理的模式,而在
这种模式中,阳明到底视其学(自我诠释)与朱子学之间是"同"、是
"异",《定论》间的朱、王,或"朱陆"与"陆王",是"同"、是"异",皆显示

---

[1]　涂宗瀛:《武昌书局本跋》,引见王白田:《朱子年谱》,附录4,页588。

了一个时代的课题,都集中在"朱子学"上表诠、重诠,且借着"关系模式"以形成自我的树立,一直到"非今日所急"为止。①

八、结　　论

杨慎的《临江仙》在版本流传过程中,被置于通行本罗贯中的《三国演义》中:

　　滚滚长江东逝水,浪花淘尽英雄,是非成败转头空,青山依旧在,几度夕阳红。

词中"逝"与"在"相映复相对,很能照出一种对逝者的捕捉,往者往矣,"在"与"几度",正相映于我们今日对"历史"与"存在"的观看,想必前人也曾悟此! 而《临江仙》一词因版本之故,误入通行本署名作者罗贯中氏所系的"元代",在"编年"上,便正好嵌入朱子与阳明的宋与明"之间"。

"宋—明"是一种叙事,"宋—元—明"亦是一种叙事,"朱子—阳明"恒是一种叙事;当《临江仙》因版本而嵌入"宋—明"时,"朱子—阳明"的"之间"能有什么? 而"可以置入'之间'什么"就是一种叙事学的定义陈述。置入编年序次,形成历史研究,是一种呈现;由朱子以谈阳明,是一种"发展";由阳明以谈朱子,是一种"倒叙";这便是现在学术史所从事的方式:寻找史料、系之编年、置入之间,然后以网络状态构

---

① 王学或理学的重诠,究竟是不是一个清末以来及今日的要题,"非今日所急"的"所急",到底应是什么? "宋明理学"或"朱子学术"究竟是一个"过去是"还是"现在是"? 似乎目前还未形成什么"定论"。这也正呼应着一个有关"朱子学研讨会"的召开,必然是某些人的"所急"之务,足见儒学在涂宗瀛之后的时代推移中,也仍然有人愿意以"过去是"与"现在是"之联系为己任。

成一幅可被理解的图像勾勒。而置入"与"字,存在地思考阳明直接面对朱子的可能,也是一种呈现(或是把阳明直接面对象山剪接为"陆王",连"陆—王"中的"—"叙事呈示符号都予省略)。而将《临江仙》置入《"朱子晚年"与〈朱子晚年定论〉》的跋语中也已然是一种呈现:除了"文学"的突兀外,其"元代"之合法嵌入"宋—明"之间的叙事正当性,亦并无任何不妥;且还间接呼应了王阳明编纂"朱子晚年"之文献中以"中年"为"晚年"的序事之倒错性。则学术史/思想史/哲学史究竟是什么? 三个"史"字,如何才能免干客观主义/相对主义(objectivism/relativism)的泥淖,回应上述编年序列和叙事剪接间隐含的不同调性?

更深一层地说,提出了"古圣贤"能昭临对越于"今人"的儒学,能在学术史/思想史/哲学史中提出什么"今日古人"的证成,因而"阳明面对朱子"时其"之间"已是不可以再置入什么的! 因为已不再有"之间",只有对越、昭临、常在、共在。一种精神人格与大地相感常在的世界之证成,从而环顾周遭与往在,确定其是一个历史实存的世界,这是不是也是另一种学术史,而竟就是古人之所谓的学术史? 笔者曾撰《时间・历史・叙事——可逆性、可断性、转述及其他》一文,意图走出客观主义/相对主义的泥淖,证成"古今共在"的历史性义。[①] 而在本论文中,题目中的"与"字,固然可以自叙事学承担其左与其右的"联结"(emplotment),但对于儒学课题上所强调与重视的"道统",及"古"与"今"之精神相感常在义,却不能由"与"字从存有论上来承担。本文所尝试的,便是自形上学提出一种根本的提问:是否就阳明而言,朱子曾在便是存在,抑或与阳明共在? 而共在中,也有可能激辩、

---

① 参笔者:《时间・历史・叙事——可逆性、可断性、转述及其他》,《华冈文科学报》第22期(1998年3月),页169—190。

歧出与相互依存为文本状态：《朱子晚年定论》中的"引文"与"陈述"不就正是如此！尽管"定论"仍有着相对主义的我在此之主观倾向与调性，然而若非阳明确然有其一番环绕于朱子的求道历程，彼又何须著编《朱子晚年定论》一书来言说与定论"朱子晚年"；再者，即便"定论""朱子晚年"是阳明的主观陈述与私意行动，但是，反映在这陈述与行动中的大段编年的"序"——以"晚年"为"定论"——不也呈示了"序"的基础仍然来自于存有论上的构想：阳明意图面对"朱子"与"朱子晚年"。

　　推进一层，朱子的书写成文与阳明手上的《朱文公文集》《四书章句集注》（明刊本）有什么同异？与《朱子晚年定论》中的"引文"又有什么同异？自形上学所作出的重新提问，便已切入了学术史编年序列中隐含的一种两者在历史时间上"之间"地带的探询，探询"存在"的可能性，并在学术史的研究中，还能彰显出"与"字在存有论上的旨趣。这篇论文便是这样的尝试。"立题"已揭示了题旨；之后的各节所述则间或各出以"学术／思想／哲学"与"学术史／思想史／哲学史"的文体类型；不同的行文，使得两种文体极难调和，融为一间。"哲学"与"历史"之间，便恰好形成一股"在"（Being）与"序"（Time）的颉颃与冲突。笔者在本文书写中体会实深，这也成为笔者留给自己的难题。

古代中朝《大学》之图解

——《朱子语类》中的《大学图》与权近
《大学指掌之图》的比较研究

《朱子语类》中录有朱子与门人讲解《大学》时所绘制的《大学图》，这是近人在研究宋代理学或朱子学术时所忽略了的一环。明清以迄近代，学者注重的多是《章句》、注解、《或问》及《朱子语类》中的记言文字部分；而对《语类》中的此图，则少有垂注与兴趣者。本文透过比较儒学的进路，从朝鲜古代儒学的研究发现，"图"在朝鲜儒学传统中的地位与在中土实大不相同。因此，透过比较，尤其是韩儒解《大学》的权近之第一图：《大学指掌之图》与《朱子语类》中的《大学图》之比较，其所呈现的意义，便是可以发现在中土与东土的理学传统中，有着"图"与"文"，以及"图解"与"解图"的可对照性。

一、前　言

（一）"图解"《大学》研究的意义

儒者在诠释《大学》时，多是采用传统上文字注疏说解之方式。但是在《朱子语类》中，则首先出现了以"图"来说解《大学》之形式。朱熹何以要在"文字"解说之外，另以"图示"为之？是因为"文字"表述有其限制？还是"图示"确有扼要简示之功？而此种"以图为解"又为何不见之于正式解说注释《大学》之作——《大学章句》中。是因"以图为解"之"图解"，不能登于大雅之堂，列于传统上正式注经解经之林，故不得与注、疏并列等次？抑或此种"图解"之文体形式，系初生而萌，尚不足列于著述之林，犹仅被视为"辅助讲说"的手段？然而，《太极图》与《太极图说》又何以可以被正式视为理学家重要的大雅、渊源、首要之著作篇章？在朝鲜又为何可以被视为更为正式、层级更高的呈阅皇帝的著作奏章？"图"之既可以在理学传统中视为一种正式的文本，揆诸《太极图》之系列，诚已如此，而且"图"的层次更在"文字"之上，因为"文字"是为了解说"图"而存在的，"图"才是根本。则《大学》这篇文本呢？不仅权近的《入学图说》中收录了其自撰编的大量"图解"之作，其后更重要的李滉，在向其皇帝所奏上的《进圣学十图札》中，也极正式的附上了十"图"，这还不包括他的《心统性情图说》《心学图说》。可见，在宋明理学或道学的学术氛围中，除了《易》之"图"及《太极图》之有"图说""图系""图解"之外，在本无"图"的《四书》之中，也出现了"图示"的学术现象。尤其在朝鲜，"图"之可以等同于"文字"，被用来表示或是诠解"圣经""圣学",以昌明正学圣道,实与"文字"并无高下轩轾之分,正式与非正式之别。有时甚至还被视为在"学(习)"中是一种更为基础、更为简明易知——相较诸"文字"而言——的方式。譬如李朝大儒权近在《大学指掌之图》中即言:

> 愚案:《大学》一书,纲领备而节目详,文简而易知,理切而易明,为学之序,用力之方,至为精密。在初学者,尤为当务之急。然初学之士,其于体用、本末、知行、功效,多不能察。语之虽勤,识之不易。今为此《图》,使之先观一经全体,了然在目,然后即是书而读之,则不烦指诲,而自知其节次矣。苟能常目在之,潜心熟玩,则一部大学在胸中矣。[①]

已极详尽地表明了对于初学之士而言,何以"图"在"文"先! 即便是作为理学中人士公认应读的"圣人第一书"——入德之门的《大学》,虽然已经朱子而"节目详""文简易知",然而"初学"仍然"功效"不察。是故"先"为此图,从手段上而言,俾使初学更为"了然在目";目的上,则能知"一经全体";功效上,遂可以"不烦指诲",能"自知节次",得此经之"大旨"。权近显然已传达了"图"是什么,以及"图"在"图示"时的作用性,是"了然在目",比"文字"还更"在目"的一种"视觉符号",是比注、疏还更能传达"诠释经旨"的"图示"。

因此,"以图为说"及"以图解经",是一在理学中极可注意之学术现象,特别是透过李朝大量出现的"以图解经"之"图",以及与本文有关的理学新经典——《大学》之"图",将之与中土儒者之解《大学》之偏

---

① 权近:《大学指掌之图》"图说",收在权近:《入学图说》(裴宗镐编:《韩国儒学资料集成》,上册,韩国:延世大学校出版部,1980 年),页 10。

于"文字"性的注、疏、集解等作一比较,或许值得尝试予以关注的一个课题。

(二) 文化转换中的文本现象:"图"与"文"

朝鲜的儒者,自近世李朝以来,开始逐渐吸收中土程朱理学的传统,在传播与吸收过程中,朝鲜儒者于阅读中土传来的汉文——原文时,其实仍面对着理解上的艰涩问题;也就是说,中土的文字文本,多数的朝鲜儒者其实对其仍然存有着异文化的接受性过程,此种异文化的传播,难免会产生一些接受过程与接受现象,此一接受现象一如现在的中、西文化传播过程中的"译文"现象,而在近世之中韩文化传播过程中,对朝鲜儒者而言,则是形成了"图本与文本"间相互性的传统;一些开创性的李朝大儒,特别是以岭南学派的李滉与曹植为例:他们自己即皆有着面对中土理学文学的阅读、领会、转化到自己生命之"内化"及生活状态化的不易感受,这种"接受——消化——转化"的接受过程,显然影响到他们在成学之后的教学与讲学,换言之,一种文化转换与传述——接受过程显然在初期的重要人物之经验层面中,并已植入了后来形成自家传统的初端因子。以朝鲜李朝诸儒为例,这种接受——消化中土理学文字文本的不易感,便影响了他们的教学形态,早期后权近或是岭南学派的李滉及曹植,皆是将自己的经验与体会,不再复制到原本——中土理学家的文字上,而是为了适应东土自身文化的土壤,为着传述与播学的明晰性,他们不约而同地形成了一种与中土不同的也即是更为注重"图"示的文本方式来呈现自己的体会与经验过程,或者说是自己自异文化文本中的求道过程,作为成学后的另一阶段:对自家土壤中的播学与讲学而言,他们生产与制作了许多中土儒者所没有的图示文本,这种图示文本,相较于中土的文字文本,固然不是"原文""原本""原著"——朱子与后学皆是他们所学习的对象;因此,这些图示文本的作用,在其初或许只是实用性的功能,在教化与传述讲学中起作用,并且承担着转化——传输的媒介,即"中土文本→东土大儒之接受/领会→东土大儒之播学与构'图',生产图示文本"。然而,由于这些李朝儒者生命的经验之深刻与深度,使得图示文本也具有一种原创性,从而一种只在朝鲜形成的传统于焉形成而且值得重视,此即上述楷体字表述的下半段之意:由图示文本之产生而形成了另一个文化圈的图示文本的历史传统,别行于以文字文本文化圈之外的不同类型文本。这个下半段已经从"接受过程"与"接受状态"而形成了一种文化转换中的值得关注之现象,亦即它不再只是"接受状态",而是独立地成为朝鲜自家的"文化传统",从而"图示文本"也就成为这个文化传统中的独特现象,大量的图示文本之生产在代代中形成与累积着。从比较儒学史上来说:

$$程朱理学 \begin{cases} 中土:文字文本的历史与传统 \\ 东土:别有图示文本的历史与传统 \end{cases}$$

图示文本若通过"比较儒学"的视野,更能使我们在"比较"中看到两者的差异性,不仅使我们开始关注东土大儒"图示文本"的独特,也注意到中土"图示文本"的阙如。因此,这样的比较研究便首先是因为关怀与注意到"文化传播"与"文化转换"而产生的课题:本文立题的研究主旨,实不单单是一种"图"的研究,也会进而关注到"图"在中朝儒学中的"比较"之研究,实是在此种思考背景中所产生的。

二、《朱子语类》中的《大学图》

(一)《朱子语类》作为"朱子著述"的位阶

朱子之于《大学》,可谓倾注毕生心力,至易簀前犹修改《大学》之

《诚意章》。但是,这个穷朱子毕生心力为其更动"章句"、作注解的《大学章句》,其中并未有"图解"。以"图与文"作为一个传道文本的性质来看,朱子毋宁在《四子书》上是以"文"为主的。以朱子之"亲笔著述"而言,《大学章句》是朱子所亲编,《大学章句集注》是朱子所亲撰,《大学或问》虽以"问答体"为形式,但实际上朱子是以"文"的著作形态而亲笔所作;唯有《朱子语类》,对朱子本人而言,并不是他的"亲笔为文",而只是其上课的"讲述"之"言",今日《语类》能够到我人手中呈现其在世之形态为一种"文"的样式,全系朱子门人及其后学"记言"成"录"。以及编纂分类之后流传的结果。但是,即便如此,在朱子本人在世时,《语类》反映的,虽然是朱子生前之"言";但是,一经弟子们之"记言",这本"记言"成"录"的文本作品,在朱子殁后,便以"书"的印刷及流传,而被视为是"朱子本人的"著述。

在朱子殁后,关于朱子生前之"言"的"记言",究竟是朱子之"文"?抑或非是? 在第一代弟子中便已产生了认知的差距。黄榦便认为"语录"相较于朱子的亲笔之文,是较为不可信的,只能当作参考。黄榦云:

> 真文所刊《近思》《小学》皆已得之,《后语》亦得拜读,"先《近思》而后四子",却不见朱先生有此语。陈安卿所谓"《近思》,四子之阶梯"亦不知何所据而云。朱先生以《大学》为先者,特以为学之法,其条目纲领莫如此书耳! 若《近思》则无所不载,不应在《大学》之先。……如安卿之论亦善,但非先生之意。①

然而,陈淳却不这么认为,他认为"亲闻之于朱子"者,也是一种传道,

---

① 黄榦:《勉斋集》(文渊阁《四库全书》本),台北: 商务印书馆影印,卷8,页17—18。

是可信的。① 这点认知差距，便在黄、陈二人对于《语类》之中陈淳所记的一条"语录"中反映出来。"陈、黄之歧"对"语录"的认知差距，反映的是朱子殁后的"朱子文本"认知问题。固然就"朱子生前"而言，黄榦的认知是对的，朱子对于"亲笔之文"毋宁是较"亲言"为重视的；但在"朱子殁后"而言，朱门后学却对明明是陈淳所"记言"的"朱子之言"，有明显的接受度，已有视之为"朱子亲言"即为"朱子亲笔"的倾向。如真西山即云，这已反映出《朱子语类》是被当作朱子著述、能反映朱子本人的第一手资料而使用的；这种对《语类》的认知取向，一直到近代都还存在着，近代的许多新儒学之研究学者均大量使用着被"记言"的第二手资料——《朱子语类》，当作朱子的第一手资料，来佐证着他们所阐述的朱子之学的论点。

纵然如此，但是当学者们研究朱子的《大学章句》以及其"格物穷理"的学说时，因是大量取用了《语类》中的资料，却常忽略了《语类》中的一个特别的"记言"现象，即是在《语类》之中，收有弟子们所"记录"的《大学图》。②

(二)《朱子语类》中《大学图》的位阶

虽然《朱子语类》于宋末黎靖德本刊行以来，便受到重视，并视之

---

① 陈淳与黄榦间对于《近思录》在呈现入道之序上的认知差异，其详可参拙文《入道之序：由"陈黄之歧"到李滉〈圣学十图〉》，"中央大学"人文学报 24 期（台湾："中央大学"文学院，2001 年 12 月），页 241—337。

② 我所指的乃是近代以来的学者。对于元代的程朱学者而言，由他们大量的《大学》之"图"显示，他们其实承继了"图解"《大学》的传统并丰富之。近代学者中，唯有前辈陈荣捷先生对《朱子语类》中的《大学图》作过详尽的研究，篇名为《朱子之图解》，收在《朱子新探索》（台北：台湾学生书局）中；不唯如此，另篇《退溪不用朱子大学图》中对于朝鲜大儒李滉的《圣学十图》何以不用《朱子语类》之图而用权近之图，也作了一番有意义的解释分析，可以参看。唯陈氏之观点，与笔者不同。故在权近一章中，笔者只述自身之观点，不再引述陈先生之所分析者。

为可以呈现朱子本人学术的资料；但就《大学》而言，我们仍旧可以察见，《语类》中的《大学》之"记言"资料仍是有其一定的位阶。

清初纳兰成德重刊赵顺孙《四书纂疏》时，其为《序》即曾指出：

> 于《大学》《中庸》，先之以《章句》，次之以《或问》，间以所闻附其后，又以《语录》暨诸儒发明大义者注其下。①

这已经说出了南宋末年的赵顺孙在纂疏《大学》时，其眼中的位阶，固是"一以朱子为归，不杂异论"。但以朱子为归中仍然有其位阶上的次序，此即：

> 章句←注←或问←语录

其实，对此种位阶，朱子本人亦曾经在今传《朱子语类》中的门人所记朱子之言中提过，《语类》记其言云：

> 看《大学》，且逐章理会。须先读文本，念得，次将《章句》来解本文，又将《或问》来参《章句》。②

这一段"语录"所记朱子之言的位阶之序为：

> 本文←章句←或问

---

① 纳兰成德：《赵氏四书纂疏序》，赵顺孙《大学纂疏》（黄坤整理本），上海：华东师范大学出版社，1992 年，页 4。
② 黎靖德编：《朱子语类》，台北：汉京图书出版公司，二册，页 103。

值得注意的是《章句》之上更有一个《大学》"本文"在。本文是什么？《朱子语类》中又记录有另一段"朱子之言"，其云：

> 《大学》一书，有正经、有解、有《或问》。看来看去，不用《或问》，只看注解便了；久之，又只看正经便了；又久之，又自有一部《大学》在我胸中，而正经亦不用矣。[1]

其所示之位阶之序，为：

> 一部《大学》在我胸中←正经←注解←或问

值得一问者，"正经"是什么？由与上引文比对看来，"正经"当即《章句》，因为在朱子之《章句》中区分了"经传"，故"正经"当即是等同于《章句》的位阶。《大学章句》中朱子亦云：

> 右经一章，盖孔子之言，而曾子述之；其传十章，则曾子之意而门人记之也。[2]

《或问》以"问答体"解释之云：

> 或问："子谓正经盖夫子之言，而曾子述之，其传则曾子之意，而门人记之。何以知其然也？"曰："正经辞约而理备，言近而旨远，非圣人不能及也，然以其无他左验，且意其或出于古昔先民之

---

① 黎靖德编：《朱子语类》，页 103。
② 朱熹：《大学章句》，《四书章句集注》（"国学基本丛书"本），台北：商务印书馆，册一，页 2。

言也,故疑之而不敢质。至于传文,或引曾子之言而又多与《中庸》《孟子》者合,则知其成于曾子门人之手,而子思以授孟子无疑也。……故程子以为孔氏之遗书,学者之先务,而《论》《孟》犹处其大焉,亦可见矣。"①

《语类》中所述的,是在"正经"之上,仍有个位阶存在,此即"一部《大学》在我胸中",这个更高位阶的"一部《大学》在我胸中"是什么? 笔者认为,此即是前引《语类》第一条的"本文"。《大学章句序》云:"顾其为书犹颇放失","放失者"不是指《大学》之"本文",而是指汉唐之注疏本。《大学章句》之传第四章为释"本末",以"听讼"一节为内文。《或问》释之云:

　　或问:"听讼一章,郑本元在'止于信'之后,'正心修身'之前,程子又进而置之经文之下,'此谓知之至也'之上,子不从之,而置之于此,何也?"②

所谓的"郑本",或亦称"旧本",《大学章句》中云:

　　右经一章,盖孔子之言,而曾子述之;其传十章,则曾子之意而门人记之也。旧本颇有错简,今因程子所定,而更考经文,别为序次如左。③

也即是《序》所云的"其书犹颇放失",因而在郑本之上,便可以有个"本

———————————

① 引见赵顺孙:《四书纂疏》,页38。
② 赵顺孙:《四书纂疏》,页53。
③ 朱熹:《大学章句》,《四书章句集注》,册一,页2。

文"——作为圣人原意的"本文";朱子即据此而得以作《大学章句》。《大学章句》既是朱子一家之"改本",故其位阶与"郑本""旧本"平行,因而其上仍有个"本文"。这个本文不是经由汉儒"章句之学"而通达,乃是经由程子发明继承孟子而上通孔子而通达,所以,由朱子→程子→孟子→孔子而方向可以通达"正经"。由此可知,"本文"所以位阶在《章句》之上,其故则在于"本文"是"圣学"之所寓于其中者,朱子的《章句》也是以"文"来指向学者能通于此。至于"一部《大学》在我心胸"又是什么呢?我认为,这不仅是与"本文"相同的位阶,而且涉及朱子的"自得/德"之"圣学"的内蕴:"本文"——圣学的目的在使学子成学、成德、成圣,《大学章句》的目的也是在此,因此,一方面,《章句》之上有个"圣人之学"位阶的"本文";一方面,《章句》所呈示区分出的"正经"之上,也仍然还有一个要令学者、读者领受于自家身心,道通于圣人而能自得的"一部《大学》在我胸中"。

　　从上引的两条《语类》所呈示之义而言,遂可以得而分明。被"章句"了的《章句》,就朱子在《语类》中的陈述而言,还不是"本文"的位阶;那么,就朱子而言,"本文"是什么?在何处呢?在"心",在"心之成性与成德";也在历史上由我们心向往之的古圣贤的"圣人之道"中。就"正经"而言,"正经"是朱子《章句》中编纂区分而成的"孔子述之,曾子记之"的"经",朱子用程子之言来证明《大学》一书是"孔门之遗书"。但是,由于"朱子的"《章句》与郑玄的"旧本",有一种平行性,在汉、宋之争的正统性上,固然是以宋学、程朱之学为"正道""正统",但此一"正统"仍然以能上接"孔孟圣学"之"正传"为能成立的前提下,《章句》中的"正经"才能称之为"正经";《章句》中的"正经"不仅要能通过"读与习"而"自得",更要能通过"读与习"而抵达"圣人之学的本文",如此,方可以"正经亦不用矣"。经过分析之后,我们遂可以从《语录》而明了朱子所言有关"本文"(一部《大学》在我胸中)——"正经"(《章句》）——"注解"——《或问》——《语类》之间的位阶之序，与朱子重视经由"历史文本"来联系"读者（学子）"与"作者（古圣贤之学与孔孟之道）"的通达及成德之间为学的等第与次序关系。

（三）《语类》与《大学图》

朱子既然呈现了等第，则下学而上达，逐渐趋于圣人之学的自得。作为初阶的位阶，无论是在朱子身后的后学而言，其视《语类》为最末之阶的朱子著作；或是就朱子在世的爱书院中讲授《大学章句》的口说并画图以示，都莫不呈现了同一个性质，《语类》中的"图"——作为"朱子之言"也罢，作为"朱门弟子的记言/文"也罢，都是一个位阶在最下的等第。但朱门教学，注重为学之序、下学上达。由"末"而"本"，不可躐等；则《语类》中的这个向来被近人所忽略的《大学图》便似乎也可以再度以近代的姿态，重新被赋予关注，来分析此一"图示"：这个被弟子记录下来的《大学图》，在弟子捕捉的当时场景中，朱子讲述此图时，究竟意图"图解"《大学》什么？《朱子语类》中的《大学图》，是放在"大学二"中。"大学三"即是与弟子讨论诸传的语录。"大学四""大学五"则是以《或问》为主的讨论。"大学一"则是依次讨论"大学序""经上"，"大学二"则是讨论"经下"。一般而言，朱子开始作《大学》之书，先是集北宋以下诸儒作"集义""要义""精义"，而后作《大学章句》，此一"定本"成后，又作《大学或问》，《语类》中所讨论有关《大学》者，即是以此一"章句"定本及《或问》为主。《语类》中讨论记录显示，"经上"讨论的主要是纲领式的对话，以经文前半的"三纲""定静安虑得""知止"为主；"经下"则讨论经文后半的"八条目"，尤其对"格物"讨论最多；盖朱子不仅对经文之"格物"有面对，且必须处理北宋以下诸儒解释"格物"的衡量，《语类》中也编有"近世诸儒论格物"一节，在"大学五"讨论《或问》中被编者独立为一节，此节自是黎靖德编于此。实则依朱子解《大

学》，既以《章句集注》为依归，则"近世诸儒论格物"就成为朱子注格
物、解格物的一个历史课题的面对，作为历史背景，这一节其实更可以
放在这一"大学章"中来谈。但是《语类》之编者显然是另外放在"理学
史"的背景来考量，注重在朱子面对北宋以降程门后学诸儒的讨论背
景，是一种北宋迄朱子的理学史，"格物"是其中之一项；这是一种伊洛
渊源式的"理学史"之呈现。笔者看到的，则是自朱子以《四书》为经典
核心的视野来看待朱子将其理学思想归约在《四书》之"经典"式的考
量。在"理学史"中的"诸儒格物"，朱子及弟子皆已以"伊川"为依归定
准。而回返到《大学》本文时，朱子则未采用伊川之《大学》改本，但朱
子作《格物补传》之传文，则确系以此为准为作传文以成传之第五章。
由于"格物"已被朱子放入《大学》之"经文"中来作理解，"经文"就成了
朱子必须印证其为圣人之典籍的所论之场域；"格物"在此变得非常重
要，它是迈向三纲领的工夫条目之"始"，故朱门在此处便将"格物"视
为"始入道处"，《语类》记师弟答问云：

> 或问：格物是学者始入道处，当如何着力。
>
> 曰：遇事接物之间事接物之间，各须一一去理会始得，不成
> 是精底去理会，粗底又放过了；大底去理会，小底又不问了！如此
> 终是有欠阙，但随事遇物，皆一一去穷极，自然分明。[1]

并且也解释了虽然程子以"穷理释格物"最为确论，然而《大学》中却是
以"格物"为名而不以"穷理"为名目的原因，此原因在朱子看来，至关
重要，《语类》多条记云：

---

[1] 黎靖德编：《朱子语类》，卷 15，"大学二"，经下，册上，页 115。

格物二字最好。物谓事物也，须穷极事务之理，到尽处便有一个是，一个非；是底便行，非底便不行。

人多把这道理作一个悬空底物，大学不说穷理，只说格物，便是要人就事物上理会，如此方见得实体。

穷理二字，不若格物之为切便。

格物不说穷理，却言格物，盖言理则无可捉摸，物有时而离，言物而理自在，自是离不得。①

解完格物后，须是讨论"八目"，由格物至平天下，由天下平至物格，然后以总说为结。此节的讨论以最后的"道夫"所记载为结。②《大学图》即放在道夫记载之后，不知此图是否即是跟着道夫此条，作经文之总结之图，而由道夫所录绘，故附于此。此图看起来实不像是弟子依据自己的体会所绘制，而应是在通体讨论经文时，为朱子所绘而由弟子所录者，只不知此图之录绘者为谁，是否即是"道夫"？今即以朱子在《语类》中的《大学图》称之。由此，我们可以知道，朱子这一个《大学图》绘图的目的主要应是在于总结对于"大学经文"的解说而作的"总图示"，是为了解经文而作的图，所以是"图解"，解的目标是"经文"，尚未及"传"；因此，在"图"中，"传"之"八目"次第与关系并未一一分释，所以是一种以"经文"为主的纲领式的图解与图示，强调的是三纲领、知止、定静安虑得与八目之先后本末终始等关系。此图以下，即是另卷，编为"大学三"，是师弟间讨论"传文"的问答记录。由"传一章释明明德""传二章释新民""传三章释止于至善"之传释"三纲领"，而至"传四章释本末""传五章释格物致知""传六章释诚意""传七章释

① 黎靖德编：《朱子语类》，卷15，"大学二"，经下，册上，页116、117。
② 见上注引书，页126。

正心修身""传八章释修身齐家""传九章释家齐国治"之传文释"八条目"止。

　　卷第十七则编者著为"大学五"、卷十八为"大学六",编者分别以讨论《大学或问》文字之答问记录者纂之,别为"或问上"与"或问下"。

　　收在"大学二"之中的《大学图》如下:

　　由《语类》之《大学图》所示,可以析出此图有一种结构,即分为右半图与左半图,同荟萃于"在止于止善"。右半以"明明德、新民"而"止于至善",正是经文中所提揭之"三在",或"三纲领",而"止于至善"自是其所"止"的终极关怀。是故右半图以"三纲领"为主,而又分为上、下,分别推出为"八条目"或"八事";上半以"明明德"为主,主于一身,故"八条目"中著为"格、致、诚、正、修"之事;下半以"新民"为主,主于"人与人——群际",故"八条目"著为"齐、治、平",而通归之于"至善"。

　　左半图之核心亦是"在止于至善",但却推向"知止而后有定""定而后能静""静而后能安""安而后能虑""虑而后能得"的"定静安虑得",这里显然所强调的是如何由"知止"而后至于"能得",能得方能"德"而归着于"至善";左半图亦是分为上半和下半,上半图中标着之

----

① 此图收在黎靖德编:《朱子语类》,卷15,"大学二",经下,册上,页126。全图请参见书影。

文字为"知止",仍是推向于"八条目"之"格、致、诚、正、修",与右半图同;下半则标着出"能得"二字,亦与右半图相同,推向"齐、治、平"。可见左半图与右半图皆是以"八条目"为八事之工夫所在,而后回归于"明明德/新民"与"知止/能得",再归总于《大学》经文之核心:在止于至善。

　　由上之分析,可以看出此种左半图与右半图的结构,反映了两种"止于至善"的图示:一是一般我人所习于印象之中的由"八条目"而至于"三纲领";另一则是由"知止……能得"而亦由"八条目"为工夫,图示了"知止……能得"与"八条目"如何联系而能抵达止于至善。这幅图的主要"图示"之目的,由编著者安置的卷帙看来,仍应是《大学》中"经文"主旨之呈现或讲解;而且,环绕着此《图》之"图解"的中心应当就是为了"在止于至善"而设,并不是专门为了呈现"八条目"与"三纲领"之关系而设,这由左半图之"知止……能得"置于"止于至善"与"八条目"之间可以得知;抑且,也并未呈现出朱子最为重视的《大学章句》之中的、作为"入道之始"的"格物补传"之重要性,"格物补传"并未在此《图》中被强调出来,更可以证明此《图》被编者置于"解经"之卷中,或许是对的。单单是这一点,已经就可以让我们对李滉为何不用此《图》的可能原因,有了一种可能是合理的推测,即是《朱子语类》中的《大学图》只是为了"解经文"的《图》,而不能被理解为是对整部《大学》的"经、传"及章句化了的《大学》之"图解"。此《图》图示《大学章句》中朱子贯注在《大学》中的思想是有限的。

三、权近《大学指掌之图》与"解图"

(一) 权近与《入学图说》

权近,字阳村,朝鲜李朝初期的儒者,生于高丽恭愍王元年

(1352),卒于李朝太宗九年(1409)。著有《入学图说》《阳村集》等传世。

权近为《大学》所制之《图》,堪称朝鲜第一图,此图后来被李滉收在上给李朝宣祖的《圣学十图》中,著为第四图。李滉《圣学十图》实以朱子理学为宗,所收录之图,除周濂溪《太极图》外,多为元儒王柏、程复心等所制,东土儒者之图,则除自己所制之图外,唯有权近之图为其所收录。唯《圣学十图》中何以不用《朱子语类》中之《大学图》而改采录权近之《大学图》,此必有因,盖李滉为学宗朱子,曾云:

> 朱子吾所师也,亦天下古今之所宗师也。①

故退溪于《文集》《语类》自必熟读,也不可能不知《语类·大学》卷中收有弟子所记录之图,故此点亦可作为探究权近此图时所可留意者。

权近之《入学图说》,检其内容,顾其书名,实系以"图"为主,然而书名则曰"图说"者,其实可以作出两种推断,其一,"图说"之义,系仿自周濂溪的《太极图说》,有"图"、有"说","说"乃为"图"而设,具"解图"之作用,这是自北宋以来迄于元明理学中的一个"图说"传统;故权近之《入学图说序》即云:

> 初学来读《庸》《学》二书,志语之谆复,尚不能通晓,乃本周子之图,参章句之说,作图以示。②

---

① 李滉:《答奇彦明论四端七情》第二书,见李滉:《增补退溪全书》,首尔:成均馆大学大东研究院。
② 权近:《入学图说序》,权近手写复印件。案:权近此序,《大学指掌之图》乙酉文库本收录,《韩国经学资料集成》本及《阳村集》中均未收录此序。

其二，"图说"者，就是以"图"为主。权近系将卅三个"图"辑成一部为入学、传道而设之书，此书全以"图"为主要内容，目的则以"呈示"如何"入学"为宗旨，故名《入学图说》。完全是一种"以图为说"的进路与呈现方式，用权近自己的语言来说，就是"作图以示"。此种特殊的进路，一如前面所言系因中、朝理学背景上的差异，朝鲜儒者必须面临一种"汉文/异文"上的转换情境，而产生了"作图以示"的方式，能令初学者"易知"与"一目了然"。在"文/图"转换的翻译情境下，"图"也因而成为朝鲜儒者呈现自己的思想、观点，以及传道、授学时不可或缺的一种符示工具，"作图以示"也是朝鲜理学中的独特传统，不仅朝鲜儒生几乎人人有"图"、论难有"图"、传道有"图"，即便正式呈上思想文本给君主时，"图"亦为一正式表意之符号，而并非只有文字，如李滉之《圣学十图》即是。

在朝鲜（韩国）儒学史上，第一部为朱子《四书》中《大学》而作的"图解"，便是权近的《大学指掌之图》，今成均馆大学大东文化研究院编《韩国经学资料集成》中有关《大学》之部三册，便是以权近此图为卷首之图，表示了权近此图在年代上的首出位置；但集成本中并未收录权近的《入学图说序》，乙酉文库本则虽收此序，然译者权德周只收录共十九图，亦未足称全本；《韩国儒学资料集成》本则《序》有目而无文。

（二）大学指掌之图

权近为朱子《大学章句》所制之图解，名曰《大学指掌之图》，收在其所著之《入学图说》之中，序次第三；《入学图说》中著次编为第一、第二的《天人心性合一之图》与《天人心性分释之图》，都与周濂溪的《太极图》有关，可见权近著述《图说》的理学背景；而《图说》中其他有关《四书章句集注》者，尚有《中庸首章分释之图》，而"说"则有《中庸分节辨议》与《语孟大旨》；此外，包含了其他经典及理学之图，总计卅三图。由此书之书名可知，权近系为"入学"而作的"图"与"说"；盖权近作书之意，实有类于朱子在《书近思录后》中所云者："惧夫初学者不知所入也。因共掇取其关于大体而切于日用者，以为此编，总六百二十二条。"六百二十二条其实皆是文字。相较之下，权近为何要以"图"来引领及呈示"初学者"的"入学之方"呢？这便牵涉到前述朝鲜对于"汉文"理解的背景，因而以"图"来示"初学者"之"入学"，故知《入学图说》，虽曰"图说"，而实以"图"为主，"说"之部分实只占少数，这也牵涉到了今人对于权近作为书名的"图说"一词的理解："说"者，就目次内容来看，当指以文字为说者，或与"图"为平行之位阶；然在以图为本中亦有以文字为"说"者，故"图说"之"说"亦可有二：其一，指以文字作为解图之用者，是图的旁注说明，系解图或图注；其二，与"图"的位阶相等，如目次所列出者，如已著为目的的《中庸分节辨议》与《语孟大旨》等皆是。

由上述，可知权近的《入学图说》实以"图"为主，开出了朝鲜理学中的"图"说传统；而权近此图——《大学指掌之图》则如书名所示，亦是为了"入学"而制作之图，期能给予"初学者"一个"入学"的方向。而以"图"不以"文"者，系因图能使观者易晓，故宁先观览"图"，再读理学传统中的孔孟程朱本文；"先观图"能使初学者"一见可知大旨"，不仅是在呈示道的功能上有其实在性，也是基于"汉文"的文本文句之理解难度；因此，"先观"的意义是重要的，此不啻是宣示了"图"在朝鲜儒学中的作用与入道之序的位置之确定。权近在《入学图说序》中云：

> 庚子秋，谪在金马郡，为一二初学来读《庸》《学》二书，志语之谆复，尚不能通晓，乃本周子之图，参章句之说，作图以示。……

名之曰《入学图说》。①

清楚地说明了此书之缘起乃为"初学"而设,故以图为示,祈能一目了然。又《入学图说·天人心性分释之图》之"说明"中云:

> 右图为初学者设。
> 故其训天人心性之意,分释点画,至为破碎。自当得罪于先生长者。然初学观之,一见可知大旨也。

又云:

> 濂溪之图,精深广大,备极无余,初学之士,所不及知。

故凡所自制之图,其方向与功能,则正与此相反,期能"作为此图,以示学者,便其入学知所方向而已,何敢望于先哲哉"!又云:"但使初学者乐观而易知其意!"并且还解释了"图"与"文"在"易知其意"上的差异,其云:"虽然古人制字,亦有会意者,如所谓一大为天,土也为地之类是也;有象形者,如山、如鼎之类是也;训意有分字者,如所谓中心为忠、如心为恕之类是也;苟于大义无甚悖谬,则取大而恕其小可也。"权近末句之意,分明在释何以以"图"来"示"理学的精义。

权近的《大学指掌之图》,今以《韩国经学资料集成》本《入学图说》中所收者转录如下:②

---

① 权近:《入学图说序》,乙酉文库本《入学图说》,页 133。
② 权近:《大学指掌之图》,权近:《入学图说》,页十,收在《韩国经学资料集成》(首尔:成均馆大学大东文化研究院),册一,《大学》(一),页 3。

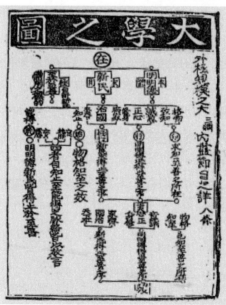

此图所呈示，可以看出，主要以"三在"为主，"三在"，权近则或称之"三纲领"。而"三在"之间，又有关联，不仅彼此为互文，而亦与"八目""定、静、安、虑、得"互有关联。"明明德"为"体"、为"本"，"新民"为"用"、为"末"，至于"止于至善"，则为其"极"、为"体用之标的"。"八目"者，权近或称之为"八节目"，亦多简称为"八目"，而至"三纲领"则未见其简称为"三纲"。在权近图中，八目由"格物"至"修身"著在"明明德"之下，由"齐家"至"平天下"则著在"新民"之下；而"定、静、安、虑、得"则系于"止（案：权近图为"至"）于至善"之下。可以看出，权近此图仍有《朱子语类》中《大学图》上图、下图之痕迹，显示受其影响之所在。

　　此图首句之言"外极规模之大（三纲）内尽节目之详（八条）"，可见权近系以三纲、八目之内、外言《大学》之全学，而非仅仅作为释"经文"之"图"；是故以"三在"为提揭，下着"三纲"，三纲之中又以"知"、"行"贯"八目"，以"定……得"贯"始终"，不似《朱子语类》之图，虽亦标出三纲，然旨在于标出"在止于至善"何以为其"极"之解释目的。是故若以此图与朱子《语类》之图相较，权近之图实较为正式而有著述传世之心；朱子之图则为弟子所录，讲授而笔记著录的痕迹至显，且朱子《语类》此图专解《大学章句》之经文，非为全文而设，虽义可通贯，然毕竟不是专门为《大学章句》而设。权近此图则已明显地系专门以呈示《大学章句》为目的的"图解"，首句"外极……内尽"一句特别著在右方突出，已可见出其以解《大学》之用心；是故，李滉进呈宣祖的《圣学十图》中之《大学图》，改用权近此图而不用《语类》之图，其原因或即在此。在李滉《圣学十图》中的《大学图》，已将"外极……内尽……"一句省去。

　　此图之下，有文字说明，是所谓"图之说"者，即"解图"者是也，则文字说明部分位阶当在"图"之下，地位相等于"图注"。文字说明主要系说明并解决若干与《大学章句》有关的几个问题，如经、传之分，经文为孔子作曾子述,格致传问题等;首段文字说明尤其解说了"图"与"初学者"之关系,以及"大学图"的意义,何以对于"初学者"而言,《大学图》较之《大学章句》尤须"先观"的意义。其云:

> 愚案:《大学》一书,纲领备而节目详,文简而易知,理切而易明,为学之序、用力之方,至为精密。在初学者,尤为当务之急。然初学者之士,其于体用、本末、知行、功效,多不能察。语之虽勤,识之不易,今为此《图》,使之先观一经全体,了然在目,然后即是书而读之,则不烦指诲而自知其节次矣。①

其意谓《大学》一书,在"为学之序"上,既为"初学者"所当务之急,则不可不先观览;然而,《大学》一书,亦有其"难",此即"初学之士"多不能体会"体用、本末、知行、功效","语之虽勤,识之不易",故权近制此图,"使之先观一经之全体,了然在目",解释了此图在《入学图说》中的作用,以及《大学指掌之图》何以可以在《大学》之前"先观"的理由;也让我辈在今日可以体会到,在传道与授学上,"图"的作用与"初学者""入学"之关系在权近的"图"与"图说"中充分地显示出来。

其次,关于《大学》中"经、传"之分,权近亦再度作出了解说。愚案"经、传"之分在朱子《四书》之体系中极为重要,唯"经、传"之分方能定《大学》为孔门之书、圣人之学,权近于此亦假答问而作说明与解释,其云:

> 曰:此书之作,朱子于序以为,孔子诵而传之,曾子作为传

---

① 权近:《大学指掌之图》"图说",《入学图说》(裴宗镐编:《韩国儒学资料集成》),卷一,页10。

义,于经之后言"盖",不敢质为夫子之言;其传则曾子之意而门人记之。其言先后不同,何也?

曰:朱子以经之言,非圣人不能及,故以为夫子之言;又无左验,或意在古昔先民之言,故疑之而不敢质。愚则妄谓夫子伤时之叹,屡稽古以言之。如曰古之学者为己、古之愚也直、古者言之不出之类是也。此经亦曰古之欲明明德于天下,言古以叹今之不然,夫子之前,未有圣人不得位者;则言古叹今,正吾夫子之事,是足为证,以为孔子之言也。其传十章,……皆曾子平日尝以语门人之言,但其传文有称曾子曰者,则非曾子之手笔也,故以为门人记之;虽门人记之,非其自言,则是犹曾子作之也。诸传既皆曾子之言,独于十目一节特加曾子曰者,诸传皆是直释经文之意而已,唯此一节,曾子因慎独之言而特发本章言外之意,以警门人,故门人亦特称曾子曰以表之。①

总之,权近依从朱子之意,重申"经"是孔子所作,以稽古叹今为之旨;而传则为曾子作,专以解经为述旨,而引述"曾子曰"的《诚意章》,则属曾子之发挥,而门人则特记之以成文;故可以证成朱子"经—传"与"孔子—曾子"之义。

再者,在"解图"之说明文中,权近也讨论到了中土董槐的"格致传"文问题,注为答问之辞,显示权近制作此图之时,已有面对宋元以来朱子学派之批评与修订《大学章句》的"章句"——"格物补传",与"义理"——格物穷理的问题;而权近则大抵仍以朱子为依归,故讨论中则系论略"格致传"之意;在返归朱子中,已历经"格物传"之一番构

---

① 权近:《大学指掌之图》"图说",《入学图说》(裴宗镐编:《韩国儒学资料集成》),卷一,页13。

思,可以显示权近此图已经强调与突显了朱子学中物格知致的面向。在名词之称上,对于董槐的"格致传",权近在文中系以"格物致知之传"或"致知之传"为称,而引用权近此图的李滉则以"格物传注""格物传"称朱子之"补传"。权近于"说明"中云:

> 学者问曰:先贤董公,尝以《大学》经文中"自知止而后有定"至"则近道矣"两节,为格物致知之传,黄氏亦取之矣。是果能得朱子之所未得者欤?
>
> 曰:愚尝观此,服其用意之深,而后见之卓,服膺不忘,盖亦有年。以今考之,有未安者。夫所谓知止者,物格知至以后之效,而格物致知者,大学最初用力之地也。诸传自诚意章而下,皆以工夫而言,不应于此遽以效言之也。所谓能得者,明明德、新民皆得所止之事,不应遽及于致知之传也。且以此节为致知之传,则听讼章又无所着落矣。朱子于此,岂不处之审哉! 但所谓格物为穷理之事,而非扞格外物者,则不必证以他书,而于此节文势,可寻而知之矣。

案:文中的"先贤董公"即董槐,其于《大学章句》中重新订"格物传"以修正朱子之《格物补传》,在南宋以来之朱子学派中,经学者考订为首出,其后王柏、车若水、叶梦鼎皆受其影响。[1] 此一"格物传"传入东土后,信者亦不乏人,如权近之所自言,彼亦曾信之有年,然终归返朱子"补传"。唯权氏文中之"黄氏"不知为谁;明代有黄葵峰者,亦有"格致传"之论,唯此处所提者,似非此明人黄氏。

---

[1] 见李纪祥《两宋以来〈大学〉改本之研究》(台北:台湾学生书局)第三章第二节,页88—98 所述。

权近此说明文中,以"格致传"果能得朱子所未得者为问,而权近之答,则仍主应依经文而证成"其传虽阙",故可补之,从朱子补传传文脉络之势甚明。

继之又以"此谓知之至也"一句言其"效",故"补传"亦当专以发挥"物格知至"之"效"而非"格物致知"之"功"者为问;此处问答间皆以"功效"为"功""效"之区分,极有意味;若以"格物致知"与"物格知至"相较之,则一为言其"功"——工夫,一为言其"效"——效验,"功"与"效"在权近此图实有分际,非为一词,读此更可以使观图者不轻忽图中之"功效"二字,以及"至(止)于至善"之下"知止"所系之"物格知至之效"义。权近在说明文中设此质问,意在于解释"补传"何以应先之以"功——工夫"为言,而后归于"此谓知之至也"一句之见"效——效验"者作结,故朱子"补传"由"格物致知"而至于"物格知至",即"穷理以致吾心之知"以至于"豁然贯通",乃为由"功"至"效",理所固然,亦工夫效验所当然,更无可疑。是故诸家之主张"格致传"者,以听颂一节为格致传文,或"退经补传",以经文"知止……则近道矣"为传文,皆为有弊,其虑皆不如朱子之审。故其设问:

> 曰:子以知止为物格知至以后之效,不应先言于用力之初者,似矣;然以传之结语考之,则曰:此谓知之至也。则其上阙文必以知至之效言者也。此节于经亦在八目工夫之前,其序不亦舛乎?

其设问涉于经、传,可谓锐矣;然权近则从容答之:

> 曰:传之结语以效而言,则其上阙文必是知至之效;然必先言其功,而后及其效;有如补传之意矣。不应不言其功而遽及其

效。故虽将此节为传,知止之上,又当别有阙文也。此节于经,虽在八目之前,是乃承章首纲领之工夫而言知止之效,以言明明德、新民得止于至善也。故经一章,以工夫功效相间言之,三纲领以功言,而此节以效言,物有本末一节兼功效而结之。八目一节以功言,而后一节以效言,自夫子一节以功结之,而本乱一节以效而反结之。以是而观,则知止一节,虽在八目工夫之前,其立言自有序矣。

总之,权近在《大学指掌之图》的图之后,仍用文字呈现了"说",此一假答问而为之说明的文字,质言之,即是"解图",位阶不当与"图"等,主要即因其功能系在于提揭出问题并以作出联系到其"图"的再说明,因之,《大学指掌之图》下的文字,其功能与性质,简言之即是"解图"。"解图"虽然呈现方式为以"文"为"说",故此"文"之位阶在"图"之下。而《大学指掌之图》的功能则系为初学而设,目的在导引入《大学》本文,故此《图》之性质便系针对程朱的《大学》作出"作图以示"的"图解",对朝鲜自身的来学之士,则成为"先观"者。"解图"与"图解","说"之解"大学图"与"大学图"之解《大学》,权近的《大学指掌之图》作为朝鲜以"图"为"解"《大学》的第一图,已为我们呈现了一种中、朝间关于《大学》诠释、解经、传示中的"图""文"位阶与功能性质上的差异。同时,也呈现出一种"图"与"文"相互为解的意涵及文本形态。

四、结　　论

本文的研究显示出,就《大学章句》而言,这是中、朝理学在尊朱理念下的共同根本;但是就解《大学》而言,朝鲜的权近却呈现了一种与中土不同的"作图以示"之"图解"传统之开启;抑又不止于此,就解《大学》而言，权近有《大学指掌之图》的"（作）图（以）解"，而"图解"之下，又复继续有"以文为说"的"解图"，则正显示了一种"以图为本"的朝鲜儒学诠释传统；文与字所构成的"解图"，要比"图解"之"图"的位阶要低一层，正证明了这一"以图为本"的彼邦特色；相较之下，显然在中国的儒学传统中，呈现的是一种"以文为本"的另一形态。由本文的比较研究中，也让我们知道在异文化中，"文"与"图"的相互关系不必然是像在中国的传统中所显示的那样，"文"占据着优位性格；"文"仍然可以被转化为"以图为本"的"解图"之位阶，为着"图"而作出再解释的"说"之功能；这与《朱子语类》中的《大学图》刚好可以作出一个对比性而在中、朝之儒学的比较中呈现出来。

经世观念与宋明理学

"经世"一词自系自西方汉学界开始进入宋明儒学的研究领域。本文接受了这样的研究脉络，但仔细地以"内域""外域"来考察这一术语在儒学或理学研究上的有效性。并且认为，如果我们认真地感受"教化"一词与宋明理学中"成德之教"与"为己之学"的关系，那么，"经世"一词在当代宋明理学研究中被泛化使用的现象是存在的。本文因而认为，谨慎地使用这一术语以研究近世儒学史时，"经世"一词以"经国济世"的语义来描绘明清之际的儒学转向，或较为妥当。

一

“内圣”与“外王”虽然出自《庄子·天下篇》，但却是儒家用来表达理想的一组极重要词语，彼已充分表达出儒家二大层域：内域与外域之终极关怀。以儒学正宗自居的宋明理学家自然不会不继承此一传统精神，但理学家排斥荀子，所继承的为孔、孟，于是乎具有内化、圣化倾向的理学，遂在历史发展中，成为宋明儒学的主流。

巧合的是，“经世”一词也出自《庄子》，《天下篇》云：“春秋经世，先王之志。”章炳麟以为“经世”二字当作“纪年”解，①与后世所使用的经世之义大不相同。

在理学家的思想系统中，“经世”并非一重要的观念，虽然也有一些理学家用及，如陆象山（1139—1193）云：

> 儒者虽至于无声无臭，无方无体，皆主于经世；释氏虽尽未来际普度之，皆主于出世。②

以及王龙溪（1498—1583）说：

---

① 章炳麟：《国故论衡》中卷，原经篇，《章氏丛书》，台北：世界书局，页 7。
② 《陆象山全集》，卷 2，与王顺伯，《四部丛刊》初编本，页 25。

儒者之学以经世为用，而其实以无欲为本。①

或与佛家"出世"对称，或为泛说，皆未成为一重要的观念系统。

二

理学，一称道学，或新儒学，其初不过为北宋新气象、新学风下儒学的一支，即所谓的"伊洛之学"；同时尚有蜀学、朔学及王安石的新学等。一方面由于儒家在追求政治事功方面的庆历改革、熙宁变法相继失败；另一方面，以二程（颢、颐）兄弟为主的伊洛之学，逐渐发展且南传，至南宋朱熹手中，遂壮大为"程朱之学"。② 并进而在理宗朝，取得朝廷的公开承认。③ 元皇庆二年(1313)更通过政府的正式诏令，成功地成为科举的官学。④

依今人牟宗三先生的定义，理学为"心性之学"，"成德之教"，⑤确实，这是由孔子的仁到孟子的性善一脉内化的修养之学，⑥因而儒学在内化的过程中，也极易与佛、道相互融会、吸收。大体上，宋明理学的重点是落在心性成德，就儒学范畴而言，较偏重于内圣

---

① 《王龙溪先生全集》，卷13，贺中丞新源江公武功告成序，道光二年刻本，台北：华文书局影印。

② 以上的叙述相当简化，其详可参钱穆《朱子学提纲》（台北：东大图书公司）。

③ 参考刘子健《宋末所谓道统的成立》，收在《两宋史研究汇编》，台北：联经出版公司，页249—284。

④ 《元史》（百衲本），卷82，选举志一，页4—6。

⑤ 牟宗三：《心体与性体》，第一部综论，台北：正中书局。

⑥ 狄百瑞与徐复观都用"为己之学"来表达儒学的基本精神，及贯穿于孔、孟、宋明理学家之间的学脉。"为己之学"语源出于《论语·宪问篇》："子曰：古之学者为己，今之学者为人。"徐复观尤其强调之，他说："为己之学，可以贯穿孔子的学统。"（见徐复观：《程朱异同》，《中国思想史论集续篇》，台北：时报出版公司，页570；狄百瑞著、李弘祺译：《中国的自由传统》，台北：联经出版公司，页15—19；《新儒家教育与儒学洗礼后的东亚》，《史学评论》第九期[1985年元月]，页36—37。）

之学。

　　至于外王方面，"格君心之非"这一脉，虽然也有发展，并保持着先秦儒家"德治主义"的性格，如以《大学》为主的一套架构，便仍然指向"治、平"为终极关怀，真德秀（1178—1235）的《大学衍义》也正是这样观念下的一部重要著作。① 但是，毕竟以"君"为核心的外王之学，无任儒者作主而展开的余地，更何况是在北宋以降君权逐渐提高的背景之下。

　　整个说来，儒学纵然在外王方面遭到扼阻，内圣之学已尽可能偏离"政治"领域，但是，套用佛学的用语，儒学毕竟非"小乘"而系"大乘"，非以"成己"便为了事。理学家们终于在内圣之学开拓了它的新领域，依旧为人而落实在这个世界中，这便是"师儒式"的"教化"。② 原始的外王，是"君王式"的"治平"，是故汉代犹称孔子为素王，但到了唐代孔子已为"先圣"，孔子逐渐被剥落"王"格而凸显"圣"格的过程，

---

① 但《大学衍义》中却无"治国"与"平天下"二目的文献排列，其原因自然与真德秀的理学背景及观念有关。参考朱鸿林《理论型的经世之学》，《食货》复刊十五卷三、四期合刊（1985 年 9 月），页 16—27。李焯然：《圣人之学与帝王之学——论〈大学衍义〉及〈大学衍义补〉在儒学传统上的意义》，《儒学国际学术讨论会》（山东，1987 年）。

② 阮元《国史儒林传序》云：
　　昔周公制礼，太宰九两系邦国，三曰师、四曰儒。……师以德行教民，儒以六艺教民，分合同异。……濂洛以后，遂启紫阳，阐发心性，分析道理，孔孟学行……宋史以道学、儒林分为二传，不知此即周礼师儒之异，后人创分而闇合周道也。元明之间，守先启后，在于金华，洎乎河东姚江，门户分歧，递兴递灭，然终不出朱陆而已。……是故两汉名教，得儒经之功；宋明讲学，得师道之益。（阮元：《揅经室集》一集，卷二，台北：世界书局）
　　其论师、儒之异，即笔者所谓"官僚型""师儒型"之分。可见阮元其实是以"师"来为宋明理学诸儒定位，侧重在"教化"这一层而来看宋明儒的特色。

正与儒学的内化历程相应。①

　　唐、五代以来，儒家所面临思想上的大敌，来自释、道二氏；而释、道的本质是宗教的、思想的、文化的，这与先秦的中心关怀是政治的有所不同。因此，一方面儒家必须加强自己"内域"的一面，此点直历数百年而未已，也因此造成了宋明理学内化倾向与格局，另一方面，儒家关怀天下的性格，也必须显示，儒学的"外域"，已转向一个新的层域即与"教化"有关的世界中来。换言之，理学家的"外域"，已不再是"原外王"，看待其"外域"的眼光，必须从实质上加以调整。理学家的新外域，其终极关怀仍是"天下"，本质上也仍然是"唯德论"，只是，他们的方式已与先秦儒家有所不同。先秦是"王天下"，这里则是"教化"天下；理学家们所强调的位格，也不再是"君"、是"王"，而是"师"、是"儒"。② 韩愈(768—824)著《原道》《师说》，其提出"道统"、尊孟、重师等，均已透露出中晚唐以降儒学发展的信息。理学家尊韩、尊孟，尽斥荀子、董仲舒及扬雄等，正有其内在精神的脉络

---

① 隋文帝时追谥孔子为"先师尼父"；唐太宗贞观二年(628)，尊孔子为先圣；高宗永徽时，改周公为先圣，孔子为先师；显庆二年(657)以周公配武王，孔子号先圣。孔子定称先圣，即自此始。孔子以上为"王"，孔子以下为"圣"，圣、王二分，已反映在孔子的谥封上。自此以降，"圣"字之义，愈局限在"师"义之内。北宋真宗咸平元年(998)，称孔子为"元圣文宣王"；大中祥符五年(1012)改为"至圣文宣王"；元武宗至大元年(1308)改为"大成至圣文宣王"；明洪武三年(1370)仍称"大成至圣文宣王"；逮世宗嘉靖九年(1530)改称"至圣先师"，遂在封号上完成了以师限圣的过程，"圣"完全不复再有"王"义。以上所引孔子在历代封号上的演变，参考清庞锺璐编《文庙祀典考》(光绪戊寅刊本，台北：中国礼乐学会影印)祭典溯原一一三。另参罗梦册《孔子未王而王论》(台北：学生书局)导言及第三篇第二章。

② "师"是孟子所刻意凸显的，道遵于势，"说大人则藐之"，显示孟子当时已有"王"、"道"不能一之的分裂情形。参考余英时：《道统与政统之间》，《史学与传统》，台北：时报出版公司，页55—58。

可寻。① 为了以下解说的方便，兹先以下表表示之：

---

① 韩愈《原道》云：

　斯道也，何道也？曰斯吾所谓道也，非向所谓老与佛之道也。尧以是传之舜，舜以是传之汤，汤以是传之文、武、周公，文、武、周公传之孔子，孔子传之孟轲，轲之死不得其传焉。荀与扬也，择焉而不精，语焉而不详。（《朱文公校昌黎先生集》，卷1，《四部丛刊》初编本，页96。）
对荀子、扬雄的评价已低，在孟子之下。程明道云：

　汉儒如毛苌、董仲舒，最得圣贤之意，然见道不甚分明；下此即扬雄，规模又窄狭矣。（《近思录》，卷14，台北：世界书局，页331）
虽仍推崇董仲舒等，然贬抑汉儒倾向已见。逮程伊川作《明道先生行状》：

　（先生）辨异端似是之非，开百代未明之惑，秦汉而下未有臻斯理也。谓孟子没而圣学不传，以兴起斯文为己任。（《伊川文集》，卷7，《二程全书》，台北：中华书局，页6）
正式提出以程明道上接孟子的说法。朱熹《大学章句序》云：

　及孟子没，而其传泯焉。……于是河南两夫子出，而有以接乎孟氏之传。
李元纲《圣门事业图·传道正统》：

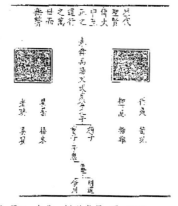

（左圭编：《百川学海》，册二，台北：新兴书局，页1001）
皆以二程遥继孟子。但朱熹实更推尊周濂溪：
唯先生承天界，系道统，所以建端垂序，启佑于我后之人者（下略）。（《朱子大全》，卷84，《书濂溪风光霁月亭》，台北：中华书局，页29）

　道丧千载，圣远言湮，不有先觉，孰开我人。（前引书，卷85，《濂溪先生画像赞》，页9）

　夫子姓周氏，名惇颐，字茂叔，自少即以学行有开于世，而莫或知其师传之所自，独以河南两程夫子尝受学焉，而得孔孟不传之正统，则其渊源，因可乐见。（前引书，卷81，《周子通书后记》，页28）

　逮《宋史·道学传》以周濂溪居首，贬荀子、汉儒，进孟子、宋儒，遂正式确认道统之成立，以孔、孟、濂、洛、关、闽为儒学正脉。（参见《宋史》（百衲本），卷427，《道学》一，页1—2）

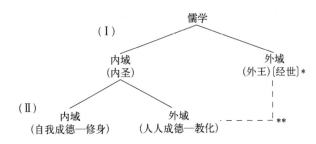

＊"外王"如果可以用"经世"来涵盖的话，则可以用以下图来表示：

经世范畴图

1．外王

2．儒学正统以外的经世思想，如南宋浙东学派的经世思想、晚明实用主义的经世思想等。

3．儒家以外的经世思想，如法家、墨家的经世思想。

＊＊ 近现代学人中，多有以此二者同为"经世"一词的范畴所达。本文不主张这样的用法，就儒学范畴表达而言，"经世"一词用以表达尚表之第Ⅰ外域即可，不必介入含有道德本职的第Ⅱ外域。

因此，"教化"可以说才是理学在实质上的"外域"，但理学家们显然没有这样自觉地认为，当他们提及外王时，外王仍然扣紧"王"格，朱熹之上宋孝宗(1162—1189 年在位)诸封事、真德秀之著《大学衍义》，均是原外王意识的表现。但理学家在对"大我"——"人间世"的真正贡献，却并不是在第Ⅰ外域，而是在第Ⅱ外域——"教化"，在"成圣成德之教"的散布上。是故一些以讲学著名的理学家多有"反科举意识"，[①]逐渐脱离了汉唐以来"官僚型儒家"的类型，而与仕宦分离，并

---

① 李弘祺曾经指出此点，参考其文《绛帐遗风——私人讲学的传统》，收在《中国文化新论——学术篇》，台北：联经出版公司，页 380。

多以在野的"师儒型儒家"自居，来从事此教化活动，并以之为正统。

三

王学之所以是朱学的进一步发展，也必须经由"教化"的立场来理解，才能得到真义。从朱熹的书院教育，通过经典研读与德性涵养，以培育"士"为传布儒学理想的精英分子；[①]到王学的民间讲会，成圣之本尽在"良知"，不识字不碍菩提路，诚讲陆象山之意："若某则不识一个字，亦须还我堂堂地作个人。"[②]泰州门人王栋（1503—1581）的一段话更能代表王学的精神：

> 至秦灭学，汉兴，唯记诵古人遗经者为经师，更相授受于此。指此学独为经生文士之业，而千古圣人，与人人共明共成之学，遂泯没而不传矣。天生我师，崛起海滨，慨然独悟，直宗孔孟、直指人心。然后愚夫俗子不识一字之人，皆知自性自灵、自完自足，不假闻见、不烦口耳，而二千年不传之消息，一朝复明矣。[③]

---

① 关于朱子教育对象与"士"的关系，参考余英时《中国近世宗教伦理与商人精神》（台北：联经出版公司），中篇，页 85—86。但朱子讲学以"士"为主要施教对象，乃是就朱子书院教育的实际而言，至其理想，则不可谓朱子无"全民教育"之考虑，否则他不必从程氏兄弟之更改《大学》的"亲民"为"新民"，他也不必为下层民众编纂许多书籍如《小学》《家礼》《乡约》等，包括他任地方政长官所发布的"榜文"在内。狄百瑞就持这个观点，他在《新儒家教育的儒学洗礼后的东亚》中即云：

　　现在有许多人认为，朱子仅为上层阶级及受过教育的秀异人士而著作。正好相反的是，朱子极为注意透过非文字的方式（如家庭及乡约）来教育一般民众。（黄俊杰译，《史学评论》第九期，页 39）

但实际上，上述朱子所编的一些书籍，仍然具有文字性。对于非文字性的教育，针对不识字的平民大众之教化，则仍有待明代王学的兴起，尤其是王学左派的泰州学风，最值得注意。

② 《陆象山全集》卷 35，语录，《四部丛刊》初编本，页 292。

③ 黄宗羲：《明儒学案》卷 32，泰州学案一，教谕王一菴先生栋。（《国学基本丛书》，台北：商务印书馆）

遂剥去了朱学"读书——道问学"成德途径的这一面。因此,王学之继续深化内圣之学,"成色分两说"的提出,[①]以及广入民间来宣扬成德之教,实乃必然地发展。历史上虽然呈现的是朱、王对立之局,长期不已,但实际上,由朱学到王学,其意义当在彼而不在此。朱学的终极在"人伦世界"[②]——以"士"为中心,王学的终极在"圣人世界"[③]——则已以"民"为中心了。这并不意味与暗示朱学本身之是否臻至圆满,而系就理学家在第Ⅱ外域的关怀与实践而言,王学是比朱学更接近于目标。

这样的一个朝向群体教化的外向性之发展,我们说它是理学家的"新外王"亦无不可,其实它就是"教化",也就是内圣之学——理学的"外域"之实际。

四

1972 年刘广京在"中央研究院"近代史研究所作公开演讲,以《咸同中兴与传统经世思想之穷途》为题,开近人研究"经世"思想研究之

---

① 由"希圣"的角度以观,王学"成色分两说"的提出、发展以迄完成,正是"人人皆可为尧舜""人人皆可成圣"在理论上的总结。参考陈弱水《论"成色分两说"阐释之流变》(台北,学生书局)。

② 余英时以"天理世界"为新儒学的"彼世"——即"理想世"(余英时:《中国近世宗教伦理与商人精神》,中篇,页 52—64)。就理学家的"理一分殊"而言,"天理世界"仅能道出前二字,这个天理还是要落到人世与人事的种种关系中来,三纲、五常、伦常等皆是如此转化而来的"分殊";所以,"人伦世界"才是朱学在人间理想的实际。

③ 王阳明《传习录》下记载云:
　　一日,王汝止出游归,先生问曰:"游何见?"对曰:"见满街都是圣人。"先生曰:"你看满街人是圣人,满街人倒看你是圣人在。"又一日,董萝石出游而归见先生曰:"今日见一异事!"先生曰:"何异?"对曰:"见满街都是圣人。"先生曰:"此亦常事耳,何是为异?"(《王文成公全书》,卷三,《四部丛刊》初编本,页 150)
　　此问答实可以见阳明师弟间的企向。

先河。①

　　1983 年 8 月，"中研院"近史所召开"近世中国经世思想研讨会"，堪称近年来最具规模的一次关于经世思想的学术会议；1975 年并出版研讨会论文集。此次研讨会中，共提出论文廿五篇，分为六大类：(一) 中国近世思想之背景(五篇)，(二) 经世舆地之学与经世思想(四篇)，(三) 忧患意识与经今文学(五篇)，(四) 寻求效验与经世之学(四篇)，(五) 科技经世与体用思想(三篇)，(六) 清末经世思想之新趋向(四篇)。②

　　1986 年 1 月，在美国亚利桑那州的司卡提市 (Scottsdule, Arizona)，由美国学术团体联合会 (Americal Council of Learned Societies, ACLS) 召开了"宋代经世思想与行动研讨会"；③同年 3 月，新竹清华大学亦召开了"中国思想史上的经世传统研讨会"。④ 以上这三次会议，均是以"经世"为主题而召开的学术性研讨会。

　　另外，以《经世文编》一类书籍为主的研究，迄今也已有学位论文二篇、专题论文数篇问世。⑤

　　"经世"一词在研讨会议中，曾因定义不清，应用范畴过于广泛，而引起学者们讨论时对话上的困难。在美国召开"宋代经世思想与行动

---

① 引见王尔敏：《经世思想之义界问题》，《"中研院"近史所集刊》第十三期(1984 年 6 月)，页 27。

② "中研院"近史所编：《近世中国经世思想研讨会论文集》(1984 年 4 月，台北)，目次。

③ 见黄俊杰对"宋代经世思想与行动研讨会"的报道，《汉学研究通讯》五卷二期(1986 年 6 月)，页 65—71。

④ 《汉学研究通讯》第五卷一期(1986 年 3 月)，页 20。唯该研讨会迄未出版论文集。

⑤ 有硕士论文两篇，分别为黄克武《皇朝经世文编学术治体部分思想之分析》(师范大学史研所，1985 年)和许淑玲《几社及其经世思想》(师范大学史研所，1986 年)。专题论文有李焯然《论儒家的经世精神》(新加坡东亚哲学研究所)；《儒学发展的问题及前景研究会》，1988)；黄克武《经世文编与中国近代思想研究》，《中国近代史研究通讯》第二期(1986 年 9 月)；黄克武《理学与经世——清初切问斋文钞学术立场之分析》，《"中研院"近史所集刊》第十六期(1986 年 6 月)等。

研讨会"时,"经世"一词的英译即已引起与会学者的热烈讨论,有主张 statecraft 者,有主张 political philosophy 者,亦有译为 world ordering 者,种种译称,虽热烈而甚有分歧。① 刘子健关于"经世英译"、王尔敏关于"经世"义界等两篇文章,便皆因此而作。而余英时则更早在 1983 年时,即于《清代学术思想史重要观念通译》一文中,引明儒高攀龙(1562—1626)之言:"纪纲世界,全要是非明白,小人闻而恶之。"以"纪纲世界"为"经世"之确诂。②

刘子健在《经世——关于英译名词和史料分类的讨论》一文中,以"state-society servicing"为"经世"之英译,并对其他诸英译作了一番检讨。③ 至若"经世"一词的范畴,就一般意义而言,笔者赞同王尔敏在《经世思想之义界问题》中所言:"'经世'辞旨……由'经国济世'一词简化而来。"④"经国济世""经世济民",在此一义界下,不仅儒学可用,儒学之外的此类学术思想,亦同可用此一名词来指称。

五

"经世"之义在本质上,本不指涉儒学之"内圣"面,因而在宋明理学家自己,以及以重新诠释理学著称的当代新儒家之著作中,皆极少用到"经世"一词。但由于近年来经世期研究的盛行,并经由这个角度重新展开研究的视野,因而将"经世"一词也带入了宋明理学的研究中。

首先发表的是张灏的《宋明以来儒家经世思想试释》,张灏将"经

---

① 见黄俊杰对"宋代经世思想与行动研讨会"的报道,收在《汉学研究通讯》五卷二期(1986 年 6 月),页 65—71。
② 余文见《史学评论》第五期(1983 年 1 月),页 35。
③ 刘文宣读于"中国思想史上的经世传统研讨会"(1986 年,清华大学)。
④ 王尔敏:《经世思想之义界问题》,前引书,页 31。

世"的意义厘分为三个层次：即儒家入世的价值取向、宋明儒所谓的
"治体"或"治道"以及清代嘉庆、道光以降的"经世之学"。① 就宋明理
学而言，该文的经世义，显然已将"内圣""外王""教化"等范畴全部涵
盖在内。接着，余英时也出版了《中国近世宗教伦理与商人精神》，余
书在中篇《儒家伦理的新发展》中，以"经世大业"的角度来诠释"朱、
陆"——亦即"朱、王"分化的社会意义，②实际上也就是笔者在前文所
言的，由朱学到王学的一种"教化"式的历史进程。王学之所以是朱学
"尊德性"这一面向的发展，而非在"道问学"上的大彰，正如笔者前述，
应当由第Ⅱ外域的关怀及实际上来理解。

　　理学的现代诠释，奠其基、立其业者，实为当代新儒家的重要学术
贡献之一，其中尤以牟宗三先生的《心体与性体》三册及《从陆象山到
刘蕺山》为代表巨作。③ 牟氏对于理学，系以"内圣之学"或"新儒学"
来统称之，而在朱、陆（王）异同的分别上，则仍继承了"鹅湖"之会以来
的模式——孰为正宗？遂站在哲学之立学、圆善之角度，作了"孔、孟"
为正宗，"陆、王"为正宗，程（颐）朱"别子为宗"之判。这样的判准，固
然有其贡献，但对于朱学、王学间历史发展的承转，即王学发展朱学的
历史意义或社会意义，却并未明白指出。

　　逮晚近一些的思想史学者，终于以"经世"一词来确切叙述理学发
展过程中的此一层面，并跳出朱、王对列之局，指出了其历史发展的意
义。④ "经世"一词，也遂于现今学术研究中，同时被用于儒学的"圣、

---

① 张灏全文见"中研院"近史所编《近世中国经世思想研讨会论文集》（1984 年 4 月，台
　北），页 3—19。
② 余英时：《中国近世宗教伦理与商人精神》，中篇，页 89。
③ 牟宗三的《心体与性体》由正中书局出版时共为三册，但牟氏另一著作《从陆象山到
　刘蕺山》（台北：学生书局），应视为《心体与性体》之第四分册，见牟氏自序。
④ 已故唐君毅曾撰《阳明学与朱子学》，收在《中国哲学思想论集——宋明篇》（台北：
　牧童出版社）。该文指出王阳明思想转化于朱熹之处甚多，但唐氏并未就此点在思
　想史上之意义作进一步解释与阐发。

王”,“内、外”两种层面及范畴中(参第 286 页表)。

将“经世”观念介入儒学中之内圣领域,即用以表达附表中之第Ⅱ外域,是否妥当,正是笔者要提出讨论的。如此地使用经世一词,是否有“泛经世”的倾向?一如将“道德”介入“政治”形式儒家的“德治主义”,而被称之为“泛道德化”一样;是值得检讨的。笔者在前文已言,理学家是“师儒式”的而非“官僚型”的“以天下为己任”,因此,“教化”才是理学中的“外域”。笔者以为,“经世”一词可以表达儒家某一层面的思想,也可以表达儒家以外的思想领域;但不认为其应介入“修养”的领域,或儒学“内圣”的范畴。以儒学而言,将理学家的第Ⅱ外域称之为“教化”已足当之,亦似较能凸显出朱学与王学的终极关怀——“人伦世界”与“圣人世界”的文化秩序与理想色彩。

复次,依前文所述,真德秀《大学衍义》一脉的思想,也可以说正是理学家们在第Ⅰ外域的“经世”思想,这种以“圣王”作为轴心的“经世”思想,显然与第Ⅱ外域的“教化”不同,这种不同,恰恰可以作为“经世”与“教化”的区别。因此,如果将“经世”的使用介入“内圣”的话,显然便会混淆了上述的区别。

六

对于“经世”一词的使用,我们已作了如上的陈述,这里且举一个研究上的实例。

当我们研究明代万历年间东林人士的学术思想及其政治行为时,可以发现二者间的关系是密切的,东林人士的政治行为理念实即渠等学术思想的反映与实践。儒学在晚明,经历了一个由内向外翻转的时代,至明末清初,终于蔚成“经世致用”思潮与学风。本文并非意在探讨此一学风,只想指出:此种由内向外的发展动向,其关键时期,正是在万历时期的"东林",尤其表现在以顾宪成(1550—1612)、高攀龙为主的东林书院讲学及政治行为理念上。东林对政治行为的重视,实际上即是一种"经世"的倾向,与前此理学家们的"教化"有所不同。顾宪成的名言:

> 官辇毂,念头不在君父上;官封疆,念头不在百姓上;至于水间林下,三三两两,相与讲求性命,切磨德义,念头不在世道上。即有他美,君子不齿也。[1]

及东林书院的楹联:

> 风声、雨声、读书声,声声入耳。
> 家事、国事、天下事,事事关心。

已强烈地反映出东林的风格及其展现在外域的关怀,已有由"教化"回到第Ⅰ外域——"经世"的倾向。但东林在学术上,却实未能跳出前此理学的格套,无论其为"宗朱"或"修正王学左派",本质上仍是理学的。因此,东林实混杂着前此理学及后此经世的双重特质,不折不扣地处于一个由内向外的转型期、由理学转向经世之学的过渡期。理学的道德本质,是其"内域",经世之动向,则反映儒学在晚明已不足以适应新局,而有回复到第Ⅰ外域追求之趋势。因而吾人若将东林此种变化置于晚明儒学发展的脉络中,正可为其转型与过渡,作一恰当之定位。

　　但如果将"经世"一词的使用涉入儒学第Ⅱ外域的范畴,则东林在道德向经世转向的过渡性意义与位置,便全然无法彰显,抑且,继东林而兴,盛于天启、崇祯两朝的"经世致用"学风,亦无法确切指出其发展脉络。凡

---

[1] 黄宗羲:《明儒学案》,卷 58,《东林学案一》,端文顾泾阳先生宪成。

此，皆因对"经世"一词的理解，及其在范畴上的使用混淆了之故，以是在将"经世"的使用介入内圣修养的领域之后，便模糊了理学的外向性格，使得"经世"与"教化"的区分，无法在东林学术的特殊位置中表现出来。

职是之故，笔者的建议是：经由东林的实例，"经世"一词仍以用于儒学第Ⅰ外域为宜，不必勉强混入内圣之学的范畴中。理学的入世价值取向及其大乘精神，以"教化"一词表示已足当之。至于"经世"在训诂上的泛义，则为"经国济世""经世济民""济世""淑世"等。这个界义，其实也就是把"经世"当作一个一般性的名词来使用。在其适用范畴本质上属于儒学第Ⅰ外域的情形之下，实不必勉强注入道德式的价值取向，混入第Ⅱ外域中。如果著作者必须要在论述中将"经世"作特别的指称，则尽可在其前言中界定其新义或范畴，以符"经世"一词之在各人"本文"中之使用。

七

总之，经世思想是一个刚刚起步的研究工作，"五四"以来——或者更早地说，自道光以来或自晚明以来，对于"外王"的追求、"经世实学"的追求，便一直是推动儒学的主要动力。[①] 但儒家向来在"经世""外王"方面是较弱的一环，历史上曾经出现的一些经世致用的学问，也较不被重视，这是"道德"在传统儒学中的优越性。如今，经世思想的研究已受到学者们的重视，但仍只可说是"方兴未艾"，仍有待今后继续不断地努力与研究，在传统资源中深掘累筑，以为与西方经世思想融合接榫之基础。

---

① 李泽厚就有这样的说法，他说："主要不是宋明理学而是'经世致用'，给中国近代改革者以思想的传统力量。"（李泽厚：《中国古代思想史论》，台北：谷风出版社，页6）

谁之书：成书于
"师门场域"的《学记类编》

朝鲜李朝时期的儒者曹植（1501—1572）所撰的《学记》并未在其生前出版，在其死后弟子郑仁弘"以类为编"，出版了《学记类编》，署名"曹植"。因此我们不禁要问：《学记类编》究竟是谁的书，作者还是编者？为何《近思录》可以署名编者"朱熹"而郑仁弘之名却从未出现于书之封面？一部师门文本由笔札到稿本、由编辑到成书，反映的正是可供探讨的"传述场域"。

一、前　言

　　一本"书"的所有权归属,当属于谁,这样的问题显然已切入了"书"的传世形成以及"何谓书"的概念场域。如果我们认为一本书的所有权乃是属于"作者的",则此种类型的意识及想法,必是在"作者"概念兴起之后方得有之,唯有"作者"概念兴起并与"书"之归属权相结合后,方才会有"书"的所有权归属"作者"之认知;其初则未必如此,也有可能受到"编者概念"的影响,譬如《论语》,此书本是孔子的弟子及再传门人所共同编纂,然而,我们却常常不自觉的将此书等同于"孔子的",这当然与《论语》一书中的说话者多以"子曰"的表述形式编辑倾向及角色主人翁塑造塑形有关。我们对于华夏传统甚至是整个东亚传统中的"师门场域"之历史,了解其实有限。本文认为,一种由"师门"概念而来的"传—承"场域,乃是由"师—生"两种角色且在两代之间共构而成的世界。在东亚文化的多元传统中,在文化的种种传承样态中,有一种是弟子对老师讲授的内容,作出笔记性的文字性记载,复又将此记载编辑成书,以呈现师门讲习授受之间的实况,或是展现老师的授课生命痕迹;这样的成书形式,早在春秋时的"孔门"便已出现,《论语》便是这样的一本书,《论语》系由孔子的弟子们,在孔子逝世之后,由部分孔门弟子所主导,构想出了此一呈现孔子生前在孔门与弟子们相互问答授受讲习实况的方式,透过部分弟子的笔记与记忆,编辑出了《论语》。无论《论语》的传世有多少版本:鲁论语、齐论语、古论语还是混合多本的今论语,弟子们的笔记与记忆在达到讨论共识之后，流传下来的世界是凭借文字保存下来的。它的在世形态，呈现着两代之间的"传述场域"，也是师生之间的"师门场域"。① 所谓两代之间，便是其形态展现的并非以单一的自我为中心的文字书写，而系经历两代方才完成的作品，既有作为"师"之身份的"授"、也有作为"生"之身份的"受"，在"授—受"之间，此类型的文本呈现了"师门传述"历史的动态性。在宋明儒学的领域中，弟子们对于其师讲授内容的摘录与记录，现存传世比较早的作品当是出自于程门的《二程语录》；南宋的朱熹与吕祖谦又以二程为中心，编辑了以周敦颐、二程、邵雍、张载之本人书写的文字为主的《近思录》。作为记录者与编辑者，历史究竟是如何看待此种类型的书籍之归属？《二程语录》的题名归属为谁，《近思录》题名的归属又系为谁？我们不妨从历代正史中的《艺文志》《经籍志》或公私藏书书目题名中考察，必然有趣。

同样的，一本朝鲜李朝时代的书籍，题名为《学记》与《学记类编》的书，亦是经历了老师与弟子之间的两代传述方才形成"书"的样式刊行而问世，这样的师门传述之书，从其题名入手进行研究，是本文思考的主轴。"谁之书"这样的问题，不仅指向中国与东亚的一种特殊传统，也涉入了一种"非血缘属性"的师门脉络，本文意图对存于其间的"作—述""授—授"等传述现象，做出更为精致的剖析与理解。

在本文中，笔者将以朝鲜李朝时代的儒者曹植（南冥）之《学记类编》为中心进行研究。这本书虽在曹植生前便已撰写，但既未成书，亦未问世。《学记类编》的刊布乃是在曹植逝世之后，方由其弟子郑仁弘（1535—1623）仿照《近思录》"以类为编"，并在编辑完成之后出版。因

---

① 尽管在《论语》当中，孔子的弟子们已经被孔子直接以"弟子""门人"等词汇来称谓，但门人与弟子们却从未以"师"来称呼孔子，弟子们对孔子的敬称是"夫子""子"或是"仲尼"，但本文中仍然使用了后起的"师—生""师—弟"措辞来指涉这种非血缘性的两代关系。有关《论语》中孔子未称"师"的研究，请参阅笔者的论文《孔子称"师"考》，《北京师范大学学报（社会科学版）》，2012年第4期，页59—76。

此，《学记类编》由笔札到稿本、由编辑到成书，并且以正式刊刻之书的形态传世于今，实际上是历经了两代人之手，两代人之间的关系是"师—弟"。这本著作在韩国（朝鲜）的流传印象，是被视为"曹植的"作品，因此几乎所有的版本封面或扉页题名，多从"作者"的角度而刻下"曹植"或"南冥先生"，鲜有在"曹植"之下再加上"郑仁弘"之名者，为何标示"出版"或"身世史"实况的"编者"始终未能出现在书的封面或扉页呢？这正是笔者想要探讨的。一部文本的书名赋予，自是极关紧要之事，实关涉到此书之大体、主旨，否则作者、编者或刻者便不会赋予此名。本文撰述大旨即在于斯，笔者意图通过"书名"与"撰/编者"的题名现象，阐述存在于师门与师弟之间的"书"之成书与问世的动态历史；同时，对于本书之不同异本、序文中所呈现的信息，更是特别关注。由于笔者对南冥学接触尚浅，研读《南冥集》与《学记类编》《南冥编年》等资料，恐有违先贤著作之心，是故此文所发表，亦仅止于以"形式"分析作为进路探讨之主轴，若谓涉及前人著作内容，则实不敢。

二、《学记类编》之成书与书名

(一) 成书

关于《学记类编》的成书，笔者手上所掌握的直接叙述此一始末因缘的第一手资料并不多，在曹植自己的《南冥集》中，包括与作为编者的弟子郑仁弘之间的通信，似乎完全没有关于"学记"的记载，当然也不可能有《学记类编》的记述，因为《学记类编》是在曹植殁后才由其弟子郑仁弘"秉遗命"所完成的；在曹植年谱《南冥编年》中，南冥易箦之际以及身后，所记也多为学术内容方面的遗言，以及南冥墓志铭、行状文的记载与收录，而关于"学记"以及《学记类编》者，在《年谱》中几乎是无所见的。

笔者所能掌握的最直接有用的资料,大约即是《学记类编》编者郑仁弘的一篇叙文,也只有在这篇叙文之中,完整地交待出了曹植生前与死后之有关由"学记"到《学记类编》形成的叙述,以及在此叙述中所透露出的此书与曹植、郑仁弘两人之关系。根据《南冥编年》的记载,曹植身故之后,弟子纷撰墓志及铭文,当时许为第一者,实为成大谷,在成大谷的《墓碑文》中,也证实了有关"学记"之事,成氏《墓碑文》云:

> 每读书,得紧要语言,必三复已。乃取笔书之,名曰学记。①

复次,就是南冥另一弟子郑蕴曾撰《学记跋》一文,并此《跋》之《识语》同收在《南冥先生文集》中,其中颇有可说者,容后分析。除此之外,就几乎再没有任何资料能直接证实在于"曹植—郑仁弘"之间的有关由"学记"到《学记类编》之记载。另外,今传万历本《南冥集》,也是由郑仁弘所纂订并印行,这也可以证实曹植与郑仁弘间师弟关系的亲密与深厚,此本《南冥集》之前并附有一篇郑仁弘的序文,序文中只提及南冥搜罗遗文成集之事,并未提到《学记类编》已成书。因此,虽然一本由郑仁弘所编辑的《学记类编》,而且是最早的刊本——"万历本"一直保存并流传下来至今日,但是实际上,有关于此书的成书背景、因缘叙述之史料,则是甚为稀少,几乎可以说,可以用来作为依据的直接叙述之资料,其实只有一篇郑仁弘的叙文与此书的本身而已。

以下,本节中笔者即根据郑仁弘的叙文作一个分析,以透析《学记类编》所能传达的学术信息焉,在分析开始前,笔者必须要先交待的

---

① 成大谷:《墓碑文》,收在郑仁弘编、曹植著:《南冥集》(韩国:中央图书馆藏万历本,民族文化推进会刊行,1989年11月),卷首。

是，郑仁弘的《学记类编叙》果是一篇重要的直接史料，那是因为此文刊行在由郑仁弘所编、刊的《学记类编》中，只有在作为编者的《学记类编》之视野下，此篇叙文与《学记类编》才能是以郑仁弘为中心；至于曹植的《学记》，则必须以一种倒叙的方式从郑仁弘出发，才能研究出反映在《学记类编》与郑仁弘叙文中的曹植与"学记"之原始；毕竟，刊本的年代已是曹植身后的万历年间，既不是也不能编定在曹植的生前。郑仁弘《南冥先生学记类编凡例》云：

> 《学记》分类，依《近思录》篇目，所以求端用力、处己治人及辟异端、观圣贤之大略，无不备焉。①

又，郑仁弘《南冥先生学记类编叙》云：

> 先生林居四十余年，穷讨经史，旁通子书，前言往行切于身心者，随而札记，为进学畜德之地。有一小巷，命曰"学记"，盖戴记中诸记之义也。特手本一册，字画多有极细者，故及晚年，颇以省阅之艰为病，尝曰："此书若得更写一通，褙大其字，以利老眼披览，则幸也。"□□以继说曰："此记涉次散出，若依《近思录》题目汇分之，似为分明，未知如何？"先生曰："然！"□□请受而归，与若干后辈就为类集，总成稿本，未及净写，而先生罹疾，驰入山中，留侍月余，先生易箦。②

郑仁弘首言"类编"是仿朱熹的《近思录》为之，这也可以证明，在曹植

① 郑仁弘：《学记类编凡例》，万历本《学记类编》（韩国：庆尚大学校南冥研究所文泉阁藏本），卷前。
② 郑仁弘：《南冥先生学记类编叙》，同前引书。

生前的"学记",并没有一个显明的分类。至少,是没有用《近思录》的分类来"抄录"此一在叙文中所称的曹植之"学记手本"。

　　因此,曹植生前所作的以及所留给郑仁弘的,或者是根据郑仁弘所述的,当是一卷散出的"手本",这个手本是曹植的读书有得辄抄录之者;这个抄本也被南冥之子称之为"读书时随记随札"者,是南冥之子仅视此书之前身为南冥之读书"札记",郑仁弘叙文中虽亦云此事为南冥之读书札记,但更进而述及了一卷的手本之交付。值得注意的是,在郑蕴(1569—1641)所作的《学记跋》之后所另撰的《学记跋识语》中,转述了南冥之子对于《学记类编》的意见,虽为转述,而实弥足珍贵。[①]《学记跋识语》中转述的南冥之子的意见与看法中,指出了《学记类编》的"编"是《识语》一文提及此书的一个重点,其所传达的信息便是:《学记类编》只能是"追补"南冥学性质的书,而不是南冥"自编"的书;因此,从"编"的意义上来说,《学记类编》容或便有不合于南冥学之处。被郑蕴《识语》转述的南冥之子此一意见所传达的信息甚为微妙,一种隐隐否定的意思含藏其间,正好与郑仁弘所编的《学记类编》之万历刊本首叶另题为《南冥先生学记》之名称相对,也给予了本文一个讨论切入的空间。这个讨论的意义并不在于"是否"《学记类编》为南冥"自定自造"上,而是我们在研究本书之时,应当正视其中所蕴藏的历史现象与意涵。在一部师门的典籍之形成过程中,有关前人、后人,师与弟子之间的由"编"到"辑",或是由"作者"到"编者"的一种历史时间中所进行的动态转换,正是传承过程中的种种信息之累积。本书在南冥弟子与南冥之子的《叙》与《识语》"转述"中,已经呈现了争端的不同信息,这也正好给予我们一个重新认识此书之历史的研究。据

[①] 郑蕴之《学记跋》及《学记跋识语》俱收在天启德川书院改校本《南冥先生文集》(韩国:韩国文献研究所编,亚细亚文化社出版)卷四,页134—135。

郑蕴转述，南冥之子的意见所云：

> 此记之编，非先考自编，只于读书时随记随到，以自现省，其编之成，出于后生之手。阶梯次序，未必皆中于理。愿以此意追补，幸甚！[1]

是南冥之子以为此书实是南冥之"札记"，"编"则出于"后生"，不具郑仁弘名字。案：郑氏实与南冥子同辈，而南冥子如以"后生"转喻郑仁弘，可见此段文字实有意味，似乎某种信息已暗藏其间。要之，南冥子所欲言传者，当有两点：

其一，此书仅为一"随记随札"的"札记"，间接对应了郑仁弘《叙》文中所提到的有关南冥生前即已交付以及与郑仁弘共商的《学记类编》成书之叙事；其二，此书乃"后生"所编，非南冥"自编"，是故，谈此书必须要立足于此，方能转进南冥学之世界；换言之，不可视之为第一手南冥的亲作，而必须有限度地使用，则"幸甚"！

案：这种弟子与嫡子之间，或是弟子与弟子之间，所出现的一种关于其师、其父学问的观点之歧异，笔者已在《清初浙东刘门的分化与"刘学"的解释权之争》一文中初步研究探讨过，笔者在该文中所指出者，实已牵涉到一种"诠释"与"诠释权"的问题，则朝鲜李朝时代所出现的南冥之子与南冥弟子间关于《学记类编》的某种分歧，并非一孤立的事件。在中国，黄榦与陈淳有关于《朱子语类》中朱子之"语"的歧见；阳明弟子钱绪山与王龙溪关于阳明"天泉证道"的记录之分歧；都显示了一个师门传承中诠释与诠释权的文化现象；而与南冥此事更为类似的，是刘宗周之子刘伯绳与弟子黄宗羲关于刘宗周遗文的编纂之

---

[1] 见郑蕴《学记跋识语》所转述文，《南冥先生文集》，卷四，页135。

歧见,以及章学诚之子章华绂对于王宗炎所编纂的《章学诚遗书》之不满而另外编纂了大梁本《文史通义》传世流传,都是类似的事件。从先师、先考之"遗集"的角度来说,表现出的,便是一种子弟或弟子对于先人与先师之学理解的不同与诠释差异性,尤其是对于"成文活动"的理解与诠释差异,更是表现在"书"的编辑与刊行此一阶段。笔者所谓的"成文活动"实包含了两种类型:一种是指非人亲笔而系由弟子对师之所言的"记言"之"成文",朱门中黄榦对《朱子语类》中"记言"所传达的一种"非乃师亲笔"的不信任感,便在此处上与朱门另一高弟陈淳有了歧见;另一种类型便是指南冥之子对南冥弟子郑仁弘在其父过世之后的手札遗文"编辑"之不信任。这种弟子与弟子之间或是嫡子与弟子之间对于诠释先考、先师之学的分歧与互不信任感,缘自于一种学术传承过程中的诠释学现象,因而透过理解活动的不同而产生了诠释的冲突乃而至于诠释权之争。对于郑蕴《识语》中转述南冥之子所隐含的一种对《学记类编》并非南冥"自编"而系编于"后生之手"的批评,我们的理解是:《识语》所述,正突显了后人对前人成书活动的理解之深刻与复杂性。尤其是在"作"与"编"之间,在"原文"与"选文类编"之间,则显然它是一个尚有可探讨空间的研究议题,决非仅是一种"自作"与否的考证式定案研究。其次,以理学家的札记为一种"不经意"之作,不啻是否定了理学家"读书记"的意义,"读书"在理学系统——尤其是程朱理学中,本为"自得"之"记","自得"方为"读书"之第一谛;南冥之"学记"亦然,无论其为札记或是已经完录的手本一册,都是南冥"读书/学习"的见证,见证着南冥的体道活动;因此,如果以《识语》中视《学记类编》为札记的说法并同意其修辞之言"随记随札"为一种"不经意之作",就有未加细绎便堕入论断之虞,也是忽视了南冥之子的抗议与批评之意义:南冥之"学记"由"后生"郑仁弘"类编"。我们如何去面对这样的一个"历史"之课题,如何由郑仁弘之"类编"而能进入"南冥学"之世界呢？一如朱子之编《近思录》，究竟我们是阅读"朱子的"选编即可，还是必须面对《近思录》与周、张、二程四子之"原书"？这是一个普遍存在的"编"与"作"之课题！

总之，无论南冥之子在《识语》中的说法如何，他其实并未另外提供一套足以抗衡郑仁弘"类编"的刊本行世，则是一不争之事实；因此，在南冥学的研究上，后人便只能从"郑仁弘的"《学记类编》入手，去探讨"《南冥先生学记》"，南冥学的传世历史文本现实性已然是如此。但我们仍可以由历史文本中的语言信息中去探讨其间所能够深掘出的复杂学术性，"历史"从来就不是单数的，无论是《学记类编》或是《近思录》，皆是如此；至少，两部书已显示出了郑仁弘与曹植、朱子与北宋四子之间的对话，如果两部书皆在今日被我们视为是一种历史文本的性质的话！

（二）书名

南冥之"学记"，若根据《学记类编》郑仁弘叙文所述，当为南冥生前所自名，郑叙所述"有一小卷，命曰学记"者即是，这也是郑仁弘叙之万历刊本所以另题名为《南冥先生学记》的依据；复次，即使是郑仁弘编的《学记类编》，从《叙》与《凡例》中可知郑氏也有将此书称名为《南冥先生学记类编》；再者，根据郑氏叙文所述，此一"学记"之名即是仿取《礼记》中《学记》之义。然而，《礼记》中的《学记》之取名，若依郑玄之题解：

> 《学记》者，以其记人学、教之义。①

---

① 郑玄注、孔颖达正义：《礼记正义》，清阮元刻十三经附校勘本，台北：大化书局覆刻。

孔颖达《正义》曰：

> 按郑《目录》云："名曰《学记》者，以其记人学、教之义。此于
> 《别录》属通论。"[1]

故本篇之"学"，实以"君"为位格，故曰"古之王者，建国君民，教、学为
先"，曰"君子如欲化民成俗，其必由学乎"。且其言师、言教，非单言
"自学"，故又曰"教学相长"，曰"古之教者"，曰"大学之教"，曰"学者有
四失，教者必知之"，以"学者"与"教者"相对为言，而其终极，则指向
"人君"之"化民成俗"；此为郑玄之所谓"学、教之义"，以为《学记》之
"学"，其义实在此。故《礼记》中《学记》之"学"，其意义与《近思录》朱
子之所谓"切问而近思"者能"自学"、能"自得"、能"自德"以完成一圣
贤人格境者实有不同；亦与曹植透过读前贤书来印证自己的体悟有
异。盖《礼记》中之《学记》，指向"君"之"化民成俗"，而曹植的"读书
记"，若果名为"学记"的话，那么其"学"字之义应当是指向于"曹植"自
己的"学习"之"记"，指向一种曹植"为己"的生命之学习在圣域途中的
"自得"历程之"学记"。因此，曹植的"学记"，应当是有类于真德秀的
《西山读书记》之类的随札笔记。一如郑仁弘在《叙》文中所指出的，是
南冥"当日为己畜德之意，非为后日计也"。纵然《学记类编》系仿自
《礼记》而取用经典之篇名，其涵义也是不同的，盖后者的"学"字之意
义，在程朱理学的传统中，只能是《近思录》卷四所选录周濂溪"或问
'圣，可学乎'？濂溪曰'可'。'有要乎'？曰'有'。'请问焉'。曰'一
为要'"[2]之"自学"与"自得"之义。

---

[1] 郑玄注、孔颖达正义：《礼记正义》，清阮元刻十三经附校勘本，台北：大化书局覆刻。
[2] 张伯行集解：《近思录集解》，台北：世界书局，卷四，页129。

三、与《近思录》比较的《学记类编》

(一)《近思录》与《学记类编》的分类

关于《近思录》与《学记类编》的比较，已有多位学者发表了研究的论文，然而，似乎还有可以有"比较"的研究空间。

很明显的，两本书都是由编辑而成之书，《近思录》为朱子与吕祖谦合编，《学记类篇》为南冥弟子郑仁弘所编。《近思录》至明代时，已多被视为视是朱子单独编成的书籍，事实上，据陈荣捷所言，这本书视之为朱子所主导亦无不可，然而，朱、吕的意见分歧，根据两篇序跋的资料反映，恰恰是在作为卷一的"道体"上，以朱子视周濂溪为理学开山而视之，似乎周濂溪的《太极图》编在卷一且著为卷首，正合朱子之意；然而若根据吕祖谦之《近思录后语》所云：

> 《近思录》既成，或疑首卷阴阳变化性命之说，大抵非始学者之事，某窃尝与闻次辑之意，后出晚进于义理之本原，虽未容骤语。苟茫然不识其梗概，则亦何所底止，列之篇端，特使知其名义，有所向望而已，至于余卷所载，讲学之方、日用躬行之实，具有科级，循是而进，自卑升高，自近及远，庶几不失纂集之指。

则将《道体》编在卷一，原是吕祖谦的意思，在实际的学习上，朱子是主张循序渐进、下学而上达的，因此对于周濂溪的《太极图》悬为卷首，朱子是持保留意见的。而《学记类编》的编者郑仁弘所自云此篇一依《近思录》时，其实是将《近思录》视之为朱子所单独或主导编成的，一如明代多数的程朱学者然。是故，《学记类编》的卷一中，首先置入者亦是有关于周子之《太极图》。

其次,对于两书的辑书之用意,朱子所编的《近思录》,是以北宋之理学先贤周、张、二程四人为主;而郑仁弘所编,则以乃师曹植的读书学习之心得选录为主,在郑仁弘编辑中所反映的曹植之选录,也依然是如此。换言之,不论是朱子、曹植、郑仁弘,其同者,在于两书编者、选者都是为了呈现自己心目中已印可的前贤——先儒或先师之学问。

关于《学记类编》的分类,根据郑仁弘的叙文,自云规随了朱子的《近思录》,那么,《近思录》的分类是什么呢? 现行刊本的《近思录》皆是十四卷,然而十四卷的标目并不相同,现存最早可见的《近思录》刊本当是南宋叶采的《近思录集解》本,其十四卷已各有标目,为:

> 一道体,二为学,三致知,四存养,五克己,六家道,七出处,八治体,九治法,十改事,十一教学,十二警戒,十三异端,十四圣贤。[①]

然而,这是指的版本上的"标目",且叶采之"卷目"与《朱子语类》卷105 所言者,已多有不同。若究其原始,则朱子是不主张每卷立标题的,其云:

> 《近思录》大率所录杂。逐卷不可一事名。如第十卷,亦不可以"事君"之,以其有"人教小童在"一段。[②]

其弟子黄榦即在致李方子之书信中提到了对于将"标目"刊刻入正文中的做法之不以为然,其云:

---

① 叶采:《近思录集解》,《近世汉籍丛刊》,台北:广文书局影勘日本中文书局本。
② 黎靖德编:《朱子语类》,台北:汉京图书出版公司,卷105,页1045。

　　《近思》旧本，二先生所共编次之日，未尝立为门目。其初固
有此意，而未尝立为字。后来见金华朋友方撰出此门目，想是闻
二先生之说，或是料想而为之。今乃著为门目，若二先生之所自
立者，则气象不佳，亦非旧书所有。不若削去，而别为类语载此门
目，使读书者知其如此而不失此书之旧为佳。[①]

我们在今日已无法推知朱子与吕祖谦编成后的白鹿洞原刊本之样貌，
仅能知道原初本是没有立题而仅有分卷的。自南宋叶采的《近思录》
以下迄于今日，《近思录》诸版本十四卷则皆有分卷与每卷之标目，则
此一分卷标目，应当是来自《朱子语类》中一段朱子言"《近思录》逐篇
纲目"的记录。

　　《近思录》逐篇纲目：一道体，二为学大要，三格物穷理，四存
养，五改过迁善、克己复礼，六齐家之道，七出处、进退、辞受之义，
八治国、平天下之道，九制度，十君子处世之方，十一教学之道，十
二改过及人心疵病，十三异端之学，十四圣贤气象。[②]

此一目对照于诸版本，自南宋叶采迄明清以来的集解、集注之诸《近思
录》刻本，虽分卷十四不变，而卷目立题文字则实有变异。郑仁弘的
《学记类编》题为万历刊本，已是入于明代的郑仁弘，其所自云规随于
《近思录》者，是依据什么本子呢？是根据《朱子语类》卷 105 的记载，
还是依据叶采的刻本，抑或明代有什么其他刻本传入了朝鲜？这是笔
者所未能掌握同时也认为是还值得继续进一步深究者。

---

① 黄榦：《复李公晦》。黄榦：《勉斋集》（台北：商务印书馆，文渊阁《四库全书》本）
卷八。
② 黎靖德编：《朱子语类》，卷 105，页 1045。

（三）原文与选文

笔者在《〈近思〉之"录"与〈传习〉之"录"》一文中，曾经对比性的指出，《近思录》的性质，在于它是一本"辑略成文"之书。对照于《传习录》为一"记言成录"之书，两者的差异在于"言"与"文"。"辑略"的意义，是由"原文"而至于"选文"的编辑行动。所以称"略"者，不仅在于刘向、歆父子的《录》《略》，也源出于《荀子》的《大略》篇与《淮南子》的《要略》篇，它们都是叙精华、提其要义。《学记类编》的编者系有意识地采行了《近思录》的分类，显然郑仁弘有意规随着朱熹的编辑行动而赋予其师遗留的"学记"以一种学术史上的经典意义。朱子的编辑，是从周、张、二程的"文"中，选择了自认为对于后学有意义者，将之选择而编纂辑成一《录》；而曹植则由自己的学习而选抄了对其有意义的周、张、二程、朱子、黄榦、陈淳、真德秀等宋元明儒之"文"，成为一部能反映曹植自身之"学记"，这也是一种由"文"至"文"的"辑略"行为；而郑仁弘，则将已经是经过曹植之选录、已成"辑略"的"学记"，通过其对《近思录》模仿的"分类"，而再度地予以编辑而成为《学记类编》，此一"类编"，更是一种性质上属于由"文"至"文"的有意识之选文行动，套用陈荣捷先生的用语，是一种"哲学选辑"的行为。[①]"学记"与《学记类编》的差异，在于《学记类编》是经过了"二次编辑"，即"再编辑"的行动；正是这一"再"编辑，使得"师门之传述"得以形成，确立了曹植身后有弟子传承其学，有曹门及曹门典籍。

朱子的《近思录》，可以说是一种由"原文"而至"选文"的"文"的转换，在转换中，一部朱门的新经典于焉形成；而在"类编"中的与料，却

---

① 陈荣捷：《朱子之近思录》，收在氏著：《朱学论集》（台北：台湾学生书局，1988年），页123。

不是"原文"——而是已经历经曹植自"原文"中"选记"了的"选文"；因此，郑仁弘正是以作为"弟子"的身份，对其师已经"辑略"过了的"选文"，做了"再编辑"的行为，经过了"再编"的《学记类编》，如何才能被我们说是能反映曹植生前"学记"的"印迹"呢？一如前面所提过的曹植之子在《学记类编跋识语》中的质疑。也一如《近思录》中的"选文"是否就是周、张、二程的"原文"？我们能自此"选文"中学习到周、张、二程的学问呢？我们究竟在《近思录》中学习到的，是朱子"选文"的印迹，还是周、张、二程的"原文"呢？

再一方面，曹植的"学记"中之"文"，都是先儒的文字被选记者，是先人的、过往者的、他者的，仿佛《近思录》一般，周、张、二程的文字被朱子选录了进来；朱子在此的行动是"辑略"，而曹植在此的行动则是"选记"；但到了郑仁弘手中，此一"选记"之"学记"则又经过了一番模仿《近思录》之"辑"的手段以"类编"其师之"选记"。至此，似乎无论是曹植还是郑仁弘，都只能是一个"编者""录者"，而尚不能视之为直接的"作者"。但是，《学记类编》中，我们不能只视读其文字的部分，在文字之外，尚有"图"的部分。正是由于"图"泰半为曹植自作，使得《学记类编》中"学记"的"作者性"增强了，作者的"图"与抄录的"文"及编者的"分类"结合，使得《学记类编》尽管表面上是仿袭着《近思录》从原文到选文的选辑，而其实内里还是因着曹植自作之"图"的布于其"选记"的"他者/先儒之文"间，我们已不能率尔断定此书——曹植的"学记"或郑仁弘编的《学记类编》，究竟是曹植本人学习历程的印迹，还是被印迹了的先儒之学，抑或是郑仁弘在"类编"上的"作者性"？"图"，也使得《学记类编》乃至于"学记"，更显示出了它与郑仁弘所欲模仿的对象《近思录》之间的差异性质，突显了"选记"与"选辑"虽然同是一种由"原文"到"选文"的行动，但是另一方面，由于《学记类编》中的曹植之"图"，使得郑仁弘的模仿虽特具意义，但却不必然是曹植的原本"学记"之意义；指出这一点，是有意义的：因为它显示出了一个重要的意涵，即存在于师弟两代之间的"抄录"与"类编"，实有着不同的心情与立足点。作为师者的曹植与作为弟子的郑仁弘，其实就是从"学记"到《学记类编》的师门之传述；而从弟子郑仁弘所传述的《学记类编》来看，且倒叙以观，则曹植的"学记"果然是被"类编化"了，这仍然显示了一种不能将《学记类编》全归于"曹植"一人的观点必须要提出。因此，在万历本《学记类编》之前的封面题字上镌刻为《南冥先生学记》，而成大谷的《墓碑文》也称郑仁弘所编者为南冥之《学记》，正可见在曹植身后，其"学记"经郑仁弘类为《学记类编》之后的"书"之作者署名权归属情形。诚然，站在弟子郑仁弘的立场，自是兢兢业业地完成其先师遗作之成编，因此，其师之著作自必也应当成为一部师门传授下来可以为经典者，方能使来学者可读、来读者可知其师之学；因此，乃有仿《近思录》分卷门目之举；同时，被作为经典看待的《学记类编》，也就将是一部如同朱子所云般，"以为穷乡晚进，有志于学，而无明师良友以先后之者，诚得此而玩心焉，亦足以得其门而入矣"。同系一部为后学、为来学者所编著的师门之经典。如此，则便与其师曹植在最初的"学记"意义上产生了歧异，这也是笔者想要指出的第二点。"学记"与《近思录》的歧异，在于《近思录》系朱子编辑先儒之文给后学、初学"知所入"者；而根据郑仁弘的叙文所述，《学记类编》则反映了曹植的"学记"，它是一本印迹曹植个人学习先儒前贤的选录式的自我记录。因之，说它是一部自传性书写（选抄、抄录）性质毋宁更能得其实。郑氏叙文又云："手本一册，字画多有极细者，故及晚年，颇以省阅之艰为病"，也可以反映两者间的不同；不仅在于"图"为曹植自作，即便就同为"选"先儒文字以"录"之这一角度，其本质也是不同的。

　　不仅如此，如果就曹植个人学习历程的所记这一点来看，曹植的"学记"其实是有类于南宋末年真德秀的《西山读书记》与明初薛瑄之

《读书录》，但是真、薛之书都是直接将"原文"消化成自己的语言，或是抄录一段经典或先儒文字，再降格发挥自己的"心得"；曹植则系直接将有所自得、有所感悟于心的先儒文字直接抄录下来。虽然，但由"图"的自作，使得曹植消化先贤文字成自己心得、语言这一部分，也能反映出来，更能证明"学记"就是一种有类于《读书记》《读书录》性质的书。

(三)《学记类编》与《朱子语类》的比较

郑仁弘的《类编》有学习朱子之意，此点反映在他之取《近思录》作为编辑的模仿上；这也是一种师门关系中的文本传述形态，也反映了曹门弟子是如何地以此种身份来面对其师的遗文，少了这一环，南冥学的传述及其传衍，将呈现另一状态。因此，作为呈现"朱子学"的另一著作——除了《近思录》之外——《朱子语类》，也就有了可资比较的一个立足点。正是立足于此，我们才能将眼光稍稍离开郑仁弘式的《近思录》之比较，而以"弟子"的角度，看到了传递师门之学的朱子学的另一类编型著作《朱子语类》，我们不妨尝试着比较一下。

《学记类编》与《朱子语类》有其类似性，有其差异性，兹述如下：

(1)类似性：

两书均是从弟子的角度，来面对师门的遗文/言，更为相同的是都经过弟子"类编"，郑仁弘的"类编"是根据《近思录》的14个类目，而黎靖德编《朱子语类》则更为庞大，共类编为140个卷目。

(2)差异性：

不同的是，就《学记类编》而言，郑仁弘所面对者为其师的"遗文"(或云"抄本"一卷)，可以说是其师是一个"编者"，选出了自己面对前贤的"原文"作为自己的"选文"；同时，也是一个"作者"，在自己所亲自作的廿四个图示上。

　　而《朱子语类》则是黎德靖编辑的朱门第一代弟子为其师所作的"记言"，此种"记言"虽然也已经是一种"文"，系第一代弟子亲炙朱子，聆听朱子的"语"而"记录"下来的"记言"。由于所面对者有着"遗言"与"遗文"的不同，这种不同也就成了两种书类编时的材料来源之异：一种是"记言"式的"遗言"而成其"文"的文，一种则是"辑略"式的"遗文"而成其"文"的文；我们透过两书之比较，便可以发现在中、朝理学世界的大传统中，有着笔者所指出的、经由弟子所编出的两种师门经典之类型：一是"记言"式的成文经典，一是"辑略"式的成文经典；前者是由"语"到"记言"，后者则是由"原文"到"选文"。

四、结论——作为概念与叙事的
"师门场域"之意义

　　《学记类编》中有"学记"的原型。关于《学记》，实际上是不存在的，但又是确实存在的；说其"不存在"，是因为作为"书名"的《学记》，对曹植而言，并无此"书"，有的只是一丛"学习之记"；而此"记"是以零散的"札记"状态而首先见世。曹植与郑仁弘的讨论，是想要将此"学记"重新编辑并且印制成书，郑仁弘用了《近思录》的"辑略"来进行"类编"，编印之后的成书便是《学记类编》。因此，表面上看起来，《学记类编》有一个作者、一个编者；依其成书过程，《学记类编》也可以区分为《学记》与《类编》，似乎也的确是如此。

　　但实际上却没有如此简单，主要是"学记"这一词汇所隐藏的复杂性。"《学记》"，有了书名号便有了本来就存在的"成书"之状态，但《学记》是否在郑仁弘进行"类编"之前就有书的形态呢？没有的！《学记》是存在于《学记类编》之中的。我们所谓的"《学记》"，是指郑仁弘为其师留存或交付的"学记"，是作为概念的与故事性的"学记"。说其是概念的，乃是因为郑仁弘所指涉的，且为其师所著的《学记》，并不能以现存与见在的成书状态而在世，只能以被类编后的状态而被指涉，因之"学记"只能是一个概念，被郑仁弘使用并履行师门之传述的责任与使命。源于郑仁弘的"类编"是一种作为门弟子的传述，而此种传述中，支持郑仁弘的，便是在其《学记类编叙》中所叙述的故事——或师弟两人之间的"历史"，如果多数的后世人接受的话，那么其当然是历史，但是如果有人持有异议，且质疑有力，那么，此一"叙"中所叙述的，或终将只是一个"故事"。我们从"《学记》"这一词的指涉"学记"或是《学记》的探讨中，窥见了的，正是郑仁弘始终是将《学记》作为一个原本就存在的"概念"在使用着，并且以此为事实，今传万历本《学记类编》之扉页又题名为《南冥先生学记》，曰《学记》而不曰《类编》，已反映了此点：郑仁弘的"类编"，系以"南冥"之"学记"作为概念上的主轴而进行的。但实际上，郑仁弘的作为一个"编者"，才是使"学记"成为一部"成书"的关键，《叙》中的述说，并非只是其师的"学记"，还应当包含能够指涉郑氏本人的《学记类编》，由此而构成了的真正叙事，既非是单一地指向南冥，也不是单一地指向郑仁弘，而是交代出一个"绵延两代师弟之间的故事"，是"师门场域"的"叙事"，《学记类编》作为"书"与"成书"的本身，就在叙述这一段"历史"，行动见证着"历史"的意义，被人接受、承认，或被人质疑、或遗忘。万历本的《学记类编》能够在数百年后的今日还在南冥的异地异时被人研究、探讨，并纪念与阐扬，就已述说了此一叙事的流传之有效性，以及其已经以历史并且就是历史的存在而转化了郑仁弘当初的叙事中之可能的故事性。今日，无论在实证主义历史考证学的意义上，郑仁弘的叙事是历史还是故事，都已经是历史的一部分；并且，无论《学记类编》中的"学记"为何，从南冥到郑氏，经历了时间的《学记类编》，已经是一部书写了且铭刻着"师门世界"历史印迹的"书"；不断地刊行的新刻本、新式标点的点校本，都在在重复地述说此点：南冥的"作"、郑仁弘的"编"，由"学记"（或"《学记》"）到《学记类编》。

因此，《学记类编》是弟子为传述师门之学而"转化"了的一本概念化的"成书"，被郑仁弘在《学记类编》中称之为《学记》，来指涉其师交付的"学记"；但在曹植而言，交与郑仁弘的只是一丛"学记"，至多也只是所谓的"手本一卷"，在尚未编辑成《西山读书记》《读书录》那样的"书"之前，曹植并未认为"学记"就是《学记》。曹植是否所望者就如同朱、吕合编的《近思录》那样，明确地系为了他人或后世来者所编，至少目前笔者尚未看到明确的第一手资料；而根据郑仁弘所述者，南冥交付的目的是为了手本字小，年迈不便阅读，故大其字形而刻以行之；固然刊行便有传述学术于世之用意，而郑仁弘请求的意义亦当在此；但是，作为南冥的"学记"，与作为郑仁弘的《学记类编》，仍当是有所区别的。因此，我们可以看到，《学记类编》述说的，正是一个师门场域中，师—弟两代间在传与述中共构的故事与对话，在两代之间，《学记类编》扮演着师门场域中传与述的历史共鸣之声。就曹植而言，这个被郑仁弘赋予的《学记》并不存在，并没有真正属于曹植的"《学记》"，那是永不在场的原型，不论是《学记》还是"学记"，在场的、在世的、流传的，都已是"类编"了的"《学记》"，"类编"的企图是指向乃师的场景，企盼将"南冥先生学记"传下，这是一个师门间的故事版本，也是师弟间的历史叙事。郑仁弘在自己的《叙》中即言：

> 河上舍来叩于□其首，盖以老汉知事之首尾故也。

《学记类编》本身就蕴有着历史与时间的延展性。质言之，《学记类编》是不能只单一视为是版本上的题名为"南冥先生学记"的，这个版本在进入后人之世界中时，本身就已经联系了一种历史的绵延，进入我们的世界或我们进入其世界；而此一世界之展现，便是在历史的绵延中交代着师门传述的事件与叙事。《近思录》也同样如此，述说着朱子对北宋诸儒进行道统化的"四子"之书的选定及继承之意义。郑仁弘正是由于体悟到了这点，才希望透过成书编辑的方式，将乃师所"传"的"学记"，在历史绵延中透过其模仿朱子编《近思录》的手段，意欲将乃师的"学记"予以"经典化"，并确定乃师之学能够有这样的定位与地位，我们如是地看待郑仁弘的用心，这也是作为弟子所承担的一种"师门传述"的责任之体会与实践，故曰"不欲没先生事业"。显然地，南冥之子透过《学记跋识语》转述，始终只是将重点放在《学记类编》是不是其父的"原型"之意义上，而尚未考虑到历史中的学术传承与传述的进一步意涵。

附　录

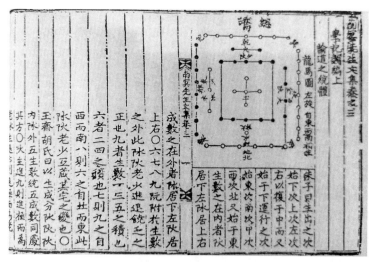

《学记类编》书影（明天启年间朝鲜德川书院改校本《南冥先生文集》，韩国文献研究所编，香港亚细亚文化社出版），此本与万历本之编排已不同，原万历本中编于卷首的《凡例》已被移置于后。

《学记类编》书影(明天启年间朝鲜德川书院改校本《南冥先生文集》,韩国文献研究所编,香港亚细亚文化社出版)

《学记类编》书影(明天启年间朝鲜德川书院改校本《南冥先生文集》,韩国文献研究所编,香港亚细亚文化社出版)

一樂百世之下必有聞風而興起焉者則先生之

不遇有何加損於今典後此哉嗚呼盛哉

蘊阮不自量猥踐學記類編矣其後先生仲淹

秦原君佇其子來論曰此記之編非先考自編

只於讀書時隨記隨劄以自觀省其中按理頗以此

於後生之手階梯次序未必皆出

意追補辛甚蘊亦嘗私有開焉先生一生常以

求知為恥有言曰程未以後不必著書綜以

學者書立言為病為則學記之編非欲以類編

也乃信筆記錄之語也以次者乃後人尊

而上之意深惋君之言未為無耶見也因書以復

之

舊本學記別為一書故凡例加於篇首復與

要於文繼北篇屋今別與元集合為一帙而冒

剴夫而細究文義則凡學記之

便於此以 則亦為關大德之至論今姑附見

《学记类编》书影（明天启年间朝鲜德川书院改校本《南冥先生文集》，韩国文献研究所编，香港亚细亚文化社出版）

清初浙东"刘门"的分化及"刘学"的解释权之争

刘宗周殁后,及门诸弟子包括其子刘伯绳,为了统一"刘学"而有"山阴之会",却亦因此会造成了刘门的分化。《刘宗周文集》《刘子全书》的编撰,以及《刘子行状》等的撰写,通过刘门弟子恽日初、黄宗羲,再传万斯同、邵念鲁之诸传记与遗书之撰、编,我们可以勾勒出一幅清初浙东学术在刘宗周身后所形成的刘学诠释与解释权的分歧与分化历史图像,"刘学"的系谱传衍史,绝非一元。

一、前　言

　　黄宗羲的《明儒学案》，梁启超称之为中国的第一部完善的学术史，[①]这样的一部明代学术史之大著，其著成因缘实包含着尊王、尊父、尊师等三大主导动机在内，[②]其中"尊师"一项，系指刘宗周而言。《明儒学案》全书以《师说》置于最前，而以《蕺山学案》终卷，充分显示了黄宗羲以刘宗周作为有明学术殿军的布局。透过知名度甚高的《明儒学案》，黄宗羲已占尽优势，在对其师学术的理解诠释上，有利地取得了"一家之言"的地位；此外，黄氏另一著作《子刘子行状》，亦透过其高弟万斯同（1638—1702）据以采入《明史·刘宗周传》中。上述两点已可显示，在传达刘宗周的学术、生平上，黄宗羲的观点已有力地影响后人；除非吾人直接阅读刘氏著作，否则透过《明史》与《明儒学案》，吾人所获得的刘学印象，将是由黄宗羲所传达。

---

①　见梁启超：《中国近三百年学术史》，台北：中华书局，1980 年，页 48。关于梁启超此一观点的叙述，司徒琳有很详细的剖析，见其《〈明夷待访录〉与〈明儒学案〉的再评价》一文，收在《黄宗羲论》（杭州：浙江古籍出版社，1987 年），页 287—302。

②　尊王是指尊阳明之学，《四库全书总目提要》对此叙之甚明，所谓"抑薛尊王"是也（见卷五十八，册二，页 1255—60，台北：商务印书馆，五册）；尊父则指黄宗羲之尊其父黄尊素及与之同列东林学案的顾（宪成）、高（攀龙）等人；尊师则如正文所述，系刘宗周，故以《蕺山学案》终卷；而其中尊王的立场，又实以江右为宗，对浙中王畿与泰州学派王艮一脉，多致微词。有关黄宗羲著作《学案》背景的探讨，可参陈锦忠《黄宗羲〈明儒学案〉著成因缘及其体例性质略探》，《东海学报》第二十五卷（1984 年 6 月），页 111—140；黄进兴《学案体裁产生的背景》，《汉学研究》第二卷一期（1984 年 6 月），页 201—221；及王明荪《从学术史著作之源流看学案体裁》，《中西史学史研讨会论文集》（中兴大学，1986 年）页 121—140 等文。

　　让我们回到黄宗羲所处的时代,在那时,对于刘学的继承与阐扬,真的仅有黄宗羲的"一家之言"吗! 事实不然,在刘门弟子中,除了黄氏之外,尚有诸多弟子,在刘宗周逝世之后,滋滋董理乃师著作遗集,以呈现刘学精神真貌为己任,黄氏亦仅其一而已。在诸弟子中,如恽日初(1601—1678)、陈乾初(1604—1677),以及刘氏本人之子刘伯绳(1613—1664)等,不但互有往来,且常因对刘学的理解不同与解释之异见而起争辩。在当时,最早对刘宗周学术作出叙述的应系孙夏峰(1584—1675)在其《理学宗传》中为刘宗周作的短传,但本文并不以其为范围,仅以刘宗周逝世之后,刘门中诸弟子对刘学的解释及其著作为中心,并兼涉及刘氏逝世后在浙东所引起的证人与姚江书院二系之对立与门户,作为研究的主题。

　　由现存的文献中,吾人可知,当时关于刘学的著作,除了黄宗羲的《学案》及《行状》之外,尚有现在已经失传的恽日初之《刘子节要》、陈乾初的《山阴先生语录》等。其中恽氏的《节要》成书实在黄宗羲之前,他曾欲黄氏序其书,但黄宗羲始终不肯答允,黄宗羲之不肯序恽氏之书,不仅是因为不惬于恽书,而且还牵涉到一个更根本的问题,即刘学的解释与解释权之争,黄宗羲自己之所以要作《子刘子行状》及《蕺山学案》,正不妨从这样的角度来看。这里要特别指出的,即是黄、恽之争,在刘宗周逝世后并不是一个孤立的现象,它可与黄宗羲与陈乾初的辩论,陈乾初撰《大学辨》、编《山阴先生语录》[①],以及后来康熙时邵

---

① 本文只将陈乾初的《山阴先生语录》列入研究范围,对于陈乾初与黄宗羲往返辩论的内容与义理之争,以及陈乾初在同门间引起争辩的《大学辨》,则暂不涉及,因为这个问题牵涉到刘宗周关于《大学》及"大学改本"的著作,《大学》与明儒思想的关系等,当另撰专文讨论。国内目前已讨论过这方面的文章,有钱宾四先生的《中国近三百年学术史》(台北:商务印书馆,1980 年,二册)第二章《陈乾初》;詹海云:《陈乾初大学辨研究》(台北:明文书局,1986 年);何佑森:《黄宗羲晚年思想的转变》(《故宫文献》第三卷一期,1971 年 12 月,页 35—42),及古清美:《谈陈乾初与黄梨洲辩论的几个问题》(《幼狮学志》第十七卷三期,1983 年 5 月,页 69—87)等。

念鲁(1648—1711)所作《明儒刘子蕺山先生传》,串成一个网络。本文即旨在探究刘门中诸弟子对刘学的解释与解释权之争,并就刘宗周逝世后在浙东所引起的证人与姚江两家之门户现象,试作一整理与分析,以期能对这一段明末清初的学术思想史实呈现一个不同角度下的视野与面貌。

二、山阴之会与刘宗周遗书的编辑

崇祯十七年(1644)三月十九日明思宗自缢;四月,清军进京,赶走李自成;五月,福王登基,弘光元年(清顺治二年,1645)四月,史可法殉国于扬州;五月,南京失守,弘光帝被杀;闰六月,刘宗周绝食死。

清顺治十年(1653)正月,刘宗周之子刘伯绳(汋)为了编校刘宗周遗书之事,邀会同门,地点是在绍兴府山阴县的古小学,古小学即是"证人书院"。二月,刘宗周门下弟子共四十余人复齐集于古小学为刘宗周举行春祭,祭后并共同讨论其师蕺山之学术思想。值得注意的是,这两次山阴之会,均系由刘宗周之子伯绳为主导,不仅是为了举行春祭,也是为了宗周遗书的编辑。此场盛会,同门虽各有意见,但大体上仍尊重刘伯绳主导编辑的《遗集》,[①]另外,刘宗周的年谱也是由伯

---

① 现今流传的《刘子全书》四十卷(台北：华文书局影印,1968年,六册)系道光刊刻本,其所据并不是刘伯绳的编辑本,而系宗周门人董玚的重校本,黄宗羲也有参与重校本之编订。照董玚的叙述(见今本《刘子全书》册一,董玚之《抄述》及吴杰道光十五年序文),刘氏家藏本有一刘宗周亲笔删削原迹的手写本,董玚称之为"底本",原由刘伯绳所珍藏,伯绳在山阴之会中所出示同门的,则为重抄本,后来与同门陆陆续续增订编次的,即是此本,董玚称之为"录本"。"底本"后来传于刘茂林,茂林为宗周之长孙,伯绳之长子,黄宗羲之女婿,因此,黄宗羲与董玚之得以核定伯绳编次的"录本",便系合他们拥有这个"底本"。而进行重编的背景之一,亦源自对伯绳之所编次不尽苟同。但这个"底本"与伯绳"录本"仍然互有短长,故黄宗羲与董玚才取而互校,按而重定之为四十卷,由王显菴视学两浙时刊刻之,此即今本《刘子全书》的原形,故其中尚附有由刘伯绳所编成的《刘宗周年谱》,而刘茂林是在其父伯(转下页)

绳所主编。但异议并不是没有,此点实可自山阴会后刘伯绳与陈乾初、黄宗羲、恽日初等人的书信往来中看出。但在当时,一方面遗集的编订已近完成,系由伯绳主导;另一方面,大多数同门平日所得读的第一手乃师学术文献,唯有就学蕺山时的笔记或其授书,须待此次与会校订遗集,才得一睹蕺山全书,因此,在此次聚会中,将师门遗书启视并手录抄回者所在多有。因此,山阴之会毕竟是一个源头,导引出日后诸弟子在对刘学理解方面的种种分歧与争议。同时,诸弟子亦开始不满意刘伯绳的编辑,认为伯绳所编并不能做到对蕺山之学的忠实呈现。如黄宗羲即云:

> 当伯绳辑遗书之时,其言有与雒闽龃龉者,相与移书请删削之,若唯恐先师失言,为后来所指摘。①

诸弟子也纷以对“遗书”的重新辑录——如恽日初的《刘子节要》、

（接上页）绳卒前才由伯绳郑重手授此一家版“底本”,伯绳卒年是康熙三年(1664),可知董玚与黄宗羲必在此年之后才得睹“底本”,并遗而与“录本”互校的。关于“底本”之授受,邵念鲁《思复堂文集》(台北:华世出版社影印,1977年,二册)卷二《贞孝先生传(即刘伯绳)》述之甚悉:

　　康熙三年卒,年五十二,卒之夕,出箧中稿属诸子曰:“大父文,千古圣学所寄,勿漫示人,俟可,梓行世。曩遗命葬下蒋,水土浅薄,有力可择高阜改葬。……若等第,遵人谱,记忆大父绝粒,无应举,无就吏,安贫读书,养教子孙。”(册一,页285)

又《思复堂文集》卷二《东池董无休先生传》亦云:

　　康熙甲寅(十三年,1674)避寇入郡,始谒先生。诏以:既宗蕺山之人,不可不知蕺山之学。后数年负笈,喜读全书,见其楷书详注,条分眉列,唯恐有失师门之真,其庄慎如此。(册二,页356)

是邵念鲁得读蕺山之全集,亦系自董玚处也。

　　董玚的重编四十卷本,后至乾隆时由雷翠庭删削为二十四卷刻本,《四库全书》中的《刘宗周集》即据此而专抄录其文章、奏疏而成。道光时,吴杰之父得到董玚的重编本,遂由吴杰父子付梓刊刻,此即今本《刘子全书》所影印之刊本,亦为四十卷,时正在道光朝刘宗周入祠孔庙之后。(参见《刘子全书》册一,吴杰道光十五年之序文所述)

① 见《南雷文定》(台北:世界书局,1964年),《后集》,卷三,《先师蕺山先生文集序》,此序作于康熙二十六年(1687)。

陈乾初的《山阴先生语录》及董玚与黄宗羲重新编次的《刘子全书》等；①或为宗周作传、作行状——如黄宗羲的《子刘子行状》《蕺山学案》，拟通过上述两种方式来重新传达一己心目中的蕺山学术之真貌。

三、恽日初的《刘子节要》与黄宗羲的《蕺山学案》

恽日初（字仲昇）是黄宗羲的同门，而且是好友，恽氏在"山阴之会"的第二年（顺治十一年，1654）春天，即先著成《蕺山行实》一书，巧合地，是陈确在这一年也因不慊刘伯绳所编辑的遗书，想自编乃师蕺山之语录。俟康熙七年（1668），恽日初开始编辑《刘子节要》一书，此事见于黄宗羲的记载！其《蕺山学案》小序述云：

> 戊申岁（康熙七年，1668），羲与恽日初同在越城半年，日初……其时为《刘子节要》。②

至康熙八年（1669），《刘子节要》书成，恽氏向黄宗羲索序，此事见于黄氏《明儒学案序》：

> 岁己酉（康熙八年，1669），昆陵郓仲昇来越，著《刘子节要》，……书成，羲送之江干。……仲昇欲羲叙其《节要》，羲终不敢。③

---

① 按《南雷文定》后集中的《先师蕺山先生文集序》，亦收在今本《刘子全书》卷前编为序文，可见黄宗羲此序，即序其与董玚合编校之书，序中所提之王顗菴刊刻事亦可为证，只称法不同，特宗羲称为《先师蕺山先生文集》耳。
② 见《明儒学案》（《国学基本丛书》本）卷六十二，《蕺山学案》小序。
③ 见《明儒学案》黄宗羲写于康熙三十二年（1693）的序文。按黄炳垕《黄梨洲先生年谱》（以下简称《黄谱》）将此事亦系于康熙八年条下，唯《黄谱》中所称引之《答恽仲昇书》，今传《南雷文定》《文案》《文约》（梨洲先生遗著汇刊本，台北：隆言出版社据1915年中华书局本影印）均未见收。

　　黄宗羲虽在前一年已为恽日初序其《文集》，①但对恽氏索序《节要》一事，却未肯答应，此中自有原因。康熙十二年（1673）时，恽氏欲将《刘子节要》全书付梓，遂又再索序于宗羲。此则见于恽日初写给黄宗羲的信中，其云：

　　　　河干握别，倏已五年，跂想无已，第兄邸手中得手教，知故人之思，彼此同也。弟今年七十又加二，精神志气，较五年前更大相悬。……先师《节要》，敝乡学者亟欲见其书，遂谋付梓。……或作序，或书后，唯尊意。②

　　但黄宗羲终究还是未肯答应。

　　值得注意的是，恽氏之所以索序于黄宗羲，系因为"老师之学，同门中唯吾兄能言之"。③此点，黄宗羲在他的《明儒学案序》中也有道及：

　　　　仲昇执手丁宁曰："今日知先师之学者，唯吾与子两人，议论不容不归一。"

　　因此，恽日初要黄宗羲为他的《节要》作序，实传达了一个意愿，即

---

① 见《南雷文案》（梨洲先生遗著汇刊本）卷一，《恽仲昇文集序》。此序作于康熙七年（1668）。案：恽氏文集今似已失传，此间唯台湾师范大学国文系图书馆中藏有恽氏《恽逊菴文集稿》（不分卷），唯其中并未收录黄宗羲之序，集稿中亦未有关于《节要》之记载。

② 见《南雷文定》（梨洲先生遗著汇刊本）附录中所收的恽日初致黄宗羲函。按笔者系恽氏此信于康熙十二年（1673），系因"河干握别"在康熙八年，分手五年，应是康熙十二年，此与恽氏卒年在康熙十七年（1678），岁七十八，倒推，与河干握别时年岁七十二正同，故应为康熙十二年。

③ 同上注。

黄宗羲能同意他对刘学所作的"解释"(议论不容不归一),这个索序之举,即代表此一意义。但黄宗羲对此事态度相当坚持,一直都没有答应。康熙八年河干分手时,恽氏即当面索序;五年之后,恽氏在信上又向黄氏索序,甚至"书后"也可以,可见此序之重要。黄宗羲自己的《子刘子行状》已于康熙十二年以前撰成,①而专述刘宗周的《蕺山学案》及《明儒学案》全书,则应于康熙十七八年(1678—1679)间成书。② 黄宗羲终于未替恽书作序。黄氏之所以坚持此点,不仅是因为他未必同意恽氏对蕺山学术的观点,而且恐怕也系因为黄氏不肯让出对乃师学术思想的解释权,所以他要自己来作《蕺山学案》,而且还把这一段与恽日初间关于刘学诠释的一段公案特别载入《明儒学案序》中,由黄宗羲在康熙三十二年(1693)作的学案序,我们可以察知此点。序云:

> 岁己酉,昆陵郓仲升来越,著《刘子节要》。
>
> 仲升,先师之高第弟子也,书成,某送之江干,仲升执手丁宁曰:"今日知先师之学者,唯吾与子两人,议论不容不归一。唯于先师言意所在,宜稍为通融。"某曰:"先师所以异于诸儒者,宗旨正在于意,宁可不为发明?"仲升欲某序其《节要》,某终不敢。是则仲升于殊途百虑之学,倘有成局之未化也。

---

① 若据前引恽日初写给黄宗羲的信,则知至少在康熙十二年时,黄氏的《行状》已经成书,故恽书方云:"吾兄所为《状》,欲采入附录中,并望惠教。"即可证明。吴光考证《行状》成书在康熙六年至七年间,似太松散;又其以恽、黄两人"河干握别"在康熙七年,似误,前已据《明儒学案序》中之"岁己酉"而考证两人"河干握别"应在康熙八年。

② 按黄炳垕之《黄谱》将《学案》成书系于康熙十五年,当据《明儒学案序》中所云之"书成于丙辰之后"数字,丙辰即康熙十五年,但既云"丙辰之后",则未必即为是年;而陈祖武撰文"黄宗羲生平事迹丛考关于明儒学案成书时间的几个问题",则以为康熙二十四年(1685);吴光《明儒学案考》则详考其成书应在康熙十七八年间(见吴光:《黄宗羲著作汇考》,页 17,台北:学生书局,1990 年),本文则从吴光之考证。又陈祖武之文章亦引见吴光之书。

说他成局未化，不正表示恽氏在诠释刘学上尚有问题吗！这点在《蕺山学案》小序中，黄宗羲说得更为露骨：

> 戊申岁，羲与恽日初同在越城半年。日初，先师高第弟子，其时为《刘子节要》。临别，拜于河浒，日初执手谓羲曰："知先师之学者，今无人矣，吾二人宗旨不可不同。但于先师言意所在，当稍浑融耳。"羲盖未之答也。及《节要》刻成，缄书寄羲，曰："子知先师之学者，不可不序。"嗟乎！羲岂能知先师之学者？然观日初《高、刘两先生正学说》云："忠宪得之悟，其毕生黾勉，只重修持，是以乾知统摄坤能；先师得之修，其末后归趣，亟称解悟，是以坤能证入乾知。"……彼徒见忠宪旅店之悟，以为得之悟，此是禅门路径，与圣学无当也；先师之慎独，非性体分明，慎是慎个怎么！以此观之，日初亦便未知先师之学也。使其知之，则于先师言意所在，迎刃而解矣！此羲不序《节要》之意也。

不序《节要》之意，此小序已说得很明白，正是在理解与诠释两均有误上，而宗羲本人之《蕺山学案》呢？他说："子刘子既没，宗旨复裂。"①然《学案》则是：

> 今所录，一依原书次第，先师著述虽多，其大概具是，学者可以无未见之恨矣！②

这不是明白自道唯一能对乃师学术作出真正诠释与传述的，就在

---

① 见《南雷文案》(《梨洲先生遗著汇刊本》)卷二，《刘伯绳先生墓志铭》。
② 见《蕺山学案》小序("国学基本丛书"本)。

黄氏一家,唯黄氏之《学案》可以置案凭《案》以观刘学,且不必再通过刘宗周的原书吗!

在《明儒学案序》与《蕺山学案》小序中,皆会提到了他与恽日初在诠解刘学异同上的一大关键,在于"意"之一字,故在恽则云"唯于先师言意所在,宜稍为通融",在黄则云:"先师所以异于诸儒者,正在于意,岂可不为发明。"《大学》上言"诚意正心",意为心之所发,而刘宗周学术宗旨在"慎独",则言心之主宰为"意",故宗周之学,扣紧《大学》八条目而言,则其宗旨结穴于"诚意"。诚意,毋自欺也,是即"慎独"。然宗周"诚意"之学,实"意"为"心"之主宰,则意在心之先矣,为心之体矣,与王阳明说《大学》之旨在"致知"不合;故宗周之说,在当时亦为新说,亦曾引人疑义,甚至弟子间于此说,亦有受不受、信不信、疑不疑者,恽日初与黄宗羲即其一例。故董玚在《刘子全书·抄述》中要特志此事:

> 梨洲黄子有《学案》之刻,属端生(案即董玚)序,端生序曰:先师刘子,自崇祯丙子(九年,1636)在京日,始订诚意之旨以示人,谓意者心之所存。戊寅(十一年,1638)端生侍师,亲承音旨,时闻者谓与朱子、王子不符,起而争之;其问答之语、往复之书,备载全书,端生心诚是说,未敢有所可否,一时门人后学亦未有会之者。先师没后,梨洲黄子特阐其义,见于序牍,余亦不敢由一词以应。逮先师辞世三十八年,得一菴王氏栋遗集内有会语,及诚意问答云:"自身之主宰言谓之心,自心之主宰言谓之意。……与先师之旨吻合。"[1]

至此,经由董玚《抄述》文之叙述,当时刘门中对刘学诠解上一大

---

[1] 见《刘子全书》卷首,董玚《抄述》,页33上—下。

争端处——"诚意"之学——的背景,实灿然可明,故黄氏坚持"先师所以异于诸儒者,正在于意",亦有其当所坚持,故其始终不肯序"言意所在,宜稍通融"的《刘子节要》,而董玚之所以要将泰州学派王栋(王艮之子)言"意"者引出,并刊入《抄述》中,正是要为乃师言意之学在明代前贤中找一个根据,是故董玚续云:

> 一菴属泰州门人,夙禀良知之教者,而特揭意旨以示,惜闻者之徒守旧说,而不能深求其在我,博考于诸儒,漫然疑先师之说,而不知前此已有不谋而同焉。(下略)①

郑重特书一菴之说,即学术上"引经据典"之意;黄宗羲在《先师蕺山先生文集序》中也将王栋之言"意"者引入,凡此皆可见当时宗周言"意"之学仍是刘学争端的核心,不仅是个"义理"上的问题,也是一个"文字"上的问题。是故董玚自王栋文集中摘出言意文字,黄宗羲依于义理体会而不序恽氏《节要》,皆表示在宗周生前,或宗周殁后,刘门中诠释刘学争端中的一大重点,便在于义理上与文字上的"意"字。

最后,关于刘宗周的行状,亦有可言,今传而为我们所习知的,是黄宗羲的《子刘子行状》,道光所刊刻的董玚重编本《刘子全书》卷三十九中,收的也是此行状;但据董玚的《抄述》所云,可知恽日初也作有行状,且为刘伯绳的"录本"所采入,则刘汋与恽日初自是一脉,而黄宗羲与董玚亦是一脉,无怪"底本"与"录本"有其异同出入,则黄氏之与董玚以"底本"重编校《刘子全书》,自非无故了。而其间两本"行状"之抽换,尤其有味!②

---

① 见《刘子全书》卷首,董玚《抄述》,页33下。
② 董玚所述,见董玚《抄述》,页16上。

四、陈乾初的《山阴先生语录》

（一）归宗刘门

陈乾初（万历三十二年至康熙十六年，1604—1677）四十岁时始受教于刘宗周，正式归宗蕺山门下。

在此之前，他是一个文人，雅擅诗文、篆刻，妙解音律，工于书法的文士；他并不喜欢理学，他父亲授他的《性理集要》一书，也束之高阁弗阅。[①] "乾初"是他后来的字，他的原名是"篷永"，庠名为"道永"，字"非玄"。[②]

陈乾初的儿子陈翼曾指出其父"学凡三变"：

> 始崇尚夫风流；继绚烂夫词章；继又于厉夫气节，自后一变至道。[③]

而在这个"至道"的过程中，他的生平好友祝渊及老师刘宗周的影响是不容忽视的。《陈乾初先生年谱》（按以下简称《陈谱》）崇祯四年（1631）辛未二十八岁条：

> 冬，始与祝开美孝廉交。[④]

---

① 见《陈确集》（点校本，台北：汉京文化事业有限公司，1984 年，二册），《文集》，卷 10，《先世遗事纪略》，页 534。
② 见陈翼：《乾初府君行略》，《陈确集》，页 11。
③ 同上注。
④ 吴骞辑、陈敬璋订补：《陈乾初先生年谱》（以下简称《陈谱》），收在《陈确集》附录，页 828。

祝开美即祝渊，号月隐，他不仅是陈确的平生知己，也是后来在刘门中，陈确以为唯一能得刘宗周真传的弟子。陈乾初《祝子开美传》载：

> 崇祯辛未冬，……始识开美，一见意洽，谓开美非俗世士也。开美亦时时窃归告其尊人，称陈子之义。开美时年弱冠，而予齿更二十有八，此余二人定交之始也。①

祝、陈二人的交情是毋庸置疑的，他们一起求学，一起向道，一起渡江谒刘宗周；祝开美殉节前，遗志所托者，是乾初，而影响乾初归宗刘门的，开美也有一份。祝开美殉明之年在崇祯十七年（1644），比他的老师刘宗周绝粒之日还早一日，但在开美死后，他对乾初的影响非但未断，而且日深。两人交情差似明末另一对至友——几社的陈子龙与夏允彝，夏允彝亦殉节死，陈子龙以母尚在未随，但最后仍因策动南方义军活动就逮，死于投江。乾初则在明亡之后，一心发明向道，沉潜刘学。

崇祯十六年（1643）时，乾初四十岁，八月，他与祝开美游西湖，渡钱塘、入剡，受学于刘宗周，九月奉宗周之命，开美与乾初同登"秦高山"。顺治二年（1645）正月，乾初与开美第三次至山阴谒刘宗周。乾初一生才不过与刘氏相见三次，每次聚会的时间都很短暂，但是，宗周对乾初的影响是不容置疑的，也是因为如此，乾初终于由文士而一变至于向道。许三礼云：

> （乾初）自奉教蕺山，一切陶写性情之技，视为害道而绝之；其

---

① 陈确：《陈确集》，页828。

勇于见义,遇不平而辄发者,亦视为任气而不复蹈。唯皇皇克己
内省,黜伪存诚,他不暇顾也。①

　　乾初初谒宗周时,宗周即勉砥他圣学为一"千秋大业"须引为"己
任",揆诸乾初四十岁以后的人生,正足作这句话的写照。乾初还特别
为初次谒师而作诗云:"千秋大业真吾事,临别丁宁不敢忘。"②为何刘
宗周的人品对陈乾初的影响如斯之大呢? 陈乾初的另一首诗以已道
出一二,以见乾初胸中本有怀抱,直待宗周此一人品、学问两全之大儒
而启,诗曰《江水泊泊》二章:

> 江水泊泊,云山岘岘;仲秋而出,学何以不惑?
> 江水潆洄,云山崔巍;秋尽而归,学何以不惑。③

　　顺治二年(1645),南都覆亡,祝开美与刘宗周相继殉国。开美死
前,曾以《山阴先生手书》及《所记录》托付乾初,为后来乾初编辑祝子
遗书张本。④ 乾初于是年闰六月受开美托付之后,于十月时即先编成
《祝开美师门问答》以及手稿中的手札、诗、杂论等之年月编次;⑤终于
在顺治十六年(1659)经过搜辑、删削开美遗文献之后,编成《祝子遗
书》并付梓,今本《陈确集》及《月隐先生遗集》中都保留了陈确的序文,

---

① 见《海宁县志·理学传》,转引自《陈确集》卷首,页 1。
② 见陈确:《平水东岳庙谢别先生》,《陈确集》,页 723。又陈确另撰有《秋游记》一篇,
记其与祝开美谒师经过甚详,见《陈确集》,页 200。
③ 此诗系谒师返乡,与祝开美分手后所写,见《陈确集》,页 626。
④ 参陈敬璋:《乾初先生年表》,《陈确集》卷首,页 27;《陈谱》顺治二年条,《陈确集》附
录,页 835。按祝开美临前托付乾初的《山阴先生手书》(即刘宗周给祝开美的书
信),据陈确的叙述,共有二十六通;至于开美亲手所录之师说交托乾初者,据陈确所
述,则有一百九十四通。参见今本《月隐先生遗集》(《适园丛书》本,百部丛书集成续
编之六)中卷一及卷四之末保留的陈确识语所述。
⑤ 《陈谱》顺治二年条,《陈确集》附录,页 835。

可以知道陈确编辑删削是集之所去取。① 此外，乾初还撰有《祭祝开美文》《书祝开美师门问答后》文，及《哭祝子开美》《哭刘念台师》诗，都流露出他对此一师一友的悲伤感怀。

顺治四年（1647）时，四月，陈确具呈本学，求削儒籍，于此年之后，正夫更名为"确"，字"乾初"。关于此一更名事件，实表达了乾初一生学术践履的一个转折点，即"归本刘学""永作遗民"。所以不仅求削儒籍，并特作《呈学请削籍词》，中有请词云：

> 久忝宫墙，兼靡廪饩。……今某蹇遭病废，手不习制举之书，幸遇宾兴，足不赴贡科之试。然犹序列附增之上，岁叨钟石之粮，……真师门之败类，允圣世之废人。乞还野人之衣，敬让贤者之路。……恳申学宪，永削儒籍。②

至于改名与字，则与其师刘宗周有关。盖其从学时，刘氏曾授以《周易古文钞》，"确"与"乾初"皆系取自《易传·文言》中释《乾卦·初九》爻之文："确乎其不可拔，潜龙也。"并又作有"为旧字有赠"诗云：

> 昔我字非玄，今子易乾初，其德为潜龙，于名取确乎！ 命子有深意，愿言致区区。③

---

① 见《陈确集·文集》卷十，《辑祝子遗书序》。今《适园丛书》本《月隐先生遗集》卷前附有陈确之《祝子遗书序》，无"辑"字。陈序作于己亥之年，即顺治十六年，《遗书》刊刻亦在是年，见陈序所述，另《月隐先生遗集》卷四之末，亦保存了祝开美之子祝干明的识语，文中亦叙述了刊刻削订其父遗书的经过。按今本《月隐先生遗集》（《适园丛书》本）系据陈确后人陈敬璋之钞校本所刻。此本共有六卷，本编四卷、外编二卷。卷一为《问学录》，全录祝开美写给刘宗周的书信十四通，并附入刘宗周的答书，前者系由刘伯绳转交；卷二为奏疏及纪实；卷三为尺牍，卷四为杂著，包括《自警》《师说》等；另有外编二卷；合为六卷。

② 见《陈确集·文集》卷十五，页 368。

③ 见《陈确集·诗集》卷二，页 639。

凡此皆见其心志之自述,师友既皆亡,己则决定作"遗民",削"儒籍",作"潜龙",一心追求师门学问大道,并以述继亡友、亡师之学为余生之任。是故他律己之严,且及于第二代,遗民中对子弟大都不再多作要求,但乾初则作有《使子弟出试议》,[①]对遗民此一现象表示反感。

(二) 诠释刘学

顺治九年(1652),乾初往访刘宗周之子刘伯绳。翌年,又受伯绳之邀参加了山阴之会。这次的山阴之会,使乾初体会到一个问题:关于乃师蕺山的学问。

同门弟子中并不是每一个人都能在理解中形成一个全然客观的刘学真貌,弟子辈对老师的学问,不仅体会不同,而且言人人殊,这在山阴之会的校编刘氏遗稿一事中已显露出来。现在他自己也一心一意要向道,要进入老师的学问人格世界中,但他在同门师兄弟中,发现了言人人殊的问题、理解与诠释的问题和所依据的文本问题,这些在他逐渐抄阅了更多的老师遗稿后,更加地显明。

崇祯十六年(1643)乾初初受刘宗周之《周易古文抄》;顺治二年(1645)时,又透过祝开美的《祝开美师门问答》《师说》等,[②]对蕺山之学有了进一步的了解。在陈确而言,他是认为同门中唯有祝开美能得刘子真传,这不仅是通过祝开美的人格践履而知,也因为他对乃师记录的笔札文字。

---

① 见《陈确集·文集》卷六,页172。关于此现象之探讨,参见何冠彪:《明遗民子弟出试问题平议》,《故宫学术季刊》第七卷一期(1989年秋季),页41—68。

② 按今本《月隐先生遗集》中卷一的《问学录》书信及卷四的《师说》三十九则,当即前文所述的《山阴先生手书》,也即陈确论次的《祝开美师门问答》,而后者即"所记录"。陈确曰:"开美手录师说共一百九十四通,今刻三十九通,欲学者一尝滋味,恐庖馔太多,客不遑下箸之意也。"意即未经整理的开美手录之师门语录,已经陈确之精择。(引见《月隐先生文集》卷四,页18下)

顺治九年（1652），渡江访刘伯绳，手抄其所辑之《刘宗周年谱》而归。①

顺治十年（1653）因山阴之会，益睹刘伯绳辑存的刘子遗稿，对乃师之学也日渐有窥，但此时犹有赖于伯绳，因其能掌握较多之宗周遗稿也。故曰"茫然未获我先生之学于万一"，"求诸己而不得，则益不能不专求之于伯绳"，"不能不厚望我伯绳者也"。② 故山阴大会伯绳实主持之人，且为刘学之最佳发言人，不仅因为其为宗周之子，亦因其拥有乃父宗周之全部遗稿也，故曰："吾门人不能传先生之学，而其子能传先生之学也。"③然刘伯绳并未藏私，不仅借山阴之会将乃父遗稿抄本尽示同门，且约集同门一同编校刘子遗集，以是同门方得以尽窥蕺山遗文。然正如前面所述，此后同门中有关于刘宗周学术的书籍亦才能有所根据而纷纷著成；同时也因为山阴校书而凸显了同门中对于刘学体悟的分歧，导致"真传何人""宗旨分裂"（黄宗羲语）；陈确对山阴之会所记述的文字：

> 仲月三日，会同门之七十余人于古小学，举先生之春祭，祭毕而请教焉，则亦皆能言先生之学，而或言之不详，或详之而未会其归。④

即指此种感受而言。

---

① 见陈确：《别刘伯绳序》，云：
　　去年之三月，确尝越江而吊先生，……"先生之年谱定乎？"则已述上下二卷，凡万有余言，……确请奉其副以归而卒业焉。（见《陈确集·文集》，卷十，页236）
　　故抄年谱当在《别刘伯绳序》的去年，序作于1653年，则去年当为1652年，即顺治九年。
② 陈确：《别刘伯绳序》，《陈确集》，页264。
③ 同上注。
④ 同上注。

　　前节所述的恽日初《刘子节要》与黄宗羲《子刘子行状》间的分歧，固可置于此一脉络视野中来作理解。本节中的陈乾初之《山阴先生语录》，又何尝不是以解释"刘学"为中心。所谓"宗旨分裂"，即解释刘学的问题，诸书之作，可作此看；而所谓"真传何人"，则更是刘学解释权之争了，诸书之辨异，又似可作此看。

　　陈乾初在《寄张奠夫、刘伯绳两兄弟》（系于顺治十年）①中，分别针对两人各致其疑，表达出刘学解释及践履上的疑问。于张杨园（尊夫）系于践履上发难其疑：

> 　　弟有疑于两兄，亦不敢不进以告也。闻之友人，谓奠兄之子亦随俗出试；又谓奠兄曾拜一某和尚。此二事，弟必不信，然既闻之矣，又不敢以不信而不一以告也。向者曾闻奠兄责凤师兄弟不可出试矣，以其为开美子故也，吾不知奠夫之子何以独不得如开美之子也？此未能无疑，一也。不知所谓拜某和尚者，彼来之而答拜之耶？即不来而往拜之，亦随常相揖之为拜耶？抑若门弟子拜而受教之拜耶？如前二者之拜，吾无责焉耳；万一如后者之拜，则为某和尚之弟子，即非吾师之弟子矣。此未能无疑，二也。②

于刘伯绳则致以理解与把握刘学之疑：

> 　　《年谱》出绳兄手笔，自另成一书，不妨参以己见，然关系先生学术处亦自宜过慎。至于《遗集》言理之书，或去或留，正未易言。无论弟之浅学不敢任臆，即如绳兄之家学渊源，表里洞澈，恐亦遽

---

① 《陈确集·文集》卷一，页75—77。编者将此书信系于顺治十年。
② 同上注引书，页76。

难裁定。……夫仁知之于道，岂云无得，而不能不偏于所见，然则道岂易言乎？然则先生之学亦岂易言乎？与我见合者留之，不合者去之，然则岂复为先生之学乎？以绳兄之明睿，万万无此虑，而弟犹不敢不鳃鳃过虑者，祇见其不知量耳。①

从这里来说，乾初把践履、人格也当作刘学真传的一个标准，是十分严格的，他之所以更名为"确"、字"乾初"，甘作遗民，且作《使子弟勿试议》，之所以推崇开美，又之所以钦仰宗周，以及所以严责张奠夫，何一不与从刘学"慎独"而来的践履之学有关，到此方谓学问，乾初不是口讲的。另外，《寄张奠夫、刘伯绳书》中"自另成一书"云云，正是把刘汋之《年谱》视为诠释之一种，而非刘宗周学术之本文也，也反映出乾初在对刘宗周之《遗集》与学术皆有体悟之后，所产生的一些疑惑，表达了他认为刘伯绳也不一定能把握宗周真旨的心中意见，故云"《遗集》言理之书，或去或留，正未易言"，对《遗集》之编辑已有不同之看法。乾初的诗《古寺》，表达了此种心境："古寺严宵永，羁人未敢眠，遗书何日校，大道几人传。"②因此，顺治十一年（1654），乾初再录刘宗周之《语录》、《会语》等书之后，③逮夫顺治十四年的致同门诸书中，已更加表达了对此一山阴会后由伯绳主导的《遗集》之编订，未必皆能中师门之旨，文献皆能传师门之学的意旨。顺治十四年《寄刘伯绳书》第一通云：

　　念先生遗集，每不去心。鄙意只欲少之又少，以行其至精至

① 《陈确集·文集》卷一，页77。
② 《陈确集·诗集》卷五，页713。
③ 见《寄刘伯绳世兄书》，《陈确集》，页87。书系于甲午年，即顺治十一年。有云："易抄、语录、会语，俱送考夫兄处，未返，确于先生语录，亦略有参订。"又《陈确集》、《别集》，卷17中之《寄刘伯绳书》中有云："去春归家录年谱，秋间录《易抄》，今春录《语录》《会语》。"

当者为佳。孔子与门弟子终日言不倦,岂止如《论语》中寥寥一二十篇文字而已,而门弟子所辑止此,良有见。使孔子自辑之,不知还得削去多少。①

《寄刘伯绳书》第二通云:

> 欲一观前辈典型,并欲往古小学一拜先生神主。此后生向往之诚,幸勿阻之,舍弟此来,自谓绝无所干谒,留不过信宿,回教幸即付之。②

《与沈朗思书》云:

> 去秋欲寄绳兄一函,未得达,兹原封附去。中及教子及辑遗书二事,皆不能无深望于吾兄。
> 年谱、语录所宜删之又删,极于简要,尽扫近来年谱、语录习气,蔗不负先生一生实学。先生拳拳戒刻遗文,正为今日,可勿慎诸!③

是故陈乾初终于因理解与诠释刘学及"真传"刘学的问题,而决定"自为之"。不再寄望透过伯绳主导的《遗集》或其他门弟子的编辑或著作。他自为之的方式,是首先通过编辑祝开美《遗集》,表达他对刘学进路的体会,是重在"颜子"一路、践履一路上。④ 所以不以遗书杂

---

① 《陈确集·文集》卷二,页112。
② 《陈确集·文集》卷二,页113。
③ 《陈确集·文集》卷二,页115。
④ 祝开美相当以师门颜回自居,此点可于其《遗集》中明白见之。又《遗集》卷四中收有《自警》十六则,一名"私室戒言",表达了他对刘宗周《人谱》践履的继承性。另参《与祝凤师书》及《辑祝子遗书序》,见《陈确集·文集》,卷二,页109、110;《文集》,卷十,页239。

然全收为然，尤其关于"语录"，故他又有重辑蕺山语录之志，庶己能近乎《论语》，以传刘学之真。

初，顺治二年时，祝开美将自尽前，曾尽托遗书于乾初，乾初是年十月，即辑成《祝开美师门问答》以及其他手稿、札记之年目编次，为《祝子遗书》之初稿。并于次年作《祝子开美传》叙述开美的人品、行谊，而不及学术。俟甲午年（顺治十一年，1654），其致书刘伯绳有云：

> 甲申六月间，曾拜先生（案指刘宗周）一手书，论开美出狱事，似亦当补入集中，统俟嗣寄。
>
> 开美葬地，已定于管山，……开兄交游虽广，然最心许天赐及不肖弟两人。今天赐已负开美，弟之负开美与不负开美，尚未可知。[①]

又甲午年另一通《寄刘伯绳书》，则有三事当注意。其一，为言及《大学辨》，关于《大学辨》发表后，曾引发同门之纷纷责论，陈乾初固仍以己为是，而一一与之辩论，其与黄梨洲之辩，钱宾四先生于《中国近三百年学术史》中已深论之，然《大学辨》若置于刘门中诠释刘学的分歧背景中视之，则其牵涉当更为复杂，当别撰专文探讨之。其二，即为重辑祝开美之遗书，前已言及。此所申论者，为顺治十年时，乾初对刘伯绳之《年谱》即已有微言，而今览开美之"手抄"，其中所录之蕺山语，在乾初看来，多有能刘学之精义者，而竟为刘伯绳编次《遗集》时所未备载，故云："尚在抄录，录成以奉采择，补遗集之未备。"这不是表明了祝开美的抄录之正确、精义扼要，也即是祝开美对于刘学的理解体悟表现于《文抄》中的，有足可补充伯绳所编《遗集》之"未备"者。换言

---

① 《陈确集·文集》卷一，页88。

之,莫非乾初认为对刘学真有体会者,应当是这位乾初最为推崇的亡友——祝开美,而不是乾初认为其对刘学解释已有偏差的刘伯绳! 以是乾初要重新编辑《祝子遗书》。① 其三,则是乾初表达了意欲自己抉择蕺山文献,自行编辑《蕺山语录》的想法,换言之,他想透过自行编辑来诠释刘学,呈现刘学真貌,而且乾初的意思是要如《论语》一般,简明扼要,庶能传刘学之神髓与其实地实到处,这点特色在乾初重编祝子遗书时也表现出来,"确削其十七……而梓其十三以问世,期以发明心学而上,又多乎哉! ……汲汲唯遗书之辑也,又岂唯遗书之辑已哉!"②是故,乾初用"文献"呈现人格学问精神的进路,不是"史学"的——重在辑逸"文献之全",而在能呈现"学问之真"。这是与刘伯绳有其不同的。

《寄刘伯绳书》云:

> 仲木有意删润《年谱》之事,而弟亦窃欲妄辑先生《语录》,择其说之最中吾膏肓者,另写一本,奉为私书,此去倘无事扰,则一年之中,此书断然可成。③

顺治十三年(1656),乾初已五十三岁,终于辑成《山阴先生语录》,④惜此书今已佚,《陈确乾初先生著述目》载有:

---

① 由《与吴仲木书》中所言,则对补《遗集》之意更明:"开兄集,竟亦未能即就梓。前得子霖一函,并是开兄侍先生时所手记者,皆似宜登集,兼足以补师集之未备。弟以为还须携至山阴,与伯绳兄一商,刻事诚未易草草,以此益服伯兄久持先生之集非无见也。"(见《陈确集·文集》,卷一,页84)

② 陈确:《辑祝子遗书序》,《陈确集·文集》卷十,页241。

③ 《陈确集·别集》卷十七,页616。

④ 见《书山阴语抄后》,系年丙申,即顺治十三年(1656),乾初五十三岁,《陈谱》则系于五十二岁。

《蕺山先生语录》，见《余闻》，后附"禅障、性解"。①

又，《补目》则载：

《山阴语抄》，与漱湖吴氏蕃昌合辑，有《书后》。②

案吴蕃昌即吴仲木，也即前引《寄别伯绳书》中所云欲删润《年谱》的仲木。此《书后》今收在《陈确集·文集》卷十七中的《书山阴语抄后》，中有记云：

岁壬辰（顺治九年，1652）二月，确与漱湖吴蕃昌同受先生《遗集》以归。已而确尝致书伯绳，谓蕃尝有意任删润《年谱》之事，而确亦妄欲辑师语之最中我膏盲者，另写一本，奉为私书，而亦逡巡而未敢也。每欲书者数矣，而辄止，或且已书，且书成帙矣，而又废之而复书，而卒未有成也。而今年正月二十五日，蕃竟以毁死，不遂前志，而确复何忍独辑先生之语录矣乎！无已，则且收理前者之所谓书而废、废而复书而未成者，而姑留之以俟异日，可夫？③

又云：

恃先生之教，先生"慎独"二字，能起千百载以往既死之神圣贤人而复生之，而何有于二竖子！④

───────────

① 见《陈确集》，卷首，页47。
② 同上引书，页48。
③ 《陈确集·文集》卷十七，页396。
④ 同上注。

是其书虽不传,而吾人犹可推知,似陈乾初之编辑《语抄》之旨,甚为简明明确,一唯在发明阐显师门"慎独"之学而已,故其所辑之特色,则亦正如其对《论语》、刘伯绳《年谱》与《语录》之所论,宜删之又删、简之又简,庶字字皆实,一扫语录习气;因此,他的选录《语抄》,全是注重在践履、工夫以及颜子学道精神,[1]他认为唯此方与其师"慎独"之学相应,他是从实践的角度,来诠释其师之学的。《山阴先生语录》由《书后》文字看来,也正是这样精神下的一部编集,它与刘伯绳所编的《年谱》以及《语录》应是不同的,而这也正是他想重新编辑《山阴先生语录》的主要动机:刘伯绳所呈现的,并不是他心目中的"刘学"。

五、邵念鲁的《明儒刘子蕺山先生传》

浙东一地,在明末之时,有证人社与姚江书院。先有证人社,由刘宗周所建,其地原是宋代尹和靖(1061—1132)讲学之所在,刘宗周为恢复讲学之风,特在此地之"古小学"旧址建为书院,名曰"证人"。刘氏《古小学集记序》云:

> 国制皆社学也,而行于吾乡独称小学,且进之曰:"右小学"。祀以和靖尹先生。[2]

此古小学于天启(1621—1627)末年迄崇祯十四年(1641)间重修,[3]复

---

[1] 参《陈确集·别集》卷五,《学解》《学谱》,页 462—464。事实上,这也正与他论"性"之言相符,他论"性"时不分别"形上"与"形下",而一以"气质之性"为性,并以"扩充的尽"方是性为言,也正符合他的为学深重"践履"之特色。

[2] 见《刘子全书》,卷十三,页 1 上。

[3] 重修《古小学》始末,可参刘宗周的《重修古小学记》及《请立石呈》,见刘宗周,前引书,卷二一,页 82 下—84 上;另参沈翼机等修《浙江通志》(清乾隆元年重修本,台北:华文书局,1967 年),卷二七,学校三,页 17—18。

由于刘宗周在此讲学,特为作《证人会约》,故讲所又称为"证人社""证人书院"。明清鼎革,书院皆毁;逮康熙丁未(六年,1667)时,黄宗羲才又重建证人书院,绪乃师遗志,邀集同志在此讲学,[1]并在甬上设立讲经会,倡读经书,以对治明末以来的虚矫之风。由于此地原为宋尹和靖之讲所,故证人社中主祀尹和靖,但其学术之统,则仍以王学为尊。

至于姚江书院,则至沈国模(1575—1656)时始创立。沈氏原为周海门(1547—1629)弟子,周海门传王龙溪(1498—1583)之学,以"四无"为宗,对于援入佛学并不忌讳,在王门中,本就与所谓的右派或修证派不同。刘宗周创立证人社时,沈国模及周氏之另外的弟子陶望龄、陶奭龄(？—1640)兄弟皆与刘宗周互相往还,一起在证人社会讲,虽然两家学术不同,但彼此都还保持相当地尊重。后来沈国模返归余姚乡里,创立姚江书院,开始授学。姚江阙里讲学之风始复盛,故邵念鲁《姚江书院传》称之为"姚江讲学之盛,前称徐(爱)、钱(绪山),后称沈(国模)、史(孝咸、孝复)"。[2] 邵念鲁所作《姚江书院记》述书院之兴建云:

> 采少时侍王父鲁公先生(邵曾可)讲学城南,始识所谓姚江书院者。……文成(王阳明)没,弟子所在为立书院。按阳明书院之在宇内者七十二,而浙中踞其六,余姚则龙泉有中天阁,故为绪山讲学之所,而书院未有闻者。……崇祯中沈聘君国模、管征君宗圣、史隐君孝咸、文学孝复,笃志圣学,捐其举业,从事此。因双雁里半霖沈氏宅肇建义学。……始建岁在己卯(崇祯十二年,

---

① 见全祖望:《梨洲先生神道碑文》,《鲒埼亭集》(《四部丛刊》本)卷十一,页129。记云:"丁未(1667),复举证人书院之会于越中,以申蕺山之绪。"
② 见邵念鲁:《姚江书院传·沈国模传》,《思复堂文集》(台北,华世出版社,1977年,台一版,二册)卷一,页109。

1639)，越二十年丁酉（顺治十四年，1657）重修，乃额名"姚江书院"。①

照邵念鲁的记载，当时浙东一地应是证人与姚江二书院并峙，并且同尊阳明之学，往复相合的，两家之不同处，则在证人祀尹和靖，姚江书院则祀王阳明。《姚江书院记》载云：

> 初，郡城蕺山刘子、石梁陶公（陶奭龄）会讲证人社，姚江峙起，往复相合，天下学者称越中证人，祀和靖，姚江祀文成，皆其地讲学之祖，推扬余徽，郡邑人士斐然各有成就。②

沈国模之学虽出海门一系而染禅风，喜教人当下体悟，但已注重践履，尤其敬重刘蕺山，其学风实与陶石梁兄弟不尽相同：

> 崇祯末筑室石浪屏居，闻刘子死节，哭之恸，自谓后死作人，明道之意益笃，使门人重缉义学，旦夕临讲。③

因此，周海门这一系，从沈国模以下，至史孝咸、史孝复兄弟主持书院后，书院学风有了转变，他们逐渐产生"宗刘"的倾向，这种迹象愈来愈明显，庶几到最后，在姚江书院一系中，反而周海门的地位不如刘宗周重要。尤其是邵念鲁，他为姚江书院作传，根本就是在"宗刘"意识下跳过周海门而直接上承王阳明良知之学。

　　证人书院与姚江书院在明清易代的变局中，或书院遭毁，或讲会

---

① 见邵念鲁：《姚江书院记》，《思复堂文集》卷四，页491。
② 同上注。
③ 邵念鲁：《姚江书院传·沈国模传》，《思复堂文集》卷一，页109。

中辍，一切有待重举。逮清康熙时，政局渐稳，两书院始先后恢复。证人社由黄宗羲复兴，于康熙六年（1667）重建；姚江书院则晚于康熙三十年（1691）时方始重建，至四十一年（1702）建成迁入，并由邵念鲁主持讲学，作有《姚江书院训约》。[①] 邵念鲁《姚江书院后记》记此重建经过云：

> 康熙辛未（三十年，1691），黄冈韦公来宰余姚。大开义学，……于是公捐两岁俸，买"角声苑"，出佛像，迁主有日，而公用事解篆去。
>
> 四方来襄役者甚众，请于新明府杨公曰：非公不能成韦公之志，杨公敦厉多士，嘘姚江之蕴火而复燃，遂奉先师神主至阳明，迄于同门私淑，……改题"角声苑"为"姚江书院"。……韦公在杭州闻其事而心怡之，遗书杨公拜成，而命廷采为记，是岁壬午康熙四十一年，其迁日十月乙酉也。[②]

重建虽晚，而讲学则自明末以来，薪火断断续续仍有主持。先是沈国模、史氏兄弟及管宗圣殁后，书院辍讲近十年，后始由邵念鲁之师韩孔当接续主持，俞长民、邵元长、邵曾可助之；[③]然后又中断，至康熙二十二年（1683），方由史显臣继续主持，[④]三十二年重建书院之后，则系由邵念鲁主持教席。

由上述邵念鲁的记述，我们知道，明末清初浙东一地的王学是有两支的，即证人书院一系与姚江书院系。然而我们对于清初浙东学术

---

① 邵念鲁：《姚江书院训约》，见《思复堂文集》卷十，页 925。
② 邵念鲁：《姚江书院后记》，见《思复堂文集》卷四，页 494—496。
③ 邵念鲁：《姚江书院后记》，见《思复堂文集》卷四，页 492。
④ 邵念鲁：《半霖史显臣先生传》，见《思复堂文集》卷三，页 350—352。

的一般印象,其实只有刘宗周及其高弟黄宗羲的证人书院;而对沈国模、史氏兄弟这一脉的姚江书院则甚少赋予注意。说来还是与黄宗羲有关。黄宗羲上尊刘宗周,再上则尊他的父亲黄尊素,及与黄尊素相善的顾宪成、高攀龙,将他们共列于《东林学案》,置于《蕺山学案》之前。对于王畿、周海门这一脉,则颇致微词,这是黄宗羲表现在《明儒学案》中的立场。① 至于对周海门的弟子陶望龄、奭龄兄弟,更是批评有加,认为他们受禅佛影响极深,而明末浙东学风在狂禅影响下,之所以还能纠导于正,全是乃师刘宗周在证人书院倡学实修之功;因此,他既不愿对与刘宗周在证人会讲中分主讲席的陶奭龄给予正统地位,对沈国模在余姚创办的"姚江书院",也刻意排出。在刘宗周之后,清初浙东"宗刘"者,虽有二大系,但至少在黄宗羲而言,他是只承认证人一系的,在文献记述上,他也只刻意凸显证人书院,而不肯承认姚江书院与刘学的渊源,也不认可姚江书院传接王学。他仍以顾、高时代视二王(王畿、王艮)的观点和态度,来看待与刘宗周同时的周海门、陶氏兄弟;也以此眼光,来看待沈国模一系的姚江书院,而无视于他们的"宗刘"。"宗刘"之后的姚江书院一系,其学脉当为:

王阳明〈
　　　　王畿—周海门—陶望龄、陶奭龄—
　　　　———刘宗周—沈国模—史孝咸、史孝复—管宗圣—
　　　　—韩孔当—俞长民—邵曾可—史显臣—邵念鲁

在黄氏的著述中,曾有一段关于沈国模等人的记载,可以反映黄

---

① 黄宗羲撰《明儒学案》,以阳明、蕺山、东林、江右为宗,此一立场主导全书。其对左派王学,尤其是泰州学派,颇致微辞。关于《学案》成书因缘及背景的探讨,可参陈锦忠《黄宗羲〈明儒学案〉著成因缘及其体例性质略探》;黄进兴《学案体裁产生的背景》,王明荪:《从学术史著作之源流看学案体裁》。

氏对"姚江"系的态度。《思旧录》载：

> 其时，吾邑有沈国模、管宗圣、史孝咸，为密云悟幅巾弟子，皆以学鸣，每至越中讲席，其议论多袒党逆之人。①

黄宗羲的《子刘子行状》中亦载：

> 当是时，浙河东之学，新建一传而为王龙溪畿；再传而为周海门汝登、陶文简，则湛然澄之禅入之；三传而为陶石梁奭龄，辅之以姚江之沈国模、管宗圣、史孝咸，而密云悟之禅又入之。会稽诸生王朝式者，又以捭阖之术鼓动以行其教。证人之会，石梁与先生分席而讲，而又为会于白马山，杂以因果僻经妄说，而新建之传扫地矣！②

但是，在邵念鲁的记述中，却又显明存在着不同的"史实"。《明儒刘子蕺山先生传》中载云：

> 时俗学宗传注，王学宗四无，先生（刘宗周）说出，多未服。唯濮州叶挺秀、余姚史孝咸、孝复兄弟，遗书往复相叩，学者渐知归向。③

邵念鲁认为史氏兄弟不仅不是黄宗羲笔下描述的人物，相反还是刘宗周讲学的功臣，是刘氏的弟子——这正是黄宗羲所亟不愿承认的。前引《子刘子行状》中所述的"王朝式"，邵念鲁对他也有不同于黄宗羲的

---

① 见《黄宗羲全集》第一册（台北：里仁书局，1987年），页338。
② 见黄宗羲：《南雷文定》（台北：世界书局）附录，《子刘子行状》下，页12。
③ 邵念鲁，前引书，卷一，页76。

记载,邵氏认为王朝式是刘宗周的弟子:

> 金如三公讳朝式,山阴人,为诸生,常有忧世之志,崇祯初奉母司马氏隐居四明山,从沈求如先生学,亦学于念台刘子,与王毓蓍、秦弘佑等侍讲证人社。①

由这些文献记载上的针锋相对,吾人正可以窥知当时的证人社与姚江书院之间,确然存在着嫌隙与门户。也因此,黄宗羲虽为余姚人,但其黄门学术所传,反而不在余姚,而在甬上的"讲经会"诸人,此点,全祖望在《续甬上耆旧诗》中已有言之,其云:

> 先生(黄宗羲)少从忠端公学于甬上……先生与文虎、履安尤相善,共豫蕺山证人之席。丙戌(顺治三年,1646)而后,先生兄弟流离患难,实赖吾甬上诸公之力以免,其继陆、万诸称死友者,为高鼓峰、隐学李杲堂,故先生自言生平师友皆在甬上。及风波稍息,重举证人之席,虽尝一集于会稽,再集于海昌,三集于石门,而总不甚当先生之意。尝曰:"甬上多才,皆光明俊伟之士,足为吾薪火之寄。"而吾甬上当是时,经史之学蔚起,……亦以先生左提右絜之功为大,……其魂魄惓惓,反不在姚江而在甬上,即其集可考也。②

----

① 邵念鲁:《姚江书院传》,《思复堂文集》卷一,页115。
② 转引自谢国桢《黄梨洲学谱》(台北:商务印书馆,1971年),页114—115。又谢氏亦曾道及此一门户,其文云:
　　蕺山之绪,至太冲之世可分为二宗;沈国模、史孝威(按当作"咸"),韩光当(按"光"当作"孔"),笃守旧德,以心性相传,其学至邵念鲁而大昌。太冲之学,则明心性而重实学,理气、象数、史学、律历无不通晓,合于一贯,一传而为万季野兄弟,擅明史之宗,其流风余绪,数传而为全谢山(下略)。
　　见谢氏所著《黄梨洲学谱》,页125。

按邵念鲁曾经向黄宗羲请教过学问,关于这点,清末以来的学者,有不少人认为邵氏是黄宗羲的弟子,这个印象的来源,首见之于梁启超,①梁氏《复余姚评论社论邵二云学术》一文云:

> 浙东学风,端本于义理,致用于事功,而载之以文史,自阳明、梨洲以来,皆循此轨以演进,念鲁则具体而微焉。
>
> 二云则念鲁从孙,其家学渊源所蕴受者如此。②

又于《近代学风之地理的分布》中云:

> 邵鲁公(邵曾可)之孙念鲁(廷采),先受业韩孔当,继乃归宿于梨洲,自是余姚两派始合一。念鲁亦勤于治史,述晚明遗事甚详。③

《中国近三百年学术史》中则云:

> 盖阳明同里后辈能昌其学者,以念鲁为殿,其兼擅史学,则梨洲之教也。④

---

① 案以邵念鲁为黄宗羲弟子,近代以来学者之说虽首见之于梁启超,但渊源背景却实受章学诚之影响,章学诚在《文史通义》(叶瑛校注本,台北:仰哲出版社翻印)的《浙东学术》篇中分别浙东与浙西,并造《浙东史学系谱》,此一《系谱》中主要为黄宗羲—万斯同—全祖望,并无邵念鲁,但邵念鲁的史学却是经由章学诚的阐扬才显于世的。由于受到章学诚及其《浙东史学系谱》意识的影响,近代学者自梁启超以下遂亦以为邵念鲁亦系《系谱》中人,列属黄宗羲之弟子。关于此点的考察,可参见笔者《明末清初儒学之发展》(台北:中国文化大学史学研究所博士论文,1988 年)第七章第三节《浙东史学与浙东史学系谱》所述。

② 梁启超:《饮冰室文集》(台北:中华书局,1960 年,十六册)之四十二,册十五,页 40。

③ 梁启超:《近代学风之地理的分布》,台北:中华书局,1971 年,页 27。

④ 梁启超:《中国近三百年学术史》,台北:中华书局,1977 年,页 51。

是其以邵念鲁为黄宗羲之弟子,梁氏此一观点,颇为影响后人。但是,邵念鲁是否真的"宗黄"呢? 在姚名达的《邵念鲁年谱》中记载了邵念鲁向黄宗羲请益问学一事。《邵谱》康熙三十二年(1693),四十五岁条载:

> 先生尝从黄宗羲受史料,祖法(陈执斋)不以为然。既别又遗书先生曰:"某君(案指黄宗羲)文艺位当高置;而足下津津道誉,似不仅服膺其文者,吾所不取,足下着笔,宜为将来征信,而是非倒置,可怪也。"①

此事,念鲁同邑前辈陈执斋(祖法)特致责难,而邵念鲁则在回函中极力解释,意欲澄清自己并未"宗黄",文集中之《谢陈执斋先生书》云:

> 托梨洲先生评语,诚系好名逐外,凡此隐微,咸愿洗涤。十余年前,尝以《读史百则》呈正黄先生,后又蒙授《行朝录》一编,殷勤提命,难忘是恩,立名真伪,学术异同,海内后贤自有定论,吾党不任其责。至于随事得师,虚心广见,何所不宜!②

陈的严厉指责与邵的澄清解释,正显示"宗黄"在姚江书院中是一忌讳,而其背景恐怕正在于两家的门户;因此,邵念鲁明白地表示他并未"宗黄",亦未拜黄宗羲为师,只是请益学问而已。彼一生所事之本师,唯有施博与韩孔当二人而已。《谢陈执斋先生书》云:

---

① 见姚名远:《邵念鲁年谱》(台北:商务印书馆,1982年),页67。原文则见邵念鲁:《思复堂文集》卷十,《陈执斋先生(祖法)墓表》。
② 邵念鲁:《思复堂文集》卷七,页603。

> 癸丑(康熙十二年,1673)寄读禾城,获侍约菴施先生,前后二
> 十载,则侍遗韩韩先生,采所师事,唯二师耳。①

《答陶圣水书》云:

> 即如梨洲先生,托处同邑,亦未执贽。②

上述资料均可显示邵氏并未"宗黄",亦不是黄氏的弟子。③ 但是实际上邵念鲁也并未狭隘到视黄如寇雠的地步,邵氏虽不"宗黄",但对黄宗羲还是相当地尊重,并视他如前辈,诚心向他请教史学,呈示作品求正。而在邵念鲁作的"遗献黄文孝先生(宗羲)传"一文中亦维持了此一态度,绝未因门户而致微辞于笔下,这应是邵念鲁的人品高洁处。

但邵念鲁虽不"宗黄",却的的确确"宗刘",这个态度在他的文集著作中表现得非常明显。《答蠡吾李恕谷书》云:

> 姚江末学邵廷采顿首,……至蕺山先生专主诚意,以慎独为
> 致知归宿,……则孔孟以后集诸儒大成无粹于此。……弟于明
> 儒,心服阳明而外,独有蕺山。④

《复友人书》亦云:

---

① 邵念鲁:《思复堂文集》卷七,页 603—604。
② 同上引书,卷七,页 632。
③ 关于邵念鲁的史学渊源是否出自黄宗羲的问题,今人何冠彪在其《浙东学派问题平议——兼辨正黄宗羲与邵廷采之学术渊源》(《清史论丛》第七辑,页 217—242,1984)一文中已考辨得非常详细,可参阅。
④ 邵念鲁:《思复堂文集》卷七,页 617—620。

要之,明儒虽众,必推王(阳明)、刘(宗周)为一代程朱,王近明道,刘近晦庵,而功勋节义过之。朱王之学得刘而流弊始清,精微乃见。兄不见《蕺山全书》,未识其学之醇乎? 醇而集大成者! 是以极言而公辨之。①

念鲁曾在康熙三十三年(1694)作《姚江书院训约》十则,是时念鲁正任姚江书院之教席主讲,此十则训约第一则即为:"立意宜诚",正是从蕺山诚意慎独之学来,故曰:

诚意是大学铁门关,蕺山刘子揭慎独为宗旨,拙修史先生每警门人以立诚为第一步(下略)。②

邵念鲁既然"宗刘",所以他要作《姚江书院传》,以阐明刘氏之后,在浙东的刘学或王学并非只有证人书院一系。相反地,还有"姚江书院"自沈国模、史孝咸、史孝复……而下,迄邵念鲁的姚江故里这一脉。

他尤其要作《明儒刘子蕺山先生传》,邵念鲁作传时,已知黄宗羲的《子刘子行状》,甚至亦知恽仲昇的《刘子节要》;若邵氏果出黄宗羲之门,则其《刘传》大可不必再作。他对黄宗羲的《子刘子行状》并未有否定之意,故尝云:

向读孙征君(孙夏峰)《理学正传》一编,写蕺山才百余字。弟是以不揣,搜辑公传,于诚意慎独之要,略为梳栉,合之黄梨洲、恽仲昇两先生《节要》《行状》,可窥半豹。③

---

① 邵念鲁:《思复堂文集》,卷七,页645。
② 邵念鲁:《姚江书院训约》,前引书,卷十,页926。
③ 邵念鲁:《答蠡吾李恕谷书》,前引书,卷七,页619—620。

他之重作《刘传》,不仅是因为"宗刘",也出于对刘学的再诠;而更要者,则在于厘正黄宗羲《行状》中对师门的尖锐批判,以是在《行状》与《刘传》中,我们看到了完全相反的记载,两传针锋相对,各自对"姚江书院"的沈国模、史孝咸等作了不同"形象"的传达。再者,《思复堂文集》中置于最前的五传,为:(1)《明儒王子阳明先生传》;(2)《明儒刘子蕺山先生传》;(3)《王门弟子所知传》;(4)《刘门弟子传序》(按此传未撰成,仅有序);(5)《姚江书院传》。由此五传并排卷首及其序次看来,吾人当可以感受到邵念鲁安排"姚江书院"一系学统的深意!在万经(1659—1741)撰的《理学邵念鲁先生传》中,有一段状写文字,颇能得念鲁作传之"情":

> 曾祖易菴公洪化、祖鲁公公曾可、父鹤间公贞显,皆姚江书院中高第,九岁,随鲁公公入姚江书院见沈国模,谓曰:"孺子治何经?"对曰:"方受《尚书》。"国模摩其顶曰:"孺子识之,在知人,在安民。"①

因此,"姚江"与"证人"的门户,"宗刘"的心态,沈国模等人的学术位置,以及黄宗羲《子刘子行状》中沈、史诸人"形象"的厘正,应当即是邵念鲁在黄宗羲之后重作《明儒刘子蕺山先生传》的"微旨"罢!

---

① 见《思复堂文集》卷末,页1047。

清学之"开端"与"清史儒林传"之"首"

本文主论"清代学术"之史述传统中诸书揭为"开端"之义。大旨在数端：其一，论江藩之首《记》及其影响于章太炎、梁启超之《清儒》与"清代学术史"者，并指出章、梁清学史观之近代意义。其二，徐世昌《清儒学案》及其以降诸新编、重编学案之"首卷"问题。其三，无论何种学术体裁，皆须向一代之史汇归，以成记往之史，俾可流诸将来。是故有清一代之学术，于"清史"中系属《儒林传》之传体承担此任，由"国史"而"清史稿"，复由"稿"而至"清史"，无论是新编抑或旧式，体例与义例之商略，终是写史者所必究，因之"开端"之义亦"正史儒林传"所当究心之一端。

一、前　言

江藩(1761—1830)的《国朝汉学师承记》殆可以称之为第一本有关"清史儒林传"前置阶段的写史之作,用近代用语来说,便是第一本有关早期清学史的著作。

江藩此书,殆为其论"清学"主流之史述,观此书书名,即知"汉学"在其心中之地位。是故,江藩此《记》实欲为清代前期之"汉学"成就一"史记",同时亦树"汉帜"也。江藩明白反对"宋学",《国朝汉学师承记》之书写主轴即排摈"宋学诸儒";江藩另撰《国朝宋学渊源记》,意图安置"国朝学术"中的"宋学",则"宋学"不啻为"儒林外史"矣!江藩此举,在笔者视之,实与《宋史》纂修者特立《道学传》为同一修传模式。元季纂修《宋史》之史臣,以"道学"为宋代儒学主流,故别立《道学传》尊之,以崇扬程朱洛闽学统,《儒林传》反成儒学之次。此种为"一代儒学"立二传的修史模式,逮至清初开明史馆时,已为黄宗羲明确反对之,故其高弟万斯同北上修史,《明史》中遂只立《儒林》一传。有明学术,并未区分甲乙,刻意立为儒林、道学两传。

江藩则非是也,其刻意撰写《国朝汉学》《国朝宋学》二书,显然即欲区分清初儒学之甲、乙,且二分主轴与非主轴便显在书名中。盖江藩实以为能掌握一股清初以来治经返古之动向,返古必先尊汉,尊汉必摈宋学,是故此一治学返古之学,江藩即欲专以"汉学"称之,亦欲确立此一"汉学"动向为清代儒学之主体与主轴。江藩与元季诸臣所修《宋史·道学传》不同者,在江藩承清初"明史馆"以来之近代传统,仍确立"儒林传"为"一代儒学"之主名,而"汉学"则为"儒林"之主轴,故其书即以"国朝汉学师承记"为题。江藩此书,攸关清学"开端视野"之争议者,在置"阎若璩"与"胡渭"于《记》之"卷一",黜"顾炎武"与"黄宗羲"于"卷末"之"附录"。由此,遂开启迄今仍未有定论之"清学史"、《国史儒林传》、《清史儒林传》、《清儒学案》、"清代学术史"等诸著作、现今方在进行中之新修本《清史》有关儒林、学术之传"首卷"、"何以首卷"之义例、书法、发凡等写史问题。

本文即以此为主轴,对清代迄今之种种有关清学开端斯义及清学案、清学术史、儒林传等新编、旧编之"开端"问题作一论述焉。

二、《国朝汉学师承记》中的"清学开端"

江藩《国朝汉学师承记》一书,主要意图即在于欲确立"汉学"为"国朝之学"的主轴,是故其持论主张必"尊汉反宋"。江藩所撰者以《记》为名,则史述之义甚显,不仅欲将"汉宋之争"作出一正统的判定,同时也将"清学"上溯至孔子以作出整个中国学术史发展统脉之陈述。自前者视之,可谓江氏确有宗派意识与门户之争,尤其是与桐城派人物间的学术与人世恩怨,无论是姚鼐(1732—1815)、方东树(1772—1851)与戴震(1724—1777)、阮元(1764—1849)等,当时皆有其纠葛,近代以来许多学人著作中有关汉宋之争的叙事建构,也多取材于此。但是,自后者而言,汉宋之争确实反映了一个身处学术风潮中的学人自觉,意欲从中国学术史的角度,作出一个明确的学统定位,于是,乃有反对前代学术与批判之举。江藩置于卷一之《国朝汉学师承记·总序》,通篇系以孔子以下之"经学"作为一贯穿中国学术史之主轴,或兴或衰或显或晦,直至入于我朝——国朝,便是一"尊汉反宋"的学术调性之复临。自国初阎若璩、胡渭之学以迄师门惠氏之学,这一脉络便成为江氏之《记》的史笔主调与主轴。所谓"从此汉学昌明,千载沈霾一朝复旦。暇日诠次本朝诸儒为汉学者,成《汉学师承记》一编,以备国史之采择"。① 既见江藩"汉学"之义,亦见其书所以名《记》之旨,意在"国史"也!

其次,"汉学"定位既明,江藩再从卷次上来安排"汉学之统"的意义阐发。江藩对此书的卷次"布局",自史述笔法而言,乃是一种从"中间"开始的叙事模式。为了此一从"中"开始,他先将清初以来已获三大儒尊称的孙奇逢(1584—1675)、黄宗羲(1610—1695)、顾炎武(1613—1682)作了一番卷帙安排:孙奇逢被江氏安排在另书《国朝宋学渊源记》的"首卷",显然属于王学学脉的孙奇逢已被排摈于清学主轴之外,置于偏统位置。其次,黄宗羲与顾炎武虽仍在《国朝汉学师承记》中出现,但已不依其年代先后之序,而被置诸卷末(卷8)作为一种附录性质而存在,在江藩的陈述笔下,乃系因为黄宗羲与顾炎武有着前朝的血液,不足代表"国朝"学术之故。江藩自设问云:

> 节甫曰:《记》成之后,客有问于予曰:"有明一代,囿于性理,泊于制义,无一人知读古经注疏者。自梨洲起而振其颓波,亭林继之,于是承学之士知读古经义矣。所以阎百师、胡朏明诸君子皆推挹南雷崑山,今子不为之传,岂非数典而忘祖欤!"②

继又曰:

> 予曰:"噫! 吾过矣!"退而辑二君事实,为书一卷,附于册后。③

---

① 江藩:《国朝汉学师承记》(锺哲整理本,北京:中华书局,1998 年)卷 1,页 6。
② 同上注引书,卷 8,页 132—133。
③ 同上注引书,卷 8,页 133。

江藩其实已从卷次安排上，提出了他自己的叙事观点，江藩这样的观点显然确实特别：黜黄、顾于"卷末"。而江藩以"客问曰"之"答客问"的书写方式，传达"吾过矣，……为书一卷，附于册后"。显示江藩非不知黄、顾二子在当代学人眼中的地位；亦因此，更可证明江藩确实有意借"黜黄、顾"来传达自己的特殊史观。江藩以卷次而叙史的观点，复又借他法以显说之，江藩其将显说旨趣之任务，交付给故友汪中（1745—1794）之子汪喜孙（1786—1848）代为传述，此即汪喜孙所以为此书作跋之由。汪喜孙于此跋中云：

> **国朝汉学昌明**，超轶前古。阎百诗驳伪孔，梅定九定历算，胡朏明辨易图，惠定宇述汉易，戴东原集诸儒之大成。[①]

又云：

> 吾乡江先生博览群籍，通知作者之意，……辑为《汉学师承记》一书，异时采之柱下，传之其人，先生名山之业，固当坿此不朽。或如司马子长《史记》、班孟坚《汉书》之例，撰次《叙传》一篇，列于卷后，亦足屏后儒拟议规测之见，犹可与顾宁人、钱晓征及先君子后先辉映者也！[②]

跋文中特比之于司马迁之《史》、班孟坚之《书》，则知江藩"拟二史"之

---

① 锺哲整理本《国朝汉学师承记》中，《汪跋》置于《国朝经师经义目录》之前，引文见页134。北京三联书局本《汉学师承记（外二种）》（朱维铮点校，北京：三联书店，1998年）则置于《目录》之后，略有不同。除两种标点本外，日人近藤光男为江藩此书作注，其书三册，曰《国朝汉学师承记訳注》（东京：明治书院，平成十三年）；今人漆永祥继之，为作笺释，上、下二册，曰《汉学师承记笺释》（上海：上海古籍出版社，2006年）。

② 同上注锺哲整理本，页134。

心。汪跋再云：

> 喜孙奉手受教，服膺有年，被命跋尾，不获固辞，谨以所闻质
> 诸座右，未识先生以为知言不也！①

是"首卷"之"阎、胡"二家及其他列于"首卷"之诸君子，仅能为开先人
物，此是一江藩在其《记》中史笔序次之法，重要者在"卷二"！须逮"卷
二"出，"我朝汉学遂昌明"。此意又可见于江藩于《国朝汉学师承记》
卷一《总序》中所云：

> 经术一坏于东西晋之清谈，再坏于南北宋之道学。元明以
> 来，此道益晦。至本朝，三惠之学，盛于吴中；江永、戴震诸君，继
> 起于歙。从此汉学昌明，千载沉霾，一朝复旦。②

《总序》中江藩很明显的使用了"汉学"一词，指的便是"本朝汉学"。而
且"本朝汉学"开端于三惠，也正是"开端"于"我的"师承所自的"吴
门"，所谓"藩绾发读书，授经于吴郡通儒余古农、同宗艮庭二先生"者，
即是自道之言。③ 很明显，江藩此处史笔所欲明者，在于"卷二"。"清
代学术"之"开端"应当是吴门之惠氏。江藩在卷二中述其师余萧客
（1729—1777）之《古经解钩沈》时，批评了戴震，其文曰：

> 唯《古经解钩沈》已入《四库》经部，当日戴震谓是书"有钩而
> 未沈者，有沈而未钩者。"然沈而未钩，诚如震言，若曰钩而未沈，

---

① 江藩：《国朝汉学师承记》，卷8，页134。
② 同上注引书，卷1，页5—6。
③ 同上注引书，卷1，页5。

则震之妄言也。①

是故或有以为江藩于此有区分吴、皖，右吴抑皖之心，持此论者，最见之于章太炎，《说林下》云：

> 甘泉江翁为《汉学师承》《宋学渊源》两《记》，世多病其颛固。《汉学记》与戴君鉏铻。江翁受业余翁，余翁之学，本吴惠君，坚贞守师遂擅其门，以徧心訾异己。非直江翁，清光禄卿王鸣盛，自惠君出，为《蛾术篇》，亦嗑嗑詈休宁。②

江藩诚是吴门之嫡传，故其为师余萧客古农立传且辩护。然江藩是书，并无太炎所谓"右吴抑皖"之心，并且全书且持"惠戴"之立场与书写"汉学史"之主轴。故《总序》中言"国朝汉学"，则以"惠戴"为主，近代以来言惠戴之学者，若论其源，皆当溯诸江藩；若"右吴抑皖"，则江藩诚无之，积非成是，实导源于章太炎。

要之，江藩是书，以阎若璩、胡渭置之"卷一"，黜黄宗羲、顾炎武于卷末附录，而又以"国朝汉学"兴于吴门、导源惠氏，以惠氏之学为"国朝汉学"之"开端"，其持论之义确与时人不同。尤其"卷一"与"卷末"位置安排，持论非常与异议，足启后人争端，与江藩同时学人亦多不能接受。然其以"卷二"承担书名"汉学师承记"之要义微言，曰"汉学始于吴中三惠之学"，无可讳言，确实影响了近代以降许多学人的视野！

---

① 江藩：《国朝汉学师承记》，卷2，页33。
② 章太炎：《太炎文录初编》（点校本，《章太炎全集（四）》，上海：上海人民出版社，1985年），《文录》，卷1，页119—120。

三、从章太炎《清儒》篇到梁、钱两部《中国近三百年学术史》:"近代脉络"下的"清学"之开端

(一) 章太炎的《清儒》篇

章太炎的《清儒》篇,严格来说,并不能算是一部完整的论"清学"之著作,大底此篇之言皆为片段,然而片段论"清儒"亦成其为名篇。斯篇所论,实以"惠栋、戴震"为中心。[①] 章太炎此篇中诸观点且影响了梁启超。梁启超被称为中国"近代"第一本"学术史"著作的《清代学术概论》,或是《中国近三百年学术史》,两书中有关"清学"的讨论,大体皆继承章太炎《清儒》篇而来,皆以"惠、戴"为"清学"之中心,从而将"清代学术"的史述主轴,书写成以"惠戴之学"或"吴皖二派"为其巅峰的发展史,并且在影响后代学人中形塑了"清代学术"的认知。近代学人有关"乾嘉汉学"兴起课题的论著,无形中便是由"惠戴之学"作为"清学"主轴的认知而来。这些著作、论文在课题上的同质性,恰足证明"章、梁"在"清学"研究这个范畴上的影响。这点反思或者可以促使我们进一步去深思何以受到章、梁影响之故!

深思与观察的立论之一,便是来自于章、梁对于"清学"或"清代学术史"的论述基调,实际上决非独创,而系导源于江藩的《国朝汉学师承记》,只是用了新措词。新措词使得江藩的研究成为"传统的"著作,而章、梁的著作则成了"近代的"清学研究之"开端"。章太炎的《清儒》篇共有两种文本书写,分别收在《訄书》重订本与《检论》中。在《訄书》重订本中,《清儒》篇置于第十二,其前为《颜学》第十一、《王学》第十,

---

① 章氏有关这类专论的专篇,尚有《汉学论上、下》与《说林上、下》,后者比较类于《清儒》式的史述性文章。但近代的吴、皖南派之说,则系于《清儒》篇中提出,故以论此点之"近代系络",仍以《清儒》篇为要。

其后则为《学隐》第十三。《清儒》篇确实是一篇专门议论"清儒"及其
学术的文字,自"古之言虚"开始一长段文字,主要是论"六艺"之原,其
后则论汉儒治六经之学。值得注意者为其末句,云:

> 乱于魏晋,及宋明益荡。继汉有作,而次清儒。①

以此而带出下文。下文则专论清儒之学,是本篇正文。然正文之前,
犹先言清代理学。其云:

> 清世理学之言,竭而无余华;多忌,故歌诗文史楛;愚民,故经
> 世先王之志衰。家有智慧,大凑于说经。②

在笔者看来,章太炎的这一段文字,根本就是意欲排摈"清世理学"的
文字,借此引出彼欲专门论之的"汉学"。这种表述,在江藩那里,我们
是何等熟悉此种模式。抑又不止此,章氏于首段之末所言的"乱于魏
晋,及宋明益荡",根本就是江藩《国朝汉学师承记序》中经学史观所表
述的"经学三坏论","清学/汉学"的位置便在此种史观中,"继汉有作,
而次清儒"被表述出其历史的定位。章太炎的书写脉络,显然是袭自
江藩的!

章氏《清儒》篇之文字,自排摈理学以下,皆论经学与汉学,直至晚
清。是故此段文述便可视为是章氏所表述出的"清学史大要"。在此
"简史"中,有几点值得分析:其一,章氏所述实以"故明职方郎崑山顾
炎武"为首,其次则为阎若璩(1636—1704)、张尔岐(1612—1677)、胡

---

① 章太炎:《章太炎全集(三)》,页 154—155。
② 同上注引书,页 155。

渭(1633—1714)。这又是江藩《师承记》中的"卷一"所记之诸儒,除了顾炎武之外;当然,章氏是没有提到黄宗羲的。其二,章氏提出了近代学人视为近代首出之"清学分派观"的说法。其云:

> 其学箸系统者,自乾隆朝始。一自吴,一自皖南。[1]

又云:

> 吴始自惠栋,其学好博而尊闻;皖南始戴震,综形名,任裁断。此其所异也。[2]

极明显的,除了述"清儒"以顾炎武为首之外,其余皆本诸江藩《记》中的观点。所谓"吴、皖南",此是由江而章,一变也;而至梁启超书中,则已成"吴派、皖派"的提法,此二变也。而梁氏书中所言的"惠、戴"为"清代汉学"之中心,此则一以贯之,盖与章氏皆本之江藩。在江藩的《师承记》中尚未聚焦于"常州今文学",盖江藩亦未料及常州学之流衍与影响;若此,则梁启超书中对常州今文学大篇幅的叙述,与章太炎在《清儒》篇后段所批判的力度相较,便正好显示了章、梁与江氏间的差异,此本缘于历史的推移与时移势异,而不在于"近代"与"前近代"的划界意识。因此,在《清儒》篇后段,章太炎论晚清诸儒皆以古文为轴而诋今文;犹未已,又于下篇《学隐》第十三中,对魏源(1794—1857)重墨批判之。说者谓訾魏源即是以比康有为也。[3] 堪注意者,《学隐》篇

---

[1] 章太炎:《清儒》,前引书,页156。

[2] 同上注。

[3] 此近人朱维铮之说,说见《章太炎全集》第3册校点前言,页8。谓《学隐》指魏源媚清,即隐涉康有为媚清。事实上,确如朱氏所言,因为在章太炎的《检论》本《学隐》篇中,章氏已直接点出了康有为之名而用了语气极强的批判文词。

中章氏皆喜用"汉学"一词,是用江藩语,未用焦循(1763—1820)与龚自珍(1792—1841)之言也;①且《清儒》篇中亦未提及焦循,适足以证章氏熟读江藩之《记》,故视野常为其所藩篱。

章氏收于重订本《訄书》中之《清儒》《学隐》等篇,重修订后辑于《检论》中,重订为"卷4"之《议王》《正颜》,且增入《许二魏汤李别录》《哀焚书》等。《许二魏汤李别录》中则以元许衡(1209—1281),清魏象枢(1617—1687)、汤斌(1627—1687)、李光地(1642—1718)等并之,以论理学儒臣,可见其对清世理学已有新的想法与体会。而《清儒》与《学隐》两篇,大旨虽未动,然亦有一二处颇值注意。尤其《清儒》篇中除论汉儒章句经学篇幅已减缩外,最可注意者,为"皖南始戴震"一语,在《检论》本中已改为"皖南始江永、戴震",虽仅二字之增,然所关信息不小;其后段"大湖之滨"一段,原"及戴震起休宁"一语亦改为"及江永、戴震起徽州"。此则章氏重心细览江氏《师承记》之卷五耶?② 抑受章实斋之影响? 此处大可细究。要之,章氏于《检论》本《清儒》中所增添之"江永",区区二字,表示章氏已重新看待戴震学之脉络,此一重新之省察,要义当在欲导戴震学术之源,实在徽州,亦即出于江永。此种观察,依笔者所见,适与钱穆于《中国近三百年学术史》中论"戴震"一节不同,钱氏主张戴震学术历程变化之关键,在于"惠戴之会",亦即钱氏对于清学中"汉学主流"之看法,系持"由惠至戴"之观点,而非"惠戴并立"之观点。余英时在其《论戴震与章学诚》书中对戴震之学术历程,尤其是与惠学、与江永学之间的关系与变化,已有极精辟之分析与

---

① 有关焦循与龚自珍对于江藩书名中取用"汉学"一词汇的不苟同与商榷文字,俱见之于二人文集《雕菰集》《魏源集》中,此不赘引。

② 案、江藩《汉学汉学师承记》卷5中首先立传者,即为"江永"。末称其为"一代通儒",且引述戴震所撰行状,谓其比之郑玄,洵非溢美之辞云云。

讨论。① 总之,《检论》本《清儒》篇中关于由"惠、戴"而至"惠、江戴"之文字的转变,仍然值得再予注意。

至于原来在《訄书》重订本《学隐》篇中所隐指康有为(1858—1927)者,在《检论》本《学隐》篇中,对康有为之不满及诟詈语气极强的文字已经正式出现,甚且对于由常州学导源而下且令其专文批评的魏源与康有为,章氏亦认为实由惠氏启之。看来在《学隐》篇中所反映的,是惠学与戴学相较,戴学尤高。此点则梁启超尤发挥之,持论以倡"尊皖",容后论之。

(二) 梁启超的"清代学术史":《清代学术概论》与《中国近三百年学术史》

梁氏持论于清代汉学与清学之开山者,其实多承自章太炎之《清儒》篇,章、梁两氏于清学之观点、立论,遂成为近代学人在"近代"以来,重新探讨"清代学术"时的一个开端视野;特别是在两点上:一是"吴、皖分派说",二是惠学与戴学说。近代以降的学人持论,无论是、否,系赞成、继承、发挥、修正或是反对,其中其实都有着章、梁说的近代身影。

梁氏在此两点上多承于章氏,若自梁氏的两部清学史之名著:《清代学术概论》("中国学术史"第五种)与《中国近三百年学术史》以考实,则一种有关"清学/汉学"近代观点的典范与规范之形成与繁衍,当更为清楚。不仅梁氏于清代汉学诸说大底皆本自章太炎,其后的钱

---

① 余英时收于《论戴震与章学诚》(台北:华世出版社,1980年)"外篇"中的《戴震的〈经考〉与早期学术路向——兼论戴震与江永的关系》,此文中对清中叶以来以迄近代学人王国维、胡适、许承尧等对于"东原与江永之关系"与"东原是否为江永之入籍弟子"等议题,重新作了极其入里的分析与考证;余氏此文,可能对于未来《儒林传》中"江永"的位置,在卷次安排上,是否仍与"戴震"同传或同卷等问题,迫使撰史者必须重新思考。

穆之名著,与梁氏书同一书名的《中国近三百年学术史》,其书中之基本立场与义例所在,也是欲与梁书持异论而别抒主轴,然此亦适以见章、梁说于近代学术上之影响。

梁氏之《清代学术概论》先出,本为蒋方震《欧洲文艺复兴史》作一序言,不意下笔成数万言,遂由"序"而成"书"。盖梁氏实视此书为其"中国学术史"序列之一种,而可称之为《清代学术史》,属于其"中国学术史第五种"。然其自言曰:

> 本书属稿之始,本为他书作序,非独立著为一书也,故其体例不自惬者甚多。既已成编,即复急于改作。故不名曰《清代学术史》,而名曰《清代学术概论》。①

是《清代学术概论》之性质即是梁氏的新名——"学术史"之性质的著作。可以视为梁氏心目中的"清代学术史"之"概论"本。《第二自序》作于民国九年(1920)11 月 29 日,《第一自序》则撰于民国九年(1920)10 月 14 日。梁氏于《第一自序》中曰:

> 有清一代学术,可纪者不少;其卓然成一潮流,代有时代运动之色彩者,在前半期为"考证学",在后半期为"今文学";而今文学又实从考证学衍生而来,故本篇所记,以此两潮流为主,其他则附庸耳。②

梁氏于"清学"之基本观点实于此见之。"清学"前期之主轴,梁氏喜用

---

① 梁启超:《清代学术概论》,台北:里仁书局,第二自序,页 5。
② 同上注引书,第一自序,页 4。

"考证学"一词,有两点原因,其一,梁氏视吴派之惠学为"汉学",而惠学只能"求真",尚未能如戴学之"求是"以为高;此乃梁氏于《中国近三百年学术史》中常见之持论,借以区别惠学、戴学者。其二,则与其视考证学为一种针对前代理学而来的反动,而且是方法论的反动之观点有关。前期理学在梁氏视之既虚又玄,则此一入清之考证学,自是以"实事求是"与"科学研究之态度"为其特质,故由"惠"而"戴",在梁氏视之,即属清代学术之史的一种"进化的"发展。此固梁氏喜用"考证学"一词也,既可以表达其对清学特色之论调,复可以衔接民初以来的科学主义与方法意识之思潮。是故由梁氏于《清代学术概论》之中所喜用的"考证学",以视其后一著作《中国近三百年学术史》,当更可以掌握梁氏与章氏于清学持论之异同处。

　　梁启超后来以在清华、南开两校任教时所编写之讲义,于民国十八年(1929)时正式出版单行本。这本被西方学界视为是中国近代第一本使用"学术史"一词作为书名的著作,虽然在内容上仍以有清一代之学术史为主体,但是,至少在断限上,已经不限于有清一代,而用了"近三百年"一词。梁氏自云其故,曰:

　　　　这部讲义,是要说明清朝一代学术变迁之大势,及其在文化上所贡献的分量和价值。为什么题目不叫做"清代学术"呢?因为晚明的二十多年,已经开清学的先河;民国的十来年,也可以算清学的结束和蜕化。[①]

把跨代的"晚明学术"入于"清学"中视作"先河"以述之。这是梁启超解释何以称书名为"近三百年"之故。虽然用的是一种新名,但反可以深

---

① 梁启超:《中国近三百年学术史》,页1。

切地了解梁氏仍是在处理"清初学术"的问题。如此,若要为"清学"作一上限的"断代",便有了两种基本的态度。其一,便是把清初遗老之学从晚明学术开始述下,以显清学开端之有先河。这也是为何许多"清学史"的著作,在其作为开端的首章、首卷,选择了"清初三大儒"之二的孙奇逢、黄宗羲;或者是程朱之学的陆稼书、张杨园;或是作为清代汉学之源、开国儒宗身份的顾炎武之故。"开端"选择的种种分歧与之所以分歧,其实便缘于欲在"近三百年"的范限中寻求有意义的起点,以之作为"卷首"之故。梁启超在其书中开端式的说明,点明了"跨越两代"的"晚明遗老"或是"清初大儒",都是可被视作"清学"的早期之源,不明此源,则无以知"清学"。另一种,则是将"晚明遗老"之学从时间性上与"清初"划开,使"清学"精神与"晚明/清初遗老"的学术精神,作出区分:江藩所为正是这样的一种立场与调性。如此,江藩书名中的"汉学"之名与义,便更形豁朗。盖晚明诸遗老之学,绝未闻以"尊汉"为帜为的也。若以"汉帜"为尊,则须推尊惠氏之学作源头;江藩《国朝汉学师承记》正做了这样的思维,视一己之书为建构"清学"主体、主轴之史著。明乎此,则可以知梁启超在《清代学术概论》中分"清代学术"为四期之故,此四期为:启蒙期、全盛期、蜕分期、衰落期;正因清学是自晚明发展而来,是故所谓的晚明与清初,在梁氏眼中,实是一种初期的启蒙期之学术,真正的清学之来临,还是要待乾嘉之时的惠、戴之学。梁氏云:

> 　　其启蒙期运动之代表人物,则顾炎武、胡渭、阎若璩也。[1]
> 　　其全盛运动之代表人物,则惠栋、戴震、段玉裁、王念孙、王引之也。[2]

---

[1] 梁启超:《清代学术概论》,页8。
[2] 同上注引书,页9。

表面上看来,梁氏之此种四期观,系以佛学为说,故曰四期即如生、住、异、灭。① 实际上,梁氏的清学基本观还是受到了所谓"以汉学为清学"之基调的影响,自江藩、章太炎处承袭。故其清学史观,既曰"全盛期"之学术为"正统派",②又曰"启蒙期之考证学,不过居一部分势力,全盛期则占领全学界;故治全盛期学史者,考证学以外,殆不必置论"。③ 而在《中国近三百年学术史》中则云:

> 清儒的学问,若在学术史上还有相当价值,那么,*经学就是他们唯一的生命*。清儒的经学,和汉儒、宋儒都根本不同,是否算是一种好学问,另为一问题。④

又云:

> 汉学家所乐道的是"乾嘉诸老"。因为乾隆、嘉庆两朝,汉学思想正达于最高潮,学术界几乎全被他占领。但*汉学也可以分出两个支派*:一曰吴派,二曰皖派。吴派以惠定宇(栋)为中心,以信古为标帜,我们叫他做"纯汉学"。皖派以戴东原(震)为中心,以求是为标帜,我们叫他做"考证学"。⑤

既称全盛期、正统派,又曰经学、汉学、考证学。其中,汉学分为两个派别的分法,已见端倪。梁氏最喜欢的,还是"考证学"一词。在《清代学

---

① 梁启超:《清代学术概论》,页7。在《中国近三百年学术史》第二节中,梁氏又以引文的形式,引述了自己的这一观点。(页16—17)
② 同上注引书,页9。
③ 同上注引书,页29—30。
④ 梁启超:《中国近三百年学术史》,页79。
⑤ 同上注引书,页31。

术概论》中,其曰:

> 其在我国自秦以后,确能成为时代思潮者,则汉之经学,隋唐之佛学,宋及明之理学,清之考证学,四者而已。[1]

是故,虽然在其意识中,或不自觉将惠、戴之学皆称之为"汉学",或皆视为正统派、全盛期的经学考证学,但一旦在吴、皖二派中作出比较时,梁氏的"汉学"专称就给了吴派惠学,而将皖派戴学称之为"考证学"。在其比较中,皖派的"求是"是要比吴派的"信古"来得高!如曰"正统派之中坚,在皖与吴,开吴者惠,开皖者戴。"以及"惠戴齐名,而惠尊闻好古,戴深刻断制。"这样的语句,都是意图对吴、皖作出比较。梁氏评比惠、戴,一如太炎,均以戴为高,但奇怪的是其语式用词皆袭仿自太炎。笔者以为,此中更根本之故,仍在梁氏所接受章氏者,即系章氏所以自江藩处接受者也,层层相袭,习焉不察即以为常。在梁氏此种史观下的"清学史",其居于"首卷"之"开端"地位者,便极有意思。梁氏视野中的清学之开端人物是顾炎武。在《清代学术概论》中,梁氏有言:

> 吾言清学之出发点,在对于宋明理学一大反动。
>
> 当此反动期而从事于"黎明运动"者,则昆山顾炎武其第一人也。[2]

于《中国近三百年学术史》第六"清代经学之建设"中,则曰:

---

[1] 梁启超:《清代学术概论》,页6。
[2] 同上注引书,页12、13。

> 清儒的经学,和汉儒、宋儒都根本不同,……他们这一派学
> 问,也离不了进化原则,经一百多年才渐渐完成。但讲到筚路蓝
> 缕之功,不能不推顾亭林为第一。①

梁氏以"顾亭林"为"开端"之故,当先从何以视戴震之学为整个"清学"
精神之代表言起。梁氏云:

> 惠仅"述者"而戴则"作者"也。……故正统派盟主必推戴。②

又曰:

> 当时巨子,共推惠栋、戴震,而戴震之学精深,实过于惠。③

再则曰:

> 故苟无戴震,则清学能否卓然树立,盖未可知也。④

而其所以推尊休宁,其实亦有梁氏于民初学风之时代背景,此则科学
主义的重视心态。故梁氏论东原所以为最高,其论学之言,竟多为近
代之科学、客观等词汇。梁氏于论东原学时,先举东原幼年能疑能问
朱子何以知孔子学之例后,即继言之曰:

---

① 梁启超:《中国近三百年学术史》,页79。
② 梁启超:《清代学术概论》,页10。
③ 同上注引书,页30。
④ 同上注引书,页32。

　　此一段故事，非唯可以说明戴氏学术之出发点，实可以代表清学派时代精神之全部。盖无论何人何言，决不肯漫然置信，必求其所以然之故，常从众人所不注意处觅得间隙，既得间，则层层逼拶，直到尽头处，苟终无足以起其信者，虽圣哲父师之言不信也。此种研究精神，实近世科学所赖以成立。①

　　凡科学家之态度，固当如是也，震之此论，实从甘苦阅历得来。所谓"昔以为直而今见其曲，昔以为平而今见其坳。"实科学研究法一定之历程。②

盖梁氏实借戴震学以联系其心目中所理解之"近世科学"，复以此而诠戴、诠汉学、诠考证学精神，是故以戴震为清学精神之代表。章太炎谓江藩有"右吴抑皖"之曲心，梁氏亦继承此看法。章氏于《清儒》实重戴，观《检论》中诸篇：《议王》《正颜》，已一改原《訄书》重订本中的《王学》《颜学》篇名，而唯戴学则仍题曰《释戴》。

　　梁氏则于"右吴抑皖"说之外，更反过来倡"尊皖"之调，且一说复说而数见，其推尊戴学，有意比较惠、戴之高下，已是明显。此种立场与持论，笔者以为，仍是来自于其对于"清学"之基调实以"求是"与"考证学之方法论"皆符其心目中的科学态度与精神有关。一言以蔽之，推尊戴震之学即其所以置顾炎武为清初学人之"首"之故。而尊戴与尊顾，固同在于其能有科学的精神与态度治学也。故梁氏以顾炎武为"正统派"之所出与所宗。则顾氏之所以为梁氏置诸于其"清学史"之"开端"，其故当在是。总言之，梁氏之"清学史"实以考证学为主轴，以此而尊戴，亦以此而推顾氏为清学之"首"。

① 梁启超：《清代学术概论》，页 32—33。
② 同前注引书，页 34。

　　与梁氏之书同名,而意趣则截然不同的钱穆(1895—1990)之《中国近三百年学术史》,别以黄宗羲(梨洲)为其书之"第二章",盖钱氏非不尊顾氏而特以黄而为尊者,其持论对扬异趣则在章、梁。章氏《非黄》,而梁氏则亦反对章氏之非黄;梁氏尊戴尊顾,旨在汉学与科学求是之精神,钱氏则秉章实斋之《朱陆》与《浙东学术》以论顾、黄,意谓清学之宗实不当在客观求是之学,而更应在能有自我人格与风俗教化之学,此为更根本所在;故与梁氏屹立,曰"盖不知宋学亦无所谓知清学"。[①] 其次,钱氏既亦曰"近三百年",则清学之上限自不能从江藩汉学之断,则必如梁书之式,上溯其源而至晚明,更于《引论》中由黄氏而逆溯"东林",复由东林而推至于"宋学"矣![②] 钱氏既以《引论》为"第一章",故以"黄宗羲梨洲"为其书"第二章";若钱氏果更别有所发挥,则固其宜所云者:"余故述近三百年学术,而先之以东林,见风气之有自焉。"[③]知此,则梨洲何以为"第二章"亦可以知见其意(王船山为"第三章"、顾亭林为"第四章")。若然,此钱氏"近三百年"之义,与梁氏著作内涵上实大异其趣! 然若以其模式论之,则仍有同类且相近处者矣。[④]

三、"学案"体著作中的"清学"开端

(一)《国朝学案小识》

　　清代正式以"学案"为名而成书者,为道光时出书的唐鉴之《国朝

---

① 见钱穆:《中国近三百年学术史》(台北:商务印书馆,1980 年),第 1 章,引论,页 1。此种持论,正有以见钱氏著是书且同名之旨,实不在梁氏所措意者!
② 钱穆作为"首章"之《引论》,分为上、下两部分,上以论"两宋学术",下则专论"晚明东林学派"。(见《中国近三百年学术史》,册上,页 1—21)
③ 钱穆,同上注引书,第 1 章,引论,页 20。
④ 此模式尤在于钱氏之言"学术思想承先启后之间,固难判划"。此种言词所反映之思维,实与梁氏同一模式,在"相承"而不在"断限"也。梁、钱两部"近三百年"之"学术史"皆以见其有"通史家风"之流。

学案小识》。是书所以不为近世学人所重,归纳其因应有二端,其一,唐鉴专以突出程朱理学为贯穿全书之主线,而又以"道"作为用词语言之核心,从而在论述"道"的展开上,完全落在明代陆王与程朱之争的历史思维窠臼中。唐氏并未在道光年间的新形势中作出新的论述,可以超越其前的姚鼐与方东树。其二,唐鉴用了狭隘的"道/学"观,从"正统/异端"模式去区判各卷"道"的学案与案主。这个"正统观"极明显地表现其书卷次安排上,从卷 1 到卷 11,从"传道""翼道"到"守道",皆以治程朱理学者入案;"经学"与"心学",则安排于卷 12 以下迄于卷末。在唐鉴心目中的"清学",大别有三种:由宋元明迄清犹在发展中的程朱之学与陆王之学,是其两种,而承自汉代之学而于清代复兴的经学,是第三种。这三种"清学"在《学案》中的次序,依序为"道学""经学""心学"。

为唐鉴此书作序的沈维鐈,在其《序》中,开句即用桐城姚鼐之言来作引述,可见沈氏一下笔就引出了"反汉学"意识下的首句书写,这也是一种清代宋学系谱建构意识下的书写,借着外在环境的衰微与中国形势的危机,来责难"汉学",提倡"程朱理学/宋学",其采用的系"正统/异端"模式。沈氏曰"黄梨洲以下为经学,许郑贾孔,皆道之支流余裔也。"[1]视"经"为"道"之支流,故"道"高于"经","道"为"孔孟程朱之道","经"则为汉儒博士儒林所传之"学",故是"经学"而非"道学",如此则又启"儒林"与"道学"之争端,且不啻为《宋史》立"道学传"以区分"儒林传"之再版。在这样的正统系谱建构下,被唐鉴此书所回顾的历史,在"清学开端"上,也就有了与江藩不同的"点将"。对唐鉴而言,"首卷"的"开端"之义,他是给予了"陆稼书"与"张杨园"。而被江藩所

---

① 沈维鐈:《国朝学案小识序》,《国朝学案小识》(《四部备要》本,台北:中华书局),卷前。

推为"首卷"的"阎若璩"与"胡渭",则在唐书中与"黄宗羲"一同被置于
卷 12"经学学案"中。"惠戴之学"中的"惠氏之学",亦在卷 12 中;戴
氏之学则被置入卷 14 与"心宗学案"并在一卷;①唯有"顾亭林"犹在
卷 3"翼道学案"中。可见"顾、黄"的"清学地位"早有起降变迁,不待
章太炎以种族革命意识而"非黄"也。②

在唐鉴的《学案小识叙》中,值得注意的是唐氏对于朱子之学中由
《大学章句》而建构的八条目之学,在唐鉴的表述下,"格致"已出现了
一种与时代环境相联系的"经世"取向,由是"格致"常被跳跃至直接与
"治平"作出直接的联系。如其云:

> 真儒跃起,⋯⋯而后所立卓。真儒之为真以此,夫学之所以
> 异,道之所以歧,儒之所以不真,岂有他哉! 皆由不识"格致诚正"
> 而已! ⋯⋯今夫礼乐兵农、典章名物、政事文章、法制度数,何莫
> 非儒者之事哉!③

注意其文中的"治平"已被突出于"八条目",以及其与"格致"之关系。
唐鉴的"朱子",已经开始与时代相应而朝着"经世性"方面重诠,在这
重诠中,自然也包括了唐氏自己所感受与认知的时代意义。因此,唐
鉴不断提出的"真儒",便是他在时代感受中的一种对"真正的"程朱儒
学与儒者的召唤,"真儒"便是他的理想。阅乎他所细数的"礼乐兵农、

---

① 案:唐鉴虽然在《叙》中屡提"心宗之学",却并未为其专门列卷,而是附在卷 14 也就
是卷末的后半卷中。可见唐鉴此书的意义性是由前至后式的。同时也更可以看出
其所扬与所抑的主轴还是在宋学与汉学对立性的思维上。

② 章太炎《太炎文录初编·说林上》云:"季明之遗老,⋯⋯黄太冲以《明夷待访录》为
名,陈义虽高,将俟房之下问。"(《章太炎全集》,册四,页 117。)又撰《非黄》,曰:"世
乱则贤愚混,黄宗羲学术计会,出顾炎武下远甚。守节不孙,以言亢宗,又弗如王夫
之。"(《章太炎全集》,册四,页 124)

③ 唐鉴:《学案小识叙》,《国朝学案小识》,卷前。

典章名物、政事文章、法制度数"等，还是与清代汉学家们的关注点有着交集之处。

(二)《清儒学案》

民国徐世昌(1855—1939)除倡颜李之学、刊刻其书外，其一重要之学术大事，则为编有《清儒学案》一书共 208 卷，以《孙奇逢夏峰学案》始，而以《诸儒学案十四》云南诸儒终。有关本文关注之"卷首"主题，在其《清儒学案凡例》中有言之，其《凡例》第 2 条云曰：

> 夏峰已见明儒学案，而是编取以冠冕群伦，以苏门讲学，时入清初，谨取靖节晋宋两传之例。《学案小识》不加甄录，盖有门户之见存，非以其重出也。[1]

可见唐鉴之书，亦遭其批评，尤在门户之见太深，甄别去取凡以理学为主轴，实不能反映"清学"之实况。故迭遭批评，虽曾国藩亦以其门人参与其间，亦不能挽。从来写史，主观与门户之笔难免，黄宗羲《明儒学案》之王学门户，四库馆臣于《总目提要》中已评之深切矣，然其书终不能废，且为后来学者兴起之资。是故徐氏实欲成就一无可替代之"清学案"传世，以续黄宗羲之两《学案》。[2]

徐氏此书，卷二所次为《南雷学案》(黄宗羲)，卷三、四为《桴亭学案》(陆世仪)，卷五为《杨园学案》(张履祥)，卷六、七则为《亭林学案》(顾炎武)，卷八为《船山学案》(王夫之)。尤值注意者，则为序于卷六、七之《亭林学案》，本案小序言：

---

① 徐世昌主编：《清儒学案》(台北：燕京文化公司，1976 年，5 册)，册一，凡例。
② 徐氏于《清儒学案序》中言："窃不自揆，……汇为一编，以继梨洲二书之后，愿与当世学人共相参。"其欲以学术著作而不朽之意甚为昭然。

> 亭林之学,实事求是,不分汉宋门户,经世致用,规模闳峻,为
> 有清一代学术渊源所自出,后之承学者因其端以引申之各成
> 专家。①

若"有清一代学术渊源"既在亭林,何不即以其为"卷首"以昭著义! 笔
者细读徐氏此书,实不能深解其意! 岂若孙氏于清初学问年辈最为老
师,而又符"大儒"之望耶! 另一或可提供以为切入观察之角度,则为
"旧三大儒"与"新三大儒"之起降。清初之时,所谓海内"三大儒",当
时系指孙奇逢、李二曲、黄宗羲;逮至晚清同治以后,船山遗书刊行于
世,世始渐以黄宗羲、顾炎武、王夫之(1619—1692)为"三大儒",此谓
"新旧清初三大儒"。② 是故诸多论述"清学史"之新旧专著,其首卷或
首章,多不出于此,或亭林,或梨洲,或船山,③或夏峰。唐鉴以《桴亭
学案》为"卷首",则系清廷官方提倡程朱之学设为典型者。

附论钱穆《清儒学案》之主张与特色

钱穆对"清代学术"早有"撰史"之怀抱,是故其《清儒学案序》中笔
下文字,读来与近代新体论文著作者殊有异趣,别是一番意味。于"清
学"撰"史",钱氏自有其构思,犹其所撰《中国近三百年学术史》然,既
与梁启超之书同名,更借任公"科学的汉学"与"思想与变法的公羊学"
之旨,而以"黄宗羲"置之首章,以见清初儒学即晚明遗老之学,而晚明
之学又自东林而来,由此则上承下启,"清学"本为宋世明代学术之一
贯,无理学焉知所谓"清学"? 此所以钱穆不仅欲与梁书"同名",而同

---

① 徐世昌主编:《清儒学案》,卷6,小序。
② 何冠彪之论文对此述之颇详,可参,见何氏《黄宗羲、顾炎武、王夫之合称清初三大儒
　考》,收在氏著:《明清人物与著述》(台北:商务印书馆,1996年),页49—63。
③ 以王夫之为首章者,见侯外庐《中国近代思想学说史》(台北:翻刻香港龙门书店本,
　2册)。

名之书主旨实大"异趣",两人所以名书之"三百年"者,实不同科。钱穆所欲撰《清儒学案》者,亦颇有此一旨趣,与我人所想者实迥别,既非有关"清学"之"客观的历史",亦非书写体裁上的旧体式而已,设若钱氏先无《中国近三百年学术史》之撰,又历经"古史辨"与参列其中,则骤观钱氏之书序,将或以为一旧式老儒,不过于唐鉴之《学案小识》有所不惬,故搜集操笔以古文而再出一部有关清代之"理学史"而已;直是仅能视其为倭仁等同治、咸丰朝理学伸张之书而已。若是则不然,且大谬,钱穆之欲撰"清学史"而以"学案体"为据,其心中所怀实仍《中国近三百年学术史》之一贯,以"理学"方为学术中之有精神可寓者也!故《中国近三百年学术史》以"黄宗羲"为"卷首"以明东林气节,"清学"实不能断代以自足,尤须上溯宋、明两代,自宋以返视其发展轨迹;是故钱氏所撰并已沉落江中之《清儒学案稿》,遂专以"理学"为有清一代学术主轴,是在钱氏心中,"理学"对其实有特殊意义,又不可以以唐鉴与倭仁等心中之"理学"等同而视。若然,钱氏必欲曰唐、徐二学案之失者,盖已心存史意、史法矣!惜乎其书稿沉江,徒致后来者空叹!然其《清儒学案序》尚在,可以案据以言钱穆之诸想法与观点。

据钱穆《清儒学案序》,则其"江中遗稿"所欲成之旨趣,大要有数端:其一、以"理学"为中心。其曰:

> 吾国家民族文化縣历,……厥有一中心力量焉为之潜持而默运者,则儒家思想是也。儒家思想渊源于上古,成熟于先秦。在两汉以迄隋唐则曰经学,在宋明以迄清季则曰理学。理学之兴,浅言之,若为蔑弃汉唐而别创。深言之,则实包孕汉唐而再生……宋明理学之盛,人所俱晓,迄于清代,若又谓蔑弃宋明重返汉唐。故说者莫不谓清代乃理学之衰世,夷考其实,亦复不然。……清代经学,亦依然沿续宋元以来,而不过切磋琢磨之益

精益纯而已。①

此则为钱氏特有之文化历史主义说,注重一民族文化中緜历一贯而悠久之故,则向为其治学之核心。是故其视"理学",则实为"儒学"在在汉唐、儒学在宋明之"中心力量为之潜持默运者";而清代之学,虽以返汉唐反宋明为高帜,在钱穆视之,则清学实为宋明理学之续。其说"理学"曰:

> 理学本包孕经学为再生,则清代乾嘉经学考据之盛,亦理学进展中应有之一节目,岂得据是而谓清代乃理学之衰世哉?

故断之曰:

> 要之有清三百年学术大流,论其精神,仍自沿续宋明理学一派,不当与汉唐经学等量并拟,则昭昭无可疑者。

此则实为钱氏以中国文化与历史之流以是清学之视角与视野,亦是其最具特色而有别诸家之基本处。则其《清儒学案》之一"清儒"之"儒"字与"学案"之"学"字义,已言说出矣。

其二,为"清学"定位。前已言之,汉唐有经学,宋明有理学,皆以为上接"(周)孔孟"真传。故《宋史》立《道学传》,以别于《儒林传》;而江藩特撰《国朝汉学师承记》,即以"汉学"为传经之经学表称,欲以由尊汉而上接"孔孟"也。此则为清季与近代学人所称之"汉宋之争"。

---

① 钱穆:《清儒学案序》,收在《中国学术思想史论丛(八)》(台北:东大图书公司,1980年),页364—388。

钱穆则不以为此为是论。其盖以为：清学实乃宋明理学之接续，故为清学定位之最重要观点立基，即为"理学包覆经学"，此乃一种有关"清学"定位之特殊观点。而亦可以视为是另一种有关"清学史"上的"汉学与宋学"论调思路，与近代学人所言实不同，而亦少见，宜乎钱氏欲以此为基调、为主轴以修《清儒学案》寄寓此怀！

其三，对其前之唐、徐两学案之观点。其曰："清儒学案，虽有唐、徐两家成书，而唐书陋狭，缺于闳通，徐书泛滥，短于裁别，皆不足追踪黄、全之旧业。"①评断两家学案之外，又言及江藩之《汉学师承记》，唯钱穆所评论之用语，极有意思，其曰：

> 昔江藩子屏著《汉学师承记》《宋学渊源记》，为记载清代理学之开始。②

江氏书名用"汉学"，而钱氏则刻意用"理学"，故曰"记载清代理学"云云。钱氏之意，已无可置疑，此《序》已昭然其欲撰之《清儒学案》之以"清代理学"为其"清学"之内容，篇幅精神既上承宋元理学与明代理学，三百年来学脉亦托于可以寄寓精神与国魂之此脉，故举凡所谓汉学家者：戴震、焦循、阮元皆在其"理学"范围之内。浙东贵史学专家，则邵念鲁、章实斋亦皆入于其"理学"视野之中。是故钱氏于《例言》中言：

> 本编所录一以讲究心性义理，沿续宋明以来理学公案者为主，其他经籍考据，概不旁及，庶以附诸黄全两家之后，备晚近一

---

① 钱穆：《清儒学案序》，《中国学术思想史论丛（八）》，页 367—368。
② 同上注引书，页 368。

千年理学升降之全,此乃著书体例所关,非由抑汉扬宋,别具门户私见也。①

又云:

> 拙著近三百年学术史,与本编取材各别,不相踵沓,而义旨互足,读者幸赐兼观。②

以上所述钱穆所欲撰之《清儒学案》观点与特色,大要在是,宗旨当可昭然。唯此中一疑义犹惑未能涣然者,则仍为"首卷"之"开端"问题。钱氏"学案"中较特别者,亦是与《中国近三百年学术史》之"清学史"属性最大之差异点,笔者以为厥在"首卷"。钱氏《清儒学案》以"孙奇逢"为《夏峰学案第一》,钱氏之《序》中之"序录"云:

> 夏峰梨洲二曲学脉同出阳明,清初称三大儒:而夏峰之学,流衍尤远。……明儒学案已收之诸儒下卷,徐氏谓苏门讲学时入清初,取靖节晋宋两传之例,以弃清儒,兹本其义。述夏峰学案第一。③

何故言心性理学则必以"孙夏峰"为"首"? 徐世昌与钱穆皆以传衍尤远为说,然果如此乎? 言传衍,夏峰岂能越刘宗周与黄宗羲? 言其意义与影响上的重要性,夏峰又岂能越徐氏与钱氏两人俱称为开国儒宗的顾亭林? 笔者再度产生了困惑。这个困惑,在杨向奎氏的《清儒学

---

① 钱穆:《清儒学案序》,见前引书,页368。
② 同上注引书,页372。
③ 同上注引书,《序录》,页372。

案新编》仍将再一次的遭遇。

（三）支伟成之《清代仆学大师列传》

《清代朴学大师列传》为支伟成（1899—1928）所撰，书前特置《章太炎先生论订书》以为书首，实已致其尊崇焉，故知此书实为章太炎视野与角度下的"清学史"著作。抑又不止此，本书《凡例》自云："唐确慎《国朝学案小识》，宗旨侧重理学，又以经师错出其间，体制有乖，在所不取。"①又云："桐城派古文家多倡'囚文见道'之言，囿于宋儒义理，未通汉学家法，与朴学异趣，故不采录。"②则"朴学史"之旨以"汉学"者为主更为明言，且此书正与唐鉴之尊桐城"程朱真儒"之"道言"，亦正针锋相对，去取之间，仍是章、梁之后继。全书实以"汉学"为主轴，而支氏则宁选其书题厥用"朴学"焉。虽其书之名为"列传"，而实则可以视之为"学案"，或者更为确当。方支氏撰此书时，《清史稿》已成，然未刊布，则支氏似未能见其有关《艺文志》与《儒林传》部分；其书目所列，则已有梁启超之《清代学术概论》《中国近三百年学术史》两种。

支氏之书实以"吴派"与"皖派"作为"清代朴学史"之主干而架构其篇卷，故每有不能决疑者，则多依章太炎之讨论意见以为决断去取。然此书亦极重江藩之《师承记》，所云之"续师承记"之撰写者一段资料，笔者今所见各家"清学"著述，亦唯支氏而已。此亦可证自江藩以下，历阮元、钱林、李元度等，而至章、梁，又至于支伟成，确乎有其一学术发展轴线——即有关"清学"之认知与撰写之"历史观"贯乎其间，无论其文体变迁如何有一"近代性"，其"清学史"之轴则在"学案""儒林传""学术史"等诸化名间仍然可见也。

---

① 支伟成：《清代朴学大师列传》（台北：明文书局，收在周骏富主编：《清代传记丛刊》，学林类第9），《凡例》第4条。
② 支伟成：《清代朴学大师列传》，《凡例》第7条。

支氏此书,除以"朴学"为主,排摈"理学"外,卷次篇卷安排,有二点以为例则:其一则为"吴皖分派",其二为依历史年序先后。故其"首卷"即名为"清代朴学先导大师列传第一",既名"先导",则一种编年式的次序观已盈然可现,盖亦与支氏先预存有一"清学"之基本认知有关,此一基本认知,即是彼以"朴学"为"清代学术"之主轴,故其笔下必曰"先导",盖由此而至"中心"也。在其书之"卷一"中,系为"顾炎武"与"黄宗羲""王夫之""颜元""阎若璩"等立传。顾氏凌越于黄宗羲之上,自是汉学家较为普遍之观点,支氏之书亦然,以顾氏为"清学先导",即以"顾氏"为"朴学史"之"开端"也。

(四) 杨向奎《清儒学案新编》

《清儒学案新编》撰者杨向奎(1910—2000),实为钱穆门人,故于清学夙有究心。此书成书系陆续分册出版,以册为卷,共4卷即4册,册一初刊于1985年2月,书前有《缘起》与《叙例》10条,为出刊前所撰,故所署日期为1982年10月26日"于北京香山之红叶村"。杨氏既名其书曰《新编》,则对其必有所"旧",以见其相对之"新",然新旧之相待,即其所承处,故又是"学案体"之一脉,此杨氏之书刻意以卷名册,即其脉络化与所以"新编"之显示也。全书以《夏峰学案》为始,以康有为、王国维(1877—1927)为终,有目与次而无章卷,盖既不用章节之新名,"卷"亦用之于书册之次,则其"目录"中,终遭"新旧序次书写"上之难题,而杨氏则以"(1)(2)(3)"与新式页码解决。杨氏之书所面对与见证者,他书终仍将遭逢与面对之也,岂仅页码、章节与卷目哉!

依杨氏《叙例》所云,则其《新编》相待者为徐世昌之《旧案》,此则其书四卷册所以欲取代者则以可见之矣。"旧案"之讯在《叙例》第1条,其曰:

　　　　徐世昌主持撰辑的《清儒学案》(以下称《旧案》),作为一代学
　　术思想史料长编,功不可没。但成于众手,别择未严,且名《学案》
　　而有关评传殊鲜学术内容,难免"庞杂无类"之讥。①

若其《新编》,则有二期焉,其一为可以作为一种"清代学术思想史"的
著作性质;其二则为可以作为"清代学术思想史料选辑"。② 此二重目
的其实即为"学案体"之撰式,杨氏在此实已继承"旧体",而以"新语"
说之,此新语即为"学术思想史"。是故一种将"学案"视之为"学术史"
或"学术思想史"之"新旧转语",至 1982 年杨氏撰《清儒学案叙例》时,
犹可见之。将黄宗羲之《明儒学案》视为一种"中国的"且为"第一部"
的"学史""学术史",盖始于梁启超,始见于梁氏于清季亦即上一世纪
初所撰之《中国史叙论》中,此后似乎近代学人多能接受之,遂以成"学
案体"在"近代知识体系"中的近代位置,得以位移与转化至于"学术
史"。杨氏亦用此种观点,可以以"接受史"角度视之,不过在语言上喜
用"学术思想史"。此种语言上的"新编",亦应置于此种"近代脉络"下
观之。在杨氏之《缘起》中,所"言"更为明显。其《缘起》云:

　　　　《学案》是中国过去的学术思想史,这类学术思想史著作始于
　　清初。③

所谓"清初"者,即是"接受"了梁启超关于《明儒学案》是中国"过去的"
"学术史"或是"学术思想史"之观点与语言使用之再繁衍。美国汉学
界学人司徒琳教授早已注意于此类古今与中西之"范畴性"问题,在其

① 杨向奎:《清儒学案新编》(山东:齐鲁书社,1988 年),卷 1,《叙例》第 1 条。
② 同上注。
③ 杨向奎:《清儒学案新编》,《缘起》。

研究中,曾经询问:中国的"第一本"有关"学术史"的著作,究竟是梁启超自己的《中国近三百年学术史》? 还是这部"近代名著"之中所刻意表称的黄宗羲之《明儒学案》?[①] 由此而引出了古代的"学案"与近代的"学术史"在"古与今"以及"中与西"之间所遭遇到的知识、范畴、分类、概念、语言、处境等等更深一层的问题。[②] 杨氏的《缘起》,出现在二十世纪末叶,其所继承的脉络,却不仅止于二十世纪之初的诸种学案体、学术史体著作而已,而更可溯及于唐鉴、江藩甚至已被称为"古代史范畴"的"黄宗羲",在杨氏的《缘起》陈述中,甚至已经做了"中国学术思想史的滥觞"与先秦《庄子·天下篇》与《荀子·非十二子》的衔接,这显然是一时代之新术语指涉传统与重读、重塑传统的历程之再显。重读与重写的过程中,涉及的不仅是"旧与新",还有"外来与内在"、"自我与他者"的课题,当"史/历史"被重读、重写、重塑时,生命与文本已经卷入了一种交互对话、新旧融合(或冲突)的历程当中,以寻求一安稳的意识、话语、与显隐共生的处境,而对于此一处境的表白与书写,"义例/体例/凡例"便成了写作者极度重视的"自我定位"之"规定",因为欲以传世的著作之"意义"与"大凡",将首先显示在这个自我规定的简单条列中。则一部"学案"体裁著作的"卷首",便应当承担着这样的意义之供与,等待着被后世读取。

对于"卷首"书写的"上限",杨氏《新编》之《叙例》中是这样说的:

> 本书之上下限,既云"清儒",断限明确,但时间绵延,间有跨越两代者,则或因其成就所在,影响所及;或因约定俗成,具体言

---

① 如梁氏于《中国近三百年学术史》中即称"中国有完善的学术史,梨洲之著学案始"(页 72)。
② 司徒琳:《〈明夷待访录〉与〈明儒学案〉的再评价》,收在《黄宗羲论——国际黄宗羲学术研讨会论文集》(杭州:浙江古籍出版社,1987 年),页 287—302。

之,《新编》始于孙奇逢,而终于康有为及王国维。[1]

《新编》之《叙例》中还是未曾清楚显示在"上限"上作为"卷首"的意义,及杨氏何以承袭了徐世昌、《清史稿》以及钱穆之《清儒学案序》的意义。当然,也有可能即是"约定俗成",若然,《新编》之所"承旧"者,还是有其清楚的脉络与意识上的框定。[2]

此外,《新编》在《叙例》第 5 条也批评了徐世昌《旧案》的卷次安排缺失。其云:

> 《旧案》编次以案主生年为次,固可取,但不顾当时学术思想渊源流派,老子与韩非同列,未免偏颇。《新编》于此则两者兼顾,不完全以年代为纲。全书共十卷,计:1. 清初诸儒;2. 乾嘉诸儒;3. 道咸诸儒;4. 晚清诸儒。[3]

此例之义则实出于其师门钱穆之议,已详见于《清儒学案序》,杨氏之例议实源乎此。

四、从《拟国史儒林传序》到《清史稿儒林传》

阮元除序江藩《国朝汉学师承记》外,亦以纂修《国史儒林传》自

---

[1] 杨向奎,前引书,《叙例》第 4 条。
[2] 在长达 11 页的"传"(页 1—11)与 32 页的"《夏峰学案》学术思想史料编选"(页 12—43)中,仍无以见其为《新编》之"首"的意含。倒是在杨氏所撰的"缘起"中,所提到的"清代学术思想史"之著作,杨氏在引述黄宗羲《明儒学案序》之前,提到了孙奇逢的《理学宗传》。但若以"清代学术史著作谱系"来为夏峰之为卷首定位,则又不像是杨氏所给予的意义。
[3] 杨向奎,前引书,《叙例》第 5 条。

任,其任国史馆总纂时,即创立《儒林传》之修纂。李元度《国朝先正事略》中《阮文达公事略》即记云:

> （嘉庆)十五年,迁侍讲,兼国史馆总纂,创立儒林传,得百四十六人,但述学行而不区分门迳。①

龚自珍于《阮尚书年谱第一序》文中亦云:

> 公在史馆,条其派别,谓师儒分系,肇自《周礼》,儒林一传,公所手创。②

今传本《揅经室集》中,收有《拟国史儒林传序》,文中讨论了《儒林传》的体例与性质,尤其涉及清世汉宋学之分应当如何在《国史儒林传》中体现的问题。③ 阮元所纂就而进呈于国史馆的《儒林传稿》,现已可知除进呈于史馆本之外,当时外间尚有刻本、抄本等问世,④据阮元清嘉庆年间所刻之四卷本《儒林传稿》来看,此本卷前收有阮元所撰之《儒林传稿序》与《儒林传稿凡例》。《儒林传序》《儒林传稿凡例》与收于《揅经室集》中之《拟国史儒林传序》《拟儒林传稿凡例》大要均同,是知其《拟序》本为阮元任史馆总纂编修《儒林传稿》所撰也,故进史馆之

---

① 李元度:《阮文达公事略》,《国朝先正事略》(北大图书馆藏清同治八年刊本,《续修四库全书》,史部传记类),卷21,页476。
② 龚自珍:《阮尚书年谱第一序》,引自黄爱平点校,张鉴等撰:《阮元年谱》之《雷塘庵主弟子记》(八卷本,北京:中华书局,1995年),附录三,页274。
③ 阮元此文收在《揅经室集》(点校本,北京:中华书局,1993年),册上,卷2,页36—37。
④ 据王章涛述,上海图书馆藏有《儒林传拟稿》一卷,题为阮元所辑,系抄本也。此稿凡44传,附传则55人,末有秦更年跋。见王章涛《阮元年谱》(安徽:黄山社,2003年)所述,页555。

"传"尤自称《稿》,而"序"则称《序》。此一嘉庆四卷刻本之《儒林传稿》,其"开端"系以"顾栋高"为阮元心目中《儒林传》之"首",不同于后来源出史馆之诸国史纂修本、民国成书之《清史稿·儒林传》之以"孙奇逢"或"顾炎武"之为"卷首"者。阮元于《儒林传稿》卷前《凡例》中自述其所以置"顾栋高"为"首"之故,云:

> 次序以顾栋高为始者,因高宗纯皇帝谕办儒林传,奉为缘起也。此外则以年分相次。[1]

《凡例》之末并署"嘉庆壬申八月漕运总督阮元交出前在翰林院侍讲任内撰稿",壬申年即嘉庆十七年,阮元任职"漕运总督"正在八月十六日奉上谕后,故其子阮常生所编《雷塘庵主弟子记》卷四便将交付史馆《儒林传稿》事系在此年八月二十日下,时阮元四十九岁也。《弟子记》卷四记云:

> 二十,将纂办粗毕之《儒林传》稿本交付国史馆。其《文苑传》创稿未就。[2]

若将今本《清史稿·儒林传》前的《小序》,对照《拟国史儒林传序》与《儒林传稿》之卷前序文与凡例,即知其原,实出文达!无怪乎李元度、龚自珍等皆颂其"创儒林传"一事!阮元于《拟国史儒林传序》中所倡议的"师儒之分"与"师儒并列"观点,便是《清史稿》中《儒林传》中"汉宋并收"的立传体式。主旨实在于欲摆脱《宋史》中的"汉宋之分"、以

---

[1] 阮元:《儒林传稿》,卷前,《儒林传稿凡例》,页1,《续修四库全书》据南京图书馆藏清嘉庆刻本影印。

[2] 黄爱平点校、张鉴等撰:《雷塘庵主弟子记》卷4,页102。

《道学传》别立于《儒林传》而为正统。阮元修国史儒林传的立场则不主张分立,亦即隐隐反对正统,故有"师儒并立"之主张提出。若谓阮元本右汉学,故其斋名亦曰"揅经室",《揅经室集自序》云:

> 室名揅经者,余幼学以经为近也。余之说经,推明古训,实事求是而已,非敢立异也。[1]

则诚然,故其所宦之处,立诂经精舍,设学海堂,校勘十三经,编《经籍纂诂》,皆是其宗汉学之学本旨。但是右汉学与在国史儒林传中以汉学为正统而排摈宋学,则是两回事,是故不能以于汉学为右的文字之数,来与《拟国史儒林传序》中的"师儒并立/汉宋并立"的立场相为混淆。缘此为基,则吾人可读《清国史》与《清史稿》中的《儒林传》之分卷义例。

《清国史》钞本,系刘承乾于鼎革之后,与北洋政府成立之"清史馆"第一任馆长赵尔巽议定后,于1922年冬开始由刘氏斥资展开此一传钞之巨大工程。故此本即称为"嘉业堂钞本",天壤间亦唯刘氏有此一钞本。[2] 此书迟至1993年6月始由北京中华书局印出传世。较诸《清史列传》《清史稿》关内、外与国府解禁本等已晚甚,然其取资旧清之"(清)国史馆"史稿档案中钞出,在整个"清史"纂修过程中的地位,已具重要位置,算是前朝所修的某种意义上的"定稿"。"新朝"所修者,即以此为另一阶段之起点。

就《儒林传》而言,依中华书局本所置于前之目次,可知《儒林传》共有82卷,前编8卷、上编32卷、下编41卷、后编1卷。《影印说明》

---

① 阮元:《揅经室集》,册上,《自序》。
② 见吴格的《清国史》(上海复旦大学图书馆藏嘉业堂钞本,北京:中华书局,复印件,1993年)之《影印说明》。

以为"前编与上下编系国史馆不同时期所纂，间有重覆。"不同时期之积累渐增此则诚是，若谓间有重覆，则恐非当行之言。即以《清史稿》而言，其中《儒林》与《文苑》二传，便有缪荃孙与马其昶之先后属稿，此本职责有司，而后《儒林》多采缪氏所撰之传，此亦是最后之总纂所职与议定。故《清国史》中之"前编"以朱鹤龄为首，王夫之等附传，卷2以下则有顾炎武、曹本荣、薛凤祚（1600—1680）等传，黄宗羲、阎若璩、戴震等皆为附传，此当是早期之初稿与暂拟目。上编与下编则已见正式之编例，可以据言其初之编定构想。上编以孙奇逢、刁包（1603—1669）、沈国模（1575—1656）为"卷一"，①张履祥（1611—1674）、沈昀为"卷二"，陆世仪（1611—1672）、芮长恤为"卷三"，李二曲、白奂彩、王夫之（钞本未见）为"卷四"；可知上编之构想，系以清世理学为一脉而都为上编，其卷首开端则为"孙奇逢"。②

至于下编，则卷一以顾炎武、黄宗羲、钱澄之（1611—1693）为首，卷二为朱鹤龄（1606—1683）、张尔岐，卷三则余汝言、姚际恒、梅文鼎（1633—1721），③卷四为毛其龄、胡渭、阎若璩，卷五之惠周惕传兼惠士奇（1671—1741）、惠栋（1697—1758）、余萧客（1729—1777）附传。江永传在卷十，朱筠（1729—1781）、王鸣盛（1722—1797）、钱大昕在卷十一，戴震与段玉裁在卷十四与梁上国同传。由下编目次看来，并无

---

① 其间极有意味者，并非此目中有否反映"汉宋之分"或"汉宋调和"；而是在卷一中，与孙奇逢并列的沈国模及其附传诸人史孝咸、王朝式、韩孔当、邵曾可等人，皆是清出刘宗周门人中属于姚江书院一脉，此脉与刘门中的另以黄宗羲为首的证人书院一脉，存有分歧与裂痕。《清国史·儒林传》上编以沈国模传于卷一，而黄宗羲则为"经学之儒"而与顾炎武同传于下编。则清初浙东之儒学的刘门分歧，似已在此传之诠配上反映出来。其后的撰属儒林传与清学案及近代的清代学术史著作，实多已不措意于此。关此，可参本书《清初浙东"刘门"的分化及"刘学"的解释权之争》。
② 刘承乾嘉业堂钞本《清国史》，册十二，《儒林传》目录及下编之正文。
③ 在《清史稿》纂修过程中，此卷中的梅文鼎及附传王锡阐等，已另置于《畴人传》中，作了调整，其调整经过，则朱师辙《清史述闻》（台北：乐天出版社，1971年）书中有详述。

"吴派"或"皖派"的结构与传谱之显示；亦无"惠戴之学"为"清学史"主轴的撰例刻意安排。但是，从卷一作为开端传主的"顾炎武"迄于卷末（卷四十一）的"朱一新"（1846—1894），确实下篇系以"经史小学"为宗。而且下篇用的开端仍为"卷一"，而不是以接续上篇之末卷（卷三十二）为次，则此钞本《儒林传》的初本构想已极明显，即是汉学、宋学各为其脉的两脉式想法。故区分为两编，上编以孙奇逢为"首卷"，著"清理学开端"之义；下篇以顾炎武为"首卷"，著"清经学开端"之义。必是"汉宋之分"氛围下的"清学史"回顾之意识下为之者。①

可见《清国史·儒林传》有一种调和汉宋之论的持平立场，故接受了清学史中有汉学、有理学双脉的历史观。从而也分出上编以宋学/理学为主，而下编以汉学/经学为主的双调性写法。清世理学以孙奇逢为开端，若清世汉学则以顾炎武为开端；但在传文中并未用"国朝儒宗"这样的措词。

对于民国三年（1914）起由"清史馆"纂修而至国民政府北伐由金梁匆促付印的关内本、关外本和故宫博物院修订的解禁本《清史稿》，本文不打算讨论《清史稿》上述版本及有关修纂者与史料来源的问题；而仅将焦点集中于其《儒林传》中"卷首"的意义与笔法上。今本《清史稿·儒林传》中共有 4 卷，从列传 267 至列传 270。② 由《儒林一》至《儒林四》，从"清学开端"的角度以论之，则《儒林一》与《儒林二》之传次安排，实有可言者，而亦可以考见其所承。《儒林传》之前 2 卷，其实亦是继承了"（清）国史馆"在《清国史·儒林传》中编次为两脉之例，即"上编"以"宋学"为脉，而"下编"则以"汉学"为脉。《清史稿》之《儒林传》亦同，大体上维持了《清国史》的两编之体式，以《儒林一》为"清世

---

① 参刘承乾嘉业堂钞本《清国史》册十二《儒林传》目录与上编之正文。
② 赵尔巽：《清史稿》（北京：中华书局，缩印关外二次本），册一，总目录。

理学"之脉为诸儒立传,而《儒林二》则以"清世汉学"为主脉而立传。又,在《清史稿·儒林传》前有一"小序",此《儒林传序》全本阮元之言,大要谓:一、先王之制,《周礼》中有"师"有"儒"。"师"以德行教民,而"儒"则以六艺教民。故"师儒之异"即是"汉宋之分",统归之于"儒林",而实不可以偏废。"两汉名教,得儒经之功;宋明讲学,得师道之益;皆于周孔之道,得其分合,未可偏激而互诮也。"[①]此阮元从大处观,亦自周孔之原处观,已将清世的"汉学"与"宋学",转成了"周孔之道"以下的"师"与"儒"为其本然。是故俱归导于"儒林传"中,不可偏废,尤不可再蹈《宋史》中分立《道学》与《儒林》两传之失,以启争端与门户。则此《儒林》一传乃标着其合,而传中又有一分水岭,则是《儒林一》与《儒林二》之所以分立之义所在。《儒林一》以"孙奇逢"为首,是以"孙奇逢"着见清世理学之开端;而《儒林二》以"顾炎武"为首,着见清世汉学与治经学者之开端。两脉与两开端,则《儒林传》之以传"汉/宋学"与传前小序之义,亦可见矣。其中不同者,为"黄宗羲"已移置于"孙奇逢"之后,盖仍系黄氏为理学中王学嫡传也。

五、结　　论

有关清学、清代学术之史的撰述,自江藩以来,便产生了一种居于现在而对历史作出回顾时所必须面临的"开端"问题,这本是易代之后的"断代"史义,非仅"纪"体或"表"体为然,"传"体也同样必须遭遇。因之,无论是"清史"中的"儒林传",或是以"清儒"为主的"学案",都将遭遇与面对此一"首卷"编排下的立场、判断、选择之书法与义例。即便是在"近代意识"下,受外来影响撰著的章节体新式写作,如《清代学

---

① 《清史稿》卷480,《儒林传序》,册四,页3355。

术概论》《中国近三百年学术史》等书作者梁、钱两氏，以及承此脉而来的侯外庐氏之《中国近代思想学说史》等，亦无不有着一种刻意在"首章"内容上赋予意义的写法；在新体写作的表象下，仍然潜藏着相对于前此旧式著作的互文脉络，只要我们注意，便可以察见。有关《清史·儒林传》《清儒学案》的"首卷"，或是章节体"清代学术史"的"首章"，都有着"开端"意义赋予的企图，这一意图的根源，正是导源于江藩所开启的《国朝汉学师承记》之争议。江藩的影响真有这么大么？曰：唯唯，否否，是然亦不然！江藩恰巧居于一个彼之所居的"国朝"（对我们则为易代后的"清代"），作出第一本以史笔意识与体例写作的《记》之位所，而其书之"首卷"既启争端与议论，则此课题遂亦由其而启。另一方面，只要是书写"国史"：一种身处局中的自我回顾寻求"一代之史"起源或开端的写作，便会出现"章、卷、篇"的"首"义之映入眼帘。就算是易代鼎革之后的另一个新朝、新代、新政府之起而以代，也仍然必须对自我所居的朝、代寻求起源，无论是由自我所居逆溯、还是顺时而下迄于现在的历史写作，皆然；如此，方能继往者而传将来。新的朝、代之起源必然与前一朝、代之末相叠，甚至于制度、人物、事迹，亦皆有此跨代之现象；因之，凡为本朝、当代或前代之史的写作就必然会遭遇此一"断代"的问题。由"断代"问题来的，便是传统旧体史书书写体例的拟订，无论是纪、表、志、传，都将面对。本文所探讨的，其实也就是综述自"国朝"中的清人对于清学之历史回顾中的"开端／首卷"之意义有无及为何的探讨；乃至于易代之后的近代以降或跨代学人，彼等对于前代的清学或清代学术之新旧体之史的写作中，"开端／首卷"意义的阐述。

历史百年悠悠，终知国史非仅存往，亦为子孙将来，述往事而知来者。近代"历／史学"领域之变迁，历经"中国通史"编修与"章（学诚）学研究"波澜兴盛之势后，终又重新面对"前代／一代大典"之述往事与兴来者之职与责，开启设立"国家清史纂修委员会"修史之局，对当年易代时所修之《清史稿》与少数学者如张晓峰及其传人等所匆修之《清史》《清史稿校注》等并体例亦皆重新商榷。商榷史书体例，本为大事，笔者则因于吾国传统之儒林与道学之学术史，夙所究心，故即以"清代学术之开端"，撰成此文，以望方家之教。一代之史，其修不易，自古而然。若期于众手，则集于一堂以从容论讨，当为其中不可不注意之古人论官、私修史之良窳处也。

"汉学"与"师承"：
江藩《国朝汉学师承记》研究

本文以江藩之《国朝汉学师承记》作为清代的一部重要学术史文本，不仅因其书名之"记"乃仿自《史记》，更在于其"师承"一词与义亦系取自《儒林列传》而来。既述"国朝汉学"之"史"，故有上限，即其卷首之义；其笔殆亦自述之属，故下限即是自我所处之时代，此亦是太史公居汉武而处下限之义；则江藩述有清一代之学术史，殊有胜义与特义，宜其引致当世及后世之学者多议多商榷也。长辈皆言清人治学足为根柢，于是知江藩之书与学犹可以再探也。

一、模式:"清代学术"与"时代思潮"

20世纪研究"清代学术"开山人物之一的梁启超,曾在其影响近人甚巨的《清代学术概论》中,描绘了他眼中所谓的"清代思潮"。其云:

> "清代思潮"果何物耶? 简单言之,则对于宋明理学之一大反动,而以"复古"为其职志者也。其动机及其内容,皆与欧洲之"文艺复兴"绝相类。而欧洲当"文艺复兴期"经过以后所发生之新影响,则我国今日正见端焉。①

"清代思潮"这一词汇,正是梁启超掌握"清代学术"之"共相"及其特色的描绘语言,他解释"思潮"二字,云:

> 今之恒言曰:"时代思潮",此其语最妙于形容,凡文化发展之国,其国民于一时期中,因环境之变迁与夫心理之感召,不期而思想之进路,同趋于一方向,于是相与呼应汹涌,如潮然。……凡"思"非皆能成"潮",能成"潮"者,则其"思"必有相当之价值,而又适合于其时代之要求者也。凡"时代"非皆有"思潮",有"思潮"之"时代",必文化昂进之时代也。其在我国,自秦以后,确能成为

① 梁启超:《清代学术概论》,台北:里仁书局,1995年,页8。

"时代思潮"者,则汉之经学,隋唐之佛学,宋及明之理学,清之考据学,四者而已。①

梁启超的治学方式颇受到"史学"的影响,而又以追求一种"群性的共相"为其主要所趋之目标,这种"共相",放在学术思想史的研究中,对他来说,就是一时代"思潮"的掌握。明乎此,我们也就可以了解梁氏为何要在《清代学术概论》中特别提出"清代思潮"这一词汇的原因。

值得注意的是,梁启超在这个后来被余英时称之为"理学反动说"的描绘中,梁氏对自己所在位置的观察与自觉。观察与自觉包括了作为陈述对象的"历史的梁启超",与作为陈述者的"现在的梁启超"。梁氏重视清代学术的原因,其实与他的自觉与自我定位有关。他在1904 年所撰的《近世之学术》一文中,论及清代学术时。即有云:

> 本朝二百年之学术,实取前此二千年之学术,倒影而缫演之,如剥春笋,愈剥而愈近里;如啖甘蔗,愈啖而愈有味;不可谓非一奇异之现象也。②

又云:

> 本朝学者以实事求是为学鹄,颇饶有科学的精神,……所谓科学的精神何也? 善怀疑,善寻问,不肯妄徇古人之成说,一己之私见,而必力求真是恩非之所存。……凡此诸端,皆近世各种科

---

① 梁启超:《清代学术概论》,页 6。
② 见《饮冰室合集》,册一,《饮冰室文集》之七,页 102。

学所以成立之由，而**本朝之汉学家皆备之**，故日：其精神近于科学。①

"本朝"二字，可以看出梁氏是将自己的位置与他所描绘的"清代思潮"联系在一起的。这与《清代学术概论》中"引述"这一段文字时，已经改"本朝"为"有清"，正好显示了相隔十六年的间距，其背景固然已是1911 年前后政治形势的转换，而又不尽然如此。② 表面上看来，"本朝"与"有清"显示了易代性的语言，然而，梁氏在十六年后仍然"引述"这一段文字，则又显示了其内里的联续与一贯，在此"引述"中，梁氏对于自己与"本朝学术"或"清代学术"的自觉仍在，换言之，虽然由《论中国学术思想变迁之大势》《论近世之学术》至《清代学术概论》间，已然有着"民国时空"的"历史研究"，与"本朝人物"对"本朝学术"的观察与行文中"主词"的微妙转变。但是，梁氏在民国九年（1920）的《清代学术概论》中，仍然未忘记自己是"晚清今文学运动"中的一个成员。《清代学术概论》两篇序文中的《序一》值得我们注意之处，便在于此。序文中云：

> 胡适语我：晚清"今文学运动"，于思想界影响甚大，吾子实

---

① 《饮冰室合集》，册一，《饮冰室文集》之七，页 87。
② 就梁启超自己而言，其自云则为相隔了十八年，如《清代学术概论·序一》云："余于十八年前，尝著《中国学术思想变迁之大势》，刊于《新民报》，其第十八章论清代学术。"然而，就其《近世之学术》一文发表在《新民报》杂志上的时间，却是 1904 年，相隔的时间为十六年，揆其原因，《近世之学术》系《论中国学术思想变迁之大势》一文之末章，发表时间较为推迟了两年。但在《饮冰室全集》的目次中，依其标注文章时间的体例，编辑者只于《论中国学术思想变迁之大势》之下标注年代为 1902 年，并未另注出《近世之学术》发表的时间，因此，揆梁氏之所以自云相隔十八年之故，若非梁氏自己记忆有混淆，便有可能在梁氏撰写《论中国学术思想变迁之大势》时，亦已撰有文之初稿，或近脱稿而尚待修补，故发表时间推迟了两年。故梁氏在记忆中遂并两文为一文，毕竟《近世之学术》本就属于《论中国学术思想变迁之大势》之一部分。

躬与其役者,宜有以纪之。

　　"今文学"之运动,鄙人实为其一员,不容不叙及。①

而在1923年撰写的《中国近三百年学术史》中,他更是将自己的位置摆入了"以复古为解放"的最后一期中,亦即作为"晚清今文学运动"的殿军人物之一。这种"自我"的安置,对于已经身在民国时期的"梁启超",自然不是没有意义的,它已揭示出当梁氏"回顾"清代学术中的"梁启超"时,"历史"正在为"现在"的"梁启超"提供意义的寻求与位置的安顿。因之,梁氏其实是把自己所曾身处的"国朝学术"予以坐标化,并且比拟为西方的"文艺复兴",《清代学术概论·序一》中云:

　　此二百余年间总可命为中国之文艺复兴时代。②

这个以"以复古为解放"为特色的"清代思潮",一旦能比拟为"文艺复兴",那么,继其成而瞻望未来,"中国"的民族与文化,自然可以如"文艺复兴之后"般开花而结果。"现在"的努力也就从"过去"而至"现在",并且朝向于"未来",都有其意义,也有"前景"可期。论者曾谓:他与胡适后来的分歧,便在于胡适始终将"清代学术"视为"国故学"之一环;而梁启超则将"清代学术"始终视为与自己深相关连且参与其中的一个"时代思潮"。③ 梁、胡分歧的一个很大的根源,便是在于梁启超观看"清代学术"时对自己所在位置的自觉。梁不仅把"过去"的"清

---

① 梁启超:《清代学术概论》,民国九年《序》。
② 同上注。
③ 张锡辉认为,梁、胡之间的分歧主因之一,实与梁氏将自己参与的"清代思潮"视为"文艺复兴",而胡适则视自己所掀起的民国新思潮才是"文艺复兴"有关。见张锡辉:《文化危机与诠释传统——论梁启超、胡适对清代学术思想的诠释与意义》(台北:台湾师范大学国文研究所博士论文,2001年)第八章,页211-24-0。

代学术"视为自己所曾参与的"历史"，同时，也从这个坐标出发而联系到现在的自己，因而对"清代学术"便不再如胡适般之视"清代学术"为一种"国故"，而其中更蕴有一种含有自身在内的"前瞻"，其实，即便是胡适之视清学为"国故"，也同样有其科学主义、智识主义的"前景化"期待。因此，梁氏在将自己放进"本朝学术"的"今文学"脉络与坐标中时，便呈现了一种"学术史"式的自觉与回顾，这个 1904 年的"本朝学术"或是 1920 年《清代学术概论》的"清代学术"，它是一种"时代思潮"，而且是以"以复古为解放"为特征的文艺复兴般的"时代思潮"。①"汉学"是其前阶段，"今文学运动"则是其后期阶段，不论是前期还是后期，它都是有清一代的"时代思潮"；换言之，由"思"而成"潮"，它是"清代学术"的主轴与主流。② 从《论中国学术思想变迁之大势》《近世之学术》到《清代学术概论》《中国近三百年学术史》，从"国朝"到"有清"，我们窥见了梁氏的自觉与其所描绘的"学术史"对象之间的关系与联系。

　　梁的这种将自己推进入"历史"的自觉，将自己置身于所描绘的（作为对象的）"时代思潮"之中的自觉，无论是前期的"汉学"或是后期的"晚清今文学"，都在梁的笔下呈现了一种发展式的进行，并且笔调中隐藏着对"现在"的定位与对"未来"的期待。梁氏的这种对于一个时代的学术、学风、时代思潮或文化活动之总体掌握与描绘的方式，并不是经过西潮碰撞之后才有的模式特例——在其笔下，固然已经充满了大量的非传统语汇。在传统上，多的是这种描绘自身与时代思潮关

① 梁启超《论中国学术思想变迁之大势》云："一时代中或含有过去时代之余波，与未来时代之萌蘖。"（见《饮冰室合集》册一，《饮冰室文集》之七，页 3）
② 在《清代学术概论·序一》中，梁氏云："有清一代学术，可纪者不少，其卓然成一潮流，带有时代运动的色彩者，在前半期为考证学，在后半期为'今文学'，而今文学又实从考证学衍生而来。故本篇所记述，以此两潮流为主，其他则附庸尔。"至于在《中国近三百年学术史》中，则"考证学""汉学家""汉学派"，及"清儒的学问，若在学术史上还有相当价值，那么，经学就是他们唯一的生命。"（页 79）等等用语均有。

系的模式之呈现。以宋代的二程而言,便曾经透过"自觉"去回顾及环顾自己所身处的,是一个什么样的性质的"时代思潮",很显然,在他们自觉中的"道学"继承使命之承担中,无论是对于"历史"上的"过去",及由此"过去"而来的"现在",并且对于自己也正在从事的学术文化活动,是有着一份期待的,一种对其能由"思"成"潮"的使命感及前景化的期待;这种对于经由"历史感"而来的承担及经由"前景化"而来的使命交融于"现在",便成了一种构筑其自觉中所正从事之学术与文化活动之内容。同样地,梁启超对于"清代学术"之构筑、自觉,以及提出"时代思潮"的讲法,也是有一套内容在其中的;他们都企图将自己"身处其中"的"本朝学术"作出一种自我定位、命名的自觉及安顿,并且还必须能够通过"历史化"及"前景化"的处理;"历史化"才能赋予"现在"以使命,"前景化"才能对未来充满着期待;而为自己的"现在",提供了努力以赴的动力之源及意义上的归宿。

被余英时称之为"理学反动说"的"反理学"这一面向,[①]则仍是"时代思潮"的内容构筑中的一部分。不仅是"反此",抑且也是"不反彼",换言之,"反理学"牵涉到了的正是一种"历史的选择",从而构筑自己与"历史"、与"过去"之间的联系。在标志"反理学"的同时,其实也已经作出了"不反汉(代)学"的抉择。一如北宋的道学初兴,也呈现出一种"反汉唐学术"以便作出"不反"及"返回"三代学术的历史联系。因此,"理学反动说"呈现的,正是一种"清代学术"与其"历史"间的面对、选择及其联系之立场与态度。它所告诉我们的信息,便是:一种时代思潮的自觉,及所牵涉到的一种面对"历史"的态度与立场有关,我定位的另一内容构筑之模式,便是经由"历史"来构筑。我们将在江

---

① 余英时:《清代思想史的一个新解释》,氏著《历史与思想》(台北:联经出版公司,1976 年),页 121—156。

藩的《国朝汉学师承记》中很明显地看到这点，同时，在《师承记》中的"反宋学"，以及梁氏《清代学术概论》及《中国近三百年学术史》中的"理学反动说"或"复古解放说"，都不只是"反前代"的一种历史态度与立场而已，它同时是另一种与"历史"的联系与态度、立场的宣示。无论是江藩或是梁启超，均是如此。前者揭示了"返汉"，而"返汉"又揭示了"反宋"（宋代非正统）式的趋向三代圣人之道的正统性之宣示；后者则揭示了"复古"，而"复古"就是"文艺复兴"式期待的宣示。

透过上述吾人对梁启超之对于自身所处于其中的"时代思潮"之自觉，回顾与前瞻的描绘与分析中，我们已经大致勾勒了自我坐标化的几个重要面向。大致而言，一个"时代思潮"的成立与其在"学术史"上的自我定位，包含了三个面向：

其一，通过"历史"来建构自己；一种面对"历史"的立场与态度。

其二，身处其中的"学术史"自觉。

其三，置身此学术中的前景化信息（前景化的信念与使命）。

而以同样的视野转移至对于江藩《国朝汉学师承记》一书的透视时，我们也同样发现，在《国朝汉学师承记》一书行文的笔下，江藩对"自我"所"身处"的学术描绘，实有着同于梁启超般的"时代思潮"模式笔法之勾勒与记述。不仅"自处的"与"历史的"之间，有着"对立面"的关系；同时，这种与前代学术——宋（明）理学——间的对立，也是构筑自我的一个面向；或者，也是一种"返汉"的选择取向。其次，正由于江藩之身处其中，我们处处看到江藩与《师承记》中人物间的对话与叙事互动，而将江藩也构筑了进来；虽然他并未像梁启超般设置了一个"今文学的梁启超"，然而，"身在局中"的笔法与叙述者的姿态则是一样的。

　　另外一点要注意的，便是无论是梁启超还是江藩，他们所描绘的对象都是"清代学术"。准此，江藩的《国朝汉学师承记》中的"汉学"一词，便足堪玩味深索其中的意义，尤其是江藩以之作为"书名"时，便将自己亦推入了此词的建构之中；作为以宗汉为志的惠氏之再传，其书名中的另一词汇："师承"，传达的正是一种"学术史"建构的信息：仿《儒林传》。因此，从"汉学"到"师承"，梁启超式《清代学术概论》之"时代思潮"，与《中国近三百年学术史》之"学术史"，使我们领悟到，江藩此书撰述的意义与意图，正在于建构一个"时代思潮"的描绘并深深相联系于自己；或者说，由自己出发，为身在其中的学术活动描绘其成为一个"时代思潮"的主流价值。正是江藩在自觉上，已意识到自己所身处其中者，是一种"汉学"之思潮，于是乃为其命名为"汉学"。我们也可以看到，透过上来所述的视野去细读江藩为此书所作的"叙言"（卷一前叙）时，发现在《江叙》中正充满着自我定位式的笔法：对"前代"、对"历史"的立场与态度，对自我处身其中的自觉与命名、以及对自我所处身其中的文化活动（或时代思潮）之信念。即便在其仅仅七字以为书名的"国朝汉学师承记"中，一旦我们以基于上述剖析的模型作为视野时，就信息的传达而言，映入我们眼帘的"国朝汉学"与"师承"，便意味浓厚。"国朝"传达的是"我的时代"的信息，"汉学"或"国朝汉学"亦复如此，有着"我的时代思潮"的自觉与自处之坐标定位感受。抑且，"汉学"二字还充满着对其前代——宋代或明代——的学术（宋学）的充分反感、反动与反空疏；"返汉"正是为了"近古"，"返汉"必须越过宋元明与六朝、唐代，从而接上"汉（代）学"与"汉儒"。其模式与宋儒欲凌驾"汉唐"而直接"孔孟"，何其类似，也是一种儒门中的正统之争。江藩的"书名"也正标志着这种语言、这种模式所欲说出的时代学术之重新奠定、在整个中国学术史上重新定位、追求正统的展现与诉求。

因此，"汉学"不仅标志了"反宋"，也标志了对"历史"的另一种态度与立场。另外承接了的"古代"：返汉或三代，这显然是被选择过了的。同时，"师承"一词，也标志着"传衍"与"授受"，在"过去"向"现在"与"未来"的传递中，"以经为学"已经作为"传递"的主轴；不仅由圣人那里传递至汉儒，也由汉儒之后经由"宋学"的破坏而再传递至"清代"——"国朝"而再度复兴；"绝学"的说法，决非只有宋儒才使用着，清人一样使用着这样的语言。在"国朝"的传递中，经由"师承"——即便实非如此，由国初至乾嘉，江藩对"本朝"所作的"学术中"的回顾，便铭刻了江藩笔下的自觉、参与、命名；而"汉学"也终将取代"宋学"，成为圣王制作之学问的正统，成为我朝儒学在整个中国学术史上的一代之学与莫大之贡献；这不仅是"历史"的记载与描绘，也是"现在"江藩的参与及从事，更是可以"前景化"的预期与信念。江藩的《国朝汉学师承记》一书，其实就是从江藩这样的自觉出发的写史之作，自觉中有着立为基点的坐标，无论在由此坐标而出发的"回顾"、自觉的现在，以及向于未来的前景，江藩叙言中的总调性，就是"国朝汉学师承记"。而《国朝宋学渊源录》，就江藩而言，则不过是一部为了陪衬、为了衬托，以"烘云托月"之笔法而带出朝廷尊崇、科举应试，但却是"主流"之旁的一本荧光星火的"相映"之书。

因此，其实关于江藩的这部著作，其实我们也就有了分析的模式。对于这样的一部将自我也置入其对象描绘与记录的著作，不论其面对"历史"的态度，立场与选择的联系，或是"作者"自置其中的"时代思潮"的"学术史"式的笔调与卷帙安排的写作，以及一种前景化于现在的信念，都可以反映出来。作为以"返汉""近古""反宋"为主轴以争取"圣人之学（道）"的正统性上，这一批从事"汉学"的学术活动者，在江藩的笔下是多么地具有使命、意义感受与信念。的确如此，早在顾炎武时，就已经提出了"古无所谓理学""经学即理学"的观点，而顾氏所以治经之故,便在于追求圣人制作之原,而此一制作之原,足令天下致治,顾氏早就在那个明清变动之际的时代中,反思到一种对于"经学"可以"前景化"的信念。同样的,江藩的笔下,从世祖到康熙,从世宗到乾隆,在由"思"成"潮"的发展过程中,不唯"溯孔门之渊源""探孔、贾之精微""本天殽地,经国坊民,治法备矣"。抑且"鼓箧之士,负笈之徒,皆知崇尚实学,不务空言,游心六艺之囿,驰骛仁义之涂。"[①]这种笔下盛世的描绘,虽为溢词美上之言,然而江藩却是将"美言"联系上了"经学";换言之,唯"经学"方能使"圣人致治之道"明于天下,这正是一种对于"汉学"、对于"经学"的意义性认知。与江藩同时代的孙星衍、焦循、阮元等人物,无不有此种前景化期待与使命与自我所从事的学术作出联系的文字语言。在他们的叙述中,此类前景化的信仰已成为一种怀抱及意义上的归宿,深信在"复古"中,可以找到此种寄托之"原"与"源",并且成为"现在"努力的依据。或者对于另一种"过去":宋学,他们也已尽力并且成功地致力于阐明这种"过去"是一种"伪学",离开圣人传述之"经"已甚远,且是偏离圣人之学的"虚言"之学。无论是哪一种,都已表明了它是一种从"过去"来见证"现在"的方式。

二、命名:"汉学"之自觉与命名

(一)"汉学"之自觉与命名

首先便是"道"的内容典范之转移。在江藩《国朝汉学师承记》卷一前叙中,他以"经学史"的叙述方式回顾了一段中国经学历史的变迁,及其与本朝学术之关系。江藩在此前叙中,开头便陈述了何谓

---

① 江藩:《国朝汉学师承记》(锺哲整理本,北京:中华书局,1983 年)卷 1,页 3。

"道"。"道"应以三代圣王时的内容为准的，孔子所传述者，"经"之所传述者，也是在此。先王之道，不是在以"究性命之旨"为主的《道学》，而是在"经国之制、先圣礼乐"的《儒林》，传经之义，便系在此。江藩正是透过这样的角度，来阐述他笔下的经学历史之变迁，以及反映在其中的一种"经学"之"坏"的六变三坏的历史。江藩此叙首云：

> 先王经国之制，……学先圣礼乐，……济济乎，洋洋乎，三代之隆轨也！①

虽"坏"于"秦"之"燔诗书，杀术士，圣人之道坠矣"。然而，幸得有"两汉之兴"，"西都儒士开横舍，延学徒，诵先王之书，披儒者之服，彬彬然有洙泗之风焉"。东汉则"硕学大师贾、服之外，咸推高密郑君，生炎汉之季，守孔子之学，训义优洽，博综群经"。是故两汉经学皆为"专门之学兴，命凡之儒起。六经五典，各信师承，嗣守章句，期乎勿失"。汉学之所以重要，亦即在于其能将传述"先王之道（制）"的"六经五典"，一一"信师承，守章句"，使"洙泗之风，孔子之学"传而勿坠。这一段叙述的特色，显然便在于反映江藩观点的论在其述中，他首先从"经"的源头：先王礼乐经国之制来论述"道"的内容，以及"经"的重要。而"汉儒"与"汉学"之所以在"传经史"上尤显得重要，便在于其能达到"专门学兴、命氏儒起"的境界，"汉儒"与"汉学"的"各信师承，嗣守章句"，便是"我朝"之学术所以须向"汉"回归复兴的主因。对于阮元而言，回归汉学，是因为其在"二氏"未起之前，唯"二氏"之兴，遂使得儒者之学，转为虚学玄谈，不究先王礼乐之典；②而惠栋《九经古义述首》中的著

---

① 江藩：《国朝汉学师承记》卷1，页3。
② 阮元：《国朝汉学师承记序》，《揅经室集》（邓经元点校本，北京：中华书局，1993年，二册），《揅经室一集》，卷十一，册上，页248。

名一段文字，更是标志着"汉"之所以重要，并为江藩将"我朝学术"自觉名为"汉学"的重要回归性提供了解释中的最具合理性的基础：

> 汉人通经有家法，故有五。经师训诂之学，皆师所口授，其后乃著竹帛，所以汉经师之说，立于学官，与经并行。五经出于屋壁，多古字、古言，非经师不能辨，经之义存乎训，识字、审音，乃知其义，是故古训不可改也，经师不可废也。①

惠栋又云：

> 栋四世咸通汉学。以江犹近古，去圣未远故也。②

卢文弨在乾隆三十八年为惠氏书所作序文中对此"近古"之义，阐述的更为详确。其《九经古义序》云：

> 凡文之义，多生于形与声。汉人去古未远，其所见多古字，其习读多古音，故其所训诂要于本旨为近，虽有失者，寡矣。③

"返汉"与"近古"之义，即在于"其所训诂要于本旨为近"也，是"近古"即近经之本旨，近经之本旨即更能易得圣人述作之意也。这是凌越宋明、凌越六朝、唐代而"返汉"及揭汉帜、崇汉学的根本认知，仍然是在于以"经"来联系"圣王制作"上。江藩前叙中对"汉儒""汉学"的陈述，

---

① 惠栋：《松崖文钞》，卷1，页4。
② 同上注引书，卷1，《上制军尹元长先生书》，页17。
③ 卢文弨：《九经古义序》，《抱经堂文集》（王文锦点校本，北京：中华书局，1990年），卷二，页25。

不仅来自于《史记·儒林列传》《汉书·儒林传》，及《汉书·艺文志》，
也更是来自于其师门之源的惠栋论述。班固于《汉书·儒林传》中云：

> 古之儒者，博学乎六艺之文。六艺者，王教之典籍，先圣所以
> 明天道、正人伦，致至治之成法也。

这里的"先圣"，即是"先王"之义。唐以前称"圣"，即为"王"义。班固
此文中的"古之儒者"一句中的"古"，也显示出了他的"历史"认知。而
标志江藩的自觉、且为本朝学术作出"定位"与"定名"的"汉学"之称
名，就是来自于从"经"上向"汉（代）学"回归，回归则能期复"先王经国
之制"，也就是《汉书·儒林传》所云的"先圣致至治之成法"。"道"已
在此作了典范式的移转，不仅相对于前此宋元明时期程朱学派或官
方科举制义的《四书》，再度作了"五经"的回复性移转，而对于"经"
中之"道"的追求，也必须是"先王经国之制"的"道"；必须是立足于
"汉儒"与"汉学"，才能由"专门之学"上溯至于"洙泗之风"与"先王
之道"。

在其叙述中，"信师承""守章句"是重要的。"师承"指"人"、指"经
师"，"章句"指经书文本，于是乎"专门之学兴、命氏之儒起"。"师承"
由"章句"而非由"心"；"道统"在此而不在彼。在彼则只能"圣人之道
坠矣"。于是，江藩从"经学史"讨论了"历史"与"现在（本朝）"的关系，
对于"过去"的认知，更能使居于"现在"的我们知道应当做些什么。这
就是江藩的"经学六变说"，除"秦之坏"外，迄于清代的经学复盛，中间
尚历了晋、齐梁、隋唐、宋、元明等五期的"经术损降"，尤其是"宋"与
"元明"二期，更是江藩所谓的"经术三坏说"中的"最黑暗的时代"。若
非"我朝"之努力，"经学"焉得复昌。江藩云：

> 乃知经术一坏于东、西晋之清谈，再坏于南、北朝之道学，元
> 明以来，此道亦晦。至本朝……从此汉学昌明，千载沉霾一朝
> 复旦。①

"复旦"与"沉霾"，江藩明确地表达了一种历史定位的观点：本朝"汉学"的出现具有何等的意义！又，从"经术"与"道"的并用，可以看出，"道"对于江藩而言仍然具有与"经"之内容、意义上的联系意旨，因此，我们可以看到一种"道"的内容的典范式移转，由"性命之旨"的内圣学转向"礼乐之源"的外王学。而所谓"千年"者，仍然与道学家论述"孟子"一样，是一种"绝"与"续"的"道统论"模式。江藩的"经学史六变"及"经术之三坏"陈述中，也先论著此种观点而主宰着其经学史的叙述。也因此，江藩的"分汉宋门户"与"反宋学"的心态在此叙中是极为明显地；用阮元的《序》中之言来说，便是宋元明学时期，正是"二氏昌炽"之时；而戴震"反宋学"的论述中，也时时喜用"二氏未起"的语言来表述"宋元明学"之"坏降"。江藩则云：

> 宋初承唐之弊，而邪说诡言，乱经非圣，殆有甚焉。②

这些批评之语，可谓下笔甚重。而其文谓：

> 至于濂、洛、关、闽之学，不究礼乐之源，独标性命之旨。③

更是将"汉学"与"宋学"对立起来在"反"心态下论说的名言。迄于"元

---

① 江藩：《国朝汉学师承记》卷1，页5—6。
② 江藩，同上注引书，卷1，页4。
③ 同上注。

明”，等而更下，其云：

> 以制义取士，古学几绝，而有明三百年……长夜悠悠，视天梦
> 梦，可悲也夫！①

可以说，“元明”之时代，是江藩论述“经学史”六变中最坏的一段，“古学”几绝也，长夜悠悠也。以“经学史”中“经学变迁之史观与史论”来论述“自我之定位”的方式，其实就是一种在深层之处的论述“过去与现在”“历史与现在”的方式，并经由此种方式找到自我的定位，寻绎出自我“未来”的前进方向。被许为首揭“汉帜”的惠栋，其号称“古学”，反映的又何尝不是以“古”来作“今”之自我定位方式。是故惠栋屡屡喜言“博士”为“通古今之士”，其《蓬亭诗草序》云：

> 今之学校官，古博士也。博者，博通古今，士者，辨于然否。
> 汉重其选，以聪明威重者居之，故成帝鸿朔二年诏书谓：儒林之
> 官，四海渊源，宜皆明于古今，温故知新，通达国体，故谓之
> 博士。②

《学福斋集序》云：

> 明于古今，贯天人之理，此儒林之业也。余弱冠即知遵尚古
> 学，年大来兼涉猎于艺术，反覆肇求于古与今之际，颇有省
> 悟。……古人有言：知今而不知古，谓之旨瞽，知古而不知今，谓

---

① 江藩：《国朝汉学师承记》卷 1，页 4。
② 惠栋：《松崖文钞》卷 2，页 10。

之陆沉。温故而知新，可以为师。①

可见说惠栋"唯汉是尚""唯古以求"，只是拘泥于表面字意的理解，对惠栋而言，"古学"对他而言，是"跃过"宋明的必须，唯有"在汉"与"趋古"，他才能找到他现在的自身所安处其中的意义，"古学""汉学"就是以"历史上的趋向回返工作"来论述与呈现"现在的意义"以及其与"近代史意义"的"决裂"的一种方式。故惠栋论"博士"之言，其实正可以表述其所自我安顿的方式，便在于不再欲成为一种"宋明理学"下的"儒者"，而是一种自"古"、自"历史"、自"经学史"上的寻觅到的儒门之他种人物典型——博士在"今"之"自我期许"。而"博士"所从事的工作之内容，就是他在《九经古义述首》中所言的：

> 五经……非经师不能辨。经之义存乎训，识字、审音，乃知其义。是故古训不可改也，经师不可废也。②

又云：

> 汉犹近古，去圣未远故也。《诗》《礼》，毛、郑；《公羊》，何休传注具存。《尚书》《左传》《伪孔氏》，全采马、王、杜元凯，根本贾、服。唯《周易》一经，汉学全非。③

主要以"古学"为主的志业，"古学"之所以是为终极志业，其原因便一如上述，它是圣王之礼乐的源头，而"趋于古学"的正确停留与觅得基

---

① 惠栋：《松崖文钞》，卷2，页6。
② 惠栋：《上制军尹元长先生书》，同上注引书，卷1，页16。
③ 同上注。

所，便是因缘于"经"与"传经"，所以必须停留在"汉儒"与"汉学"。无论惠栋所治的经学是否均为"汉之古学"，或者仅是一种其已选择过了的"汉儒之学"，但是在认知上，"汉儒"与"汉学"正是他的停留，"停留于汉"以作为"现在"行动的所作所为之意义的来源。虽然惠氏对于"历史/过去"与"现在"的关系，只及于"汉"为止。他并未有整个"中国经学史"的"经学变迁论"来与"现在"作出联系。整体型"经学史"的"经学变迁论"，是以一种较为联贯、延续的方式，将"现在——本朝学术"也纳入"经学变迁论"中，以论成一种"经学变迁"的"轨迹"，而更合理化的将"过去"之所以"延续/转变"至"现在"，作出一种"历史的陈述"或"含有史观的历史的论述"的方式。江藩在《前叙》中所为者，显然便正是一种含有了"经学六变"与"经术三坏"的"经学变迁"之"经学史"，而"本朝学术"就是这"经学变迁史"中的"第七变"与"三坏"之后的复兴之阶段；这个阶段，无论是"经学之复兴"也好，或是用惠栋的"汉帜"之命名也好，江藩对"本朝学术"的自觉，显然便已置于"经学史"中来论述与披露此种自觉。其书名中的"汉学"，正述说着这样的信息。江藩不仅将"本朝"也纳入对"过去"、对"历史"的陈述中，并且还将"历史"与"现在"作了一种"联系"，尤其是关于其所亟亟欲"对立"起来的前二个阶段：宋与元明阶段，不唯是一种"经学之坏"与"本朝经学昌明"的"对立"；而且，除了"对立"，也有"联系"；继"对立"而来的，是一种以"汉学——经学"为"主轴史观"的一种"由坏发展至好"的一种"史"的"纵向"之观照与陈述；这样，"汉学"之"反宋学"就在"经学史"的取向下，更具合理性，也更为合理化。江藩的观点并不一定是真理，但却是他的信仰；不一定是所有清代学人的观点，但却反映了江藩及与其同类型学人的观点在某种程度上就是他们的信仰。

事实上，什么样的"现在"，就有着相对应的"过去"，这两者是相涉的。因为，"历史"须要在"现在"出现，才成其为"历史"；而"现在"则须要"历史"来作"自我定位"，为自我的现在找到一个历史上的渊源，来为自己作出一个定位与定性。江藩的"汉学"之自名，显然是怀有着这样的一种历史意识。

也可以这么说，在"典范"的转移中，江藩已经以一种为自我所置身的历史视野而出发，对清——"国朝"以来的一种不同于前代的"学术思潮"，作了一种有定见的回顾与建构，这个建构以他所定名为"汉学"发展为主轴，并以此为准则而选人入传，由此而塑造了一个专属于这个"学术思潮"的"历史图像"，树立起"汉帜"，并含有着一种"反宋明理学"的心态；同时，因为主轴与准则的关系，"国朝"的其他学术，一如近人所指出的：浙东史学、常州学术，桐城、阳湖文学等，都已在此主轴之外；江藩是以"汉学"作为"时代思潮"的主轴的，他既是参与者，也是建构者。

对于这个"时代思潮"的自觉与定名，他以"汉学"称之。事实上，入清以来，清代的"汉学家"或"治经"之学者，都有着尊经、重训诂，以字词与小学通其义的"汉（代）学"式的认知，无论"清学"与"汉学"有何异同，他们确实是"宗汉"（大过于"宗宋"）的，先勿说江藩所溯以为源头的惠氏之学，较其为早的臧琳，早已如此。被江藩刻意置于卷首的阎若璩，在序臧琳之《经义杂记》中即云：

> 疏于校雠则多脱文伪字，而失圣人手定之本经；昧于声音训诂，则不识古人之语言文字，而无以得圣人之真意。若是，则学者之大患也。[1]

---

① 阎若璩：《经义杂记序》，臧琳：《经义杂记》（"拜经堂丛书"本，《丛书集成续编》，台北：商务印书馆），卷末附叙录，页2。

未被江藩列入，在"经学"方面曾与顾炎武相往来，同属惊隐诗社，为乾嘉学人所忽视，但较诸臧、阎等人都要早的朱鹤龄（1606—1683），其《毛诗通义序》云：

> 章句、训诂之不足以言《诗》，为性情不存焉。然古人专家之学，代有师承，又非可凿空而为之说。①

《尚书裨传序》更云：

> 六经之学，非训诂不明，然有训诂不能无异同，有异同不能无蹉鲛，他经皆然，《尚书》为甚。②

乾嘉学人自惠、戴以下，更多的是此类言论。可见"治经"须先"返汉"，此一认识之寖寖成为共识，有其必然之轨迹。阎若璩已经指出："圣人手定之本经"是一个重要的认知核心，阮元亦云："圣贤之到存于经，经非诂不明。汉人之诂，去圣贤为犹近。"③因此，以"本经"为求道之学，便须先立基于"经"中之字、词、章句与训诂以为据，则"汉儒"之"汉学"便是首先必须趋近之学，清人甚少详究"秦火"，然"秦火"正是"圣经"与"汉经"之间必须以"考据"来联系的关键。正是由于"秦火"，孔子传述的三代圣人之学才又遭到另一次危机，幸有汉代经师持守与传承之功，由口授到书于竹帛壁藏，要之，欲究周孔圣人之道，舍汉儒不能近古与竟功。阮元的"诂经"之述，似乎已经可以形成一个公式，即：圣王之道→圣经（本经）→诂经→汉人之诂。这正表明了一种脱离以"自

---

① 朱鹤龄：《愚庵小集》，上海：上海古籍出版社，1979年，卷7，页1。
② 同上注引书，页6。
③ 阮元：《西湖诂经精舍记》，《揅经室集》，二集，卷7，页547。

得""本心"为主的圣贤之学,正朝向另一种以通过"复古"为"立帜"的方式,逐渐在一个时代中形成其时代思潮与特色。这种新的求"道"之内容,集中在"先王之经制与治法",其场域则以"六经"为学,集中于"圣人手定之本经",一种复古式的认知,便是集中于《汉书·艺文志》中的《六艺略》,其"求道"的方式便是以"诂经"、以"汉诂"为其特色之总称。其治学上的"古学"典范,也不再是韩愈《原道》篇中的"孟子",更不再以追求"孔孟之道"的濂、洛、关、闽为大儒;已转成为能在"治经"与"传经"中有其功、集其成的贾、服、许、郑诸人,尤其是郑康成与许叔重,已经成为"汉学(清代)"中的"汉学(汉代)"之"新典范"。江藩的"汉学"、阮元的"诂经",清代之学术思潮,确实有一脉正以取代"宋学"作为意图及形成我朝学术意识及建构中展开。

至如孙星衍,更是为了此一以"治经"为主的学术活动之称名与性质,为了能以"考据"为符此种"学术思潮"的特色之掌握,而愿与友人(袁枚)一辨此"思潮"之特色,谓"考据"绝非那种被误解了的意涵。在孙氏的笔下,"考据"就是"汉学","考据"就是江藩以"汉学"为专名所意指的"时代思潮"。孙氏云:

> 来书惜侍以惊采绝艳之才为考据之学,因言形上谓之道,著作是也,形下谓之器,考据是也。侍推阁下之意,盖以钞摭故实为考据,抒写性灵为著作耳。……侍少读书,为训诂之学,以为经义生于文字,文字本于六书,六书当求之篆籀古文,始知《仓颉》《尔雅》之本旨。于是博稽钟鼎款识及汉人小学之书,而九经三史之疑义可得而释。及壮,精通经术,又欲知圣人制作之意,以为儒者之身出政,皆则天法地,……而后知人之贵于万物,及儒者之学之所于贵于诸子百家。……来书又以圣作为考据,明述为著作,侍亦未以为然。古人重考据甚于重著作,又不分为二。……是古人

之著作即其考据，奈何阁下欲分而二之？……今则各出新意以为长，古亡是也。①

而焦循则反对以"考据"命专名。焦循主张径用"经学"之名即可，甚以"考据"为不典，且自古无之。他在《与孙渊如观察论考据著作书》及《与刘端临教谕书》中都表达了他的立场与意见。其云：

> 循读新刻大作《问字堂集》，……尤善者，复袁太史一书，力锄谬说，用彰圣学。……唯著作考据之说，似有未尽。妄附鄙见，上诸左右。循谓仲尼之门，见诸行事者，曰德行、曰言语，曰政事，见诸著述者，曰文学。自周秦以至于汉，均未之学，或谓之经学。汉时各传其经，即各名其学，……无所谓考据也。其列诸《艺文志》者，首以《易》、《书》、《诗》、《礼》、《乐》、《春秋》、《论语》、《孝经》、小学，谓之六艺，即《儒林传》诸君所传之学也。……未闻以通经学者为考据，善属文者为著作也。……天下乃有补苴掇拾之学，此学视以空论为文者，有似此粗而彼精，不知起自何人，强以考据名之，以为不如著作之抒写性灵。呜乎！可谓不揣其本而齐其末矣。本朝经学盛兴，……其自名一学，著书授受者，不下数十家，均异乎补苴掇拾者之所为，是直当以经学名之，乌得以不典之称之所谓考据者，混目于其间乎！……袁氏之说不足辨，而考据之名不可不除，果如补苴掇拾，不能通圣人立言之指，则袁氏之说转不为无稽矣。②

---

① 孙星衍：《答袁简斋前辈书》，《问字堂集》(北京：中华书局，1996年)卷4，页90—91。
② 焦循：《雕菰集》，台北：鼎文书局，1980年，卷13，页212—214。

又云:

> 国初,经学萌芽,以渐而大备。近时数十年来,江南千余里
> 中,虽幼学鄙儒,无不知有许郑者。所患习为虚声,不能深造而有
> 得。盖古学未兴,道在存其学,古学大兴,道在求其通,……庶几
> 学经之道也。乃近来为学之士,忽设一考据之名目。循去年在山
> 东时,曾作札与孙渊如观察,反覆辨此名目之非。盖儒者束发学
> 经,长而游于胶庠,以至登乡荐、入词馆,无不由于经者。既业于
> 经,自不得不深,其学于经,或精或否,皆谓之学经,何考据之
> 云然。①

我们可以阅读出,在焦循反对与力辩以"考据"立名目之下,他仍然有
着一种对"以经为学"的核心认知,及对此一文化活动进行勾勒之意
图,否则便不必对此"考据"之名如此敏感,一言再言。也可以说,江
藩、孙星衍、焦循都分别表达了他们对于以"治经"或"学经之道"为主
的这一学术活动或学术形态各自的掌握;虽然其名目不同,但在不同
的立名之后,所显示出的,却是对此文化活动及学术形态欲立专名的
自觉。我们指出他们有着一种自觉、命名上的共同性,便是因为在他
们讨论、商榷与交流中,皆共同参与着一种时代思潮与学术活动的掌
握意图。在"道"的内容应于"经"中掘取的共同认知与归趋下,无论是
"汉学""经学""考据",甚至"古学",这些用语,无非皆表明了"经"与
"诂经",便是主流的趋势所在,因为"先王经国之制"在是,孔孟述作
"六经"在是,两汉经师家法、师法,章句、训诂亦在是。

　　另外,我们如果仔细分析江藩一书的结构,可以发现他对于自家

---

① 焦循:《与刘端临教谕书》,《雕菰集》卷 13,页 215。

之学的源头——惠氏之学的安排，有其受到《明儒学案》影响的痕迹。
江藩并未在首卷安置惠学，这在以"发展"及"年序"为主的书之结构、
卷次中也不允许如此，因此，由国朝之初而至"汉学"的"兴"，就必须是
一种"发展式"的观点才能将"惠氏"的地位表出。江藩将惠氏置入卷
二的安排，显然便有类于《明儒学案》。黄宗羲在《明儒学案》中，系以
"王阳明"为中心及主轴来勾勒"有明一代之学术"，但《姚江学案》并非
依其重要性而置为卷首，因为黄氏系以年序作了卷帙安排，所以明代
学术之"兴与盛"，也是经过了"明代前期"——崇仁、河东等学案"发
展"的结果。同样地，《汉学师承记》也是以"阎、毛"为首，至惠而揭"汉
帜"与"汉学"；至于"顾、黄"，则被江藩置入了"卷末"，这种"卷首"的不
同，反映的正是某种学术立场与观点的差异；一如黄宗羲的《宋元学
案》，这部经过全祖望与王梓材增补过的"宋代学术史"的"卷首"之观
点，显然便与朱熹，或遵循朱熹立场的《宋史·道学传》所传述的"宋代
学术史"的"卷首"不同，前者系以"胡瑗"的《安定学案》作为"宋学"之
发轫，后者则认为"道学"应当起源于"北宋"的"周濂溪"。因此，一部
学术史著作，不能只是归旨于"反映客观现实"，它同时也更是一种"著
述"——在作者的笔下，同时亦已参与并已形构了其所身处及所认知
的学术世界；《汉学师承记》正是这样的一部著作。"汉学"是作者感知
及认知的清代学术史（我朝学术之发展迄于江藩的现在），是被江藩所
形构而笔诸于《记》的本朝学术史，"汉学"是其认知上的主轴，江藩便
依此主轴，而形塑了一种"汉学的"历史认知。因此，如果后来者介入
清代学术史，形塑了另外不同的历史图像：不论是章太炎、梁启超、刘
师培，还是支伟成、张舜徽，在他们勾勒出的不同"清学史"的图像与世
界中，我们更应以黄宗羲、全祖望之《宋元学案》与朱熹及其元代后学
的《宋史·道学传》为例，了解"宋代学术史"的建构；也因此了解到无
论是"宋学"或是"清学"，不同的"学术史"图像建构，反映着不同的观

点、立场与自觉;江藩的《国朝汉学师承记》亦是如此。这恐怕不尽然
是一个孰是孰非的问题,如果一定要反省,那么,便应当是个人观点与
目标在方法论上的反省,在一种较好的"学术史"之建构中须要何种较
佳、较周延的方法、进路间联系的方法论的讨论与反省。

(二) 关于"黄、顾"之置"卷末"的问题

论者皆已注意到,江藩在《国朝汉学师承记》中对于开国儒宗黄宗
羲、顾炎武二人的卷帙安排,系被江氏置于卷末,而且是刻意地、有为
地,江氏在此卷之末,洋洋洒洒地写入了一段《答客问》的对话,很技巧
地说明了顾、黄的安排之"有为"与"有意"。[①] 尤其是"顾炎武",其学
问与人品俱为清人所推崇,除了《四库全书》在编辑《凡例》中的批评
外,鲜少看到清人对顾氏的微辞。无论是他的《音学五书》《唐韵正》
《日知录》或《左传杜解补正》,都为清人所宗;因之,江藩的黜之于卷
末,反而是一种"新的自觉"之下产生的"新观点";可以说,他对于"清
学"特征的"时代意识"——即"国朝""本朝"的认知与自觉,是其划分
"黄、顾"与"阎、胡"的关键。我们如果细绎江藩在《答客问》中此三问
三答之文意,则"本朝"与否,实为关键。盖客之第二质问中,刻意将
"黄、顾"与"阎、毛"作了一个对比,显见在这个"对比"上,"黄、顾"与
"阎、毛"是两种类型的人物,只从"治经"上来看,其似为同一类型的学
者,然而"客曰:黄氏……顾氏……,国朝诸儒究六经奥旨,与两汉同
风,二君实启之。菜瓜祭饮食之人,芹藻绎瞽宗之奠,乃木本水源之意
也。况若璩《四书释地》曲护紫阳,朏明《洪范正论》直讥刘向,于此则
从意假之条,于彼则严踰闲之辨,非有心轩轾者乎?"[②]正是在此,江藩

---

① 如伍崇曜《汉学师承记·跋》(江藩:《国朝汉学师承记》,页 148—149),及朱维铮为
  《汉学师承记》(北京:三联书店,1998 年)点校本所写的《序言》。
② 江藩:《国朝汉学师承记》卷 8,页 133。

作了轩轾与区分。① 江藩岂有不知阎氏暗攻陆王、入于理学家门户庭辨中之背景；又岂有不知顾炎武之究经学、小学，黄宗羲之辨伪经，对清学之影响；"黄氏辟图画之谬，知尚书古文之伪；顾氏审古韵之征，补左传杜注之遗。"②他还是将"阎、毛"置于"卷首"，其中关键，还在"国朝"二字上，是以其言"国朝诸儒"受"二君"影响，"二君实启之"，以"国朝诸儒"与"二君"对举而言，正是划出"二君"的关键。换言之，"二君"实非"国朝"中人物也。是以江藩续曰：

> 甲申、乙酉之变，二君策名于波浪砺滩之上，窜身于榛莽穷谷之中，不顺天命，强挽人心。……逮夫故土焦原，横流毒浪之后，尚自负东林之党人，犹效西台之恸哭。虽前朝之遗老，实周室之顽民，当名编薰胥之条，岂能入儒林之传哉！③

不唯隐喻，抑且明之又明说矣。其真正原因，即是江藩能视此二人为"遗老"也。既为"遗老"，则为"前朝"人物，而非"国朝"人物、非"本朝"人物。借用近人研究明清之际的观点，"明代"亡国对许多人而言，"明朝"已是一个"他者"，已是一个"前朝"，对"阎、毛"固已如此，是故二人皆受"博学鸿词"之崇表；而自此以下，"遗民不世袭"，"国朝诸儒"治经风气渐涨一代，之"自我意识"，亦由此而自觉。是故江藩立基于"国朝"，将黄与顾置诸"卷末"，既非因顾氏之学为文清之裔、朱学之亚，亦非因黄氏之学为明代王、刘之传，而系因其为"遗民"也；以"明"为"朝"，自非"国朝中人"，故不"记"之。阮元序江藩此书，虽不言此意，

---

① 参见笔者《明末清初儒学之发展》（台北：文津出版社，1992 年）第六章第三节《清初经学的两种性格》，页 267—273，对此亦有讨论。

② 江藩：《国朝汉学师承记》卷 8，页 133。

③ 同上注。

然其《皇清经解》中仍收入了黄与顾的著作；自此而下的《清儒学案》与
《清儒学案新编》也都将黄、顾置入书卷，较之江藩，孰符黄、顾心志？
因此，对江藩而言，虽未必是以崇黄、顾之心而揭其"遗民"身份，然而，
毕竟江藩在其书的体制上作出了区划，而此种区划于"我朝"之外的笔
法，恐怕反而正得"遗民"与"清"相敌之实也。可见，作为一个参与此
一"时代思潮"中的人，对于其所置"黄、顾"于卷末，正是一种"跋尾"的
形式书写，书写其《记》中"国朝"二字的核心与边界。至于起源与现在
中所贯穿的主轴，就是"汉学"与诸"经师"的卷帙。[1]

三、方法：吴、皖分派立说中的方法论反思

就江藩而言的"汉学师承"，到了章太炎、梁启超时，成为《清儒》篇
与《清代学术概论》中的"吴皖"之分派；则《汉学师承记》所表现出来的
清人自己的言说其学术特色、方法进路与学术史呈现，与已进入"近
代"的章、梁作为一种被"近代研究者"视为"研究先驱"的身份，显然已
与江藩有着历史的距离。然而，章氏的"地域/分派"与江藩的"师承/
分系"，两者在近代以来又互有纠缠，并且随着历史的推移而发展，通
过梁启超的《清代学术概论》《近代学风之地理的分布》、张舜徽的《扬
州学记》等而渐普遍，显然吾人研究"乾嘉学术"时，一种"汉学"的视
野，是受到前人之影响的。

（一）吴、皖分派说的再回顾

章太炎之《检论·清儒》篇，实际上是一篇带有方法进路的操作以

---

[1] 江藩云："退而辑二君事实，为书一卷，附于册后。"（江藩《国朝汉学师承记》卷 8，页
133）即是此意。

进入清乾嘉时期清儒世界中的作品，当其论及后世所谓的"乾嘉学术"时，江藩的"汉学"已转为被区分的"吴"与"皖南"二派，这是近代研究清代学术史上的首次以"分派"为立足的写作篇章。《清儒》篇云：

> 清世理学之言，竭而无余华；多忌，故歌诗文史楛；愚民，故经世先王之志衰。家有智慧，大凑于说经，亦以纾死，而其术近工眇踔善矣。
>
> 其成学箸系统者，自乾隆朝始。一自吴，一自皖南。吴始惠栋，其学好博而尊闻；皖南始江永、戴震，综形名，任裁断。此其所异也。①

这原只是《清儒》篇中的一小段文字。逮梁启超于 1920 年的《清代学术概论》与 1923 年的《中国近三百年学术史》中，承接了此一观点，从此，"吴、皖分派"与"乾嘉汉学"之联系，在民国以来的近代学术研究中，深入人心。②

在《清代学术概论》中，梁氏原只为论述方便，举惠、戴二人为首，论传承、资比较而已，故亦有"惠学""戴学"之名目，其曰：

---

① 章太炎：《清儒》，《检论》卷四，《章太炎全集》（上海：上海人民出版社，1986 年），册三，页 473。

② 事实上，无论是《訄书》重订本的《清儒》，或是《检论》中的《清儒》，在章太炎的笔下，《清儒》的篇名均未变更；章氏撰本篇文字实以"清儒"为主，欲作出跨越"乾嘉"之时段与"吴皖"之空间分布的描绘与评价，本不是以"汉学"为主；其另有《汉学论》上、下两篇文字，专论"汉学"。但其笔下论"清儒"时，实难掩其对戴震之重视，其后章氏与支伟成之往复讨论，俱环绕在何者当入吴派、何者当入皖派上，遂强加了此种乾嘉之学与吴皖分派印象的流传。于是乎本为章太炎《清儒》篇中的一小段文字，遂抽取式地成为近代以来专论与研究"清代汉学"或"乾嘉学术"的经典性文字。章氏在《清儒》中的其他论学段落，反倒流传不广，常为人所视而不见。见《訄书·清儒》（重订本），《章太炎全集》，册三，页 154—162；《检论·清儒》，《章太炎全集》，册三，页 472—480；《太炎文录续编》卷 1，《汉学论》，《章太炎全集》，册五，页 20—22。

　　在此期中，此学派已成"群众化"，派中有力人物甚多，皆互相师友，其学业亦极"单调的"，无甚派别之可特纪。故吾欲专叙一二人，以代表其余。当时巨子，共推惠栋、戴震，而戴学之精深，实过于惠，今略述二人著述言论及其传授之绪，资比较焉。①

但在《近三百年中国学术史》中，则显然梁氏已承袭了章太炎的说法，将清代学术的主流"汉学派"区分为两个派别，用的正是章太炎的分派名称，称"吴派""皖派"，且各标两派之宗旨、旨趣，其云：

　　汉学家所乐道的是"乾嘉诸老"。因为乾隆、嘉庆两朝，汉学思想正达于最高潮，学术界全部几乎都被他占领。但汉学派中也可以分出两个支派，一曰吴派，二曰皖派。无吴派以惠定宇（栋）为中心，以信古为标帜，我们叫他做"纯汉学"。皖派以戴东原（震）为中心，以求是为标帜，我们叫他作"考证学"。此外尚有扬州一派领袖人物是焦里堂（循）、汪容甫（中），他们研究的范围，比较的广博；有浙东一派，领袖人物是全谢山（祖望）、章实斋（学诚），他们最大的贡献在史学。

　　以上所举派别，不过从个人学风上，以地域略事区分，其实各派共同之点甚多，许多著名学者，也不能说他们专属那一派。总之乾嘉间学者，实自成一种学风，和近世科学的研究法极为相近，我们可以给他一个特别名称，叫做"科学的古典学派"。②

梁氏并将"汉学"之工作分为十三类别以叙其详。

──────────

① 梁启超：《清代学术概论》，页 30。
② 梁启超：《中国近三百年学术史》，页 31。

值得注意的是梁启超已提到"扬州"一地之学,应为后来张舜徽著作《清代扬州学记》张本。事实上,我们可以注意到在梁启超的文字中,所出现的"以地域略事区分"之"地域"一词的出现。但在上引一大段文字中,被"地域"化的仍只又吴派、皖派、扬州一派及浙东一派。而章太炎的《清儒》篇全文,也是涵盖了"成系统者"的吴、皖南与常州一地、浙东一地等。"地域化"论清学的走向,仍然脉络十分清楚地指向以章太炎为首。

梁氏另一本专门从"地域"角度以论清代学术的小书,是《近代学风之地理的分布》,则较少引起注意。其序云：

> 吾于三年前作《清代学术概论》,篇末述对于将来学界之希望,有"分地发展"一语,朋辈多疑其所谓。彼书既极简陋,未能发吾旨趣,久思为一文以畅之。顾卒卒未有暇,癸甲冬春之交,夜课休沐,偶与儿曹谈皖南北、浙东西学风之异同,乘兴搜资料作斯编。
>
> 本篇以行政区域分节,理论上本极不适当,贪便而已,抑舍此而别求一科学的区分法亦非易易也。①

此书作于 1924 年 2 月,虽自云继《清代学术概论》而作,然而《中国近三百年学术史》中亦有"以地域略事区分"之语,可见此一时期梁氏实已有"文化地理学"的想法,至此小书,自序中遂明白揭出以"地理"探讨"学风",由"分地发展"来进行"我国近代文化一部分之性质及其来历可以明了"的研究之期望,所谓"科学的区分",实即指向"方法论"而为言。梁氏的这本小书,虽然注意者少,但却为西人艾尔曼(Benjamin A. Elman)所关切及,并以之为基础,撰成了《清代的学风》一文,特别

---

① 梁启超：《近代学风之地理的分布》(台北：中华书局,1936 年 4 月,初版；1971 年 2月二版),页 2。

揭示以"地域"来勾勒"清代学术"之分布图像的可行性。

　　由上述可知,章、梁二人之以"吴派""皖派"之地域性称呼,其实是隐含了以惠、戴二人为中心的认知,只不过转从以"人"为首出的"学脉"称谓而代之以一种以地域的称谓,而这也正是清学研究中"地域—分派"称谓的缘起。但以"人"为首出的命名学派之方式,与以"地域"为主的分类描绘学术之方式,毕竟不同。章、梁著作中吴、皖二派之称呼的出现,其实也不尽然是地域,还夹带了惠、戴二人治学风格的讲法。问题的焦点则在于,能否以"地域—分派"为描绘与形容而笼罩"汉学"的风格之全般? 笔者认为,这其实是一个方法论层面上的问题,也是一种对一个时代或一个长的历史时段之学术、学风,"如何"才能并"较好地"呈现出一幅"学术史"的图貌的课题。无论是以吴、皖的"地域"之称,或是结合了"学派"的用法或是意图对其学术作出内容上评价的"信古"与"求是",都不外乎是一个"学术史"意图的方法论课题的努力与尝试。

　　章、梁之区分吴、皖二派并以惠、戴为首出,这种描绘方式实有着"系谱"与"宗主"的意谓,"宗惠"与"宗戴"的笔下便传递了此种信息在焉。这其实与章学诚作《浙东学术》与《朱陆篇》,将自己置入"浙东学承"的文化脉络中并将之与"浙西学承"作出比较,因而区分清代学术为浙东(史学)、浙西(经学、汉学),并且分别"宗黄""宗顾"之做法,是相同的。章、梁在"分派"时所加入的以"惠栋、戴震"为主的学术描绘,让人窥见了"历史"描绘的复杂性;"吴、皖派"的语汇,带出的是以"地域"为"学派"的"分派"之方式论类型,而以"惠、戴"为首出,又带入了"分系"的方法论,则"信古"与"求是"的学术内容之描绘与评价,究竟是描绘了"吴派"与"皖派"呢,还是评价了"惠学"与"戴学"呢? 前者与后者能否同一,这恐怕仍然要回到清代学术史研究这一方向上来谈。而分派与分系,正是能够从方法论上让我们去重新考量与检讨,在章、梁的文字之后,是否即怀有一种方法意识;因而,以章、梁之"吴、皖分派"的文字作为一个起点，也就被我们"问题化"而成为一种如何才能呈现与勾勒一幅较为清晰的"清代学术史"的议题，而此议题的核心，就是在方法论层上所带出的分派与分系。

以"地域"命名学派，称之为吴派、皖派，则吴派实不只惠学、皖派亦不只戴学，此所以章太炎必得改称"皖南"之故，以"皖北"为桐城文派也；就江藩之书而言，其书必排桐城，而桐城亦必非"汉学"，则"皖学"二分为皖北与皖南，此其一；其二，近代学者自张舜徽以来，正式为"清儒学术"补上一个"扬州学派"，正是直接针对"吴、皖"之学派二分而来。① "扬州学派"以"地域"上的"扬州"为命名，正式在"地域"与"学派"上与吴、皖派对言，使得吴、皖二分成为吴、皖、扬三分，表面上，这一种"三分说"意图打破"二分说"的垄断，但在实质上，正坐实了"二分说"是一种"典范"的影响与地位。从方法论上来看，很明显地，三分说正是继承了二分说的方法方向，仍然在以"地域"立"学派"以进行"学术史"的周延描绘，仍然是在"分派"型的方法论主轴上前进。清代中叶扬州一地有其重要性，不容忽视，如刘台拱、刘文淇、汪中、江藩、阮元、焦循等皆为扬州人士，因此，扬州学派不仅是从"地域"上立说，也直接可以从"地望"上揭出上述学派中人士皆为"扬州籍"的客观事实；然而，据近人的研究，就"扬州学术"而言，则实际上仍然是惠学与戴学的综合影响，在承之而继续发展出的嘉、道时期之学术一中心，甚且常州今文学治学的延续亦在焉；如此，则就"分系"上的惠学、戴学之发展的角度，应言"分派"言"学"的效果究竟有多大，成立"扬州学派"

---

① 支伟成《皖派经学家列传》云：

　　凌廷堪以歙人居扬州，与焦循友善；阮元问教于焦、凌，遂别创扬州学派。故浙、粤诂经学海之士，大都不惑于陈言，以知新为主，虽宗阮而实祧戴焉。"（见支伟成《清代朴学大师列传》列传第六，叙目，页145。台北：明文书局，清代传记丛刊）

虽然支伟成在皖派叙目中"别创扬州学派"之语，然全书正目却并未专立"扬州学派"之卷，盖因其视扬州一地之学风为"祧戴"之流亚耶！是故支氏之书虽在张舜徽之前，仍不得谓为专门卷目立"扬派""扬学"之首者也。

以及要如何来谈"扬州学派"的"扬州学术"或"扬州学风",便不宜遽断
以为可了。譬如说,扬州学派人士所治之古学便不尽相同,凌氏(曙)
治《公羊》与《礼》,焦循治《易》与《论语》《孟子》,刘文淇治《左传》,如果
以"书"为中心,作为清人治学贡献之分类,则这群"扬州"人士势必被
分散在不同的学术领域里,则将构不成一幅完整的史图之勾勒,这意
味着"地域"未必能是最佳的"学术之史"的方法。而以"书"为著录以
呈现一代学术的方式,正是在正史中渊源已久的方法。《汉书·艺文
志》显然是其源头。因此,阮元曾有以"书"为主以记一代学术之想法,
而江藩的《国朝经师经义著作目录》,虽号称著目过于严苛,且所排斥
未收者时有主观因素,动辄删汰桐城与今文学著作,然而,其用以补充
《汉学师承记》而置于《记》后作为附录之意义,也正可以显示出江藩意
识到此种模式的重要性。是故清人梅毓,身为甘泉后起,尝欲为续作
《续师承记》,而先拟《续师承记商例》,已注意到了"例"的问题,也即是
方法的依据之致思考,其《商例》云:"拟仿《汉书·儒林传》例,以所习
之经为类,不以年世为叙次之后先。"①即已注意到了以"书"成"类"的
学术史叙述之方式。江藩《国朝经师经义目录》自云其著录"书"的序
次是仿《经典释文》而来,《经典释文》的序次以《易》《书》为首,同于《艺
文志》,正是古文学家的"六艺"序次,不同于《史记·儒林传》以《诗》
《书》为首的序次,也可以反映江藩的古学性格确实是欲以古文经学为
宗,故其书常漠视今文学家的著作。而对于焦循而言,其《与孙观察渊
如论考据书》中,不仅讨论了"考据学"之名称,而且也提出"五种"名目
来作为"清学"的内容:通核、据守、校雠、摭拾、丛缀,其实皆可以视为

---

① 见支伟成《清代朴学大师列传》皖派经学家列传第六(页215)所引述。徐世昌《清儒
　学案》之"凡例",是继阮元、焦循之后,较为全面地讨论"清代学术史"之著作原则与
　义例的一篇文字。虽论"学案",而实同"儒林传",在近代意义上都是一种对"学术
　史"撰写的讨论。

对以"书"为主的"清学"之"类聚之名"的描绘；①从方法上而言，仍然是一种自《七略》《艺文志》之诸"略"而来的"类区分"之法。后来皮锡瑞所自区分的"考据学"之三大特征：辑佚书、精校勘、通小学，此一分法也仍然是循着焦循的模式，虽皮氏不免置贬意于其中，盖其视"考据汉学"为偏于古文学也，而皮氏则自为今文学者。梁启超在《中国近三百年学术史》中所述的清儒治学之成绩的分十三类以言，也仍然走得是这一路线，可说是以"书"为中心而言"学"，以"书"的性质为主而指示其内容特征而作出分类上的"大略"；皆可谓是《七略》《艺文志》之流亚。要之，仍皆是一种以"书"论"学"的模式。

　　吾人之所以特重"扬州学派"的讨论，便是因为此一种以"地域"为"分派"上的三分立名，不仅系直接承继在章、梁之后，意图批判与检讨二氏"二分"之说，抑且，也是因为无论其二分，或三分，都指示了一种以"地域"为"分派"的方法论类型之走向，在"近代"的延续与继续；然而，这种分派型的方法运用，自方法论观察之，则与其说是受到了西方之影响而肇致章、梁的重新检视与再探"清学"或汉学，不如说，此种分派型的方法运用与取向，骨子里仍然是受到了来自于传统的影响，而自有其传统上内在的渊源与脉络，故而其"分派"型的著述观，相较之于同样欲对"汉学"作出"史"的描绘的江藩之《汉学师承记》而言，便深入了江藩所指涉的"汉学"之中，在近代以来，在章、梁或张舜徽等人的"清代学术（史）"的指涉中，被我们带到了"方法论"与"学术史"关系的课题之内。

　　相较于以检讨章、梁"吴、皖分派"说为主的研究，近代"清学"研究其实还有着其他的面向，与上述以立"扬州学派"的三分说走向不同。周予同氏之三分，便系在"汉学"之外，另外成立了"浙学"，这也是一种

---

① 焦循：《雕菰集》，页 212—214。

"三分说"。不同者在于张舜徽氏系直接涉入"汉学"之中的"三分",而周予同氏则系在"汉学:吴、皖"二派之外,多出一个"浙学派"。以"浙东史学"为分派之三中其一,显然是扩大了其对象范畴而更广于"汉学",而不再是只将吴、皖之"汉学"视为"清学"之主流。^① 另外,近人戴逸将"清学"或"乾嘉学术"划分为四派:吴、皖、扬、浙,也是同样的做法,将"乾嘉学术"不再只限囿于"汉学"中的吴、皖,而更扩大其时段与区域。^② 这种"扩大"的态度与倾向,刚好与江藩的集中倾向与限定在"汉学"的做法所为不同,且正相反。然而,两人的扩大,都可见一种地域分派的方法之迹,一种类似于梁启超、艾尔曼的"文化地理学"的走向,实可见焉,"扩大"其"地域",以考察整个清代学术或乾嘉学术,而不是仅止于研究"清代汉学"而已。

在周予同的说法中,一种极有意味的说法,便是在于周氏的三派之区分中,更有一种"宗顾"与"宗黄"的取向,周氏盖以"顾炎武"与"黄宗羲"为清代学术之开山,由"顾"而有吴、皖之派,由"黄"而有"浙派";这显然在述清学之"源"上,与以"宗惠"为取向的江藩之书,展现了完全不同的系谱式观察;周氏的观察其实更类似于章学诚,只是,章氏系以"浙东"与"浙西"为二分,章学诚在《文史通义·内篇》中独标《浙东学术》为专名篇章,也是表达了一种自己参与其中的自觉,《浙东学术》根本上也是一种自我定位式的"学术史"之章氏晚年之作。而浙东贵

---

① 周予同:《"汉学"与"宋学"》,朱维铮编《周予同经学史论著选集》(增订本),上海:上海人民出版社,1998 年,页 332—333。

② 近人戴逸亦倡议清代当有"浙学"一派,唯其所以成"派"者,则实与周予同氏不同。戴氏系延续张舜徽《清代扬州学记》之"分派地"走向,并略依时势先后,对"清代考据学"作出"吴、皖、扬、浙"的四大"学派"之分;这四派"分别代表清代考据学发展四个时代先后不同的阶段"。就戴氏而言的"浙派",系指晚清以来的俞樾、黄以周、孙诒让、章太炎、王国维等人。戴氏并认为"各派的特点则:吴派'尊古'、皖派'求是'、扬派'贯通'、浙派'创新'。"见杨晋龙《海峡两岸清代扬州学派学术研讨会纪实》所述,《中国文哲研究通讯》第 10 卷 4 期(2000 年 12 月),页 239。

"专家"、浙西尚"博雅"，浙东出于黄、万；浙西则源于顾炎武。[1] 很明显地，周予同的说法中，尤其是增设"浙学"与宗顾与宗黄，实有着章学诚的影响。另外，也可见周氏在"地域"之"分派"中，调和了由江藩而来的"分系"型说法，为何以地分派之说，必须加入以"人"为主的系谱、宗主之分系型语言的描绘？而这不仅在周予同的说法中极为明显，即便在成立"吴、皖"说的章、梁中也极为明显？惠学、戴学，宗惠、宗戴，与吴派、皖派，在方法论上，两者间有何关系？为何会有交错，竟不能在学术史类型的著作中分开，而在方法论的检讨上，我们却已能大致分析地指出了两种方法的类型：以"人"为主的学术传衍与以"地"为主的学术类聚，是可以在方法论的省思中被区别的。固然，"地"非"人"不显，此所以江藩必自言：

> 至本朝，三惠之学盛于吴中，江永、戴震诸君继起于歙，从此汉学昌明。[2]

以见"惠、戴"之重要。然而，人若众时，又非"地"不足以"类聚"，此"扬州学派"之所以立。此所以"扬州学派"终将在章、梁之后成为一个学术上研究与致探讨的课题。

(二)《清代扬州学记》与扬州学派

"扬州学派"之正式在研究上的宣告成立与出现，应当以张舜徽的《清代扬州学记》为始。张氏此书，原为旧作，写成时间甚早，此书后来在 1950 年代重印，张氏改写了《叙论》，一书二作，足见其对此书之重

---

① 章学诚：《文史通义校注》(叶瑛校注本，二册)，台北：仰哲出版社翻印上海古籍出版社本，内篇，卷五，《浙东学术》，页 523—530。
② 江藩：《国朝汉学师承记》，页 6。

视,也是对于"扬州学派"的重视。新本《清代扬州学记》之目次如下:

由上述目次可知,张氏所列的"扬州学者",大多为"扬州府籍"的学人,也多半是江藩《师承记》中卷六及卷七中的人物。除了第二章王懋竑,其属程朱学派人士,故不可能在以"汉学"为名的书中出现;另外,第八章以"刘师培"作为清代扬州学记之殿军、刘氏四世便占两卷,颇为张氏此书之特色。这正可以与刘师培之自作《近儒学术统系论》等文作出一比较,刘师培是否自以自己置身于"清代扬州学派",这显然是作者之为他人与作者即为传主时,两种笔法中的看待问题。

　　张氏成立"扬州学派",以与"吴学""徽学"并列为三,并曰:

---

① 另外,在张氏继《清代扬州学记》之后而成的《清儒学记》中,已经不再只将章、梁之说视为一个重点;而已改其焦点关注于"清代学术史"的撰述,是故此书虽仍保留了"扬州学派"的观点。成立"扬州诸儒学记"一章,但已非为专门重点。这显然是扩大到另一种"近代志趣"上,即梁启超一向所揭的心志上,要为清代撰一部学术史,作为中国学术史的一部分。钱穆也有此种志向,惜《清儒学案》稿件多散落江中。这已经是继《明儒学案》之走向,是在徐世昌《清儒学案》之后作出重写、取代意图的心志,是"撰述"而非"方法论"为重的反映。钱氏之弟子杨向奎撰《清儒学案新编》也是对这一方向的继承。

> 吴学最专，徽学最精、扬州之学最通。①

这显然正与当时扬籍人士互称"通儒"为誉词相应，由此，也可以看出焦循等人自命的意境，亦在于"通儒"。② 由此，可以看出张氏所用之一"通"字，确实较梁启超用的"广博"二字，来得更为精准。同时，张氏也将梁启超对吴、皖的"信古"与"求是"，改为"专"与"精"。张氏续云：

> 吴学专宗汉师遗说，摒弃其他不足数，其失也固。徽学实事求是。夫视固泥者有间矣，而但致详于名物度数，不及举称大义，其失也褊。扬州诸儒，承二派以起，始由专精汇为通学。

张氏又以"能见其大、能观其通"八字以概括扬州诸儒之学问，并从六方面来概括其治学特色与治学成果。因此，虽梁启超已略言"扬州一地"之学及其"广博"之特色，然以较为全面、深入且有专书致探求者，确为张氏，"扬州学派"之名，继章说之后得以与"吴、皖"二分说并立，且真正能将"汉学"由"二派"进一步划分为"三派"并能得学界认可者，应属张氏之功。

（三）吴、皖分派说的批评与反对

虽说早在钱穆之《中国近三百年学术史》中，便已提出了对"吴、皖"分立说之不妥的致质疑，钱氏并且另外提出了"由惠至戴"的发展式说法的考察观点；③显然，这是一种以"历史发展"为轴的纵向之考察。这种考察的背后，仍然是一种以纵向的"时间轴"为其方法、视野

---

① 见张舜徽：《清儒学记》（山东：齐鲁书社，1991 年），《扬州学记》第八，页 378。
② 如焦循与江藩均以"通儒"称誉钱大昕，而阮元作《焦君理堂传》，亦以"通儒"称焦循。
③ 钱穆：《中国近三百年学术史》，台北：商务印书馆，册上，页 322—334。

的立基;我们如果相较于江藩的《汉学师承记》及其卷帙安排,将会发现钱氏观点的提出,仍然有着《师承记》的痕迹;同时,清人自己所述及清代经学之"兴"与"盛"时,也多是以"惠"之兴、"戴"之盛为言;其论述中也早已隐藏着一种"由惠至戴"是一种"发展至于大盛"的观点。然而,上述之"由惠至戴"观点,只能在"分派"说之外,另行提出了一种为描绘与解释"汉学"之"历史"的观察,而尚不能视为是一种直接而正面的对章、梁二氏"吴、皖分派说"的反对与驳斥。能进入此说之室内,以分析与举例二证言其地域的分派之为非者,当属暴鸿昌的论文。如果说,章、梁"吴、皖分派"说自提出以来,始终对近代研究清代学术史有其影响,那么,两种针对其说而来的企图挑战其说,并改变视野的文章,当有二,一为正面的修正,可以视为"发展"其说而提出了"扬州学派"的主张者;另一则为反面的挑战,意图瓦解"分派说"在根本上就不能够成立。前者属诸张舜徽,后者则暴鸿昌的论文当有其位置。

暴鸿昌在 1992 年 3 月发表了《乾嘉考据学流派的辨析——吴派、皖派说质疑》[①]。文中主要的内容便是集矢在章、梁的吴、皖分派之说,认为根本不能成立,则更不用说想走"发展"之路而进一步成立"扬州学派"的"三分"之说了。暴文虽然没有作成这样的结论,也未将张舜徽的著作及其立说视为箭矢;然而,如果暴文不能推导至此,则笔者显然是"误读"了他的观点。

在暴文中,什么是"学派",首先便成为一个必须探究的课题、概念,同时,"地域"在其中扮演着什么作用? 这似乎是论难与批驳以"分

---

① 暴鸿昌:《乾嘉考据学流派辨析》,《史学集刊》1992 年第 3 期,页 68—74。另,"中研院"文哲研究所于 1993 年 12 月举行了"'清乾嘉学术研究之回顾'座谈会"系列,一共六场。其中的第二场主题即为"吴、皖分派说商兑",座谈发言中也对"分派说"作了许多讨论。其记录见《"清乾嘉学术研究之回顾"座谈会纪要》,第二场,《中国文哲研究通讯》第 4 卷 1 期(1994 年 3 月),页 32—38。

派"为焦点时必须成为首要的处理,因此,暴文首先对"以地域而称流派者"之"学派"称谓的确立,作了严格的界定:

> 大凡学术以地域称流派者,必备以三种条件,其一、此流派必皆同一地域之人,方可以地名冠以学派。其二、治学宗旨及学术风格迥然别于其他地域而自成特色,方可以派称之。其三、其独特之学术风格,渊源流长,师承有绪,方可以流目之。①

在暴文此三点严格定义之下,清代乾嘉学术之吴、皖分派已为不可能,且为不确,不唯不确,近人之补上"扬州学派",亦以"地域"冠学派名,更为画蛇添足之举矣,因此,暴文之主旨即在检讨甚至推翻章、梁以来的吴、皖分派立说,亦一并批判了另一线"再多成立一个'扬州派'"的说法。暴氏又云:

> 在清代,宋学、汉学之分乃客观存在,但江藩撰《国朝汉学师承记》却遭到清人乃至当代学者的责难,认为有门户之见,难道我们又把汉学分成什么"吴派""皖派",还有什么"扬州学派",就不是门户之见吗? 以笔者所见,乾嘉考据学派(或称汉学)乃历史客观存在,以此一派称之,足矣。②

因此,暴文实际是只承认清代只有汉学与宋学的学派(以乾嘉学术为主),认为用"汉学"称之即可,不必再用"地域"强命名"学派",以增不必要与不正确的"学派"迷雾。

---

① 暴鸿昌:《乾嘉考据学派辨析》,《史学集刊》1992 年第 3 期,页 68。
② 同上注引书,页 72。

清凌廷堪于《戴东原先生事略状》中有云：

> 先生卒后，其小学之学，则有高邮王给事念孙、金坛段大令玉
> 裁传之。测算之学，则有曲阜孔检讨广森传之。典章制度之学，
> 则有兴化任御史大椿传之。皆其弟子也。①

暴文引此，认为"四大弟子中，三为江苏人，一为山东人，无一皖人，皖派何在？"这是暴氏举例以批评皖、吴分派、立派的典型方式之一。其他之批评，解构章、梁之说的方式，皆类此。

总之，暴文立说的要义，在我们看来即是一种对以"地域"为"分派"立说的根本质疑，认为此说不唯有误，而且所据皆不确，经不起分析的检验。他所从事的，正是一种对于近代以来深致影响的章、梁"旧说"之全面解构，并不仅止于"质疑"而已！我们可以看到，在暴文中"否定"的立论与张舜徽"发展"式的"修正"立论，正是两种不同的走向。然而，即便暴文是对章、梁立说的全面解构与否定，我们也仍然必须将之列入"分派"型的方法论类型中，因为，暴文的每一个分析之实例，都指出了章、梁立说的不周延，但是，如果修正而致周延呢？是否暴文便会成为使"分派"型立说在方法论层面更致周延与细腻的诤言功臣呢？这也是一种观点。总之，笔者是将暴文放在"分派"一型中作为"否定"与"批评"的一节来叙述其位置的。倒是在暴文中，不自觉地带出了一种心态，便是暴氏有意或是无意间将章、梁之说与江藩的"师承"立说，对立了起来，并且认为江藩的成立"汉学"并反对宋学，乃是一个"客观存在"，提到"客观存在"就很有意思了，这反映了暴氏的某种学术上的认同倾向。因此，暴氏是否在撰文的底层心态中，有为江

---

① 凌廷堪：《校礼堂文集》，北京：中华书局，1998 年，卷 35，页 316。

藩说话的倾向以及是否有回返到江藩《汉学师承记》的"汉学"之"历史世界"中？因为行文中线索不多，暴氏又无此一解构之外的正面立说之文，唯一的正面立说，就是"乾嘉考据学"不必再分派了；因此，我们很难再继续深入据出暴氏书写此文之后的隐性观点。总之，暴文批判此种方式的真正意义，并不是在于其"否定"与"质疑"此种"吴皖分派说"的能否成立，而是在于促使吾人对于此种以分派、分域甚至江藩的师承、分系之方式，能从方法论意识作出重新省察，对其能否有效地勾勒"汉学"或"学术史"图景勾勒研究的重新反省。

（四）以"地域"作为"分派"之方法论的讨论与思索

上引暴文所论，是以反对"地域"而成立学派为行文宏旨。但以"地域"而论学术，并进而论学风、学术史，是否可行；显然在暴文的批判中，表面上是深中其短。然而，以"地域"而分派地论学，其能否运用得恰当、如实、有效，作出深刻的历史描绘甚至解释；与夫以"地域"为"分派"，能否或者即是不应当作为一种"方法"的"方法论"层面之研讨，显然是两种不同的层面，这个区别，显然在暴文中并没有区别出来。以至于在他的分析批评之后，所作的结论便是直截了当之言，完全地推翻并且否定以"地域"为"分派"之可行性。事实上，以"地域"而作为"学术史"勾勒的主轴，确实不失为一条可行之路，虽易流于现象式的描述与记录，或者专事"地籍"之"类聚"，不易深入各家学术中的渊源与流派之旨，或为了迁就"地域"之"类聚"，常顾此反失彼，章梁之说所以遭致暴文之质疑与否定者，正在于此。然而，也许此种"现象描绘"与"区域之分类记录"，也有人会怀着另外的视野而认为更符合"客观历史"的要求。这种以"现象描绘"相等于"客观历史"的思考方式，正是历史学思维在"近代化"过程中一个"近代性"的要素，因此，我们可以看到暴文在经过大量检测"吴、皖"说之后，提出的结论观点仍然是"乾嘉学术是一个客观存在"、是"历史客观存在",便可以窥知所谓的"学术史"中所潜藏的一种"近代性"语言之渗透正是与清末民初以来经由"西学"所输入的一种重实证、重客观与重科学方法的"西化"有关。所以,这种以"地域"为"分派"的历史描绘,也可以受到相当的推崇,在梁启超的著作中,我们也可以看到此种推崇与推崇的方式。梁启超的推崇,指向的是黄宗羲的《明儒学案》,作为中国第一部真正的"学(术)史",我们如果将以"地域"为"分派"的类型模式向上回溯,便会发现此种方式至少可以导源至于黄宗羲之《明儒学案》,无论在江藩,或是在章、梁,均是如此。我们在前面也已提过,无论是章氏、梁氏、张氏,其实都仍然在同一个方法之轴线上,在一个以"地域/分派"来进行"学术史"研究的大方向中,而此种"地域/分派"来进行"学术史"呈现的方法系络,也绝非独创,亦非创新;意即:以"地域"为"分派"描绘"清学"现象的出现实不偶然,其中夹带了以"惠、戴"为主的传统讲法更可见"传统未化之迹";或者说,在"近代性"的外衣包装之下,或"近代语言"覆盖之下,其实仍然有着传统的延续。这就必须要透过被梁启超称之为中国第一部"学术史"著作类型的《明儒学案》来作分析。事实上,记录明代学术的几部书:如《皇明道统录》《学统》《理学宗传》《圣学心传》等,各有各的目的、体裁、写作方式,但以今日"客观历史"的要求已成近代历史学极重要之成分而言,可以看出,《明儒学案》中比较倾向于客观记载史实的这一部分是近代以来被特别突显与关注的一个面向,正是在以这一点为基础的近代性视野上,《明儒学案》与"明代学术史"的关系以及其重要性取代了其他诸部含有主观"道统""门户"立说为旨趣的另一种学术史著作。而黄宗羲在《明儒学案》的著作之《序》言中也迥异于"道统风气"地宣称其反对门户,并且以呈现有明诸家各自的"宗旨"为其要义。这样的宣示在清代学人看来,便是能脱出门户,正符清学性格,《四库全书》在《凡例》中便特别对宋明道学中的"门户"现象提出挞伐，并不偶然。而阮元在其《拟国史儒林传序》《拟儒林传稿凡例》中所言不增立《道学》，一以《儒林》为主，[①]此一意见之入清成为主流，便系出于黄宗羲之首倡，并由其弟子万斯同继之，表现于《明史》的修撰上，成为清开"明史馆"的主流意见。这也是清人的时代视野，在他们看来，正与以立"道统"为门户、争"正统"的理学，已大不相同。我们必须注意此点，注意到黄氏的《明儒学案》中一种以"地域"为记录时代学术的特质，其实已经与当时的"道统"式学术史著作有了不同，以及这种"不同"不独是在清代、也是在近代以来的接受反应。相较于清人的接受及视野，近代人对于黄氏著作的推崇也有其不同于清人之处，在近代人的"近代性"理解之中，主导的观念是"学术史"的用词，而对什么才是"历史"的西化观之渗入与影响，"客观描绘"或"客观存在"正是理解什么是"历史"的重要表征，展现了已西化了的"科学式"方法的讲求。然而，我们仍不免要质询：在"科学式"的模式讲求与语词之下，真的只有"西化"而无"传统"的渊源可循？这正如本文方法论探求主旨所显者："分派"的空间横向轴，与"分系"的时间纵向轴，那一个才更令人能了然"历史"或"学术史"的描绘？总之，当清人与近代人都注意到了《明儒学案》与一时代之"学术思潮"或"学术史"的呈现关系与方式时，其实已隐约地指向了其作为一种传统上渊源的位置，尤其是梁启超在"中国通史"中成立了"学术史"（又称"学史"）的一个专门类别，及将黄宗羲的《明儒学案》许为中国之"第一部"学术史的著作。[②] 在梁启超的阅读取向中，其视野所关

---

① 阮元：《拟国史儒林传序》，《揅经室集》一集，卷 2，页 36—38；《拟儒林传稿凡例》，《揅经室集》二集，卷 2，页 1023—1024。
② 梁启超 1902 年之《新史学》中，所举"中国史学之派别"十类，第八类即为"学史"，梁氏所列举之两部书，一为《明儒学案》，一为《国朝汉学师承记》。见梁启超：《饮冰室合集》，《饮冰室文集》之九，页 2。又其《中国近三百年学术史》中则云："中国有完善的学术史，自梨洲之著学案始。《明儒学案》六十二卷，梨洲一手著成。……所以欲知梨洲面目，当从《明儒学案》求之。"（页 72）

切者，显然便是《明儒学案》中与"客观记录"有关的质素。这种对"客观"面的重视正好与近人另以"理学著作"来看待黄氏此书的研究——指出了黄书作为一种"学术史"类型的著作，有着"学案体裁"的传统源流，可以远溯自《庄子·天下篇》和《史》《汉》的《儒林传》与《艺文志》，并非梁氏所称的"第一部"，正可以相对照。① 然而，梁氏如此宣称，也正好显示了梁氏学术中"近代化"的一面。当吾人为"地域/分派"的方法意识觅溯其源时，至少在梁启超表面上"近代化"的身影之下，从其所推崇的《明儒学案》来切入时，确实也可以发现曾经被隔离了的"传统"，仍然隐藏在"近代化阅读"中；我们由此而反观章太炎的"吴、皖"之以"地域"而为的"分派说"时，也因此可以说，虽然我们不敢遽断章太炎的"分派说"受到黄宗羲《明儒学案》的影响，但黄氏此书，若说不是章氏"分派"型方法进路的源头，则似也过于"近代"。章太炎固然《非黄》，这是否也是他曾细读过黄氏著作的反映？在以章太炎作为一个清学研究的近代起点而受其"分派"说影响时，我们尤须注意此点。"近代性"不只是"近代化"，其中尤有着"传统"的接受态度与接受视野。

　　当我们从梁启超许以为"较为客观"的近代观察（视野）转向，回到另一个时代中时，譬如成书于清代乾隆时的《四库全书总目提要》，便发现了其中不同的发声，这也正好反映了黄氏之书原来在"近代"也有其缺点，而且是正相反于"客观历史"呈现的"主观预设"与"预设价值（或称之为'门户'心态）取向"之缺点。《四库总目提要》的撰写者指出，黄氏此书仍然预设了"师承"为其主轴，②其宗王（阳明）与宗刘（宗

① 参考陈锦忠《黄宗羲〈明儒学案〉著成因缘及其体例略探》，《东海学报》25卷（1983年6月），页111—140；黄进兴：《学案体裁产生的背景》，《汉学研究》2卷1期（1984年6月），页201—221；王明荪：《从学术史著作之源流看学案体裁》，《中西史学史研讨会论文集》（台中：中兴大学，1986），页121—140。

② 《四库全书总目提要》，台北：商务印书馆，卷58，册二，页1255—1260。

周)的背景，使得这本名为"明儒"的书，几乎成为一部为"王学与王门"立传的著作。这也反映出，以"地域"为方法进行撰述的"学术史"著作，也可以是不客观的。

同时，《明儒学案》的缺点还不只这些，譬如说，其以"地域"方法模型为主的历史描绘，就不易使观者了然于一代之学术脉络的形成与发展，这是撰写时作为方法主轴的选择使然，以"地域"为主的"分派"型方法取向，自然不易做到以"时间轴"为主的纵向呈现。这一点，近人黄文树在其《阳明后学的成员分析》一文中，也作了相当程度的分析与讨论。根据黄文的研究，以"师承网络"所建构的"阳明后学"之历史图像，与黄宗羲以九大地域(其中未列"黔中王门")为系统而建立的"楚中""浙中""江右""北方"等"地域"学群的图像，大不相同。被区别了的"浙中"与"江右"王门，却有可能在"师承表"中呈现着两地域的密切交流师承之关系网。① 因此，我们更可以确定与深信，长久以来，《明儒学案》给我们(读者)的一些信息及图像：江右、浙中、楚中、南中、北方等，正是经由"地域"操作化的结果，而《明儒学案》也因此是一种以"地域"作为"概念"及"方法"来分型与建构"学术史"及其历史图像的一种著作典型。虽然麦仲贵已经指出，甘泉学案、蕺山学案、止修学案等皆另有其特殊性，并非依此原则。② 黄文中也依"师承"制作了《阳明后学师承关系系统表》，在"师承关系"的纵向时间轴的表图中，黄宗羲著作中以"地"为"聚"的方法之缺点明显地披露出来，在此学术世界的呈现中，如果读者不能先行掌握"师友渊源"的背景，则阅读"浙中王门学案"时，"浙中"能给我们的意义信息并不大；同样地，"江右"诸人

① 黄文树：《阳明后学的成员分析》，《中国文哲研究集刊》第 17 期(2000 年 9 月)，页371—388。
② 麦仲贵：《王门诸子致良知学之发展》(香港：香港中文大学，1973 年)，第二章第二节"对明儒学案分派之述评"，页 37—40。

在思想上的"分歧"可能更大于其在"地域"上的"类聚"。在此表中,黄文举浙中、江右王门为例,指出江右之邓以赞,师承出自浙中之王畿;而浙中钱德洪的学生中,则既有来自于南中王门的萧彦、程大宾等,也有来自于泰州王门的王襞,类此例等等。可见以"地域"立传与类聚分卷,确实不尽能将重要的"师承"列出以表其学术之渊源。[①] 则黄宗羲之弟子万斯同,其作《儒林宗派》,专以"师承"之"画线法"为"纵向呈现"主轴,自不能不视为在其师之后的一种有为之作,而黄文的制表,其启发之源也正是来自于万氏此书。

因此,当梁启超意图从《清代学术概论》及《中国近三百年学术史》中的吴、皖、扬之"汉学派"走出一条以"地域"为主轴而呈现全国性的学风特性之图貌时,自然会远溯到黄宗羲这部《明儒学案》之"明代学术史"之著作。而艾尔曼之所以会注意到梁氏《近代学风之地理分布》这本小书,刻意写下《清代的学风》一文,作为继承之意,自然也是被其中潜藏的一种西学质素——文化地理学所触动。不同于吾人将此书之源并同章太炎的立说共溯于传统上的《明儒学案》。自然,艾尔曼并未注意到黄宗羲此书。

据艾氏自言,其文是在梁氏《近代学风之地理分布》一书的基础上所作的,发表于美国《清史问题》1981 年 12 月号上,他把清代的学派(注意艾氏用的是"学派"一词)依地域分为:

1. 江南:又分为昆山、苏州、扬州、常州。

2. 安徽学派:皖南、皖北。

3. 浙江学派:杭州、浙东。

4. 北方的学派:颜李学派、北京与直隶。

---

① 黄文树:《阳明后学的成员分析》,页 5—7。

5．程朱学派：特征为官方性质。

6．其他地区：福建、广州、湖南长沙的改良主义理学。①

艾文中既用"学风"、又用"学派"，亦用"地理"，以是我们果然须将其文置回于梁启超发表于1924年的那本小书之脉络中。当时梁氏曾云：为方便故，以清代行省为之，这点我们亦不必过分苛责，元代置行省本就割裂自然山川形势。因此，梁氏显然知此，其原意仍是想要从考察"地灵"与"人杰"的关系上着眼。其背后的意图显然还更有经世的动机与怀抱，"地灵"的掌握，显然有助于"人文"与"文化"的兴盛，地理或自然环境对一地区人格、人文乃至学风的形成都大有关系。章太炎其实也叙述过此点：

> 初，大湖之滨，苏、常、松江、大仓诸邑，其民佚丽。自晚明以来，喜为文辞比兴，饮食会同，以博依相问难，故好刘览而无纪纲，其流遍江之南北。惠栋兴，犹尚该洽百氏，乐文采者相与依违之，及江永、戴震起徽州，徽州于江南为高原，其民勤苦善治生，故求学深遂，言直核而无温藉，不便文士。震始入四库馆，诸儒皆震疏之，愿敛衽为弟子。天下视文士渐轻。文士与经儒始交恶。②

因此，对于一种以"地域"为"分派"而"类聚"人物的"历史图像"之做法，对于以"地域"作为一种"学术史"的方法之讨论，我们其实已经看到了在章氏立说中出现的"惠与戴"，看到了在梁文中所夹带的"惠学

① 艾尔曼：《清代的学派》（吴伯娅摘译），页25—28。
② 章太炎：《检论·清儒》，《章太炎全集》，册三，页475。

与戴学",更看到了章氏对"环境与人文"间的互动描述,以及梁启超对于"地理与人文(文化)"间关系之学问的某种期待,在这种期待之中,究竟是地灵而人杰,还是人杰而地灵,值得思索。同时,我们对于梁启超与艾尔曼的一种专业领域:文化地理学的走向,虽然其已溢出本文所讨论的"汉学"之方法论;然而,就方法论层面而言,梁书与艾文的主张,在还未抵达于"文化地理学"时,仍然是黄宗羲著作的衍申与扩大。但是,如前所言,黄宗羲书中的"缺点":一种以"王学"为主轴的门户心态,成为与横向空间分布的"地域"交错并行的"师承"纵轴,如果去除了这条纵轴——不论"客观地"还是"主观地",仅仅以"地域"作为呈现的主轴,确然可以呈现并让吾人理解一代之学术与一代之人物学风吗?章、梁"吴、皖"立说中所夹带出的"惠学与戴学"成分,其实已经宣示了其叙述中所叙述的:在以"地域"为"分派"为主轴的呈现中,还有着另一条纵向轴的存在,这不正与《明儒学案》中的"宗姚江"与"宗东林"相同。因此,什么是影响我们及章、梁之后的近人研究之"吴皖分派"说的"真相"?仅以"地域"为主的"分派"方法,能否单独地承担并撑起"学术史"描绘的重责大任?在"方法论"的回顾与检讨上,我们似乎已经有了一个初步的考察,尤其对于其方法的特色与其作用的边界上。应当还有以"时间纵轴"为主的方法论走向,这使我们必须将视野再度回转到章、梁立说还早的江藩《国朝汉学师承记》上。否则,单凭"地域"的方法论,仅能说明"吴派"与"皖派",却不足以说明何以是"惠学"与"戴学"。

四、《师承记》中的"师承"及其相关问题

(一)"师承"与"国朝汉学"的联系

江藩《国朝汉学师承记》中的"师承"一词,明显是有所为而来,不

仅其置于"汉学"之名下，令人联想到此词与汉（代）儒林及师法的关系；也因其反宋学的态度与立场，而令人联想到"师承"一词必然与《道学传》的传述有着对立的一面，如果我们就两者之"形式"而作出比较，则《道学传》中的"道统"，系以"心传"作为"绝续"的纵向式系谱联系为其特征；而《儒林传》的"传经"以其经师家法为传承、章句训诂的文本为授受，在传与承间，也仍然是一个纵向时间轴下的模式。因之，江藩的"师承"一词，在进入其"书名"时，虽有着在"内容"上反宋学、反心传、反道统的一面，但在"形式"上，"汉学"其实正与其所反对的"宋学"一般，都是以"纵向传承"为立轴之本；两者其实是同一类型的"分系"模式。这种"同型"并不偶然，如果我们能够在"宋学反汉"与"（清）汉学反宋"的现象中，看出在对立的"汉学"与"宋学"之根源处还有着一个三代圣人之学为其所共宗，那么对于何以汉学与宋学、儒林与道学，对立的两者皆以"纵向性"立轴为其表型特征，也就可以了然。他们都必须以"三代圣人"作为其合法性的源头。因此，形式上的"同型"与内容上的"差异"都是为了争正统，儒学的正统、圣人之传的正统、圣人之道的正统。如此，江藩的使用"师承"一词，便有着与《道学》中之"传心"对立的语言效应之意图，并且在此对立的使用中刻意强调了一种圣人之道的合法与正统在历史中传递的方式，一种不同于"道学心传"的方式。

以下，笔者将先以江藩《国朝汉学师承记》中各卷所收人物，制成一表，看看是否映入吾人眼中的，是一种如"儒林传"般的纵向关系图像。虽然《史》《汉》之《儒林（列）传》在叙述传承时，尚依六经之序而分别之；但江藩既另作《国朝经师经义著作目录》，显然便系因为《师承记》中并未此种依经为次的卷帙安排，而是径作师友关系之分卷以述。本表尽量标出传主年代，依年序而序列，有师承关系者以纵线表之，人名之旁为其卷数及生卒年。

表一　汉学师承表

万历41~康12
顾炎武（8）

万历38~康34
黄宗羲

张尔歧（1）

泰昌~康12
马　骕（1）

王尔膂（1）

天启4~康19
顾祖禹（1）

黄　仪（1）

崇祯6~康53
胡　渭（1）　　吴玉搢（1）

崇祯9~康43
阎若璩（1）—宋　鉴（1）

张　弨（1）

　　　　　　　　　康10~乾6　　雍36~乾23
　　惠周惕（2）—惠士奇（2）　　惠　栋（2）

顺7~康52
臧　琳（4）

顺5~康61
陈厚耀（7）

　　　　　　　　　康27~乾17
　　　　　　　　　沈　彤（2）

　　　　　　　　　　　　　　乾6~嘉11
　　　　　　　　乾9~嘉18　　┌钱　坫（3）
┌钱大昭（3）—┤雍13~乾55
│　　　　　　└钱　塘（3）
│
│雍6~康9
├钱大昕（3）
│
│康61~嘉2
├王鸣盛（3）
│雍10~乾13　　　　　　乾26~道11
┼余萧客（2）┐
│　　　　　├江　藩
│康61~嘉4　乾35~道19
├江　声（2）┼顾广圻（2）
│康54~乾55　│
├褚寅亮（2）└徐　颋（2）
│雍2~嘉11　　　乾29~嘉15
├王　昶（4）—袁廷梼（4）
│乾17~乾51
└孔广森（6）

　雍7~乾46　　　乾11~嘉14
　朱　筠（4）—洪亮吉（4）

　乾10~嘉4
　武　亿（4）

　乾26~嘉7
　张惠言（4）

　雍13~嘉23
　庄　炘（4）

　乾12~道3
　赵忆孙（4）

　乾41~道9
　刘逢禄（4）

　乾1~嘉11
　桂　馥（6）

（上接桂馥）

嘉22～道5
郝懿行（6）

李文深（6）

乾4～乾48
孔继涵（6）

┌汪元亮（6）
└洪　榜（6）

雍1～乾42　　乾3～嘉21
┌戴震（5）＋任大椿（6）

康20～乾27　│　　　　乾9～道12　乾31～道14
江永（5）＋金榜（5）├王念孙————王引之

│雍13～嘉6　雍13～嘉20
└程瑶田(5)├段玉裁（5）

│康54～乾33
└卢文弨（6）

雍1～嘉10
纪　昀（6）

雍11～嘉23
翁方纲（6）

乾8～嘉1
邵晋涵（6）

康57～乾49
程晋芳（7）

贾田祖（7）

李　惇（7）

江德量（7）

李钟泗（7）

汪光燨（7）

徐　复（7）

刘台拱（7）

乾20～嘉14　乾16～嘉14
凌廷堪（7）一阮寿昌（7）

乾9～乾59
汪　中（7）

乾28～嘉25
焦　循（7）

乾29～道29
阮　元（7）

乾3～乾46　乾27～乾53
顾九苞　顾凤毛(7)

据上表，其有明确"师承"关系者，不过如此。更为明确之传主间的关系，多是以江藩——作者为核心的交游关系网：

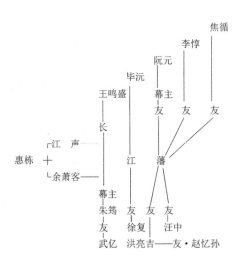

在江藩笔下，不时出现的是"同时游者""与君相善者""与君友者"，可见，"汉学"在江藩的笔下，其实不全然是"师承"，更多的是一种学风、学潮的鼓荡相濡。对于这样的"汉学"，用"师承记"来作"学术史"恐未必是最好的方法；以"六经"作为类别，仿《儒林传》依经为次再叙人物或依《艺文志》以"书"为类聚人物的方式，再多出"孟子""金石小学""天文历算"或许更佳。总之，清代汉学中其实实无所谓"家法"与"师法"，"返汉"亦未必真有"师承"；然而，"返汉"却确实加强了对于"师承"的研究。是故依"经"为"类"，以之作为方法上的凭依，或更可以勾勒出一幅较为清晰之"清代汉学"之历史图貌。

　　江藩继承于"儒林传"者，显然是一种"师承意识"而非"师承"之实，其也非真能以《儒林传》中之"师承授受"与"章句家法"为其《师承记》之实质内容。江藩于《师承记》之卷二、卷三，确然多以师门为闻见选录；卷七之扬州籍学人，则多为其亲交往之友人，或自焦循、汪中所转闻者;而卷五、六所记,则较少往来,盖其实与徽籍学人不甚熟也。故曰:"师承"实为一种"宗汉"而来的"意识",而非真能符有两汉经师授受之家法源流能著见于清代也。《史记》与两《汉书》中之《儒林传》在叙经师传承时,是依六经之序而分别述之,明其源流;但江藩既另作《国朝经师经义目录》,依"书"著录清经师书目,①便系因为在《师承记》中其并未如此,并未依"经"而分"家"纵叙。因此笔者固曰:江藩以"师承"二字入书为名,实仿自《儒林》,欲凭此词而更揭"汉帜",诋《儒林》、非"心传",着明"汉学"之义;故其"师承"实是一种"师承意识",是一种"汉学式"思考的意识形态。其实,江藩之子在《国朝经师经义目录》后语中也述及了这点,其云:

> 家大人既为《汉学师承记》之后,复以传中所载诸家撰述,有不尽关经传者,有虽关经传而不醇者,乃取其专论经术而一本汉学之书,效唐陆德明《经典释文》传注姓氏之例,作经师经义目录一卷,附于记后,俾治实学者得所取资,寻其宗旨,庶不致混莠于苗,以跃为玉也。②

不尽然为"汉学"者,反映的正是江藩以师承为意识形态的作者交游笔调与行文。由表一可知,江藩《师承记》一书,实无全面地以"师承"为

---

① 江藩《目录》仿《经典释文》为次:易类、书类、诗类、礼类、春秋类、论语类、尔雅类、乐类。而《释文》诸经序次又源自《汉书》之故,但亦不尽彷之,很显然《孝经》类即不在其中,而《孟子》在汉,本不足为经类,故次诸类略中,但江藩仍然将《孟子》有关的清代著述,附入《论语》类中,迁就(或反映)了"四书"在清代仍然存在的事实,以及"孔孟"仍然并称的事实。是故戴震之名著《孟子字义疏证》便也类入此中,视为经学著作,而非子部著作。至于《尔雅》,则代表着江藩对"小学"的标题,以《尔雅》为类名而不以《说文》为类名,凡《说文》著作,均入于"尔雅类"中。至于最末所列之"乐类",则实亦未依《史》《汉》之序,盖江氏列在小学之后也。

② 江藩:《国朝经师经义目录》,江钧《识语》,见《国朝汉学师承记》,页147。

其实质上的内容呈现;是故,在江藩《师承记》中,作为书名的"师承",实是一种"师承意识",也是一种意识形态。此所以徐复观氏在其《清代汉学平议》一文中,批评江藩在此书中,为了扩大"汉学"之声势与阵营,而明显地有"张罗"人数之嫌。"张罗"者,无"师承"之实,而为江藩择以入《记》中也。徐氏言曰:

> (江藩)用写传记的方式来张大门户,……采用下面三种方法来张罗人数。第一种方法是,他把十八世纪,尤其十九世纪治考证之学极有成绩,却不十分反宋明的重要人物,都不列进去。
>
> 第二,为与他有私谊,但在学术上并无成就之人立传,以满足其"自我扩充"之心理要求。
>
> 第三,江氏书中各传,多取自他人所作;他便在增删中弄手脚,以符合他所说汉学家的标准。①

案:徐氏所言之第三点,主指江藩书中之刘台拱、沈彤、王昶、程晋芳等诸传文叙述,把传主原本对宋学尚持敬意的态度完全转写成一种汉学式的基调。徐氏此文虽曰"平议",然而实多致力于对清代汉学的批判性上,故语多贬义;另外,划分"汉代学术"与"清代汉学"的疆界,亦是其行文重点之一。徐文确实指出了江藩在"师承"一词的用法上,不能尽符书中实情,故有"张罗"人数之说与讥。从"汉代师承"的角度来看江藩书中的"清代汉学",则"汉学"固是清学中的一个主要的"时代思潮",然而"师承"却未必即是形成或扩大此思潮氛围的主因;此思潮是否即以"师承"为其相递、相承、相荡学风之方式,一如两汉儒林家法

---

① 徐复观:《清代汉学平议》,《中国思想史论集续篇》(台北:时报出版公司,1985年),页535—536。

授受然，则显然经由表一所列与所示，实情并非如此。江藩作为书名中"师承"一词显然不能单纯从"经师授受、家法传承"来理解，否则"师承"二字实不足以撑起江藩书中的"汉学世界"。就江藩之书而言江藩之笔，则在其笔下，真能称之为师承授受者，主要还是在"惠"与"戴"；其他诸卷中所呈现的关系，则是座主、幕宾与学友之间的关系。可见，江藩的"师承"一词，实是"师承意识"之用名，而非清代汉学之实指。江藩的"师承"一词，必须要另作理解，至少要扩大为此种清代学人间授受、幕游、师友间关系网的理解。江藩笔下的"师承"一词，显然还是充满着宗汉的心态与期待"汉学"复兴的理想性。把幕宾、师友关系全部描绘成"师承"，更是"师承意识"下的返照，因为"汉学"就该是如此，"清代汉学"也该是如此，《国朝经师经义目录》著录如此之严，徐复观氏所谓江藩必删改传主之学为"宗汉反宋"以统一基调，或者也可以从此角度来作理解。换言之，江藩在此书中的行文，其实也正在为其"汉学"进行塑形与理念的规范。

　　江藩在书名中用入"师承"二字，虽曰远绍汉之儒林，然实亦祖自雍乾时的惠氏士奇与松崖父子而来。惠氏云：

　　　　汉人通经有家法，故有五。经师训诂之学，皆师所口授，其后乃著竹帛，所以汉经师之说，立于学官，与经并行。五经出于崖壁，多古字、古言，非经师不能辨。……是故古训不可改也，经师不可废也。[1]

已尽道"经师""师法"与"师承"在"传经"与"释经"上之重要，亦是打开与进入汉儒传经世界的一个重要入口，唯"师承"明，方可以据注考究

---

① 惠栋：《松崖文钞》卷1，页4。

各家章句与训诂，由是可以以经为凭趋近于"古"之圣人述作之义。①
民国张寿镛氏在序万斯同《儒林宗派》时，曾曰：

> 直接其传曰"师承"，慕而宗之曰"私淑"。"宗派"之说，实兼
> 斯二者。于是万氏此书该之矣。②

其又云：

> 不当以读学案、宗传诸书者读之，庶几其有得于作者之
> 心焉。③

盖已指出万斯同此书实与学案、宗传诸书之不同科矣。即便是与其师
黄宗羲之《明儒学案》，其方法、旨意亦大较不同。盖万氏在黄氏门下，
曾有"从此不谈道"之言，与其兄万斯大并以经史见称于世，亦可见其
谈儒学有与其师《学案》之不同者在。④ 故万氏《儒林宗派》此书，不以
"地域"为方法而专明"师承"授受，书中凡有师承授受者，一盖以"画
线"标著之，明是承自两汉儒林传之法，而用之以布现于此书中之一种
"中国儒林史表"意图与意旨也。是故以反汉学而著称之方东树，即在

---

① 徐复观在前揭文中，批评清人不能分辨清学与其所宗"汉学"之同异，其中之一点便
在于师法、口授、章句、训诂、家法多有分殊，不能一混于"师承"一词或是"故训"一词
之下；然此亦正可以证诸"汉学"对清人而言是一种学术上的信念，江藩用"师承"一
词亦是如此，概括式地以此词作为一种信念或意念的传达。

② 张寿镛：《儒林宗派序》，《四明丛书》约园刊本，《丛书集成续编》，册十五，台北：新文
丰出版公司。

③ 同上注。

④ 李塨曾引述万斯同之言，文云："某少受学于黄梨洲先生，讲宋明儒者绪言；后闻一潘
先生论学，谓陆释、朱老，憬然于心。既而同学竞起攻之，某遂置学不讲，曰：予唯穷
经而已。"见戴望：《颜氏学记》（台北：世界书局，1980年），卷七，恕谷四，页189。

其《汉学商兑》一书中，特别指名万氏此书而批判之。其缘故盖由于其视《宗派》一书为《师承记》之先导也，故为同科者，遂著文以批判。方氏于书中曰：

> 万氏斯同撰《儒林宗派》，其恉以为自《伊洛渊源录》出，《宋史》遂分道学、儒林为二传。非唯文章之士不得列于儒，即自汉以来传圣人之遗经者，亦不得列于儒，讲学者递相标榜，务自尊大，明以来谈道统者，扬己凌人，互相排轧，卒酿门户之祸。[①]

方氏遂严辞批评，曰：

> 万氏此书，意在持平，而其实乃不平之甚。不如张烈，烈箸《读史质疑》，谓《宋史》以外，不得滥立道学传，虽意在裁阳明，而语自有分寸。周汝登作《圣学宗传》，程子下分二支，一支朱子，下不系一人；一支陆子，下系阳明。沈佳作《明儒言行录》，收阳明于正集而于其弟子皆从删汰。盖陆王虽有病痛，若在孔门，亦邀狂狷之与，未可以末学之见轻欲裁简。至黄宗羲作《明儒学案》，视周、沈二书为详。然意有左右，阳主阴违，亦非正见。[②]

以笔者之意忖之，万氏虽为黄宗羲之弟子，然其《宗派》一书，方法上实以纵向时间为轴，以画线着儒林之"师承"，实有与其师《学案》在方法上以"地域"为分案立卷大不同者在。以万氏而言，初无"反"学案体裁之用心，亦未料其在方法上、书名上，将与江藩《师承记》同归属；然方

---

① 方东树：《汉学商兑》，台北：广文书局，1977 年，卷上，页 38。
② 方东树：《汉学商兑》，卷上，页 43。

东树则有意为之，启汉、宋之争，著书大旨与批评所的，皆集中在"汉学"人物，遂上溯此书，视为《师承记》著述形式之先导与奥援，认定万氏此书有"反道学"之心态；遂并而攻之；且万氏于"明史馆"中倡言不立《道学传》，更被方东树视为"反道学"者。方氏所忖度，虽未必能得万氏之实旨，亦不能明万氏之不欲"分门户"之用心。盖《宗派》一书唯明"宗派""师承"之关系上下而已，张寿镛氏之序已言之矣。方氏虽不识万氏之心，然若就书而言书，以方法及呈现的形式而言书之比较，则《宗派》与《学案》，确实为两种不同方法、模式之类型也；《学案》传述道学，多以地域为分卷，而《宗派》以画线着明学术授受，以"师承"含"私淑"为概念及方法，与《师承记》之"师承"二字确实可以相较与类比；则就此而言，方东树欲诋"汉学"而并万氏之书而攻之，又确有一种见地，此见地即为对《宗派》之书中蕴寓了一种方法上与《师承记》式的传述"学术史"的模式之关连，为方氏所不能忍与不能受也。

由上述，吾人也可以知道，章太炎与梁启超之以"吴皖"为地域分派，且作出"信古/求是"与"尊闻/裁断"之评价，但其所评价主要还是针对惠、戴二人的学术风格与特征，这里实有由《师承记》中以"惠、戴"为中心而转手为以"吴、皖"为中心的痕迹。[①] 正是由于章、梁都有以"惠、戴"为中心的视野去阅读江藩的著作，所以才会忽略了其书卷七中的"扬州诸儒"。我们可以说，后来张舜徽的《清代扬州学记》或《清儒学记》中的《扬州学记》，其与章、梁视野上的差异，正是在于对《师承记》卷七的重视与否所产生的结果。也因此梁启超在其 1904 年《近世之学术》一文中的一个陈述，谓章太炎之分吴、皖二派，系出于江藩《师

---

① 今人漆永祥在其《乾嘉考据学研究》（北京：中国社会科学院出版社，1998 年）第四章中（页 111—136），认为"乾嘉考据学"应以"惠、戴、钱"为中心，而成立"惠学、戴学、钱学"的三"学派"，钱大昕之学在清代能否成立为"钱学"，至少江藩、章太炎、梁启超都没有这样的观点与考量。

承记》,此说说确亦确,盖江书中的卷二、卷三与卷五、卷六确实是以
"惠学"及"戴学"为中心也。然而,梁氏终究在后来的两书中便未再续
此说,而主依章说,走上了"地域/分派"为主轴的清代学术史路向。
"地域/分派"作为一种方法,毕竟仍与"师承/分系"不同。

表二　《国朝汉学师承记》卷七与《清代扬州学记》《清儒学记·扬州学记》对照表

《国朝汉学师承记》卷七	《清代扬州学记》	《清儒学记·扬州学记》
陈厚耀	王懋竑	王懋竑
程晋芳	任大椿	朱泽沄
贾田祖	汪　中	刘台拱
李　惇	汪喜孙	朱　彬
江德亮	江　藩	刘宝树
汪　中	焦　循	刘宝楠
顾九苞	焦延琥	王念孙
刘台拱	黄承吉	王引之
锺　裹	阮　元	汪　中
徐　复	刘文淇	焦　循
汪光燨	刘毓崧	刘文淇
李锺泗	刘寿曾	刘毓崧
凌廷堪	刘师培	刘寿曾
焦　循		刘师培
阮　元		
许　珩		

其中,由《扬州学记》到《清儒学记》,"刘师培"的保留,可以看出张
舜徽记录扬州刘氏"四世一经"的用心。王懋竑、朱泽沄则皆为治朱子
之学者,唯朱泽沄亦见于江藩《国朝宋学渊源录》卷下之中。

案、江藩此卷所收诸人,除凌廷堪系客居扬州外,余均为扬州府

籍,陈厚耀泰州、程晋芳江都、贾田祖高邮、李惇高邮、江藩甘泉、汪中江都、顾九苞与顾凤毛父子兴化、刘台拱宝应、锺褱甘泉、徐复江都、汪光爔仪征、李锺泗甘泉、凌廷堪海州、焦循江都、阮元仪征、任大椿甘泉、宋守端高邮、秦敦夫江都、黄春谷江都、许珩仪征等共 21 人。由此看来,江藩自己是扬州甘泉人氏,则卷七确有可能是为扬州而作卷,以呈现乡梓汉学学风之盛为傲;然若谓江藩为扬州学人特立卷七,是有一种"扬州学派"之意图,则在此卷之叙述行文中,是看不出来的。上引徐复观氏所批评于江藩篡改史实以就"汉学"者,在此卷中尤以刘台拱为甚,盖刘台拱家学本承明代蕺山学术,而刘氏自己则与王白田、朱止泉之程朱学术有渊源,江藩在传中径称其"然与人游处,未尝一字及道学也","君学问淹通,尤邃于经,解经专主训诂,一本汉学,不杂以宋儒之说"。[①] 确有篡改,然最是此等篡文改笔处,亦最可见江藩确有立汉帜及"汉、宋之争"的门户心态,以及一种必欲立"汉学"为一学术正统的近乎偏执之态度。

　　此外,由于卷七诸人多是与江藩同时又同里之人,故江藩在撰写这些人的传记时,亦不尽然只是一种抄袭钱大昕的传记而省简便的问题,钱大昕为江藩所景仰推崇,而钱氏诸传又在其前,则必读且参考,或径取用,也颇可理解。但在此之外,我们更应注意江藩在下笔行文间,更多的是凭借他自身与传主的交往、熟识与交谊而过多地以作者介入的行文笔调,这种笔调是以"友"的认知为主,形成了在卷七中特别的一手报道式的传记,虽然能够带给我们甚多地以江藩与这些学人深交中的许多他人未见得能透里而观的报道,但这种报道,渗入了江藩过多的主观意识,行文未具史法,使得"报导"与"供备国史采择"的"史传"间的层次,落差亦甚大。这在与江藩友谊特深的汪中传中,特

---

① 江藩:《国朝汉学师承记》卷 7,页 116。

别明显。江藩在汪中传中，虽不改其笔调主轴，盛称汪中之"汉学"，但又不能克制对汪中身世及学术之过于熟悉之感情，而作了大幅度的对汪中文才的陈述，不仅自违其"汉学"之例，亦终不能不作"文苑"之传文，以免亡友惊动天下之文才遭没，一种友情上的认知，遂盈然于江藩笔下，乃至于不能释，遂录江藩所最爱之文，即汪中《自序》全文于传中，此盖司马相如与屈原贾生列传矣，何来"汉学"之有？无他，以江藩"友"于汪中，情甚挚、知甚稔故也。江藩于传中即自云："藩最重君文，酷爱其《自序》一首，今录于左。"①盖又不止于此，江藩实欲引此文以自况也，故此传中实为江藩将"自传"置入"他传"中之最多者，江藩之生命自述，既属此传为最多，亦最叹深自怜，盖与汪中相通者也，故江藩云：

> 嗟乎！刘子之遇酷于敬通，容甫之阨甚于孝标，以藩较之，岂知九渊之下尚有重泉，食茶之甘胜于尝胆者哉！②

又，凌廷堪传中，则有记云：

> 君久客扬州，如刘君端临、汪君容甫诸君子，以及宋君守端、秦君敦夫、焦君理堂、阮君伯元、杨君贞吉、黄君春谷，皆君之友也，援寓公之例，记于郡人之末云。③

汪中传亦云：

> 钱少詹事竹汀、程教授易畴、王观察怀祖、孔检讨众仲、刘训

---

① 江藩：《国朝汉学师承记》卷7，页114。
② 同上注引书，页115。
③ 同上注引书，页121—122。

导端临、李进士孝臣诸君子，或以师事之，或以友事之，终身称道弗衰焉。①

李惇传云：

与同郡刘君台拱、王君念孙、汪君中友善，力倡古学。②

贾田祖传则引述汪中为贾氏所撰之墓志铭文，云：

与阳湖洪稚存、同里李惇、王念孙友善。③

而自则云：

藩未识其人，亦未读其所著书，……然明经（汪中）不轻许人，其言可信也。④

江德量传则云：

既长，与同郡汪明经容甫为文字交，其学益进。⑤

更可以看出被选入卷七中的学人，其间的相互交游往来中的"友"字关系，而且看来是以江藩的"作者"位置为其中心的；而在以"作者"为中

---

① 江藩：《国朝汉学师承记》卷7，页113。
② 同上注引书，页110。
③ 同上注。
④ 同上注。
⑤ 同上注引书，页111—112。

心的卷七之为文言述中，又可以看出汪中在江氏心目中的分量。无怪
乎方东树《汉学商兑》中要专以"汪中"为批评之的，且提出"扬州学派"
一词，意以"汪中"为首，其云：

> 汉学家论文，每曰：土苴韩欧，俯视韩欧；又曰：骪矣韩欧。
> 夫以韩欧之文，而谓之骪，真无目而唾天矣！及观其自为，及所推
> 崇诸家，类如屠酤计帐。扬州汪氏谓："文之衰自昌黎始。"其后扬
> 州学派皆主此论，力诋八家之文为伪体。阮氏著《文笔考》，以有
> 韵者为文，其恉亦如此。江藩尝谓余曰："吾文无他，过人祗是不
> 带一毫八家习气。"又《凌廷堪集》中亦诋退之文非正宗。于是遂
> 有此訾平淮西碑书法不合史法者。①

方氏之意盖自以为桐城文派而祖宋学，遂能注意及于汉学中之一种文
学上"反唐宋八家"之态度与立场，注意及汉学家中能文者之言论，或
云"文之衰自昌黎始"（方氏引汪中文），或谓"吾文无他过人，祗是不带
一毫八家气息"（方氏引江藩语）；盖此亦桐城中之"反汉学"言论，非仅
由程朱而言道学与儒林、传经古训与性命微言之争，抑且涉及宋学的
"唐宋文宗"与汉学的"鄙薄韩欧"之争也。其所谓"其后扬州学派"不
知何所指？要之此文中论文章则以汪中为首，故曰"其后扬州学派，皆
主此论"，然亦仅止于指涉扬州之一种文章主张，如阮元《文韵说》及
《学海堂文笔策问》之类者，是则"扬州学派"亦仅能置于此文文脉中视
之，与江藩《师承记》卷七之另类表述者无关，亦与后来张舜徽等由"汉
学派"而分出的"扬州学派"之观点及写作《扬州学记》《扬州学记》之分

---

① 方东树：《汉学商兑》，卷下，页 312—313。

卷思考无关。① 然若谓单提一种"扬州学派"之名目,则吾人诚可谓方东树实在梁启超、支伟成、张舜徽及近世诸学者讨论之先也。②

（二）其他相关问题与人物

1. 臧琳。在江藩《师承记》中极有意思的一位人物是"臧琳"。臧琳的时代实在江藩之师祖惠松崖之前,系康雍时代之学人,但是江藩却将其置入卷四之中,犹在卷三之惠门人物之后,显然是自违"师承"中传承与先后之例,然而,这亦可见江藩之有意为之,有意识地以"惠"为"宗"的做法。江藩于《师承记》卷四之末叙其传云:

> 康熙时,又有臧琳者,武进诸生,博综经史百氏之书,教人先以《尔雅》、许氏《说文解字》,曰:"不识字,何以读书;不通训诂,何以明经!"键户著述,世无知者,著有《经义杂记》三十卷,太原阎百诗为之序,玄孙镛刊行之。镛字在东,卢绍弓学士之弟子,自云

---

① 案:方东树《汉学商兑》中出现"扬州学派"之名目凡二见,而皆与"汪中"有关,除正文所述方氏批评扬州诸儒文论者外;另一出现"扬州学派"者,系方东树批评汪中论"墨子"之言,夹于汪中论《大学》之后,方氏云:

> 今汪氏不知朱子原本次第,乃据坊本讥之,无知乱道,见鄙通识,可为笑柄矣。且汪氏既斥《大学》,欲废"四子书"之名,而作《墨子表微序》,顾极尊墨子,真颠倒邪见也。……夫天下无二道,墨子是则孔子非矣。……此等邪说皆袭取前人谬论,共相簧谷。后来扬州学派著书,皆祖此论。(方东树,《汉学商兑》,卷上之中,页128、130)

方氏此条论旨则甚明确,即对扬州学人之反朱子、反四子书、宗荀子、宗墨子之言特为敏感也。

② 案:今人龚鹏程特留意方氏有关"扬州学派"述写之文,曾撰文特指出此点,谓"扬州学派"名目当以方氏为最早。龚氏亦从"文学论争"之视野出发,揭视出另一角度下"汉宋之争"之史貌。盖汉宋之争中的汉学家与桐城文派中姚、方等人之间本有夙怨,此近代学人多知之;然汉宋之争中一种文学及文论之争,则研究甚少。若然,则至少在方东树眼中,一种清代文论与文派中的"扬州文派"在此段述文中是存在的,而且还与汉学及宋学纠葛在一起。龚文见《清朝中叶的扬州学派》,收在祈龙威、林庆彰主编:《清代扬州学术研究》(台北:学生书局,2001年,二册),册上,页49—92。此论文集系由2000年4月于扬州召开"海峡两岸清代扬州学派学术研讨会"之论文所辑成。

"段大令懋堂致书学士曰：'高足臧君，学识远超孙、洪。'"由是学士益敬异之。然乎，否乎？①

对此，刘师培特持意见，其论"清代学术"之文共有三篇：《近儒学术统系论》《清儒得失论》《近代汉学变迁论》，此三文皆收在《左盦外集》。其中《近儒学术统系论》特针对江藩《师承记》而发，批评其书无"统系"，故"统系"即为其文篇名，用法实与章太炎《清儒》篇同。其云：

> 甘泉江藩作《汉学师承记》，又作《宋学渊源记》，以详近儒之学派。然近儒之学，或析同为异，或合异为同，江氏均未及备言，则以未明近儒学术之统系也。②

刘氏此文虽曰"统系"，实则以"分派"与"地域"合一为其说之大要，故其曰"析同为异、合异为同"。明是以"类聚"之不明以评江藩之书，故其方法论点实与章太炎之模式略同。"分派"之"统系"，与"师承"正相对立，故其批判江藩之意甚明。而其论清儒学术三篇中，又特别强调之一种观点，即为"汉学之始"当为"臧琳"，犹在惠氏父子之先。《近儒学术统系论》云：

> 理学而外，则诗文之学在顺康雍乾之间，亦各成派别，然雕虫小技，其宗派不足言。其有派别可言者，则宋学之外，厥唯汉学。汉学以治经为主。考经学之兴，始于顾炎武、张尔岐……泰州陈厚耀，亦得梅氏之传，而历数之学渐显。武进臧琳，闭门穷经，研

---

① 江藩：《国朝汉学师承记》卷4，页74。
② 刘师培：《近儒学术统系论》，《左盦外集》，《刘申叔先生遗书》，册三，页1774。

覃奥义,根究故训,是为汉学之始。东吴惠周惕……其子士奇继之,……栋承祖父之业,确宗汉诂。①

其《清儒得失论》则云:

> 自此以还,苏常之士,以学自隐,耻事干谒。**武进臧琳,树汉学以为帜**,陈义渊雅,虽间流迂滞,然抱经以终,近古隐佚。东吴惠氏三世传经,……确宗汉诂。②

其论略与前文同。其《近代汉学变迁论》则云:

> 古无汉学之名,汉学之名始于近代,或以笃信好古,该汉学之范围,然治汉学者未必尽用汉儒之说,即用汉儒之说,亦未必用以治汉儒所治之书,是则所谓汉学者,不过用汉儒之训故以说经,及用汉儒注书之条例,以治群书耳。故所学即以汉学标名。然二百余年之中,其学术之变迁,可分为四期。③

此文则实释"汉学"之所以为名之故,以及为汉学之变迁分为四期,即顺康之交的怀疑派为第一期,康雍之间的征实派为第二期,次为丛缀派,次为虚诬派。最末一期"虚诬派"主要指常州之儒与今文学派而言,"此道咸以还,汉学所由不振也,悲夫!"④则明显是刘氏与章太炎氏同调的古文学之立场。故在刘氏之前两文中其所持之一种观点实

---

① 刘师培:《近世学术统系论》,《左盦外集》,《刘申叔先生遗书》,册三,页 1775。
② 刘师培:《清儒得失论》,同上注引书,册三,页 1779—1780。
③ 刘师培:《近代汉学变迁论》,同上注引书,册三,页 1783。
④ 同上注引书,页 1783。

甚明显，即刘氏亦主张清儒学术中有"汉学"之派别，亦有"汉学"之名帜，且以治经为主，发源于清初遗民之顾炎武、张尔岐等人；而治经中明揭故训与以汉为帜者，则实为臧琳，在惠氏"确宗汉诂"之先。此种论点，明显地系针对江藩而来，则其所讨论，一则与章太炎相鼓荡，批评江氏论汉学无统系，故以宗派为说；一则臧否江藩汉学宗惠之论，极力强调与推举被江氏所置之卷四的臧琳。

　　吾人认为，刘师培此三文论清学，虽致批评于江藩之书，然而对"汉学"之名，则持肯定及认定清学中有"汉帜"之宗派的立场与观点甚为明显。另外，其批判江书之"宗惠"，而更标出"臧琳"为"汉学之始"，则恐有受另一更早的批判汉学及江书之清人方东树之影响者在，方氏在《汉学商兑》中，即数次提出了臧琳作为批判的对象。如臧琳视《大学》为一篇文字，原无经传可分，方氏即据此而批判臧氏，盖此观点正与朱子之分《大学》为经、为传相对而系汉学家意图将《大学》归返为《礼记》中《大学》之立场也。方氏评臧琳云：

　　　　臧氏琳曰：《大学》一篇本无经传可分、阙处可补，"诚意"正学者最切要处，所以成始而成终者，不当退处于后。按、此说乃学者是非通蔽一人鬼关也，诸人皆从此路差去。其谓本无经传可分、阙处可补，亦本前人之争古本者。唯说诚意不必本于致知，朱子退诚意传，便处于后，最为乱道。①

又针对臧琳之治经宗汉注唐疏之语而致批评，其云：

　　　　按臧氏玉林曰：治经必以汉注唐疏为主。曰：此其本原也，本

---

① 方东树：《汉学商兑》，卷中之上，页 112—113。

原未见而遽授以后儒之传注,非特理奥有不能骤领,亦惧为其所隘
也。诸人推此以为臧氏宗旨,矜为独出,不知皆朱子绪言也。且臧
氏惧为所隘,遂逃而去之,终身不复求之理奥,此所以蔽也。①

凡此,皆可见东方树亦已注意及臧琳与乾嘉学术之关系,故纳其入于
"汉学"中之一员而致猛烈之批评。

2. 钱大昕与戴震之比较。近人多已指出江藩作《汉学师承记》一
书,多有取于前人已成之史传碑状文者,而其中又以取自钱大昕《潜研
堂集》中之诸学人传记文者为最众;如徐复观氏即云:

> 钱大昕对史学的精博,在清代有重要地位;《潜研堂文集》由
> 卷三十七到卷四十的各传,乃他有志于著史的一部分工作。《国
> 朝汉学师承记》中的阎若璩、胡渭、惠松崖、王鸣盛、江永、邵晋涵
> 各传,皆取自钱氏,而妄加删窜,点金成铁。②

另漆永祥之《〈汉学师承记〉史源考辨》一文对此亦多有探源之研究。③
徐复观文实着意于江氏之"改窜",意在指出江藩心存门户;而江藩欲
为"汉学"作学术史传,取用前人已成之文字,其中又以钱大昕所成者
为最多,此一现象,或者亦可反映钱氏之分量。江藩对此,实亦无避
讳。如卷二《惠栋》即直接引述钱大昕之文字,《记》云:

> 钱少詹为先生作传,论曰:"宋、元以来,说经之书盈屋充栋。

---

① 方东树:《汉学商兑》,卷下,页 307。
② 徐复观:《清代汉学衡论》,徐复观,前引书,页 517。
③ 漆永祥:《〈汉学师承记〉史源考辨》,收在祁龙威、林庆彰主编:《清代扬州学术研
　究》,册下,页 445—470。

高者蔑弃古训，自夸心得；下者剿袭人言，以为己有。儒林之名，徒为空疏藏拙之地。独惠氏世守古学，而先生所得尤深，拟诸汉儒，当在何邵公、服子慎之间，马融、赵岐辈不能及也。"

然而此尚可仅视为江藩重视者在于钱大昕之史学造诣为江藩所采信，至于"汉学"之成就，江藩则似一仍当时学人之舆论，仍以惠、戴二氏为主，其卷一《前叙》即云：

> 至本朝，三惠之学盛于吴中，江永戴震诸君继起于歙，从此汉学昌明，千载沈霾，一朝复旦。

然而细观江藩为钱大昕所作之传，则又不然，在江藩一贯的作者介入之笔法中，明显地江藩在此作了钱大昕与戴震的月旦与臧否；显然钱、江二人在江藩心中是有高下的。加之戴震又有自负之言，谓"吾以晓征为第二人"，则江藩在钱大昕传中的有意评比，宁非专为戴震此言而发？其云：

> 戴编修震尝谓人曰："当代学者，吾以晓征为第二人。"盖东原毅然以第一人自居。然东原之学，以肆经为宗，不读汉以后书，若先生学究天人，博综群籍，自开国以来，蔚然一代儒宗也。以汉儒拟之，在高密之下，即贾逵、服虔亦瞠乎后矣，况不及贾、服者哉！

其以汉代儒林人物为比拟，此正一如主明儒道学家者喜以孔门弟子为比拟，俱是一种前代圣贤所宗所相应的一种反映，适又足于为"儒林"与"道学"作成一对比，所谓圣贤之类型与典型之观照也。江藩在此将钱大昕比拟为"郑玄"之次，即贾逵、服虔亦难望其项背，且誉为"一代儒宗"，此则直可谓整部《汉学师承记》中江藩笔下汉学世界中的第一人物,甚且超过为其所宗、师门渊自的惠栋;盖在《惠栋传》中,江藩引述钱大昕之文,不过谓惠栋之品位,在于"何邵公、服子慎之间","马融、赵歧辈所不能及"。是则江藩此处"作者曰"之笔调,笔锋直指戴震固已显然,江藩除指出戴震之不如钱大昕处,亦特别提及钱大昕在当世以"惠戴之学"为宗的"汉学"中,能够超然特异、独拔而为"儒宗"者之故,其云:

> 尝谓自惠戴之学盛行于世,天下学者但治古经,略涉三史,三史以下茫然不知,得谓之通儒乎?

此当是江藩之有为之笔,针对戴震置晓征为第二人而来。若以文中所谓"通儒"云云而论,恐也尚非江藩心中真正衡量"时代思潮"的一把尺,此衡量尺度仍然在江藩心目中应在"汉学",而非"通儒";是则江藩此处又再度笔下过度介入,且自违体例。且也,若以"通儒"为言,则学旨与品第的扬州诸儒如焦循、汪中等,身处于戴震之后,方倡"通"学(张舜徽即谓扬州学术之特征在"通"),却推尊戴震,焦循有《申戴》篇之作,汪中则尝欲作国朝六儒颂,其中并无钱大昕;[1]可见在时代推移中,当时学人论定,仍是以"惠戴"为乾嘉学术之宗主的。江藩推尊钱大昕为"一代儒宗"之意见与观点评价,究系其针对钱、戴二人的确实比较? 抑或是另有所指? 即江藩心中是否横梗着一个"吴皖"的内部门户之见,如章太炎所提出的那样,谓江氏作《记》,右吴抑皖? 毕竟"汉学"与"通学"之间,还是有某种程度差异的,此亦是江藩书名"汉学",以惠氏首揭汉帜为宗的主要写史为记之目的。总之,江藩在其书中,既以"惠戴"为两个核心而作了全书的卷帙安排,又在钱大昕传中,

---

① 汪中所谓国朝六儒为:昆山顾炎武、德清胡渭、宣城梅文鼎、太原阎若璩、元和惠定宇、休宁戴震。见凌廷堪:《汪容甫墓志铭》所述,《校礼堂文集》,卷35,页319—320。

作了钱、戴的高下之比较，这点，确实是一个颇有意味且值得进一步再作研究与分析的现象。

3. 右吴抑皖。"右吴抑皖"说是章太炎提出来的一个观察，其说谓江藩在此书中以"吴派"为宗，而略抑"皖派"，可谓"吴皖分派"说的一个延伸。章氏于《太炎文录初编》之《说林》篇下云：

> 甘泉江翁为《汉学师承》《宋学渊源》两《记》，世多病其颛固。《汉学记》与戴君龃龉。江君受业余翁，余翁之学，本吴惠君，坚贞守师，遂擅其门，以褊心訾异己，非直江翁，清光禄王鸣盛，自惠君出，为《蛾术篇》，亦晋休宁。巷陌之学，同门相党，异夫惠君之博宥也。①

尤其从前述江藩对钱、戴的比较以观，如果联系到江藩在其书中系将钱大昕传置于卷三，与王鸣盛同属吴门惠氏之传，则似乎此说确实也可以成立江藩臧否惠、戴的背景，便在于"吴皖"的门户。但"吴皖"分派本为章太炎的立说，对江藩而言，其并未有以地域为分派汉学的方法与意识，存在江藩心中的，实是以"惠戴"为中心的"惠戴之学"而非"吴皖之学"。则右吴抑皖说如何取得考察呢？对章太炎而言的"吴皖之学"，既是江藩笔下的"惠戴之学"，则章氏之意，就是江藩存有"汉学"的内部门户之见，不论是指章氏所谓的"吴派、皖派"，或是江藩书中的"惠学、戴学"。对于江藩是否"右吴抑皖"或是"右惠左戴"，我们可以有三点线索以供察考。其一即是上述钱、戴之比较。对于此点，我们其实已隐隐作了某种分析的指向，即钱、戴高下是江藩在汉学阵营内部所作的人物评比，因此才会出现钱大昕不仅高于戴震，且高于惠栋的评价，而且评价的标准显然还自违其例，既是戴震之专以肆经

---

① 章太炎：《太炎文录初编》卷一，《章太炎全集》，册四，页119—120。

为宗、抑且惠栋之揭汉帜为学,都成了一种不能通于古今,旁肆子、史、集与汉以下文字的缺点,这几乎已不像是《汉学师承记》中的汉学式笔调了。因此,可以解释的,便是在此江藩颇有负气之言,至少对于钱大昕的评价,在联系上戴震之自我评价之时,江藩认为是钱胜于戴的。但这仍是属于一种汉学世界的内部评比,也未尚影响到江藩对戴震的表彰,这可以由下列的两条线索得到证明。其二,是江藩在其师余萧客传中,有一段行文专系针对戴震对其师的批评。其《记》云:

> (余萧客)疾革之时,以《杂题》《诗集》付弟子朱敬舆,敬舆宝为枕中秘,以是学者罕知之,唯《古经解钩沉》已入四库经部。当日戴震谓是书有钩而未沉者,有沉而未钩者。然沉而未钩,诚如震言;若曰钩而未沉,则震之妄言也,今核考其书,岂有是哉!唯皇侃《论语义疏》,其书出于著《钩沉》之后,且为足利膺鼎,何得谓之钩而未沉者乎!藩为先生受业弟子,闻之先生曰:"《钩沉》一书,汉、晋、唐三代经注之亡者本欲尽采,因乾隆壬午四月得虚损证,危若朝露,急欲成书,乃取旧稿录成付梓,至今歉然。吾精力衰矣,汝能足成之,亦经籍之幸也。"藩自心丧之后,遭家多故,奔走四方,雨雪载涂,饥寒切体,不能专志一心,从事编辑。今年已五十,忽忽老矣,叹治生之难,蹈不习之罪,有负师训,能不悲哉!

此一大段文字,主轴仍在为其师余萧客之名著《古经解钩沉》辩诬,而辩诬亦主要系针对戴震之批评而来,行文至于"则震之妄言也",可谓语气甚重。其后则专叙《钩沉》一书所以未尽善之故,则缘于其为余萧客未成之书也;末叙自己一段身世嗟叹,仍系接续其书遗命完成此书而未能有负而来。则江藩之所以视其师余氏此一已收入《四库》之书,为一已刊却未完成之待续之作,显然仍是有意为其师开脱与辩解,而所以如此措意于开脱与辩解,无非仍是针对戴氏批评之言。可见戴震所评虽在其笔下被冠以"妄言",却是甚有影响,未因行笔走至"妄言"即止,而仍屡屡以述"未成"、述"遗命"、述"有负师训"者,皆仍是在针对戴评之辩解氛围中行文也。在这一段行文中,能否便视之为"右吴抑皖",或是一种因江藩为其业师而来之必辩必驳,而辩与驳中,一种汉学家内部的讨论空气,在"妄言"之后的行文中,仍然可以感受得到。因此,江藩是否因为为师辩诬,而便作了吴、皖的门户之言,"妄言"二字,是否便是因其心存吴派与皖派之分,抑或仅是一种护卫其师与《钩沉》一书的辩解。事实上,章太炎提出"右吴抑皖"之说,充其实亦只能是一种阅读上的感受,章氏其实并未真能提出有利之证据。盖章氏自己本持"右皖"之心,始终对常州龚魏及康有为之今文学时时不满,认其败俗伤本;而复又认为常州之学仍系出自惠氏之流来,故心存右皖,以为戴震有其不平之抑。此于《文录初编》之《说林上》《释戴》,及《检论》之《学隐》诸偏文字中均极明显。吾人若据江藩在传中所述,谓其有"右吴抑皖"之存心,则亦实无轨辙可循。盖由江书之卷二、三与卷五、六而观之,虽各有以"惠"、以"戴"为中心之结构,然若谓此即为吴、皖二派,以及右吴抑皖之门户,则恐在江藩心中所存尚无此有意之意也;对江藩而言,有意为之者、心存门户者,仍应在汉学、在汉宋门户。是故钱穆即云"其时不徒东原极为推惠,而为惠学者亦尊戴,吴皖非分帜也!"即谓在江藩笔下,不论是吴中惠门,或是戴氏门下,都是一种江藩写入书中的主要汉学之对象,抑且"惠戴论学,求其归极,均之于六经,要非异趣!"以这样的思考模式来看江藩的行文,以及这一批驳戴氏且语气甚重之文字,仍然可以视为是一种单一事件的为师辩诬,而尚不足称"右吴抑皖"!

其三,由另一段关于戴震学术议论文字的载入与取舍,更可以让吾人比较深刻而持平地了解江藩行文的风格以及他对戴学所持的立场与态度。戴氏所自负者,在于其能著《孟子字义疏证》一书,直接入义理之域而操戈批判宋儒,但这样的一种"以新义理而取代旧义理"的方式,以及其背后所传递的汉学与宋学、诂经式与体道式追求模式不同的信息,及更深层地以新典范取代旧典范的企图与意义,当时的汉学家人物能否正视并了解呢? 正在叙写"清代汉学史"的江藩,是否能够了解此层呢? 显然当时的汉学人物,有着两种不同的评价与反应。其一可以当时的祭酒朱筠为代表,朱氏对此曾有"可不必载,戴氏可传者不在此"的弃蔑态度,显然是视戴震此书为讲宋学之余习未尽。于是最为推尊戴氏此书的洪榜,在戴氏殁后为戴氏撰写《戴东原行状》中,特意录入了戴氏与宋学家彭尺木谈义理的《与彭进士尺木书》时,便提到了来自朱筠上述的质疑;其结果便是戴震之子戴中立删去了朱筠反对的这一段《行状》文字。另一种反应便是如洪榜般的看法,以为"功不在禹下"。所以之故无他,此义理乃新义理,乃由字通道、由训诂明义理的新义理,适足以证彼等所反对的宋学之旧义理之为非也。其后焦循作《申戴》篇,所推崇于戴震者,正是以戴氏建构了一种"新义理"的角度来看待戴氏的学术成就。朱筠反对戴震此书及洪榜撰《行状》将戴氏《与彭进士尺木书》载入,适足以表示他是一纯粹尊汉反宋的汉学家;江藩对朱筠其实极为尊崇,语多誉词且行文中称字称筠河师而不名,整部《汉学师承记》中标目称"先生"者仅四人:余萧客先生、江艮庭先生、王兰泉先生、朱筠河先生。惠栋、戴震,及钱大昕均称名未讳,且直书之。《记》中载云:

> 是秋,奉命视学安徽,以古学教士子,重刻许氏《说文解字》而为之叙。……先生博闻宏览,于学无所不通,说经宗汉儒,不取宋元诸家之说。①

---

① 江藩:《国朝汉学师承记》卷4,页63—67。

又云：

> 戴编修震、汪明经中，皆兀傲不群，好雌黄人物，在先生幕中，独于先生无闲言。阳湖孙观察星衍为诸生时，以不见先生为恨，属同邑洪君稚存为绍，愿遥执弟子礼。……藩年十六即受知于先生。每酒阑灯炧时，尝谓藩曰："吾侪当以乐死，功名利钝何足介意哉！"先生之襟期磊落，萧然远矣。①

如此推崇朱筠学术、人品的江藩，对于朱筠评断戴震义理之学与义理之书的这一段公案裁断又是如何呢？初看戴震传，我们看到的是一种纯汉学式的叙笔；然而，若翻至洪榜传中，则便可以阅读到环绕于戴学的评价、看法，与夫朱筠与洪榜之间的义理论争已作为一次事件并洪榜这一方的资料俱载入记叙于洪榜传中。此传中，《记》云：

> 生平学问之道服膺戴氏，戴氏所作《孟子字义疏证》，当时读者不能通其义，唯榜以为功不在禹下。撰《东原氏行状》，载《与彭进士尺木书》，笥河师见之，曰："可不必载，戴氏可传者不在此。"榜乃上书辨论。今《行状》不载此书，乃东原子中立删之，非其意也。藩是时在吴下，见其书，叹曰："洪君可谓卫道之儒矣！"今录其文于下。②

经由上述，我们反倒可以很清楚地看到江藩所特的一种"右洪（戴）左朱"的学术态度与立场，而且在其行文中依然尊称朱筠为"笥河师"。

---

① 江藩：《国朝汉学师承记》卷 4，页 68。
② 同上注引书，卷 6，页 98。

江藩实以曲折卫护戴学的叙写笔法,在卷五戴震传及卷六洪榜传之间呼应地传达了他身为吴门惠氏后学与再传的看法。朱筠与洪榜在江藩而言俱是汉学阵营中的人物,而朱筠所持的是一种反宋学、恶义理的立场与态度;洪榜与江藩则代表了一种正视由训诂而义理这种治学取向、意义的立场与态度。然而,不论是前者或后者,他们的差异都是汉学内部的。这点,在江藩笔下的行文中,无论是钱(大昕)、戴(震)之月旦,余(萧客)、戴(震)之间的辩诬妄言,以及洪榜传中的"右洪(戴)左朱",无不如此。在这三个例子中,我们似乎不太容易据此而得出一个江藩有意、心存吴皖门户之见的观察结论。至少在上述相关惠、戴之学的论与述三例中,我们尚未看到这样的线索与迹象,反倒是窥见了汉学阵营内部的更多点滴,存在于事件、交往及学术观点间的差异、比较及相互评比中,但却不是吴、皖门户——尤其朱筠是北方大兴人氏。

4. 常州学术。今人孙春在在其论文《晚清公羊思想研究》中曾将清代常州公羊学者制成一表,以略况其学派。[①]

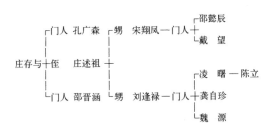

在此表中,包括了被江藩列入卷六作为戴学传衍的孔广森,及被列入卷四的刘逢禄。在此表中,孙氏将邵晋涵亦列为表中人物,似有未审,孙氏在其书中解释此表时亦未阐述所以将邵氏列入之故。邵晋涵在江藩书中,系列于卷六,当属戴学渊源人物,传文中所述其学,则

① 孙春在:《清常州公羊学系谱》,《清末的公羊思想》(台北:商务印书馆,1985 年),页36。

以经、史为主，亦曾治《尔雅》，以为"《尔雅》乃六艺之津梁，而邢疏浅陋，乃别为《正义》"。① 又其中式省乡试举人，典试者则为钱大昕。江藩《记》中亦未讳其家学渊源中与蕺山、南雷学术之关系。② 案：邵晋涵为余姚人，与章学诚相善，此中不独论史学之相契，而亦有"浙东学风"之地缘关系，其族祖为邵念鲁（1648—1711），则不独承浙东重史学之风，而亦承王门与蕺山、南雷心学之遗绪，章学诚曾誉邵念鲁文章为五百年来仅见；而章氏又与邵晋涵相约重修《宋史》以为志，则邵晋涵虽在京师与汉学名家相善，又在四库馆中工作，毕竟其学兼经史，而又有浙东之一种王门余风仍在；是故孙氏列邵晋涵于常州学派，似未审。考其所以列于表中，所本应在于阮元为庄存与所作之《遗书序》，中有云：

> 所学与当时讲论或枘凿不相入，故秘不示人。通其学者，门人邵学士晋涵，孔检讨广森，及子孙数人而已。

而江藩列诸卷六，则以邵氏为汉学阵营、戴学流衍。张舜徽氏之《清儒学记》中亦列《常州学记》专章，然张氏《记》中并未收录邵晋涵，邵氏在张书中系收入于《浙东学记》。案：张氏以"史学"为主要系络而作《浙东学记》，历写黄宗羲、万斯同、邵念鲁、全祖望、邵晋涵，以及定海黄式三、以周父子。可见张氏系以"浙东"及"史学"来看邵晋涵之学术，与江藩置诸卷六之体例及想法均不同。③

---

① 江藩：《国朝汉学师承记》，页96。

② 同上注。

③ 不唯如此，章太炎《清儒》、梁启超《论中国学术思想变迁之大势》、钱穆《中国近三百年学术史》、陈训慈《清代浙东的史学》，亦皆以"邵晋涵"为"浙东学派"之人物，可见由章、梁以下，邵晋涵无论是与邵念鲁之家学关系，或是与章学诚之论史学与修史之学术背景，均被近人视为是"浙东学术"中的人物。但章、梁之说本承自章学诚而来，章学诚晚年自作《浙东学术》一篇，欲与戴震分庭抗礼；而江藩则自然是从"汉学"的立场将其入《记》，与章学诚不同，也与章、梁等相异。

　　张舜徽之《常州学记》中所收人物，分为两部分，其一为本籍人士：武进庄存与、武进刘逢禄、长洲宋翔凤、阳湖恽敬、武进张惠言、阳湖孙星衍、阳湖洪亮吉、武进李兆洛。其二则为外地人士：浙江仁和龚自珍、南海康有为。可以看出，张氏此一《学记》，实未限于专治公羊学者，且以常州本籍人士为主，而又多为武进与阳湖为最。其中恽敬、张惠言、李兆洛并被张氏由文学角度归属于"阳湖文派"而收入。但在江藩眼下，张惠言却系以其"汉学"治《易》及《仪礼》之成就而被收在《师承记》卷四中，属吴门惠学流派。洪亮吉置于卷四，孙星衍则无专传，附写在洪亮吉传中。然而，由此我们也其实可以了然在卷四中自洪亮吉传以下及附传人物：孙星衍、庄君炘、赵怀玉、张惠言、臧琳、刘逢禄，皆隶籍武进或阳湖之故，不独其学被编制为惠学流衍，而亦是因其"地域"而被编为"同卷"中之"同传"，作为"洪亮吉"传中之附传人物也。

　　今人陆宝千氏，其《清代思想史》中亦有一"清代公羊学之演变"之专章，述此学之递变，而其始则归诸于庄存与、孔广森二人。陆氏且列有一表，详其渊与源，主流与支脉：①

```
                          ┌龚自珍
孔广森          ┌刘逢禄┼魏　源
庄存与─庄述祖┼          └凌　曙─陈　立
                └宋翔凤─────戴　望
                          包慎言
                          王闿运─廖　平─康有为┼梁启超
                                              │谭嗣同
                                              └皮锡瑞
```

　　支伟成氏《清代朴学大师列传》中亦列有一"常州派今文经学家"列传专门一卷，在第七。共收有武进庄氏一门、刘逢禄、宋翔凤、陈立、柳兴恩、连鹤寿、邵懿辰、戴望等。支氏之"常州派"，实以"今文经学"为主，并未以"公羊传"为传衍学术之特色，故柳兴恩治《谷

---

① 陆宝千：《清代思想史》，台北：广文书局，1983年，第六章，页227。

梁》，亦收在此卷中；而恽敬与李兆洛则均别出未收；陈立之师凌曙，则在与章太炎讨论之后，列于"皖派经学大师列传"第六中。张惠言则视之为"经学家"而非"文学家"，亦在与章氏讨论后，入于"皖派"。其记问答云：

> 问：张惠言师传在皖，家法近吴，究应何列？
> 答：张之《易》近吴派，其《礼图》则得诸皖，仍可入皖。①

盖支氏对于张惠言入吴、入皖之困扰非仅在于其"师传"与"家法"，而当更应来自于江藩在《师承记》中系列之于卷四，略近于惠学流衍也。支、章讨论之说皆见于支氏书前所附。支氏此书，虽成于民国之后起，而有"常州派经学"之成立，然其书亦实以"吴派""皖派"为其所谓"朴学"之中坚，受章太炎影响不小，故传主分卷之入吴、入皖、入常，多与章太炎讨论后而从其言。据支书末之《叙传》所述，则支氏成此书受梁启超鼓励亦深。②

　　通过上述诸书中对于常州学派中人物的表格化及不同的记录，我们可以发现，舍以地籍人物：张惠言、洪亮吉、孙星衍不论，如果以常州人士与今文学或公羊学之重叠部分而观之，则在江藩《师承记》中，与"常州今文学派"最有关系的两个人物，是孔广森与刘逢禄。孔广森被江藩编入卷六，属戴学流脉，江藩记其"少受经于东原氏"，而又为《戴氏遗书》作序，此《序》江藩全收录之于《记》中，而其堂又铭曰"仪郑堂"，是故是否其学属于"轶出伏马许郑范围之外"者③，恐怕尚可以再

① 见支伟成：《清代朴学大师列传》卷前所收之《章太炎先生论订书》及问答讨论，页 1—13。
② 同上注引书。
③ 陆宝千：《清代思想史》，页 223。

作探讨。① 然孔氏并非常州人士,故张舜徽《常州学记》中亦未收入孔氏。支伟成《朴学大师列传》系将孔广森入于吴派经学家列传中。刘逢禄则被江藩置于卷四臧琳小传之后,例甚不协,且是书卷目中无列其名,则刘逢禄在江藩书中的仅被"小记"数行,适足与今日学界之重视刘逢禄在"常州今文学派"中之地位,恰成一大写与小写的历史地位本身之变化的历史。

案:阮元作庄存与《遗书序》,序文云:

> 于六经皆能阐扶奥旨,不专为汉宋笺注之学,而独得先圣微言大义于语言文字之外。②

又云:

> 所学与当时讲论或枘凿不相入,故秘不示人。通其学者,门人邵学士晋涵、孔检讨广森,及子孙数人而已。③

观此,可知阮元实亦未料到庄存与在未来形势中地位的变化,故论及其学传衍,颇有致感慨之意。然而,身为与江藩同时代的阮元,毕竟已能注意到庄氏之学的特色,有着与"当时讲论"的汉学主流不同者在;而江藩则其书中不仅未收庄氏,即便是对于常州今文学之传衍上居于转关地位的刘逢禄,亦仅能置于卷四臧琳传后,因其武进、

---

① 凌廷堪《孔检讨诔并序》序云:"君故休宁戴君弟子,尽传其学。"(《校礼堂文集》卷36,页322)诔则云:"《公羊春秋》,汉初立学。大戴之《记》,亦无舛驳。俗儒屏弃,谁与扬榷。……归而筑堂,诵经希圣。仰止康成,名曰仪郑。"(同上书,页323)可以参考。
② 转引自张舜徽:《清儒学记》(山东:齐鲁书社,1991年),《常州学记》,页482—483。
③ 同上注。

阳湖的常州地籍，而得入《记》小写数行而已；于体不协，文则甚疏。盖推崇庄、刘之学，视为一种学派有其流衍，实为后来之事；而盛称之为"常州之学""常州学派"，或"今文学派"，如梁启超视其为一种"学术运动"而取代"汉学之考证学"为清代学术史上后半期之主流，亦是后来之发展与观点。盖梁氏视自己为晚清今文学派之一员健将，故其所述清代学风之转变，便以此种"今文学"为主轴，自道、咸以下则龚、魏，而康、梁；上溯则庄、刘。章太炎之《清儒》篇亦然，《清儒》篇叙常州学云：

> 于是有常州今文之学，务为瑰意眇辞，以便文士。今文者：《春秋》，公羊；《诗》，齐；《尚书》，伏生；而排摈《周官》《左氏春秋》《毛诗》，马、郑《尚书》。然皆以《公羊》为宗。
>
> 始武进庄存与，与戴震同时，独喜治公羊氏，作《春秋正辞》，犹称说《周官》。其徒阳湖刘逢禄，始专主董生、李育，为《公羊释例》，……亦不欲苟为恢诡。……及长洲宋翔凤，最善傅会，牵引师说，……其义瑰玮，而文特华妙，与治朴学者异术，故文士尤利之。
>
> 道光末，邵阳魏源夸谈好言经世，……乃思治今文为名高，……仁和龚自珍，段玉裁之外孙也，稍知书，亦治《公羊》，与魏源相称誉。而仁和邵懿辰，斯反信东晋古文，称诵不衰，斯所谓例植者。……唯德清戴望，述《公羊》以赞《论语》，为有师法。而湘潭王闿运遍注五经。闿运弟子，有井研廖平，……说虽不根，然犹愈魏源辈绝无伦类者。

可以看出，章太炎对今文学实无好感，誉词少而抨击道光以下龚、魏者怪诞尤多，盖其视常州今文学便几即为文士之学也。此所谓"江淮间治文辞者，……文士既以熙荡自喜，又耻不习经典，于是有常州之学"。故章氏评语，或曰"瑰玮"，曰"华妙"，曰"夸诞"，且"与治朴学者异术"。其《汉学论》上亦云：

> 清时之言汉学，明故训，甄度制，使三礼辨秩，群经文曲得大通，为功固不细。三礼而外，条法不制者尚过半。而末流适以汉学自弊，则言《公羊》与说彝器款识者为之也。①

此种不满，极为明显。与梁启超在《清代学术概论》中，将道、咸以来的"今文学运动"，视为继乾嘉汉学之后的清代学术之主轴者，正有可观章、梁异同处；而主轴发展中，始也庄刘，中间之健者，则为龚魏，至于康梁，则"今文学运动之中心"。② 是章太炎之视"今文学运动"，犹持有一种古文学家之经学立场与态度，对道、咸以来的今文家，多所左谪。章氏对魏源尤多讽贬，其《学隐》一篇正系针对魏源而发，专门斥之。《学隐》篇云：

> 魏源为李兆洛传，称乾隆中叶，惠栋、戴震、程瑶田、江声、段玉裁、王念孙、钱大昕、孙星衍及臧庸兄弟，争治汉学，锢天下智惠为无用。……吾特未知魏源所谓用者，为主何用也？
>
> 章炳麟曰：诸学皆可以驯致躬行。近世为朴学者，其善三。……昧者或不识人事臧否，苟务博奥，而足以害民俗，乱政理。自惠氏为《明堂大道录》，已近阴阳。……刘逢禄以《公羊》佞诔满州。大同之说兴，而汉房无畔界。延及康有为，以孔子

---

① 章太炎：《太炎文录续编》，卷一，《章太炎全集》，册五，页20。
② 梁启超：《清代学术概论》，第二十一至第二十五，页60—72。

为巫师。诸此咎戾，皆汉学尸之。要之，造端吴学；而常州为加厉。

魏源深诋汉学无用。其所谓汉学者，戴、程、段、王未尝尸其名。而魏源更与常州汉学同流。妖以诬民，夸以媚虏，大者为汉奸剧盗，小者以食客于私门。三善悉亡，学隐之风绝矣！①

以刘逢禄谀满洲，以康有为变乱孔子为巫师。皆可见章太炎对常州学尤其晚清今文学之不满，溢乎义辞间。虽然，章氏之《清儒》篇所道，仍然一种关于清学的自常州学迄于今文学的系谱，在其笔下，历历而为次井然。章氏笔下的常州学术的人物计有：庄存与、刘逢禄、宋翔凤、魏源、龚自珍、邵懿辰、戴望、王闿运、廖平。他的"常州今文之学"，也仍然是"始"于武进庄存与，其次为阳湖刘逢禄，迄于"宋（翔凤）、魏（源）、龚（自珍）"而学风始变。至于孔广森，则未列于此系谱之中，正与他和支伟成的讨论相应，孔广森系被列于"皖派"之中。与章太炎夙相善的刘师培，其《近儒学统系论》中，则亦有对于"常州学派"之描绘：

常州之学，复别成宗派。自孙星衍、洪亮吉初喜词华，继治掇拾校勘之学，其说经笃信汉说，近于惠栋、王鸣盛。……武进张惠言，久游徽歙，主金榜家，故兼言礼制，唯说易则同惠栋，确信谶纬，兼工文词。庄存与与张同里，喜言公羊，侈言微言大义，兄子绥甲传之，复昌言钟鼎古文。绥甲之甥有武进刘逢禄、长州宋翔凤，均治《公羊》，黜两汉古文之说，翔凤复从惠言游，得其文学，而

---

① 章太炎：《章太炎全集》，册三，页 480—481。

　　　　常州学派以成。①

　　亦认为"常州学派"成于治《公羊》，与庄、刘、宋有关。

　　要之，自晚清以来迄于近代学人之研究，无论称其为"常州学派""常州学术"，抑或"公羊学""公羊思想""今文学派""今文学运动"，都是一种后起的回顾与命名，此实与道光以降的学风骤变，而将焦点瞩目于龚自珍、魏源，惊觉公羊学与今文学在其中之重要，方才有上溯至庄存与、刘逢禄，或孔广森之学术眼界的焦点移动，而遂成立"常州学"或"今文学"等之命名，在命名而成立的学脉主轴中，遂以庄、刘为始。这种在道光以降学风迄于近代研究取向中回顾而起的"庄、刘"眼光，若是相较于江藩书中的"庄、刘"，更是能对照出一种差异性，一种在其中的历史地位之"起"与"落"，一种历史的光环之笼罩与否的时代推移。其中，独有阮元能在江藩当世便意识到了庄氏之学的特殊性，阮元使用的是"先圣微言大义"与"汉宋笺注之学"的对比，尚无"常州之学""今文学派""公羊学派"的用语，也无梁启超所谓"今文学运动"的讲法；盖在阮元之世，历史还未发展与推进到这一个地步。然而，若将阮元与江藩作一对照，则一如洪榜与江藩能重视与注意到戴震的"义理学"，而朱筠则不能然；江藩显然完全未能注意且陌视了庄氏之学的存在；他将孔广森摆在戴学流脉中；对刘逢禄之学虽有"小记"，但可以看得出来，江藩其实对刘氏之学是完全陌生与忽视的；抑且在其小记中，有着不知如何摆置与下笔的茫然之感；他将刘逢禄写入《记》中唯一的依据，便是刘氏与臧琳同为武进人，故置诸其后。当然，公羊学或常州派之受到重视是在道光以后之事，是故江藩不能预见身后形势，亦莫可如何之事。只是，这样的笔法，在与阮氏相较之下，以

────────────

① 刘师培：《近儒学术统系论》《左盦外集》，《刘申叔先生遗书》，册三，页1776。

及阅读洪榜传中江氏笔下的"笥河师"与洪榜《与朱笥河论戴学书》录文，仍然不免一种传文书法上的大写与小记，本身所能呈现的就是一种历史的识见。固然江藩习于将目光集中在"惠"之前后与"戴"在当世的声华；但是，以"汉学"为名而忽视"董何之学"，也忽视"微言大义"式的"义理学"与"义理观"；以及不能见到"董仲舒"正是被宋儒逐渐斥落的汉代儒者；则江藩无论在"尊汉"与"反宋"上，确然仍有其偏限。

五、结　论

本文首先从梁启超在《清代学术概论》之《序》言中，指出梁氏为"清代学术"所作的"概论"，其中实有一种意图，就是想要描绘出"清代学术"群趋之共相。并且也指出了，一种梁氏自己也置身其中的"时代思潮"，当梁氏想要加以描绘时，它就已是一种梁氏自己所宣称的"学术史"的写作。这种写作的模式，包括了"现在的自觉""历史的面对态度与立场""前景化的期待"等三项主要特征；如此才能将"自我"予以定位，以及在历史时间上坐标化的时代意义。但是，如何去研究与掌握一个时代的"时代思潮"呢？就"清代学术"而言，我们可以看出自章太炎《清儒》篇以降，包括梁启超所继之而成的《清代学术概论》《中国近三百年学术史》，一个"近代"的研究主轴正在形成。在章、梁笔下，"吴派"与"皖派"几已成为"清代学术"研究的代名词，两者已不可截然而分，这正标志着章、梁以"地域"为"分派"的影响。当我们检索或回顾近代以来研究"清代学术"的论文著作时，将会广泛地发现此种影响实已深远而普遍，章、梁二氏之说不仅影响着近人，近人其实也多半从章、梁之说作为一个立足点去回顾与研究"清代学术"。

　　当章、梁的立说实际上已经成为近代研究"清代学术"的一个起点时，意味了江藩的《国朝汉学师承记》早被遗弃置于"近代"以前。但是，江藩作为"第一本"为自身所置的"时代思潮"所作出的关于"清代汉学"的描绘与历史记录，不仅使我们因着"清代汉学"与"时代思潮"间的类同模式，而警觉到江藩其实也正在从事一如梁启超般的"学术史"的写作，抑且，梁启超的置身于"本朝（清）"今文学运动，与江藩的置身于"国朝（清）"之"汉学"中的情境，更使我们意识到一种长期以来将两人之间的联系因着"传统"与"近代"。或是"近代"与"前近代"之裂分与遮断的不当。虽说江藩的这部描绘"清代汉学"之"史记"，是相对于"近代"的古书，是在"近代"尚未成立之前就已经存在的一部描绘"清代汉学史"的著作。一如章太炎的《清儒》篇，也一如梁启超的《清代学术概论》《中国近三百年学术史》，不管是江藩、章氏、梁氏，他们都在不同的时代、不同的自身处境中，对"清代学术"作出了"历史图像"的勾勒与呈现。

　　我们尤其发现，"传统"与"近代"的二分，使得我们在研究"清代学术"时，过多地站在章、梁的位置作为瞭望的背景，相对地，也过多地忽略了江藩的《记》在今日也能是一种"学术史"的研究。因此，章、梁对"清学"的描绘或研究，其实就应当被视为是继承江藩描绘或研究自置其中的"国朝汉学"之一种"学术史"写作在近代的延续。章、梁不仅在其著作《清儒》《清代学术概论》《中国近三百年学术史》中，也描绘了江藩所描绘者——"汉学"，抑且，在彼等对"汉学"的描绘中，我们也分析了其中的变迁与连续之迹，这也更加深了我们对章、梁与江藩之间的一种纵向关系考察的认识。近代以来，横梗在这一种纵向性认知间的，其实只是一种有关"方法论"上的差异，但却被我们误解为章、梁是"近代"研究"清代学术"的开端，似乎与"传统的江藩"无关。但现在我们知道，所谓的"传统"与"近代"的二分与断裂，以及将"江藩"置于"传统的过去"，其实——至少就"清代学术"的研究和历史描绘而言，这种观点只能是指向于两种方法论的类型取向之差异，却不能说："国朝汉学"或"清代学术"的研究之间，没有一种纵向的承续关系。章、梁不唯不是研究"清代学术"的开端，而且还只能被视为是江藩之后、且受其影响的继续研究者；只是在"方法论"上，在一种受到西方冲击影响之中的"方法论"上，呈现了一种变迁、转变、转向，而走出了不同的取向之路：即以"地域"作为"分派"的路向。而江藩，则是以"师承"作为研究与描绘"汉学"的方法论取向之另一路向。但无论是前者还是后者，是"地域"的分派还是"师承"的"分系"，黄宗羲成于江藩出书之前的《明儒学案》，是他们共同的渊源。这个传统的资源之影响，不仅未在梁启超所标榜的"近代语言"之"科学的方法""科学的古典学派"等中褪去，而且当我们拨去表面语言的覆盖之时，也更可以发现，"传统"的资源，可能较诸于影响章、梁方法论中的"近代"质素来得更为深刻和深远。因此，被隐藏在"吴派""皖派"之下的，便是我们必须将"地域"与"分派"的联系仍然溯源于作为"传统资源"的《明儒学案》中去寻求纵向的联系。

其次，本文也比较地分析了"地域/分派"与"师承/分系"两种研究"学术史"的方法类型，以及其利弊得失的批评与省思。

从章、梁以降的将"汉学"之区分为"吴派""皖派"，在后来的发展中，虽然相继出现了两种批评与修正，此即张舜徽的有意将"二分"而更区其为"三分"的观点——增入"扬州学派"；以及晚出的暴鸿昌论文之以论证来检验并且驳斥"地域/分派"说的不严谨、不能成立，"诤臣"的姿态，使我们意识到也反省到这一以"地域"作为方法来制作"学术史"的类型与走向，还可以有反省与思维改善的空间，"分派"确实是长期以来一种制作"学术史"的方法上可用的类型。

在中国学术史上，当然并非只有"地域"之"分派"才是唯一的进行制作"学术史"之方式,此即江藩的《师承记》可以为我们提供出另一种视野与方法论进路的原因。章、梁只是"近代"的起点,但却不是唯一的"现在"可以面对及选择的"历史",江书的"宗汉",也立即使我能将眼光带到两汉。两汉学术即非以"地域"而呈现,而系以"师承""家法"为主,以"章句""训诂"为主,一种以"经典"、以"人"为主的传承,很快地使我们领悟到"吴派"与"皖派"揭示了什么,在一种以"地"为"类聚"的模式之中,描绘了什么类型及形态的人文及文化活动现象。从《史记》《汉书·儒林(列)传》中的描绘与记录方式,可以让我们知道"学术史"的制作还有另一种"分系"的典型,而这也正与江藩作为书名中的"汉学师承"之"师承"正相呼应着,在正文中我们所制作出的《汉学师承表》,也可以反应出江藩的"师承"二字,其实并非"清代汉学"之实,而是反映了江藩向"汉学"意图回归的意识。江藩的书既以"师承"为名,顾其名而知其书其实带入的一种方法意识,为其凭之以述学术史记者,实是一种"分系"的以"时间轴"而立主轴的纵向型思考模式;此一思考模式实由"返汉"而仿《儒林》而来,虽然实则并非如此,"师承"只是一种"师承意识",借此以标志出与《道学传》相对的反宋思潮面。不唯如此,在江藩标举"国朝汉学"以反对及批评的"宋学",其为自身学术而呈现的《宋史·道学传》,以及各种以"道统"为模式而出现的著作,也都是一种纵向立轴的分系形态著作类型。

而不论"分派"还是"分系",当其与"清代学术史"的研究结合在一起之后,一种方法论上的意义就呈现出来,不论是《师承记》中的"师承",还是《清儒》篇中的"分派",亦不论是"三派"的增立"扬州学派",或是对整个"分派说"的整体否定,抑或是认为江藩的宗派意识之过于狭隘。总之,各家的评价与反省、商榷,都集中指向了一点,对清代"汉学"之研究,势将涉及当代的自觉,也势必触及方法论的制作层面。对于这个"学术"所作的任何描绘与解释,就都已触及了"(学术)史"与

"方法（论）"间的联系。因此，在作历史记录之前——无论是对前代的研究或是近代的乃至当代的自觉，最好是先能知晓我们想要前往的历史对象是什么，才能作出方法论思考上的恰当选择与模式修正。当然，有的时候也正相反，我们总是不自觉地已先受到了某种影响，从而在我们前往研究之前，我们的视野、方法运作已被潜藏的预设影响并且制约了我们的思考。"清学"是什么？"汉学"是什么？"吴派""皖派"又意谓什么？当然，将江藩的视野与描绘方式分析地呈现出来之后，我们确实更能看清，由《师承记》到"吴皖分派"之间，仍然有一个隐藏的基调联了两者，这便是两者皆以"惠"与"戴"作为"清代汉学"的中心。只是，一者称"师承"，以"惠学"与"戴学"而制作了《记》；一者则以"惠""戴"而另作了"吴、皖"分派之立说；这与《明儒学案》之"宗姚江"为中心的模式之类似，似乎也揭示了某种自传统而来的影响；或者说，宗派意识仍然还是另一个也是极为普遍地制作"学术史"建构的方法之一。

　　因此，近代自章太炎《清儒》、梁启超《清代学术概论》、刘师培《近世汉学变迁论》以降，无论是张舜徽的《清儒学记》、周予同《"汉学"与"宋学"》一文的"三分"、戴逸的"四派"，徐世昌的《清儒学案》、杨向奎的《清儒学案新编》，或是梁启超的全面扩大"地域"之"文化地理学"式的"学术史"，或是仿自《明儒学案》之"学案体"的"学术史"，或是仿自正史《儒林传》的两本《中国近三百年学术史》，皆是意图作出一种全面的历史描绘，不再只限于江藩的"汉学"与"师承"之立中心轴便为满足。然而，这是否也会因此径而抹杀了一种集中式的立主流、立主轴的方法之后的用心呢？"分派"的过于"科学"与"分系"的流于狭隘，一如"道统"作为方法论的省思与检讨。无论是《儒林》《道学》《学案》《艺文志》《师承记》分派与分系，我们究当沿着何种方法作为主轴以切近于清代学术之研究呢？这个问题其实已经再度地返回了传统上的《清史·儒林传》的写史课题。本文当然无法也无意承担这样的课题,但至少已将问题带到此! 在"分派"与"分系"的两型之讨论中,本文似乎已经开启了一种学术史与方法论间联系的议题与课题!①

---

① 艾尔曼认为"1942 年梁启超写了一篇拓荒的文章《近代学风之地理分布》,内藤湖南和中村久四郎也曾将清代学术情况绘成图表。这三人的研究纠正了 20 世纪流行(尤其流行于西方历史学者中)但并不准确的观点,即考证学者仅仅是一个派别中的某些人或者某一个学派。"(艾尔曼,前引文,页 25)这其实是延续着章太炎之"地域/分派"与梁启超的文化地理学之"近代"的走向之主张;与我们的结论之方向似乎正好相反。而且,他主张的核心价值在于"学术研究",恒在"西方汉学本身的"情境中立论;而我们则在于一代大典中《儒林传》的如何"写史"。

继孟思维下的道统视域

——戴东原与《孟子字义疏证》

本文首自"道统论"角度以入，欲以察见《孟子字义疏证》中戴震所欲论述者，最终意图是在"上接孟子之传"的自我定位。《疏证》中之种种言说，"继孟思维"与"道统视域"实隐隐主轴其间。复由"诂经"与"体道"言其所据既在"六经/遗文"，遂走上一种"文献主义"取向的"诂经"之途。文中亦讨论"阅读主体性"的作用何以未被戴氏所触及察见。亦由"生民"与"成圣"以讨论戴氏所诠之"孟"，何以为"周孔"脉络下之"孟"，由是其所论之"人性"亦为程朱"内圣人性论"外之别途：外王人性论；所重则在"生民"之强调。最后，复言戴氏之学由立足当世，而思有以转更上之，故反朱与返经，皆意在于为一己之学——戴学，立一"戴子"之位所，以接乎孟子之正传，以成其"周—孔—孟—戴"之新道统。

一、道统论中的显说与隐述

"道统论"是从儒学历史中的人物作出选择性地联结与关系论述,从而形成一种意义上的建构,如南宋李元纲《圣门事业图·传诮正统》所建构者:

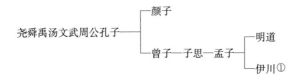

也是继之者元修《宋史·道学传》所为者,盖两者皆以"道统论"为主轴,欲为二程或周张程朱论定其在儒门中之地位,为一种上接于孔孟之真传,以及孔孟道统中"道"的正统继承者也。《道学传》述云:

> 道学之名,古无是也。……道学之名,何自而立哉?文王周公既没,孔子有德无位,……期使五三圣人之道,昭明于无穷,故曰:夫子贤于尧舜远矣。孔子没,曾子独得其传,传之子思,以及孟子。孟子没而无传。
>
> 两汉而下,儒者之论大道,察焉而弗精,语焉而弗详,异端邪说起而乘之,几至大坏。千有余载,至宋中叶,周敦颐出于舂陵,乃得圣贤不传之学,……张载作《西铭》,……仁宗明道初年,程颢及弟

---

① 左圭编:《百川学海》,台北:新兴书局,册二,页1001。

颐，实生及长，受业周氏，已乃扩大其所闻，……迄宋南渡，新安朱熹，得程氏正传，其学加亲切焉，…凡《诗》《书》、六艺之文，与夫孔孟之遗言，颠错于秦火，支离于汉儒，幽沉于魏晋六朝者，至是皆焕然而大明，秩然而各得其所。此所以度越诸子而上接孟氏者欤？①

而明末的黄宗羲，则在徐乾学征询其"明史"是否应立"道学传"上，明确地表示了反对的立场，以学术不须有门户，而道统一立，恰有门户而启争端也。然而黄宗羲自己的《明儒学案》，则有无借传承而安排道统主轴其间呢？黄氏自己并未明说，但《四库全书总目提要》则指出，此书明以"阳明—江右—宗周"为主轴其间；是黄氏自己明言反对"门户"与"道统"，但《学案》中未曾明言的"尊王（阳明）与尊刘（宗周）之系谱"所"主轴"于其间者，却由别人代为说出，指出其间的"道统"，是一种隐含的言说；对此，我们称之为"道统论述"。"隐显"之间，程度如何，本来没有一个绝对的光谱准的以度，譬如：小程子作《明道先生行状》，指出了明道遥继孟子绝学之传；但是，小程自己，算不算也是接此道统呢？他没有明说，更没有建构。倒是朱子在《大学章句序》中代其显说了：

> 及孟子没，而其传泯焉。……于是河南程氏两夫子出，而有以接乎孟氏之传，……虽以熹之不敏，亦幸私淑而与有闻焉。

则"二程"系千年之后上接孟氏绝学之传者。朱子作《伊洛渊源录》与《近思录》也没有将自己列入孟子之后迄于宋代的周子、二程、张子、邵子之传。他只是在重新选录与编辑前贤之文，但这个前人之文被他择取时，也就同时赋予了一种意义论述。朱子自己的师承李侗是杨龟山

---

① 百衲本《宋史》（元至正刊本），台北：商务印书馆影印，卷427，道学一，页1。

之再传；他自己也并未明说自己与"二程"之统的关系。倒是其弟子黄
榦在《朱先生行状》中则代其显言明说了。《宋史·道学传》亦云：

> 淳祐元年，上视学，手诏以周张二程及朱熹从祀孔子庙。黄
> 榦曰："道之正统，待人而后传，自周以来，任传道之责者，不过数
> 人。而能使斯道章章较著者，一二人而止耳。由孔子而后，曾子、
> 子思继其微，至孟子而始著；孟子而后，周程张子继其绝，至熹而
> 始著。"识者以为知言。①

这种将自己隐含在道统之内的心志，通常其本人不会明说。这种不明
说但却又在实际上将自己置入其道统述说之系谱之谱内的言说形态，
其实可以上溯到孟子。孟子自己在《尽心》篇中所云者：

> 孟子曰：由尧舜至于汤五百有余岁，若禹、皋陶，则见而知
> 之。若汤则闻而知之。由汤至于文王五百有余岁，若伊尹、莱朱，
> 则见而知之，若文王则闻而知。由文王至于孔子五百有余岁，若
> 大公望、散宜生，则见而知之，若孔子则闻而知之。由孔子而来至
> 于今，百有余岁，去圣人之世若此其未远也，近圣人之居，若此其
> 甚也。然而无有乎尔，则亦无有乎尔！

算不算显说自己之"统"承自孔子呢？有趣的是，朱子在此所下的注恰
成了孟子有此"不得辞"的代言。朱子注云：

> 愚按此言虽若不敢自谓已得其传，而忧后世遂失其传。然乃

---

① 百衲本《宋史》卷429，道学三，页20。

> 所以自见其有不得辞者,而又以见夫天理民彝,不可泯灭,百世以
> 下,必将有神会而心得之者耳。故于篇终,历序群圣之统,而终之
> 以此,所以明其传之有在,而又以俟后圣于无穷也。其旨深哉!

这种将自己也纳入"道统"中的意图与模式,吾人或可以称之为不明言的一种包含自己在内的"道统论"的述说模式,通常是以言说前人之道统方式而为之,或是以排斥他人之言说而为之。后者譬若荀子,其《非十二子》篇中之非"思孟",便是排除了"思孟"及其对孔子的诠释,而将自己的理解与诠释纳为诠孔之统,则"孔荀"之正统性也就自在其间了。此种婉说曲为之方式,吾人可以称之为一种隐说隐述的道统论,也可以相对于明说显说的道统建构,而称之为"道统"的"论述"。戴震的诠孟与释孟,吾人不称其有一种明白显说自述之"道统"建构者以此,而称其为一种隐述的言说,称其为道统论述者,亦以此。戴震《孟子字义疏证》一书,其生平自负、自重者,尽在此一书;则其何以选择点落在《孟子》或孟子? 其意图何在? 则吾人似亦大可以一问。盖戴氏之《疏证》中实有一种"继孟"之图,戴氏固无显说,而其弟子、后学及论说敌手则已代其为之显说出矣。戴氏弟子段玉裁云:

> 且有《自序》一篇,说明用孟子书字义为目之故,而用韩子"求
> 观圣人之道,必自孟子始"之语为归宿。师之隐然以道自任,上接
> 孟子之意可见矣。[1]

是《孟子字义疏证自序》中不显言明说者,弟子段玉裁则已显言之矣。

---

[1] 段玉裁:《答程易田丈书》,见张岱年主编:《戴震全书》(合肥:黄山书社,1997年,七册),册七,附录之二,页143。

文中"意可见矣"之"意"字，其实即为一种隐说之论述；而段氏言"隐然"、言"意"，则"隐然"之"意"，虽曲婉言说，而其实吾人亦可察觉察见。故段氏文中之"意"，正是一种隐含的"论述"之义，也即是洪榜在《上笥河朱先生书》中所用的语言"论述"。① 唯洪榜《戴先生行状》中所收戴氏卒前之《答彭进士允初书》，为朱筠所见，有言曰："可不必载，戴氏所可传者不在此。"对此显示出一种《疏证》为"非汉学"的立场与看法存于朱氏心中，亦即戴氏可传者在"戴学"，而"戴学"与"汉学"同质，此书既非"汉学"，则"非汉学"的属性之滑向于视此书为"宋学的"倾向也甚明。显然朱氏以"汉学"所究，当在先王之典章、名物、训诂，而不在"义理"，然此正"震所大不解者"。舍"汉学"之外，岂别有途径可得孔孟古圣之"义理"！此当系洪榜凭其对戴学之理解，而毅然对朱氏再上《上笥河朱先生书》为此点申辩之因。盖洪氏实欲争纳此书入于"汉学"之域，目为"汉学家"所应为者也。故其《上笥河朱先生书》续云：

> 恐阁下尚未尽察戴氏所以论述之心，与榜所以表章戴氏之意，……夫戴氏论性道，莫备于其论孟子之书，而所以名其书者，曰《孟子字义疏证》焉耳。然则非言性命之旨也，训故而已矣，度数而已矣。要之，戴氏之学，其有功于《六经》、孔、孟之言甚大，使后学无驰心于高妙，而明察于人伦庶物之间，必自戴氏始也。②

此即由"训诂"来判明认可戴氏此书仍应属于"汉学"之属，所不同者，在于朱筠认为"非汉学"的此书，洪榜却认为《疏证》此书确有与他书有不

---

① 洪榜《上笥河朱先生书》云："然恐阁下尚未尽察戴氏所以论述之心，与榜所以表章戴氏之意。"戴震自己亦用"论述"一词，《与段茂堂》第十札云："仆生平论述最大者，为《孟子字义疏证》一书。"见《戴震全书》册七，附录之二，页139—140及册六，页543。
② 见《戴震全书》册七，附录之二，页139—140。

同者在焉,他书即意谓朱氏所指的汉学之书,洪榜所欲言之"不同者",不在朱筠之以其言义理而为"非汉学的",反倒因其涉言"义理",故其特殊性正在于言"义理"亦为"汉学的",在于"使后之学者无驰心于高妙,而明察于人伦庶物之间,必自戴氏始也"。"始"字的标出,指出了戴氏实更推进一层,开辟了一条以"汉学"说"义理"的学问之途;而且,仍然是"汉学的",具有汉学的特色,其标志即在"训诂"。洪、朱所辩者实在此。但是,必"自戴氏始也",以及此书仍为"训诂的",又传达了什么"特异",能为戴氏此书在"始"上定下什么内涵意义性呢?洪氏的说法是"明察人伦庶物之间",这是洪氏对《疏证》此书之图与意旨的定位与定性,放到戴学察视的脉络中,由戴氏之《孟子字义疏证序》来合看的话,洪榜所言也仅止于《序》中所云的"韩愈辟佛老",使《孟子》不再渗入佛老,使孟学不再沦空,回返于人伦庶物而得原貌。因此,戴氏是《孟子》在历经宋明儒学的理解渗入佛老之后,第一个作出《孟子》还原者——而且是以正确地、"训诂之学"的方式来还原之"始"者。而洪氏实尚未言及于戴氏弟子段玉裁已经明言出的"隐然以上接孟子之传"的更上一层之雄图。

在江藩的《国朝汉学师承记》中,也特别记录了此事,将朱、洪一段关于《答彭进士允初书》删、收的争辩载入了卷六《洪榜》的叙事中,可见江藩站在吴门惠学的立场,叙述言及洪榜与朱筠异同时,不啻是在呈现时人对《疏证》的看法及自己的处理介入,而且也是倾向于认同戴氏《疏证》此书的;江藩之书名为《汉学》,则很显然地,江藩表达了自己的态度:《师承记》中的"戴学"是"汉学"。《师承记》关于此书之记载为:

> 戴氏所作《孟子字义疏证》,当时读者不能通其义,唯榜以为功不在禹下,撰《东原氏行状》,载《与彭进士尺木书》,筍河师见之,曰:可不必载,戴氏可传者不在此。榜乃上书辨论,今《行状》不载此书,乃东原子中立删之,非其意也。藩是时在吴下,见其

　　书,叹曰:洪君可谓卫道之儒矣。①

因此,江藩这一段文字的记载与叙述,虽未直接置于卷五戴震小传中,
但却有意的于洪榜传中写出。此点,或者有助于吾人对章太炎以来习
成的说法,认为江藩"右吴抑皖",或亦可以作出重新的思考。② 而
《(孟子)绪言》之作、《原善》之取名、《孟子私淑录》《读孟子论性》等系
列先成诸书,皆与《疏证》为同一系列思维下之作品,而由诸书之"书
名",亦可以察知戴氏心路历程及其与"孟子"之密切关系。

　　又,据段玉裁所转述,彼所亲聆于戴氏自言的:

　　　　我非真病,乃发狂打破宋儒家中太极图耳。③

案,此"太极图"一词,当时必有所指,或即为程朱的"理学"之俗呼之喻
称,故戴氏有此言也。陆燿《复戴东原言理欲书》云:

　　　　盖自宋儒言理,而历代推尊以为直接孔孟者,程朱数大儒而
　　已,于是莫不以理名学,如前世所讥"太极圈儿大,先生帽子高"
　　者,其来已非一世,缘理学可以虚附故也。④

由其所云,是知当世理学家之口中谚语者,正是戴氏所云"打破"之对
象也。其所谓"切中俗儒之病"者,又将《疏证》一书之述旨指向"俗儒"
矣。章太炎氏分析戴氏《疏证》之所由作,颇重其强调"以理杀人"之微

---

① 见江藩:《国朝汉学师承记》,台北:商务印书馆,"国学基本丛书"本,卷6,页100。
② 此义钱穆先生于《中国近三百年学术史》(台北:商务印书馆,1966)中早先言之,以
　"吴皖非分帜"驳太炎之说。见钱书,册上,页324。
③ 段玉裁:《答程易田丈书》,《戴震全书》,册七,页143。
④ 见《戴震全书》,册七,页138。

旨在于暗讽时君。① 此点恐怕未必,可能只能是讽刺及批判遵奉程朱理学之理学家而已。一些资料及研究显示,清廷尊孟且对当时许多理学家言行不一之状,颇有反对之意;此种反对之气氛形成,实其来有自,始自康熙而至乾隆,若非朝廷有此气氛,汉学家又怎敢严词批评程朱。戴氏由生民实况而批评程朱以理杀人云:

> 程朱以理为"如有物焉,得于天而具于心",启天下后世人人凭在己之意见而执之曰理,以祸斯民,……岂理祸斯民哉,不自知为意见也。②
>
> 今人无论正邪,尽以意见误名之曰理,而祸斯民。③
>
> 酷吏以法杀人,后儒以理杀人,浸浸乎舍法而论理,死矣! 更无可救矣!④

章太炎遂言戴氏著述之旨即于斯。诚深切矣! 非仅攻程朱之学,亦暗讽时君。然章氏复言:

> 极震所议,与孙卿者合符,以孙卿言性恶,与戴震意怫,故解而赴原善。⑤

以"意怫"而解之,言戴氏选择"孟子"之故,实太简也。以为言情欲必

---

① 章太炎《释戴》云:"戴震生雍正末,见其诏令谄人不以法律,顾鑯取洛闽儒言以相稽,觇司隐微,罪及燕语,……震自幼为贾贩,转运千里,复具知民生隐曲,而上无一言之惠。"(章太炎:《太炎文录初编》,《章太炎全集》,上海:上海人民出版社,1985,册四,页122)

② 戴震:《答彭进士允初书》,《戴震全书》册六,页362。

③ 戴震:《与段茂堂》第十札,《戴震全书》,册六,页543。

④ 戴震:《与某书》,《戴震全书》,册六,页496。

⑤ 章太炎:《释戴》,《章太炎全集》,册四,页124。

与"性善"相违，故有此言。盖其仍以程朱陆王而理解"孟子"为一种内
圣学的"孟子"也。然章氏谓"以理杀人"微旨不止在"俗儒"，而更在于
"帝君"，则谓戴氏实敢言者矣！戴氏敢于作此言以寓微旨否？近人对
此有涉研者，已指出谓康熙皇帝时已有一股宫廷嫌朱气氛之出现，以
为程朱理学家多有心口非一者；以次至于乾隆之时，戴氏曰程朱之非，
乃承朝廷气氛耶？① 亦其敢讥满帝室而以"程朱"为"代语"耶？若止
如陆燿所云，印之戴氏生平，则清廷以理学取士，俗儒正指地方官吏
也。戴氏同情"生民"者，似宜置此脉中为是。②

　　不仅戴氏弟子、后学，其敌手中属宋学人士如姚鼐、方东树诸人，
亦均敏锐地察觉戴氏述作斯旨，与释孟继孟有关，以为戴氏之意图不
仅在于承孟，而更在于"夺朱子之席"。一种隐说地排斥程朱在"道统"
中的地位，而抽取移换成为"孔孟"真传之"戴学"的道统意图，已为敌
手所察见，而认为此即是《疏证》未明言出的意图之究竟。姚鼐已指出
了戴震此一意图，即在于"夺洛闽之席"，其云：

　　　　然今世学者，乃思一切矫之，以专宗汉学为至，以攻驳程朱为
　　能，倡于一二专给好名之人，而相率而效者，因大为学术之害。……
　　博闻强识，以助宋君子之所遗则可也，以将跨越宋君子则不可也。③

────────────

① 见王育济《天理与人欲》（济南：齐鲁书社，1992年）的研究，页418—423。
② 康熙二十五年，立巨碑于孟庙，曰："以承先圣，以正人心……述舜称尧，私淑孔子。"二
　十八年，于孔庙丘石，后御制《孟子赞》云："孔子攸传，禹功作配。"乾隆十三年，亲撰
　《亚圣赞》立碑孟庙，二十一年，复赐书孟庙联额，额曰"道阐尼山"，是乾隆时，"孟子"仍
　为继孔之正，在"孔孟"之联称中，仍然具有皇帝亲倡之合法性，固不仅止于程朱学而
　已。乾隆联曰"尊王言必称尧舜，忧世心同切禹颜"，则乾隆以《孟子》走向"尊王"而非
　"尊圣"之措词已现，意态已明。后者是一种可以"自学"者，则人人"私心意见"。戴氏
　之忧心，固由生民，而亦实同乎"君"位之视域，以"导民"为主的"外王人性学"而释
　《孟》。观乾隆亲以三跪九叩礼尊孟，岂非意在尊孟即尊王。则戴氏释孟，其间仍有朝
　廷风会隐隐主居。是故章太炎言戴氏刺微时君，非现实也。以上所述，可参王其俊
　《山东地方志中的孟子形象之变迁：以〈邹县志〉为中心》，页9—10。
③ 姚鼐：《复蒋松如书》，《惜抱轩诗文集》，上海：上海古籍出版社，1992年，页96。

> 戴东原言考证岂不佳,而欲言义理以夺洛闽之席,可谓愚妄
> 不自量之甚矣。①

所谓"跨越宋君子则不可也",及"夺洛闽之席",可谓已深切感受到来自戴氏之威胁性。其所感受,较诸与戴震同一阵营之朱筠辈的识见于此书,可谓更为真切,更传达了戴氏此书中未明说显述的意图:对于朱子,是"彼可取而代之也",故推倒一世之璧;对于孟子,则是释《孟》而继孟,"上接于孟子"也。对手的感受、言传与批判语言中的信息,自有另股真切在。方东树之《汉学商兑》更是如此,其明白指出:

> 近世有为汉学考证者,著书以辟宋儒,攻朱子为本。……深妒《宋史》创立《道学传》,若加乎《儒林》之上。②

用一"本"字,其感受与姚鼐同。其又云:

> 今移此混彼,妄援立说,谓当道遂其欲,不当绳之以理,言理则为以意见杀人,此亘古未有之异端邪说,而天下方同然和之,以蔑理为宗,而欲以之易程、朱之统也。③

已斥戴学为"异端",一如戴氏之指程朱立学为参入佛、老之"异端",凡用"异端"之词见,则正统言说已在其中矣。故方氏谓戴震为"而欲以之易程朱之统也"。其又云:

> 其徒尊之,谓之集群儒之大成,浩气同盛乎孟子,精义上掩乎

---

① 姚鼐:《与陈硕士》《惜抱轩尺牍》卷六。
② 方东树:《汉学商兑》,台北:广文书局,1977 年,《序例》。
③ 同上注引书,页 20 下—21 上。

康成、程、朱，修词俯视乎韩、欧。性与天道，了然贯彻。①

"集大成"是理学中说朱子学术之语言，则由方氏之批语，可知"集群儒之大成""夺朱子之席""接孟子之统"，比"韩子辟佛老"，正是方、姚二人认为戴氏之徒拥戴之赞语，其忿而不安者，也正在于此也。较之段玉裁之形容戴氏"上接孟子之统"之言，正、反两面，皆言"承孟"，盖咸已集矢于"道统"论述矣。又方氏《汉学商兑》中有一段注语，转引时人施朝乾所记，云于东原殁时，有人为楹帖以挽："明德之后必有达人，孟子之功不在禹下"，方氏忿谓"以孔孟拟东原"，乃"岂非小人无忌惮者"。② 由宋学派的反驳，可以看出戴氏其所以致威胁与夫最令彼等忿而不安者，正是在于程朱理学理解《孟子》的合法性；抑又不止此，也更是缘于彼等对戴氏"夺朱子之席"的"继孟之统"之图的体察。光是在《孟子》诠释之正当性与夺朱子之席，以成"孔—孟—戴"道统论述这两点上，不唯可以看出尊宋学者之不能忍，而也反衬出了在此一威胁感的敏锐中，有着戴震"仆一生学术之大者"的"道统"承传之意图信息，承统在孟、承法在诠孟，而承载戴震此"道统论述"者，则为《原善》以来的最后定稿：《孟子字义疏证》。故戴氏欲以承接孔孟之"孟"后之第一人也甚明，此种心态乃不觉表露而睨于当世，其言云：

当世吾以晓征为第二人。

此岂非戴震欲树立戴学于千载之后，借《孟子》之释义，"跨越宋君子"；亦非仅尊经尊汉，且更"夺洛闽之席"，直接于孟子千载之传，使"戴子"有"统"有"位"，而成其新道统论于《孟子字义疏证》的道统论述之中。

---

① 方东树：《汉学商兑》，页22上。
② 广文本《汉学商兑》中此段删去，转引自《戴震全书》，册七，页305。

二、体道与诂经

(一) 自得与训故

　　"天理"二字是某自家贴切出来。(程颢语)

　　古之学者一,今之学者三,而异端不与焉。一曰文章之学,二曰训诂之学,三曰儒者之学。欲趋道,舍儒者之学不可。朱子曰此切要之言,夫子之所志,颜子之所学,子思孟子之所传,皆是学也。(江永《近思录集注》卷二)

　　学者要自得,《六经》浩渺,乍来难尽晓。且见得路径后,各自立得一个门庭,归而求之可矣。(江永《近思录集注》卷三)

　　戴震追求"经中义理"的路数,可以以其自言者而概括之,即:"训诂以明道"或"训诂明则义理明"。这表明了其书名《疏证》,是一种"训诂/训故"之路。"训故"即"训古",正可以指向戴震的关怀向度,在于"古"之"圣贤"。比《疏证》一书为早的《原善》三卷本前序云:

　　　　余始为《原善》之书三章,惧学者蔽以异趣也,复援据经言疏通证明之,而以三章者分为建首,次成上、中、下三卷。比类……天人之道,经之大训萃焉。①

　　是《原善》序言中所云之"疏通证明"即《疏证》中之"疏证"二字之义,原由《原善》序之"疏通证明"一语而来的概念,所取以为书之定名者。《原善》序又有"经之大训"云云,可见"疏证"者,以"经训"为归也;故与

────────────

① 戴震:三卷本《原善》前序,《戴震全书》,册六,页7。

"故训""训故"有同义之旨。

戴氏又云"由字而词,由词而道",这亦表明了书名中的《字义》,是以"字义"而进入《孟子》中的进路。这种著述的形式,不唯钱穆氏认为是仿自惠栋的《易微言》,而更应是仿自其所反对的朱子之高足陈淳的以"字义"呈现"程朱式"理学之书——《北溪字义》。因此,"疏证"与"字义",便成为一种可聚以论成的一条通往圣人或孟子之学的途径:"诂经"进路。戴震曾表示了这种以"疏证"与"字义"模式为一的"诂经"进路的体会,是他自己的。在与段懋堂书中戴即曾自言十七岁起即有此觉与此疑,其云:

> 仆自十七岁时,有志闻道,谓非求之六经、孔、孟不得,非从事于字义、制度、名物,无由以通其语言。宋儒讥训诂之学,轻语言文字,是欲渡江河而弃舟楫,欲登高而无阶梯也。为之卅余年,灼然知古今治乱之源在是。[1]

在其说法中,表述了一种自传式的回顾,来证明自己的"十七岁以来的一贯"。又,《与是仲明论学书》中亦有着相似的一段叙述,其云:

> 仆少时家贫,不获亲师,闻圣人之中有孔子者,定《六经》示后之人,求其一经,启而读之,茫茫然无觉……求所谓字,考诸篆,得许氏《说文解字》,三年知其节目,渐睹古圣人制作本始。又疑许氏于故训未能尽,从友人假《十三经注疏》读之,则知一字之义,当贯群经,本六书,然后为定。[2]

文中所云的"少时"已表明其为倒叙笔法,实欲自道幼时迄今所未变

---

① 戴震:《与段懋堂》第九札,《戴震全书》,册六,页541。
② 戴震:《与是仲明论学书》,《戴震全书》,册六,页370—371。

者,即此自通之"诂经"法则,与"不获亲师"云云相同,皆是戴震想为"疏证"与"字义"的诂经模式,由自传来表明"原出于己"。

或者,吾人亦可视诂经之途是当时汉学/古学/考据学学群与思潮中,一种共识上的学问进路,戴氏的语词特较诸家更为明确、突出,更系针对程朱宋学的批判而来,戴震之文《古训》云:

> 古训故之书,其传莫先于《尔雅》,六艺之赖是以明也。所以通古今之异言,然后能讽诵乎章句,以求适于至道也。①

字与义的关系,训故与古训明道的关系,已表述出一种治学的态度与路向;不唯未仅留停于二分区别上:"汉儒言训故(训诂),宋儒言理义(义理)",抑且更为尖锐地欲比较出汉、宋高下判然的正统立场:治经之途,唯有"训诂"。这种乾嘉经学的治学态度,考而有据,训而有征,训而得古(故)的模式,即是一种"诂经"的进路模式。吾人可以据戴氏书名中之"字义"与"疏证"二者合一为言,而即总称之其名为"诂经"模式。这也正好与后来阮元的"诂经精舍"之"名义"相合。这种模式下的"诂经"思维,重视"训故"与"故训",与理学家重"自得"之"本心"的"体道"模式是不同的掌握圣贤之意的途径。从朱子的北宋道统视野中,周敦颐正是首言"自得"者:"圣,可学乎? 曰:可。有要乎? 曰:有。"这样的"圣学",就正是"体道"式的"自得之学"。而戴震则在《疏证》"理"字条中,极力破言周子之"学",实其即意在反对一种由"'自'得"而来的对圣人圣经之意义的通达,其云:

> 周子《通书》曰:"圣,可学乎? 曰:可。有要乎? 曰:有。请

---

① 戴震:《戴震全书》,册六,页503。

问焉。曰：一为要。一者，无欲也……"此即老庄释氏之
说。……宋儒出入于老释，故杂乎老释之言以为言。①

是故"欲之失为私，不为蔽"，故不可如朱子所曰"人欲所蔽"。"蔽"乃缘
于"知之失"，而不缘自"人欲"也。"人欲"者、"人情"者，即是《孟子》中
孟子所云"口之于味、耳之于声"者，是人天生"自然"者，故不可以欲以
情为基点而说出周子式的语言，以"无欲"为理由而"去欲"之也。戴氏
并以为周子以来，宋儒如此说，皆因其非儒学之真，更非"古经"所印"古
圣人所言"之"真意"，而是一种受到释老影响的杂渗之言。其以"宋明
为架漏过时"之语气，与朱子之言"汉唐架漏度日"，何其相似。一种与
朱子相似的意图在言说模式的相似中，是可以传递出些许信息的。

戴震既特在"理"字条中标出周子所言以反对之，自是因为"自得"
之言在回扣向经典中的"著文"时，反映出"传道"式的"言说"太无保
证，太像"诸子立说"而非"经义"，"苟可以舍经而空凭胸臆，将人人凿
空得之，奚有于经学之云乎哉？"因此他评为"意见"的属性与层次，以
"自得"为私，以"自得"为个人化的无可求证于《六经》之"私"言；而
"考据"或"训诂"可以称"清学"的义涵："训故非以明理义，而训故胡
为？"正是在此进路模式的思考下呈现出来的。

（二）"今古悬隔"下的"本文"建构与"历史间距"之克服

从戴震的角度，宋儒"求道于内"及"以心为宗"，是故"空凭胸臆之
无当于义理"，因此，他认为求义理实无有舍经而求者，遂将"以心为
宗"的"'自'得"途径转成了"以经为本"的途径，一种"文献主义"的进
路遂突现了出来。戴氏云：

---

① 戴震：《孟子字义疏证》"理"字条，《戴震全书》，册六，页 160—161。

　　　　夫今人读书,尚未识字,辄目故训之学不足为。其究也,夫文
　　字之鲜能通,妄谓通其语言,语言之鲜能通,妄谓通其心志,而曰
　　傅合不谬,吾不敢知也。[①]

又其《尔雅文字考序》云:

　　　　古故训之书,其传者莫先于《尔雅》,六艺之赖是以明也。所
　　以通古今之异言,然后能讽诵乎章句,以求适于至道。
　　　　盖士生于三古后,时之相去千百年之久。视夫地之相隔千百
　　里之远无以异。昔之妇孺闻而辄晓者,更经学大师转相讲授,而
　　仍留疑义,则时为之也。[②]

案,戴震云"三代"为"三古",又用"时"字以表"相去千百年之久",正是
感受到了一种历史间距的存在,以及当如何克服的思索,是戴氏相当
能自觉到"诂经"式的思维与治学途径中,是什么横梗在前而为一难
题,必须要克服。戴氏的方式是掌握"遗文"的可确定及可解释性,来
通达于故训、返古、遗文,以及圣人之义理。这样的"文献主义"途径,
据笔者观察,戴氏实有二套语言为之说:

　　1. 由字以通词,由词以通道
　　　　经之至者道也,所以明道者其词也,所以成词者字也。由字
　　以通其词,由词以通其道,必有渐。[③]
　　　　经之至者,道也;所以明道者,其词也;所以成词者,未有能外

---

① 戴震:《尔雅注疏笺补序》,《戴震全书》,册六,页276。
② 戴震:《尔雅文字考序》,《戴震全书》,册六,页275。
③ 戴震:《与是仲明论学书》,《戴震全书》,册六,页370。

小学文字者也。①

2. 由文字以通乎语言，由语言以通乎古圣贤之心志

由文字以通乎语言，由语言以通乎古圣贤之心志。②

夫今人读书，尚未识字，辄目故训之学不足为。其究也，文字之鲜能通，妄谓通其语言；语言之鲜能通，妄谓通其心志。③

这两种展布的语言，无论是哪一种，戴震皆是置于"诂经"意识下而为之说，是故《题惠定宇先生授经图》云："训故明则义理明"④，此种说法是一种总说，细说则有上述两种表述方式，甚且是同出现在《古经解钩沈序》的上下文中。或由"字"始而以"道"终，或由"文字"始而通

---

① 戴震：《古经解钩沈序》，《戴震全书》，册六，页378。
② 戴震：《古经解钩沈序》，《戴震全书》，册六，页378。
③ 戴震：《尔雅注疏笺补序》，《戴震全书》，册六，页276。
④ 戴震《题惠定宇先生授经图》文云："言者辄曰：'有汉儒经学，有宋儒经学，一主于训故，一主于理义。'此诚震之大不解也者。夫所谓理义，苟可以舍经而空凭胸臆，将人人凿空得之，奚有经学云乎哉！……今古悬隔也，然后求之训故。训故明则古经明，古经明则贤人圣人之理义明，而我心之所同然者乃因之而明。"（《戴震全书》，册六，页504）据黄山书社《戴震全书》校注（册六，页506，校注①）说明，戴震此文为手稿。戴震遗集的版本，其要者有手稿本及孔继涵、段玉裁二家之刻本。今传孔、段本均作"故训"，而黄山本所据之者为手稿本，皆作"训故"。手稿中之"训故、理义"为二称，当为早期之用词，其为统一。此所以"义理"或"理义"难定也。又"训诂"抑"故训"亦然。然手稿本作"训故"者，段刻本均改为"故训"，黄山本校注者以为当据手稿改回，故皆刻为"训故"。然段氏为戴氏之弟子，其改未可便非其妄改也，刻必有据。钱大昕《戴先生震传》引据此段文字，已有稍改，如云"有汉儒，有宋儒，一主于训诂，一主于理义"，已作"训诂"。又"今古悬绝，然后求之诂训"，"训诂明则义理明"。是"故"皆作"诂"。"理义"则改为"义理"。（《戴震全书》，册五，页12）
又，方东树《汉学商兑》评戴氏亦有征引，然多作"训诂"。谓之"训诂明则义理明"。则"训诂""训故""故训"又非一定词矣。敝意，三者皆通于一指也。如戴氏《与段茂堂》第九札云："仆自十七岁时，有志闻道，谓非求之《六经》、孔、孟不得，非从事于字义、制度、名物，无由以通其语言。宋儒讥训诂之学，轻语言文字。"则用"训诂之学"。稿本、刻本中，或作"故训"，或作"训故"。《与是仲明论学书》中作"故训"。（《戴震全书》，册六，页370）《古经解钩沈序》亦作"故训"与"故训之学"。至若"理义"与"义理"，则见下注。

乎"圣人心志",无非皆是强调了在这两种言说中的一种"文献主义"式的"训诂"进路。①

　　"经"对戴震而言,是"文献"属性的;而"文献"之"大"者,即"经";他有时则用"古经"一词,特别是要表达一种趋近于惠栋"以古为是"的模式思考时,"训诂"中作为克服历史间距手段的意涵,就在"古经"一词中被强调出来。"古经"是"经"之流传至清代的现在之实际在此性。"古"代圣人的遗言垂训,已经在圣人既往之后,重又以"文献:著有文字"的形态,流传下来,而亦唯有此,"著于竹帛"的文献,才能流传至我们手上,但相对于"经"之为"古"的时间意义,"经"至我们手中时,已经是"古经"了。当"今"人面对"古"经时,横在吾人与古圣人之间的,正是一种"古今悬隔"的时空,则这种形态的"古经",作为"遗文"的古经,我们应当如何由其"著于竹帛"为始,而"得其语言""通其心志"呢? 戴震显然意识到了"遗文垂绝,今古悬隔"的问题,而且必须思考克服之

---

① 由此以观,戴氏的"义理"与"道""圣人心志",这些语词皆是相通的。在《疏证》及戴氏文章、书信中,有时会使用"理义"一词,或合而用之,或分而表之,曰"理"曰"义";与"义理"一词,意或同或近不一。《与方希原书》云:"古今学问之途,其大致有三:或事于理义,或事于制数,或事于文章。"(《戴震全书》,册六,页375)此为黄山书社点校本,作"理义"。(案王昶《戴东原先生墓志铭》则改"理义"为"义理",《戴震全书》,册五,页31)然同《书》又云:"圣人之道在六经,汉儒得其制数,失其义理;宋儒得其义理,失其制数。"是又言"义理"。黄山本如此。《古经解钩沈序》中亦以"理义"为合称(《戴震全书》,册六,页378)。又《题惠定宇先生授经图》云:"有汉儒经学,有宋儒经学。一主于训故,一主于理义。"亦作"理义",可见作"理义"者实多见,故知戴氏亦未能定出确言为"词"也,然若以《疏证》为据。则其《孟子字义疏证》"理"字条云:
　　问:孟子云:"心之所同然者,谓理也,义也;圣人先得我心之所同然耳。"
　　曰:心之所同然使谓之理,谓之义;⋯⋯举理,以见心能区分;举义,以见心能裁断。分之,各有其不易之则,名曰理;如斯而宜,名曰义。是故明理者,明其区分也;精义者,精其裁断也。⋯⋯求理义而智不足者也,故不可谓之理义。⋯⋯人莫患乎蔽而自智,任其意见,执之为理义。(《戴震全书》,册六,页153)
是"理"与"义"同为条目区域,虽合称"理义",可以表"义理",然"义理"方是与"道"同义之词,代表总称。"理"也"义"也"性"也均为此总称下之分项概念条目。用"理"与"义"可以合称"理义",表"义理"之义,然是合称表述语。故当以"义理"为戴氏书中所欲指涉者为正词。

途径。《题惠定宇先生授经图》云：

> 唯空凭胸臆之卒无当于贤人圣人之理义，然后求之古经。求
> 之古经而遗文垂绝，今古悬隔也，然后求之训故。训故明则古经
> 明，古经明则贤人圣人之理义明，而我心之所同然者乃因之
> 而明。①

又，《古经解钩沈序》云：

> 士生千载后，求道于典章制度而遗文垂绝，今古悬隔。时之
> 相去殆无异地之相远，仅仅赖夫经师故训乃通，无异译言以为之
> 传导也者。又况古人之小学亡，而后有故训，故训之法亡，流而为
> 凿空。②

"今古悬隔"的"历史间距"所产生的理解上的时间差异之困难度，
必须要在"古经/现在"的面对中；"现在解经"（今解）就只有凭"训诂"
一途，才能返回于"古"；因此，汉儒的经学必须重视，因为那是"著于竹
帛"之始的"经"学。对于戴震，"训诂"不仅意谓着"训故"而得"故训"，
意谓着"由字通词""由词通道"，"由文字通其语言""由语言通其心
志"；因此，"训诂明则义理明"的"训诂"更是一种"悬绝"意识下，唯一
可以凭借而克服历史性，由今通古的途径。戴震认为，作为承载着圣
人之意者的"圣言垂训""遗文"，就是"古经"；"古经"是一种现在式的
称呼，圣人垂训唯一与我们当下共在的，就是"古经"；学者必须凭由它

---

① 《戴震全书》，册六，页 505。
② 《戴震全书》，册六，页 377。

的文字,进入它的文义,才能还原出"古圣人之垂训"或"古圣人之心志"。单凭自己的"自得于心"是不可能与"古圣人"之"心志"相通的;"舍经而求"者,只能是一种求诸胸臆的"意见",戴氏称之为"人人凿空得之"者。而呈现在我们之前的"古经",首先就是"文字"的映入眼帘,或是"字词"的映入眼帘;因此,戴氏主张由"文字"之"识字"为始,才能进入"遗文"之中,也才能得其"文义",《疏证》"性"字条云:

> 后儒未详审文义,失孟子立言之指。①

他存时也用"语言"一辞,来表示"文字"的组合状态,也是要由"训诂"才能进入"遗文"之中,掌握住"遗文"中被"文字"所组合出的"语言状态",其云:

> 由文字以通乎语言,由语言以通乎古圣贤之心志。(《古经解钩沈序》)②

如前所述,戴震展示了两套"诂经"的语言。这两套语言,就戴震而言,正是为探究"遗文垂训"而揭示的一种"本文何在"的构想。《答彭进士允初书》云:

> 仆爱《大戴礼记》"分于道谓之命"一语,……而足下举"维天之命,于穆不已",以为不得而分。此非语言之能空论也。宜还而体会六经、孔、孟之书本文云何。③

---

① 《戴震全书》,册六,页194。
② 《戴震全书》,册六,页378。
③ 《戴震全书》,册六,页356。

对戴震而言，"本文"就在"遗文"之中，是"遗文"中的"字词"之"道"义，也是"文字"而"语言"的"通圣人之心志"义。这一切的起步，都指向于"字"，也就是"古经"中的"字"，因此他才会说出"正坐不识字"这样的与"明义理""明道"有关的语言。因此，一种于"源"头所在，还原"古经""遗文"之"真"的进路，就在"训诂"中成立为一种清学时代性格的"诂经"进路，一种"文献主义"式的进路。为了力图掌握住"文献"具有"圣人遗文"或"古经""经"的性格与本质，如何将"遗文"掌握住，以便"本文"（或文义）确定地能存在于"遗文"之中。至少，戴震不认为"宋学"的"自得于心"可以考量进来；相反地，布具于"遗经"中的"字""词"或"文字"，才是真正的可能呈现"文义"（本文）的场域。反此，便有"凿空之弊"，戴震述此"凿空之弊有二"甚详，其云：

> 凿空之蔽有二：其一缘词生训也；其一，守讹传谬也。缘词生训者，所释之义，非其本义。守讹传谬者，所据之经，并非其本经。（《古经解钩沈序》）①

这样的叙述，正是为了呈现出一种"诂经"式的对"遗文"的掌握。果如所言，缘词生训或以讹传谬，则连"遗文"的正确"本经""底本"都谈不上，还谈什么"本义"的"本文在此"！更何况是凭依底本而由字、词达乎道，由文字以通乎圣人之语言心志呢？

在上述戴氏所表述的"诂经"法则之第二种展布中，戴氏其实已经将"文字"与"语言"作了厘分。"语言"之义，正有类于今日我辈引西语中的"discourse"之用法。或者，如用与戴震同一时代中的清人语言，即如洪榜《行状》中所谓的"戴氏所欲论述者"的"论述"之词，亦可表述

_____

① 《戴震全书》，册六，页378。

戴氏的"语言"之意。但是,洪榜的"论述",指的是《疏证》中戴氏的"疏证",作者是戴震;而戴震所言的"文字"与"语言",指的却是"圣言""古经"或《孟子》中的"文字""语言",作者是圣人或孟子。在戴震而言,此序中的"文字"一词,正是视其为一种"语言"的承载者。就洪榜而言,戴震的《疏证》是他的"语言",洪榜由《疏证》之"文字"而掌握戴氏"语言"——戴震"所欲论述者"。就戴震而言,《孟子》的"文字"中,有他想要掌握的孟子的"语言",借由"疏证"得其"字义",而通达了《孟子》中的本文所在是的"立言之旨"或"文义"。戴氏由最小之承载单位开始,以通达乎圣人之心志,正是一种由"文字"入手揭视圣人"语言"的学问,一种"诂经"的学问。"文字"的最小单位,是"字",得到"字义"的方法途径,就是凭"训故"而得到"故训",在"故训"中,圣人所垂之训赫然在焉。"古圣贤"的"古",标明了"六经"以作为一种"遗文"流传的痕迹,在古—今的时空间距中,也只有借着"遗文",才能使今—古得到联系。今古虽异,但现时地遭遇古圣贤,却唯一地,必须凭借"六经"以作为"场域",方有其可能;戴氏从"遗文"的历史性及时间性意义中,掌握了"六经"作为"遗文"的特殊性。这的确是呈现了一种有别于程朱陆王的看待"经典"的方式。尤其是他的重视"历史性"的差异,"古今悬隔"的言说,更是与朱王的"此心同,此理同"相异——那种将"天(理)"视为可取消"古今时间性"差异的古圣今人之同心同性(在无欲状态下)系同一来源的方式。

戴震既将"遗文"视为"圣人垂示语言"之所,也就是说,那种载有字词或文字的"遗文",才是圣人真正展示"本文"的所在。针对戴氏此种"本文"在"遗文"的"文献主义"式的进路,我们仍不禁想要针对其设定的"底本"所在之处,再度一问:本文何在? 何为"本文"?"本文"真的就能客观地、历史地、先天地,在到我们手中之前,完好地封存在"遗文"之中么? 因而得以凭其所宣称的"训诂明则义理明"的"诂经"之法,就能还原出被称之为"圣人垂训"之"本文"吗?其所得到的"文义"或"语言",就真是"圣人原义"或"圣人垂训的文本"吗?"本文"者,"本义"之所在是者也;其《古经解钩沈序》中所云"本义""本经"者,就是一种"本文观"。就戴震而言,其对上述之问必定曰"是的"。"心之所同然者"作为一种可以"客观地"场域,那么,"圣人的原意"也就可以在"遗文"中"客观地"通达;如果不能,或言人人殊,那是因为学问上的造诣未达,所以不得不停留在"臆断"的层次,或意见的属性,才会有缘词生训、守讹传谬的"凿空"之弊。就"遗文"的场域而言,无论是"典章制度"还是"义理",都是"圣人立言"的"垂训",而"圣人语言"在"遗文"场域中不可能是"自得"的,它必须是一个"客观地"场域:"原意"只有一个,是以其必言"还诸孔孟""还诸六经""还诸程朱"。"还诸程朱"是指"还他们本来受到佛老渗入的面目",而"还诸孔孟"就是"圣人的语言"可以从"遗文"客观地场域中得到,因为,"垂训"在"今"之前就已存在了,始存于"古",而传至于"今",以"复古"为揭旨走得正是一种"古学"进路下的构想,也是由这个角度来看待他们所要面对的文本———种由"古"圣人流传下来向于"今"的文本。是故,"复古"就是"还原","复其古"与"还其原",不仅指向"道"的客观性、先于流传性而在的内涵,也指向历史的、时间的内蕴之义。文献主义的进路,正揭示了戴震构想下的"本文",是在"六经",在"遗文",这是具有历史性格的"六经""遗文"。而孟子,为得孔子之真者,故《孟子》亦是戴震的"本文"。进入《孟子》,就能进入"孟子"的语言垂训;而《孟子》也是一种由"文字"组成的"遗文"。因此,同样地,《孟子》也必须由"文字"得其"语言",通其"心志",《孟子字义疏证》就是"诂经"法则下的作品。朱子的《孟子集注》亦由文字组成,为何在戴震看来,就不能是一种文献主义式进路下的"阅读"可能通达孟子之作品呢?就戴震而言,这个论证显然是只能说服自己,而不足以说服朱子的;因为两者显然是不同构想下的"文义/本义"构想。就朱子而言,"自得"而后付诸"文字——注"的作品,才是"客观地"可通达《孟子》本义的途径。

《朱子语类》中有一条云:"汉儒一向寻求训诂,更不看圣人意思。"这话正好与戴震上言成一饶富意趣之对比。朱子显然以"训诂"与"意思"作了对比区分。在此,"训诂"并非不可得义,但得的都是"历史原义",却未必是活生生我生命中的意义,此曰"意思"。戴氏则言"文字"方可通"语言"(言说),戴氏之"语言"与朱子之"意思",各相较于"文字"与训诂,何其类似;但是朱子在此,显然给"训诂"作了设定,因为它只是"故训";而戴震却认为唯有"故训"方能通达"本文"——古圣贤心志,而必由"文字"方能"训诂"出"语言"。故朱子以"意思"为"文本","训诂"未必能得,能得必"自得";此正戴氏之所反,"自得"无据,无圣人之据,故曰"意见"。两下相较,一由"诂经",一由"体道",仍为两途也。

但是,另一方面,就戴震而言,朱子的注之所以不能"还其孟子之原"(还原孟子),就是在于朱注杂染了佛老之言。所以戴震语意中的"还原"之义,还包括了度越宋明而言。但是"孔孟"也是宋后形成的"语言",使用在宋明儒中,有其特殊意义,"汉儒"则宗"周孔",并未形成"孔孟"的"语词",一如在宋儒中所使用者。则戴震反朱尊古宗汉,为何要使用"孔孟"一词呢? 为何还选择了《孟子》以为"疏证古圣之意"呢? 此点,吾人将在第三节的"周孔与孔孟"中详说,此处不赘。

(三) 阅读主体与诂经进路

戴震既已认为,在"诂经"取向的返回"孔孟"之道上,要由"训诂"才能"识字",由字通词达道,或由文字得语言通古圣心志;因此,由"疏证"才能得到"字义",得到孟子垂示展布在《孟子》中的语言/文义,《孟子》中存在着"本文"。然而,若是程朱,甚或陆王,对此都不免仍要问道："即使我们展卷阅读了《孟子》，就真能'听到'孟子的言说吗？'本文'果然就在《孟子》吗？"在进入《孟子》时，是什么进入了《孟子》？或何种存在于《孟子》中的孟子的声音(垂训)进入了我们的聆听，进入了我们的"心"中——体悟中？因此，反过来说，戴震以孟子的言说具现为《孟子》中的"字义/文义"，即"语言"；所以，经由"训诂"而"识字"，进入字词之义而得其"语言"，而通其心志，"客观性"的"先在原意"才能展布的话；那么，当我面向"遗文"、面向"经典/孟子"，而进行"诂经"时，那个阅读的主体何在？当"原孟子"是孟子与《孟子》时，阅读的主体如何被考量到？当戴震排除了"自得于心"这样的"主体"时，他的"阅读主体"又何在呢？是被他分裂而形成"主—客"二分式的一种"客观主义"(Positivism/Objectivism)的进路吗？戴震事实上有一段文字已经触及了这个"主体性"的问题，这一段文字主要是谈何谓有"十分之见"的发挥，这个"十分之见"的"见"，就已经在文字语意上滑向了在谈"阅读主体"的"主体性"了。其《与姚孝廉姬传书》云：

> 凡仆所以寻求于遗经，惧圣人之绪言暗汶于后世也。然寻求而获，有十分之见，有未至十分之见。所谓十分之见，必征之古而靡不条贯，合诸道而不留余议，巨细毕究，本末兼察。若夫依于传闻以拟其是，择于众说以裁其优，出于空言以定其论，据于孤证以信其通，虽溯流可以知源，不目睹渊泉所导，循根可以达杪，不手披枝肆所歧，皆未至十分之见也。
>
> 书克尽言，言不克尽意，学者深思自得，渐近其区，不深思自得，斯草薉于畦而茅塞其陆。……既深思自得而近之矣，然后知孰为十分之见，孰为未至十分之见。[1]

---

[1]《戴震全书》，册六，页372—373。

又,《与某书》云:

> 学以牅吾心知,犹饮食以养吾血气,虽愚必明,虽柔必强。可知学不足以益吾之智勇,非*自得之学*也,犹饮食不足以增长吾血气,食而不化者也。①

而焦循在其《申戴》之末,亦云:

> 夫东原,世所共仰之通人也,而其所*自得*者,唯《孟子字义疏证》《原善》,所知觉不昧于昏瞀之中者,徒恃此戋戋也。②

又云:

> 东原生平所著书……必深有所得……即东原*自得*之义理,非讲学家《西铭》《太极》之义理也。吾于东原临殁之言,知其生平所得力而精魄所属,专在……他书不记者,本非所*自得*也。③

焦循在其《申戴》一文中,大段使用了"深思自得""精魄所属"的字眼!尤其是标出了戴震明确在《疏证》中反对宋儒的"自得之学",而用"自得"来作为描述戴氏治学之造诣的语言。事实上,无论是戴氏自己的"深思自得""十分之见",或是焦循的"自得",这样的语言,都已经不是在处理或表述"诂经"法中的求"遗文""六经""原意"之表述;而是在处理"阅读主体"了。戴震批判程朱的"自得于心"是"以心为宗""探之茫

---

① 《戴震全书》,册六,页494。
② 焦循:《雕菰集》,台北:鼎文书局,1980年,卷七,页95。
③ 同上注。

茫"的"意见",否定了宋学中"阅读主体性"的合法性,以为非"孔孟原意"。但是,却未否定自己"诂经"进路中,也有着阅读主体的存在与无法抹杀。当渠言"由字通词,由词通道"时,诚是一种标准的"诂经"法则之言谈,"客观场域"及"原意"赫然在焉。戴氏后学凌廷堪在《戴东原先生事略状》中云其:

> 以古人之义,释古人之书,不以己见参之,不以后世之意度之。既通其词,始求其心,然后古圣贤之心不为异学曲说所泊乱,盖孟荀以还未之有也。
>
> 所谓由"故训"而明"理义"者,盖先生至道之书也。①

凌廷堪完全能掌握与理解戴东原的"诂经"进路下的法则,以及戴氏谈义理之学之所以;《事状》中所述的寥寥数言,完全可以视为戴氏的翻版拷贝。事实上,"诂经"法中"阅读主体性"的问题及意识,是戴震自己透露出来的,是不经意的,是谈治学甘苦及十分之见的功力问题时所触及的,问题就出在其所用的是"自得"这样的"语言"。大多数的乾嘉学者都未能意识到这个问题,即便是戴震、焦循,当这两位学养深厚的乾嘉学者使用了"自得"这样的危险性的语言时,仍恐未能察觉它的危险性何在? 是否足以反证戴震对"古"经中"原意"的追求是一种迷思(myth)? 还是如果关注到这个问题,可以使"诂经"进路在更深的层次中,去言谈一种今古遭遇下的"遗文""古经"的面对与处理?

因此,当戴震说出另一种"诂经"法则的语言,即:"由文字以通乎语言,由语言以通乎圣贤之心志"时,这样的说法,实则已经与上述"由字通词通道"的语言有了分歧。前者,强烈的客观性信息在焉;后者,

---

① 引自《戴震全书》,册七,页 18、22。

则注意到了"文字"之中还有"语言"可以"聆听",必须"聆听"圣人的垂训,作为"语言"状态而存于"文字"之中;而这点,却必须要由"阅读主体"来完成;因此,他的有感而发,言治学之甘苦,"十分之见"的论述抒发,正是"主体性"的言说;是以在这段文字中,才会不断地运用了"自得"一词。可见,"诂经"法中仍然存有着这一学脉途径下的"阅读主体性"的问题,尚未被人揭示及处理。这个问题实并非"道在心"或"道在六经",就能简单地二分掌握其同异。又,戴学虽是"原意型思维取向"的学术活动,返古为其求道所向,然而"阅读主体"经由"自得"一词的点显,豁出的正是呈现于一种在"今"之时间状态下所进行的生命活动,焦循言"平生所得力",说的正是戴氏于"今生"所倾全力所注入的学术生命活动;戴氏自言"平生之大"者,亦是指向于此。

　　总之,一种属于"诂经"法则所强调出的文献主义进路,强调的是"本文"在遗经,只要训诂其字词得能得文义;或是"本文"在阅读主体的进入聆听中,才能听到圣人的语言、垂训;另一种则是强调"阅读主体"的更为主动的性格,为了强调"阅读主体"的重要,譬如"天理二字是自家贴切出来",或"此心完然具足,不稍假欠",有时甚至不惜牺牲"文本"以成就"本文"只在"阅读主体"的意境!"自得",代表着"阅读主体性"的"语境",而此种"阅读主体性",在"体道"与"诂经"两种进路的强调中,确乎有着不同的理解,甚或一端倾向"本文"在"此",而一端则倾向"本文"在"彼"。是故,戴震批评程朱的"本文"为"意见"时,是否自己的"本文"就确定是"本文"呢,还是也仅是一种戴震对"本文"的设想?经由戴震对"阅读主体性"的忽视及其在定本《疏证》中竟然也用了"自得"的危险性语言,就可以看出,戴氏确有可能存在着被人视为有一种"道在六经""道在《孟子》"的设想,当别人,譬如程朱学者,用不同的"本文观"来看待戴氏的"本文观"时。除非戴震自己承认他的"十分之见"及"自得"的言谈也必须那入他的"本文观"中一并在理论层次上考量,否则他的"本文观"——也就是《孟子字义疏证》的"疏证"本文,就仅能是一种"论述",一种不同于程朱之义理的戴震之义理,而不能宣称已进入了"本文",掌握了孟子的原意。

戴震的"自得",我们将之视为一种"诂经"活动中"阅读主体"的作用的存在。而此存在,无论如何也不能泯除,戴震使用"自得"与"十分之见"来表述,并不严谨,可见他在《疏证》中并未意识到这个问题的存在,当然,这也反映了戴震在《疏证》中自觉意识下所要处理的重点,绝不在此。

方东树对于戴震的"诂经"主张,敏感异常,他以戴震论"训诂明则义理明"为"戴氏此论最近信,主张最有力,所以标宗旨,峻门户,固壁垒,示信学者,谓据其胜理,而不可夺矣"。简言之,方氏的立场,就是意图诠释并卫护朱子的立场"体道",以及批判戴氏的立场"诂经"。故其云:

> 主训诂者,实不能皆当于义理。何以明之? 盖义理有时实有在语言文字之外者。故义理原出训诂之外,而必非汉学家所守之训诂,能尽得义理之真也。[1]

这样的说法,实亦"歧义理、训诂为二",为其诉求之主调。如此,方氏方能批评"训诂"法掌控下的"义理"为非宋学式的义理之真。而其"义理有在训诂之外"、在"语言文字之外"云云,实亦针对汉学家的"诂经"法而言。是以,如果在"语言文字"之外而又回返于"务内于心,返躬自得"时,就与戴学对立得更为尖锐了。总之,戴震之"诂经"治学途径,实由思索"六经""遗文"之如何得以进入,而在程朱宋学式的路线之

---

① 方东树:《汉学商兑》卷中之下,页 11 上。

外，开辟了另一种清学式的诠治"古经"之路线。方东树必欲与之针锋相对者，也正在此。若"义理"可在"训诂"，则"宋学"不啻为"异端"矣。就"义理"之名而言，自然其必欲护教；然就"义理"之实指而言，两种"义理"确实非同一"义理"之所指。此意焦循亦已言之，其云：是戴氏之义理，而"非讲学家《西铭》《太极》之义理也"。然方氏护教，则必争"义理之真"以为"正统"，故"义理同然"不在"训诂"，亦不在"语言文字之中"，故在"自得"、在"本心"，也就是朱子所自云的"训诂之外，更看圣人意思"，始能造道。而反之，戴氏亦必对此而批判，以"自得"为"探之茫茫""以心为宗"，不仅认为"阅读""治经"时，会致人以"凿空"之病，更何况进入"本文"，探其"原意"，岂可不凭字词、不由训诂、故训与古经、遗文；是故一种"返古"的强调重于"今"的主动性，必然因此而在。"今"人心中所生者，仅能是一种"自得"、一种"意见"，无"考"无"据"，盖其不凭"古经""遗文"也。但是，此种贬"今"扬"古"的倾向性，固然在"古圣遗文"之历史性格的回返下，有着"客观性/先在性/原意性"的优先设定，一如王鸣盛概括为"古即是也"之所言者，却仍不能避免另一种"自得"的产生，此即"诂经"法中的"自得"。以"古"为"是"、以"古"为场域的强调，仍将因"古"而有"今"，仍未因"古"为"圣"而泯"今"，"今人"阅读"古经"时，仍然是一个在"今"的时间之流中的学问活动、生命活动。戴震仍然处在这样的一种生命/存在之实相中，仍不能避免"今"中的"阅读主体"——也就是"戴震"自己——的必须浮现。因此，戴震终于必须要在"阅读主体"的"现世"中，去强调"自得"与"十分之见"。否则焦循如何判定戴震的"造诣"高于同时代之群儒！而凌廷堪的领悟，正是标准的"诂经"法则之掌握，所以其"论戴"之"不以己见"，便与焦循之"申戴"的"自得之见"正好相反，却并不矛盾而相映。凌氏所言之"不以己见"，是针对程朱的"自得"而言；而焦循的"自得"，却是已触及了戴学自身所必然蕴有的自家"阅读主体性"！

三、生 民 与 成 圣

(一) 戴学中的"人"与"民"

戴震在《孟子字义疏证》中所论之"性",实为"群"之性,为一种"先王"位所下,治民所见之性。故其于《疏证》"理"字条即云:

> 故今之治人者,视古圣贤体民之情,遂民之欲,多出于鄙细隐曲,不措诸意。[1]

其视域所出之位所,实在"治人者"。而其中所治之"人",又与"民"同义。故戴震《疏证》中凡所谓"人"者,均为"王"者视域下之"人";凡先王所制典章,皆在于"导民",为"民"而设施,故其准据在于"情欲"之为"生民"——一种"众"性之为先天之实;而完善之性,则只能为后天之所期。故戴氏论"性"言"学",便无所谓"复其初"之语。《疏证》中明载戴氏反对"复其初"之言:

> 程子、朱子就老、庄、释氏所指者,转其说以言夫理,非援儒而入释,误以释氏之言杂入于儒耳;陆子静、王文成诸人就老、庄、释氏所指者,即以理实之,是乃援儒以入于释者。试以人之形体与人之德性比而论之,形体始乎幼小,终乎长大;德性始乎蒙昧,终乎圣智。其形体之长大也,资于饮食之养,乃长日加益,非"复其初";德性资于学问,进而圣智,非"复其初"明矣。……程子、朱子尊理而以为天与我,犹荀子尊礼义以为圣人与我也。谓理为形气

---

① 《戴震全书》,册六,页 161。

> 所污坏,是圣人而下形体皆大不美,即荀子性恶之说也;而其所谓
> 理,别为凑泊附着之一物,犹老庄、释氏所谓"真宰""真空"之凑泊
> 附着于形体也。理既完全自足,难于言学以明理,故不得不分理
> 气为二本而咎形气。①

且明谓其言出于老释。是戴氏《疏证》中凡所谓"人"者,皆为"王"者视
域下之"人"。故其言"人",其实即为"民",为一种待"王"而治之"人",
此"人"之属性且为"众"义。其云:

> 《诗》曰:"民之质矣,日用饮食。"《记》曰:"饮食男女,人之大
> 欲存焉。"圣人治天下,体民之情,遂民之欲,而王道备。②

实与程朱宋学语言中的"圣人",有所不同。程朱语言中之"圣人",为
一种"人人"均可达抵之境界,以"人人"均有"天性"可为凭依而抵;然
戴震之"圣人",则又恢复了古义,指向"圣王"义之"圣人",故其"圣人"
与"王道"并言,正因其语意中之"圣人",并不指涉内圣学中的"人"的
境界,而指具有"治民者"位所的"圣王";故"治天下"考量下的"人性",
自然是一种"外王人性观";其所言之"人",也就转成了"治天下"之中
的"人",也就是具"众"义的"民"。故戴氏言圣人治天下时,其所论的
"人性",也就转成了"民之欲"与"民之情";这才能是"人人—民"之所
"同"者。治天下时若是所用为"完善圣性"而非"凡性"的高标准,自然
会造肇致"以理杀人"的不体民情、不遂民欲之苛刻治法。此所谓"酷
吏以法杀人""俗儒以理杀人"是也。更重要的是,在戴震看来,"孟子"

---

① 戴震:《孟子字义疏证》"理"字条,《戴震全书》,册六,页167—168。
② 《戴震全书》,册六,页161。

所论的"人"与"人性",也是一种"王道"视域下的"人性",曰"乃若其
情,可以为善";然而,却不是"自得"与"复其初"的"性本善"义,这种已
渗入佛老性的"本(来)善"或"复性"论调,已忽略了生命过程中朝向
"善"的"学之"与"充之"。不能"为善",乃是因为"欲之失—私"与"知
之失—蔽";而"圣王"身为"治民者",就正是在于其能给与这样的一种
场域,"导民"就是导其入此场域,而不是用"圣境"扰"民情"。在戴震
看来,孟子在《孟子》中所论的"人性",乃是一种"王道"域下的人性观。
而"人性"可以曰"善",则正是情欲可以臻至于不偏之谓中的所据。故
王道所以导民,而不必苛民。戴氏此种论"人"及"民"的观点和语言,
正足以显示其所倡者及其所据以视《孟子》中所论"人性"者,实为一种
"外王人性论",而非"内圣人性论"。

> 圣人之道,使天下无不达之情,求遂其欲而天下治,后儒不知
> 情之至于纤微无憾,是谓理。[1]
> 圣人以通天下之情,遂天下之欲。[2]
> 举凡民之饥寒,……咸视为人欲之甚轻者矣。[3]
> 酷吏以法杀人,后儒以理杀人。……人各巧言理,视民如
> 异类。[4]

因此,戴震《疏证》中的"人"所指涉,并不是那种理学中的可以"自得"
而臻至的"圣人"之词义,其所论的"人性",也不是此种"内圣学"下的
"人性"义。戴学中的"人",是"民",一种由"王"者、"君"位所视见的论

---

① 戴震:《与某书》,《戴震全书》,册六,页496。
② 戴震:《孟子字义疏证》,《戴震全书》,册六。
③ 同上注引书,页58。
④ 同上注引书,页496。

述对象。是被"导"被"治",生活在"典章制度"世界中的"人""民"。而
不是由"自得"视域中所向往精神归向的"圣人"。戴氏《疏证》中的语
言,也不是程朱理学式的语言与论调,主题在强调"个人"的成圣。戴
震所论述的"人",是"众"义之"人"。此种"众"义之"人"所成的人性
观,也就是在情欲上寻求的一条同一性质的"人性"观点,所以同一,是
因为人人所具;所以人人能同所具,即是因为"分于天",皆源于"生即
而有"之"性"。戴震所欲论述之"人",就是"民",就是恐"自得"之"意
见"祸及"生民"的"群性",故"王"者欲行"王道",为"圣王(人)",他的
施政及典章制度,就必须要视见此种人性,也必须立在此种人性观之
上以为基础而"通情遂欲"。程朱以"自得"之学而施于政,则是一种以
"个人境界"的"意见"而强施之于"饮食男女""有情有欲"之"人/民"的
"以理杀人";导致的,正是不能体民情与不能遂民欲的一种"非理世
界"的出现,以及"高标准"下少数人能达的冷酷施政。章太炎《释戴》
篇有云:

> 洛闽诸儒,制言以对行己,其本不为长民。

又云:

> 洛闽所云,本以饬身,不以隶政,震所诃,又非也。

章氏区分朱、戴为二种学术,本属不同范畴,故云震所诃为非,既非同
一范畴,自不必因对反而反对也。然恐亦有"所以非"之故可以言者。
戴氏既以"诠孟"为学,"孟子"即为朱、戴二家学术之焦点。戴震既欲
经由"诠孟"而取得"承孟"之道统继承权,则岂有不"诃"不"非"之理。
然章太炎氏所用之语言,曰"行己"、曰"饬身",与"隶政""长民"正相

对,则极有意思,正以察见戴学所言,系指向于"生民""隶政",而非"自得修身";指向"治民",而非"自具完然之性"而曰"成(内)圣"之学也甚明。故章氏确有卓识,以此也。果戴氏所言的"人性",是一种"先王"位所视域下的"人性",则其"人性"可治之线,当在"情欲——血气心知"之可学可导,而非"圆善性"之本具与复初。是故戴氏之人性论为"外王"视域下的人性论,本为"隶政"而行;"隶政"者,"人性"在"典章制度"中是如何如何也;是故戴氏虽言义理,言性理,然其所还原之"孟子",实是王道视域下,人牲观中的"孟子",是"外王"位所下的人性论。如此,其所两言之"训诂明则义理明"与"义理在典章制度之中",庶可以合一而观,且明矣。

　　因之,戴氏《疏证》中所阐述的对象,是"个人"抑"生民"? 此一课题,复可进一步申言之。前者,系"单一"而又具"普遍"义的"人",这是程朱陆王式的语言对象及思路,以"内圣"为第一义,"外王"的完成缘于内圣的完成。每一个个人的"成圣"如果能开出且保证"人"具有自得成圣的可能,则"人人"—"此世"便可以成为"外王之世"。因此,此种思路下的构想,乃先由"个人"出发为基而至于"群"。此一"群"的概念,实际上又可以化约为每一个"个人"的相加;因为,每一个"个人"的完成,就是"群"——普遍个人的完成。则"外王"问题的本质只是个"内圣"问题,这是"为己之学"的学脉,个人成德之学的学脉,属于"仁心扩充"的"自得"式思路与成圣进路,自己为圣一路,不须要朝廷来作主,"群"并未在第一义上压过"个人"之上。宋明理学走的都是这一条路。这种"由内圣而外王"的构想,其实是一种"内圣人性论"下的视域,视域中的"人"是"个人"的,所以可以言"'自'得",此时的"人性"是普遍义的"单数人性"。

　　而后者,则是一种以"圣王/君"为核心作为视域展开的基点,此种视域下的"人",是一种"群性"下的"人"与"人性",是一种"外王人性论"的思考,思考的是外王之下的个人问题,此种视野中的"人",通常就是"生民";而"生民"是"群"义的,其"人性"也是"复数人性"义的。此时"内圣"的问题在"外王"之中,仅作为一个思考的要项而存在,并未特别赋予"个人成圣"以第一位的考量。"《洪范》八政,食货为先""学以政为大",所谓"安邦定国,经世济民"的儒学视野,以及此种视也下所观见的"人性论",就是一种"治民"与"民"的"外王人性论";固然,也可以在圣王的典章制度论述中,给出一个自由的"空间",供与"个人"能够"自我成圣"的实践及讲述的活动,不给与这个空间场域,就叫作打压书院自由讲学;但由"王"者的视域而言,在此之外,仍有着外交、国防、经济、内政的问题与制度的层面,与之一样重要,以保障"生民"的"生"——"情"与"欲"所构成的"生活世界"的交织,并不完全是"内圣"问题可以扩充与替代为"外王"制作典章的全然基础。此时的个人修养问题,由"外王人性观"下的以"王/君"为位所的视野来看,会比较倾向于"导民之情,遂民之欲"的"缘情制礼"一路的思考。此时的"人"是"群"义,是"众"词,"人性"是"复数人性"义。这个"缘情制礼"的"情",就是戴震所言的"理由欲出"的"血气心知",及"情之不爽失为理"的路数下所思考的"人性"——"情"与"欲"。戴震一直认为,不能"缘情导欲",不能"达情遂欲",就不能称之为真正的"理",亦不能论证真正的"人性",则也就不能称之为真正底理解了孟子在《孟子》中的"王道"真谛。戴震在《孟子》中看到的孟子"语言",其实便是此种"外王人性"视域下的孟子语言。对戴震而言,关键其实并不是在于"理是什么?"而是在于"治人者"视野中的"人"是什么? 应导向什么?? 应据以为作"治民/制作"之事的"人性"基础是什么? 戴震显然在"人"与"人性"的讨论上,已走上了不同的棋盘。不同棋盘上的视域,虽然仍同称《孟子》,同观"人"与"人性",但显然论述的是不同的世界观旨趣。用"圣"与"凡"来说,"内圣人性论"是"自我—个人式的人人"可能"成圣"的考虑；而"外王人性论"则是"群—生民"的"凡人—复数的人性"的考虑，其"自然"者在"血气心知"的"情欲"；治民者所据以为立足的视域，要考虑的就正是此种"人性"，而这也正是《孟子》中的人性论。《荀子》(或荀子)之所以与《孟子》(或孟子)不同，戴震认为，荀子谈的不是立于自然人性的"加诸"与"外烁"，而孟子谈的则是立于自然人性的"乃若其情，则可以为善"之"导民"，所以孟子依旧是孔子之学的正宗。故戴氏必曰："孟必同孔"。

(二)周孔与孔孟

戴学中的"人"，既为"众"义，即"生民"之谓，以成其"外王人性论"之观点；然其曰"王道"、曰"圣王"，则复牵涉到戴氏书中所谓"孔孟之道"中之"孟"，究系与何种"人性"观点相关之"孟"，则不啻已回返至汉儒传经中"周孔"之所指矣。如阮元所云：

> 昔周公制礼，太宰九两系邦国，三曰师，四曰儒，复于司徒本俗，联以师、儒，师以德行教民，儒以六艺教民，分合同异，周初已然矣。……孔子以王法作述，道与艺合兼备师儒，……司马、班、范，皆以儒林立传，叙述经师家法，授受秩然，虽于《周礼》师教未尽克兼，然名儒大臣，匡时植教，祖述经说，文饬章疏，皆与《儒林传》相出入。……宋初名臣，皆敦道谊，濂洛以后，遂启紫阳，阐发心性，分析道理，孔孟学行，不明著于天下哉。宋史以《道学》、《儒林》分为二传，不知此即周礼师儒之异，后人分而暗合周道也。……是故两汉名教得儒经之功，宋明讲学得师道之益，皆于周孔之道得其分合。①

---

① 阮元：《拟国史儒林传序》，前引书，页36。

阮元此序中，已以"周孔"并称为言，并言孔子所述作者，在于"王法"，语义与宋儒言"孔孟"一词，已大不同。案：宋儒立"孔孟"一词，本以自觉与汉儒训诂传经立别，故为一新词，此一新词——"孔孟"，固由韩愈先言，然实更由于宋代朝野之相倡，其中赞成与反对者或皆有之，而终成一时代之共识与共同语言。[①] 反对者中晁说之于《儒言》云：

> 孔孟之称，谁倡之者？汉儒犹未有也。既不知尊孔子，是岂孟子之至欤？其学杂于异端，而以为孔子之俪者，亦不一人也，岂特孟子不可哉。……未免为诸子之徒，尚何配圣哉。[②]

晁氏为司马光之门人，其言系针对王安石以孟子配享孔子而发，可见当时对"孟子"是否继承"孔子"之"统"，犹存有歧见；故晁氏曰"孔孟之称，汉儒未之有"，即意在于此。"孔孟"之倡乃一新观念传统之铸成，虽经北宋朝廷士大夫之初倡，然犹有批孟、刺孟之反对种种意见与见解；其后历经南宋、元、明，"孔孟"终成一普遍之词，抑且亦成为理学中的"传统"，"孔孟之道"与"孔孟之传"，正代表着"尊孔运动"的重新理解与理学发展的新方向。至清代，则此一新词转又成为传统中之旧语言，故戴震不言"周孔"，言"孔"则必言"孔孟之道"，即袭用此"传统"中之"旧词"也。

　　然在戴震的"孔孟"一词中，"周公"的蕴含与否，实是一个大问题。如果，"周公"是蕴含在"孔孟"中的，则戴震的"孔孟"就与程朱的"孔孟"，便有其儒学内部的"汉、宋之别"。戴震于《疏证》自序中大要皆言所以诠孟与选孟为诠之故，故以"必自孟子始"为言中序。序文起首即

---

① 两宋"尊孟"趋势的形成，参见徐洪兴《思想的转型——理学发生过程研究》（上海：上海人民出版社，1996 年）之研究，第二章第二节，《孟子升格运动》及《唐宋间的"非孟"思潮》，页 92—165。
② 同上注引书，页 131。

破题以"孔子",首引《论语》端木氏之言曰：

> 读《论语》，端木氏之言曰："夫子之文章可得而闻也，夫子之言性与天道不可得而闻也。"读《易》，乃知言性与天道在是。周道衰，尧、舜、禹、汤、文、武、周公致治之法，焕乎有文章者，弃为陈迹。孔子既不得位，不能垂诸制度礼乐，是以为之正本溯源，使人于千百世治乱之故，制度礼乐因革之宜，如持权衡以御轻重，如规矩准绳之于方圜平直。言似高远，而不得不言。自孔子言之，实言前圣所未言；微孔子，孰从而闻之？故曰"不可得而闻"。①

故其破题言孔子，终篇以孟子作结，以贯串其"孟子"为"孔孟"之"孟子"。然其所言之"孔子"，又为"尧、舜、禹、汤、文、武、周公致治之法"下之"孔子"，即汉儒所称"周孔"脉络下之"孔子"，则此种"周孔"之"孔"，转以贯串"孔孟"之"孔"时，"孟子"虽仍曰"孔孟"，而实则已为"周孔孟"意义下之"孟子"矣。戴氏自序中之"孟子"，实已明显见出其视域中之"孟子"，已为言"致治之法"之"孟子"；且戴氏又言：

> 夫子之文章可得而闻，夫子之言性与天道不可得而闻。

依戴氏之诠，此不可得而闻者，实非玄言，亦非形上；而系"致治之法"于周道衰后，已为陈往者，故曰不可得而闻；则微孔子，孰能言此"不可得而闻者"。也即"言前圣所未言"者，则微孔子，孰又从而明此陈迹致治之法。故"不可得而闻"者，实缘孔子而"可得而闻"；"正本溯源"，必由孔子。此中"夫子之文章"者，非仅指"文字书写"，更指"垂诸制度礼

---

① 戴震：《孟子字义疏证序》，《戴震全书》，册六，页147。

乐""焕乎有文章者",亦孔子所阐言前圣"致治之法"。故两句"得闻"与"不得闻",仍然一贯而下,以至于孟子,即据此以辨异端。

故一篇《疏证》序文之中,戴氏几仅提及二人:孔与孟也。言韩愈,则借其言以正孟子之位,为"孔孟"之"孟"。言"文武周公",则正"孔子"之位,为"周孔"之"孔"。故由此序文,戴氏与程朱之有"取"于韩愈者,似同而实异,有分流矣。由戴氏此序,已见其"孔孟道统"之新解,已不同于世人以"理学"为概念背景下所理解之"孔孟道统"之义。

因之,在戴震的"孔孟"一词中,"周公"的蕴含与否,实乃一大问题。如果"周公"蕴含于"孔孟"成词之意中,则戴震的"孔孟"就与程朱的"孔孟"有其儒学系统的内部歧异,宜乎朱筠要以"汉学"与"宋学",阮元要以"儒"与"师"来作出区分。而这也正是戴震力言、自言所欲"辨"者。其云:

> 言者辄曰:"有汉儒经学,有宋儒经学;一主于训故,一主于理义。"此诚震之大不解也者。

又云:

> 贤人圣人之理义非它,存乎典章制度者是也。
> 理义不存乎典章制度,势必流入异学曲说而不自知。[1]

若不理会得其"孔孟"之意涵已转接"周孔"之"王道"论述,则甚乎不可解。故"孟子"在戴氏而言,是一言"王道"者,关切"治民"之要者;与程朱之"孟"所言指向以单数人性义的"成圣之道"下的言说之旨不同。

---

[1] 戴震:《题惠定宇先生授经图》,《戴震全书》,册六,页505。

戴氏固仍袭用"孔孟"之词,但是与其同时而稍后之章学诚,则早已以《易教》《书教》《诗教》《经解》《原道》诸篇而重诠了"道"与"周孔"之关系及彼等之定位。《原道篇》重诠"道"旨,"在三人""在众",已使"孔子"得重新置回"周孔"脉络意涵下,"孟子"几已不见;[1]章氏更绝少用"孔孟之道"一词。其《经解》中的释"经"焦点,早已聚于"周公"。可见清儒在"我朝儒学"的自我定位中,必须要经由"六经"而返古返圣,而在重新寻求"孔子"的路向思索中,也必然由"制作"而蕴出了"周公"的再度触及[2]。章氏云:"欲知道者,必知周孔之所以为周孔。"其义在此实与戴震所揭示者为同调。而其所云"道在三人"而引起惊骇者,良由当世学者包含汉学人士在内者,均已习熟于理学式的"两一为道"之论述语言模式,故当"道"义不再指向"一阴一阳"的语言及思维习惯时,便不能安心于转指向"外王——制作"的"道"义。[3] 然此亦更可见章

---

[1] 章学诚《原道》上云:"天地生人,斯有道矣,而未形也。三人居室,而道形矣,犹未著也。人有什伍而至百千,一室所不能容,部别班分,而道著矣。"见叶瑛:《文史通义校注》(台北:仰哲出版社),册上,页119。

[2] 艾尔曼(Benjamin A. Elman)在一篇论文中特别关注到了"周公",论文中指出,"周公"作为经典中论述的"象征",以及其在历代经学中所介入而引起的政治作用。因此,艾尔曼敏锐地注意到清代的"周公"与"孔子"之再度出现联系,有其官方权威主义的借用及允许了一个论述空间的结果。这使我们必须更小心的考察提到"周公"的一些学者,是否在清代思想的网络中,有着与政治的隐述关系。本文则从经学内部的考察出发,认为清学取径经学,寻求汉儒训诂之迹,自然会从典制的关注中再度,遭遇与浮现"周公"的影子,而使用出"周公"的语言。倒是在戴震那里,何以会使用"孔孟"及"六经孔孟"以寻求"王道"与"生民"之关系,来表述及反映"周孔"式的外王人性观,方更值得注意。艾尔曼的论文"Ming Politics & Confucian Classicism:The Duke of Chou Serves King Ch'eng"(《明代政治与经学:周公辅成王》),收在"中研院"文哲所《明代经学国际学术研讨会论文集》(台北:"中研院"文哲所,1996年),页93—144;张琰,中译文,页145—172。

[3] 王宗炎《复实斋书》云:"奉到大著,取《原道》一篇读之,'于三人居室而道形'一语,尚有未能融彻者。夫男女居室,《孟子》以为人之大伦,而《中庸》言道造端夫妇。今言三人居室,已近不辞,若以居室作居处解,则三人二字亦无着落。"(叶瑛:《文史通义校注》,注③引,册上,页124)又,邵晋涵亦云:"是篇初出,传稿京师,同人素爱章氏文者皆不满意,谓蹈宋人语录习气,不免陈腐取憎,与其平日为文不类,至有遗书相规诫者。"(叶瑛:《文史通义校注》,《原道》下,册上,页140)

氏所转向者,实有与戴震所揭及其视域下的"论孟"之"外王人性观"中的"人",已为"群"、为"民",复亦同调;宜乎章氏自负为能真知戴氏之学问者,自比为戴氏之"知音"。

是以,在戴氏之《疏证》中,其言"孔孟"而必称"六经孔孟"者,正以济单称"孔孟"一词之不济也;良由"周孔"须先成立,方能言"孔孟"之"孟"亦为一继"周孔之道"者,故戴氏增以"六经"言之。

案:唐以前祀周、孔,孔子所传述之"六经",为周公所制"王法之道";高宗永徽时,改称"周公"为"先圣"、"孔子"为"先师";显庆二年,以"周公"配"武王"、"孔子"为"先圣";孔子定称"先圣",即自此始。孔子以上为"王",孔子以下为"圣",圣、王二分,已反映在孔子的谥封上。自此以降,"圣"字之义,愈局限在"师"义之内。宋以后尊孔、孟,孟子所继为"孔子",故"孔子"尊为万世师,虽真宗时犹称孔子为"元圣文宣王""至圣文宣王"。逮明世宗嘉靖九年(1530)则改称"至圣先师",遂在封号上完成了以"师"限"圣"的过程,"圣"字完全不复再有"王"义。[1] 故阮元云:"儒林传经,师者教化,而孔子兼两。"实已道出"汉、宋之别",阮氏盖借《周礼》之"师、儒"以察言"周孔"与"孔孟"之别也。故戴氏晚期著述及书信中多以"六经孔孟"并言以传述其意,而亦为一新词之新铸;既异于其近代传统中之程朱言"孔孟",亦在清代理学之氛围中用"孔孟"旧语而出以新解,回返汉儒传经传统以观"孔子",遂成一"六经孔孟"之新词,而亦可视为一"周—孔—孟"道统之另词。此词于《疏证》中所在多见,如云:

六经、孔、孟之言以及传记群籍,理字不多见。[2]

---

① 以上所述,参清庞钟璐《文庙祀典考》(光绪戊寅刊本,台北:中国礼乐学会影印),祀典溯源 1—3。
② 戴震:《孟子字义疏证》"理"字条。

又云：

> 古贤圣所谓仁义礼智，不求于所谓欲之外，不离乎血气心知，而后儒以为别如有物凑泊附着以为性，由杂乎老、庄、释氏之言，终昧于六经、孔、孟之言故也。①

故其所云之"孟子"，终亦必置回于"周孔"脉络之中，发明孟子论"王道"之义，所曰"孔孟"者，即"六经孔孟"，而亦终接回"周孔孟"义下之"孟"，并以此"孟子"为戴氏所欲诠之"原孟"。此所以《疏证》此一大论述中，及《答彭进士允初书》《与段懋堂书》等晚年书信中，无不皆以"六经孔孟"为成词而行其论述也。"周孔"者，汉人之辞，言六经之作与述，彼时《孟子》尚在"诸子"之《略》，于《汉书·艺文志》中不在《六艺略》之列；戴震言"六经"、复"古训"，是返回汉儒"六艺—周孔"之走向，故其言"孔孟"之所以必加"六经"以成"六经孔孟"者，盖实缘由其论《孟子》中之"人性"，系"生民"人性观，以"君"位视"人"为"民"而以论"王道"也，故其学实已酝出"周公"之必然回归，与夫"孔孟"之必为一"周孔孟"义蕴而非宋儒程朱式语言脉络下之"孔孟"。戴氏在其引起诤议之《答彭进士允初书》中云：

> 程朱以理为"如有物焉，得于天而具于心"，启天下后世人人凭在己之意见而执之曰理，以祸斯民。更淆以无欲之说，于得理益远，于执其意见益坚，而祸斯民益烈。岂理祸斯民哉，不自知其为意见也。②

---

① 戴震：《孟子字义疏证》"性"字条，《戴震全书》，页184。
② 《戴震全书》，册六，页362。

数行之中，即"斯民"数见。戴氏必欲曰"斯民"者，以其曰理曰性之落处，即在于此也，而非"自得以自成己为圣人"之"性"为主体之言路；故其"斯民"，即"天下人人"，其所言之人性，亦为一种"群""性"之思路。故此"六经孔孟"则为真，而彼"孔孟"则为"假托"，戴氏云：

> 诚虚心体察六经、孔、孟之言，至确然有进，不唯其实与老释绝远，即貌亦绝远，不能假托，其能假托者，后儒失之也。[1]

以此视野以视程朱之诠"孟"，宜其必曰：

> 自宋儒杂荀子及老、庄、释氏以入六经、孔、孟之书，学者莫知其非，而六经、孔、孟之道亡矣。[2]

斥程朱为"杂学"之言中，亦两见"六经孔孟"之为词也。

四、结论：戴子与道统

近人多有由戴学的渊源以言者，是重在其承明清学术之转向，由王学的"以心论理"而转向一种"以气论理"的模式以言，而察其学术渊源。但如由戴震《孟子字义疏证自序》以观，则戴氏所重者仍然是在以环绕"孟子"为中心的建构与诠释为一套"诂经""还原孟子"的正统言说之取得为其主要意向。从此点以言其学术渊源上的位所，就不是仅从哲学模式的观察——"以气论理"的脉络所能察见了。

---

[1] 戴震：《答彭进士允初书》，《戴震全集》，页362。
[2] 戴震：《孟子字义疏证》"理"字条，页172。

以"以气论理"模式来考察戴学渊源者,首见于戴望之《颜氏学记》,梁启超、胡适皆承之,并建构与考证了颜学与戴学的中间环节,为程绵庄。事实上,以研究明清学术动向而著称的山井涌,其考察戴震之学术渊源的说法,相当受到此种影响,所以他不仅更深入而细致地考察颜、戴之异同,同时也在其"气的哲学"之论清学取向下,建立了更为绵密的哲学系谱,其云:

戴震⋯⋯气的哲学⋯⋯集大成者⋯⋯戴震继王夫之、颜元、李塨、程延祚(如只列举清初以来的人的话)之后,完成了他们的气的哲学理论。①

无论是"理在气中""推拓成性""善为目标而非原初——即人可以'为善'而非复其初之本善,以'求善'而曰'性善'"或"气的哲学""一本论""气本论"等观点与说法的提出,都可以点出戴氏哲学思维的特点,以及由戴氏回返其前考察,王廷相、王夫之、陈确、宋应星、颜元等,确皆俱此特点。但笔者所重还不在此,而在于山井涌所列出的"继王夫之、颜、李、程之后"的脉络观察,显然就是胡适式的渊源观察论点的更进一步的细腻化。其文云:

追溯到王夫之以及他以前,戴震⋯⋯明代中叶以来,确实,存在着气的哲学的谱系⋯⋯。②

这的确是明清中的一条"气的哲学"之线索。由此以言戴氏之哲学思

① 山井涌《理气哲学中气的概念》第四章第一节《戴震思想中的气》,小也泽精一等编《气的思想》(李庆译,上海:上海人民出版社,1992 年)第三编,页 453。
② 同上注引书,页 453。

考模式者不少,而胡适与山井涌所建构的系谱,则更明显化为"由颜至戴"的约言。事实上,更早的建立者应是章太炎,他直称之为"颜戴之学",曰"淑世有大儒,曰颜、戴"。只是,胡适的《戴东原的哲学》似乎较章氏更具有传布性影响。这一种观点,事实上就是将"以气论理"的模式放到学术思想史中,更具体也更进步地建立了不止是脉络,而且还是"系谱"的说明。

针对"由颜至戴"式的渊源说法,钱穆则极不认同,并具体地在随后出版的《中国近三百年学术史》中意有所指地提出了批评,他认为"由颜至戴"是不足以说明戴学的;尤其是戴学中的"诂经"及"汉学"成份,应当更为重要。而更具影响戴学之所以为戴学性格以成立其特色者,为惠栋。钱氏云:

> 窃考东原论学之变,盖在丁丑游扬州识惠氏松崖之后。
>
> 盖乾嘉以往诋宋之风,自东原起而愈盛,而东原之尊汉抑宋,则实有闻于苏州惠氏之风而起也。
>
> 东原言义理者有三书:一、《原善》,二、《绪言》,三、《孟子字义疏证》。……以今考之,《原善》三篇,大约在丁丑游扬州识松崖以后,以东原论学至是始变也。松崖治易,既主还复汉儒,而汉易率主象数占筮,少言义理,故松崖又为《易微言》。……大抵上卷言天道,下卷言人道,所谓义理存乎故训,故训当本汉儒,而周、秦诸子可以为之旁证也。当时吴派学者实欲以此夺宋儒讲义理之传统,松崖发其绪而未竟。……而东原《原善》三篇,则其文似颇受松崖《易微言》之影响。(……其故训中求义理之意,则固明明与松崖出一辙也。)①

---

① 钱穆:《中国近三百年学术史》,台北:商务印书馆,1980 年,第八章《戴东原》,页 318、322、324—325。

又云：

> 至从古训中明义理，明与习斋精神大背。若徒以两家均斥程
> 朱，谓其渊源所自，则诬也。惠、戴至近，何必远寻之颜、李耶！①

在钱穆的表述中，惠戴之会实是戴震加入"汉学"阵营，并且建立起汉
学中的义理性、方法性自觉的转折点，《古经解钩沈序》《题惠定宇先生
授经图》等重要篇章，皆自此始。陈祖武氏也从其师杨向奎氏之言，提
出了"由惠至戴"而非"由颜至戴"的学术走向之历史动态考察的观
点。② 这其实已可以破除近代以来研究戴学一直受到章太炎观点与
说法的桎梏与笼罩：吴派与皖派之区分。吴与皖，不是一种共时的分
歧，而应是一种历时演进的发展。

阮元《拟国史儒林传序》云及惠、戴之定位，各以四字一言为定，
其云：

> 惠栋、戴震等，精发古义，诂释圣言。③

云惠氏"精发古义"而戴氏则为"诂释圣言"。一以"古"言，一以"圣"
字，正是联系了"惠、戴"间重要的线索，即"返古"与"求圣"之间的关
系；是可为钱穆先生之论定惠、戴，作一旁释。阮元言"诂释圣言"，实
指向《疏证》而发，足见阮氏在《儒林传》中系以《疏证》为核心来为戴氏

---

① 钱穆：《中国近三百年学术史》，页 356，357。
② 见陈祖武《关于乾嘉学派的几点思考》，收在"中研院"文哲所《清代经学国际研讨会
论文集》（台北："中研院"文哲所，1994 年）页 247—262。亦见其近著《清儒学术拾
零》（湖南：人民出版社，1999 年），第十之《吴皖分派之商榷》及《从惠学到戴学是一
个历史过程》，页 162—166。书中对此"由惠而戴"之学术史实发展说有更充分之
叙说。
③ 阮元《揅经室集》，北京：中华书局，1993 年，一集卷二，《拟国史儒林传序》页 37。

作定位。此所以阮元自有《性命古训》之作,仿续戴氏为之。"性"、"命",皆其视为"字义条目"者;"古训"者,即诂释圣言之原意也,故亦是"故训"求"圣言",原由"训诂明道"而来也。[①]

但是,不论是师承或渊源或置入"汉学"氛围的时代脉络中的考察,都未能说出最重要的一点,戴震何以自负当代第一人,何以以《孟子字义疏证》为生平著述最大者,何以用"义理"来反朱? 戴震"生平之大"的《孟子字义疏证》,其性质定位如何? 戴氏的学术——戴学的定位,是什么? 如果他仍然将自己置身在"儒学"的传统之中,他如何界定自己所得之学术在"儒学"中的位所? 这样一种提问所从而表出的考察,就势必牵涉到了"道统论"的正统言说问题;而此种"道"之"正统"言说,亦已牵涉并含括了上述的渊源说法:以气论理;也呼应着"由惠而戴"的说法:"诂经"求"孔孟之道",即《孟子字义疏证》之所以为"字义疏证";同时,也就再度返回了戴氏这本著作的"自序",以及其弟子段玉裁氏所代为表白的:

> 隐然以道自任,上接孟子之意可见。

这样的"道统"论述模式,笔者认为,不仅仅就是孟子本身的言说传统,也是韩愈、朱子的言说传统,而也是王阳明的言说传统;同时,在明中叶迄戴震之间,也仍然有着先行者走在戴氏之前,戴氏决然是有见到这些人之遗著的,虽然他未必有明说。以"惠栋"而言,其建构以"汉"

---

① 黄以周《经训比义》(台北:广文书局,1977 年)中《序言》云:"昔阮文达病儒先之高谈,多经外之支辞,论性命古训以挽其流弊。以周幼嗜斯书,长而有论,广为二十四目,勒成三卷。……乃出而示之,曰:是书之论,条析字义,而读陈北溪书者,将谓我违异师说;读东原《疏证》者,将谓我调停宋儒。"可见清儒不仅多从"字义"之形式上,视《疏证》为仿继《北溪字义》一书,抑又不止于惠定宇《易微言》而已,且阮元之《性命古训》及《论语论仁论》,亦继《疏证》而起,黄以周之书,是又其流也。

为主的"经说"，就是意在维护"经"说传统而返汉溯古，其建立授经图，就是意图恢复《儒林传》的传统，以反道学传。而比惠栋更早注意到此点的，是费密。费密的《弘道书》，不仅区分出了"汉儒—经"/"宋儒—道—心—玄"二分的问题，也照应了"何谓道"—内圣抑外王的问题。而在《统典论》《古经旨论》《吾道述》《道脉谱论》《弼辅论》《师儒论》与《大统相继表》中合成了"经—王道—人性"的在戴震那里也能看到的论述模式。《弘道书》中强调的"人性"，也正是"流离失所"的"人性"，这是因为费密的视域已站在"君"位上来看"人"，看"人"的视域也已转换为"民"的聚焦。而戴震则借《孟子》以自称诠表出了孟子的原意，就是"外王人性观"，就是"王/君"位所视域的"治人者观人性"与"生民人性观"。因此，费密《弘道书》给人的启示：第一，系"道在外王"的汉儒与六经的道统观之重构，在此重构中，势必要对旧道统观的程朱之学与以反对或分解。第二，对"人性"的看法也因此从"圣"的视域转向"王"的视域。这两点，恰好在戴震《孟子字义疏证》的阐说中，彰显出来。笔者不知道要如何寻求"证据"，以"证明"此种联系，但感觉到，费密《弘道书》与戴震间关于"道统"、关于"人性"言说间的呼应。总之，由戴震"道统"论述的角度中，笔者看到了《孟子字义疏证》中与费密《弘道书》之间的相应，但却无以名之，既不敢用"费戴之学"，亦不敢用"由费而戴"这些已经使用者在"颜"与"戴"间已确定其使用义涵的字眼。但至少，比较起来，山井涌的"气的哲学"系谱，在言说清朝那样时代中，对仍然视学术为儒学定位的清儒而言，"气的哲学"恐怕只能言其思想形态的偏向，而尚不能言其心志与著述大旨。

因此，费氏的《道脉谱》出，而"道"始转向"外王"而尊经返汉，而后惠氏《授经图》，亦以"经"见"授受"之"汉儒系谱"，而在章学诚与阮元的"周孔"言说中，更是几乎不提"孟子"，汪中亦欲重新论"学"而作《述学》。凡此，皆见"返汉"之迹与夫尊汉之故，在于近古，此"古"，为"三代",为尧舜,为"周孔";而孔子之后,亦非必然为"孟",而或者为"荀"。戴震所以必欲"尊孟"者,正在于其欲还"孔孟"之"真",欲釜底抽薪,直取朱子之席,此戴氏欲为戴子而纳入新道统中之意味:理学中有朱子,犹清学中有戴子也。章学诚《朱陆》篇仅谓戴氏学出于朱子,是犹不知戴氏之心思底蕴,犹间一层也。是故戴氏亦如程朱,亦由"孟子"入乎于"儒学场域",而必于《自序》中揭韩愈者,其用心实与程朱相同,盖即亦欲印证"孟子"果为"孔子"之真传。然《疏证》之解,则为戴子之解,而非程子、朱子之解;为戴学,而非程学、朱学;戴氏统一"周孔"与"孔孟"在宋代出现的歧异,以"情欲/生民/正人心"的思维进路,自外王人性论将其统一,并且继承了理学家中高抬"孟子"的态度,继续予"孟子"以真传孔子的地位,赋予了"孟子"在"外王道统"中的位置,而将"学"脉仍指向论王道的生民、百姓之治民之学。此所以戴氏必以程朱论孟为杂佛渗老,非"还原孟子"也。因此,戴子建构的道统,也就夺理学之席,而高出同侪与汉儒,而为一"周—孔—孟—戴"的新道统论述;新道统论中的孟子,就是被戴氏所还原出论"王道"的"孟子";最后,在其平生论述之大的著作《孟子字义疏证》中,也给予自己在儒学史上的一席"戴子"之地,以接乎"孟子"之传。

近代观与西学观

——魏源研究的多元面向与反思

晚近以来，主要是出现在近代史领域中的魏源研究，有着"近代化叙事"的特征与模式。这与我们对于"西学"与"传入的西学"之认知有关，也与二分法下相对于"西洋"的"中学"之过去、现在、前景化的立足基点与态度有关。本文自魏源研究中的几个面向：近代观、清学史、《海国图志》、西学观等，回顾并检视魏源研究中的海洋视域、西学影响、隐性传统、近代叙事的开端等，重新讨论魏源研究中的模式、思维特性、轴性与惯性，乃至其复制于历史传衍中的印迹。

一、近代视域中的多元魏源与单一魏源

美国汉学家柯文（Paul A. Cohen）所著之 *Discovering History in China：American Historical Writings on the Recent Chinese Past* 一书，在 1984 年由纽约哥伦比亚大学出版社出版，此书后由林同奇译为中文。中文书名题为《在中国发现历史——中国中心观在美国的兴起》。柯文此书据其所自述，以为过去美国的汉学界在研究中国近代史上，有三个基础框架，即"冲击—反应""近代—传统""帝国主义"等三种框架，柯文统称之为费正清学派的西方中心观。柯文质疑：西方中心观能否真正进入中国掌握中国近代内部的历史实貌？因此他逐章展开了他对此一研究取向中作为主轴与基点的批判与反思。① 我们必须要注意的是，柯文此书乃是对美国汉学界的回顾、反省与批判，并非是对中国学者的建言书。似乎许多中国学者还不能弄清楚这一点。

然而，一个更为有趣的对长时段联系的人为忽略，引起了笔者的兴趣，即柯文显然在他的书中只提出了对费正清学派的批判，却完全地忽略了一位他的四百多年前的西方文化前辈——利玛窦。当利玛窦将以"中国（明朝）"居世界地图之中的《坤舆万国全图》公诸于世后，不免对中国士大夫的此种"中国中心观"心态有所批评，

① 见柯文《在中国发现历史——中国中心观在美国的兴起》（林同奇译，台北：稻乡出版社，1991）。

然而,在传教与世界地图之间,利氏所做的乃是为了传教志业而修正了西方当时的世界地图以呈现"中国居中"之位置。① 在利玛窦的《入华记录》中,不无流露出对中国士大夫的"中国中心观"的批评。② 笔者提出这一"前近代"的传教士历史事件的意义何在? 这一点正是最具意义之所在,但我们必须作出长时间幅度——由明末至笔者写作当下的二十年前——跨越之联系方能见出此一事件之幽默与反讽性。利氏不无微讽的批评,在数百年后又以另一种姿态出现在被柯文所批评的对象——费正清学派之中国近代史研究中,那就是"以西为尊"的"西方中心观"。如此,显然跨越近代与前近代的联系显示,柯文书中的批评,不免遗忘也遗漏了这位明代末叶的传教士之修改西方类型的世界地图以迁就中国士大夫的事件。也就是说,他没有注意到利玛窦略嫌不满的心态。而柯文的遗忘利玛窦也是一个最近才被注意到的事件。"历史的事件"有没有"未来性"? 笔者最近在阅读王韬的《弢园文录外编》时,颇措意其所意。王韬云:

---

① 传教士传入的世界地图之"中国居中"现象,要到明末清初,才出现了变化。关于这方面的研究,参考李孝聪为其《欧洲收藏部分中文古地图》(北京:国际文化出版公司,1996)一书所撰的《前言——欧洲所藏部分中文古地图的调查与研究》,以及各书的"叙录",尤其是页 6、7 为崇祯十七年(1644)金陵曹君义所刊之《天下九边分野人迹路程全图》所撰的《叙录》。

② 据利玛窦的《入华记录》所载:"前此中国人亦自刊刻舆地图志多种,然仅以中国之十五行省居图之中部,稍以海绕之,海中置岛若干。上列知闻所及诸国之名,合诸岛之地,广袤不及中国一小省也。彼等既以为世界唯中国独大,余皆小且野蛮,则欲使彼等师事外人,殆虚望而已。……迨彼等既见世界之大,中国小而局处一隅,其愚者輙加此图以讥笑。"其后的金尼阁之《中华传教记》中也记述此事,云:"有一事颇可注意者,利神甫之善于迎合中国人之心理也。彼等信天圆而地方,而中国居地之正中,故见西洋地理学家置中国于地图极东一角,则怒。虽以数理谕之:地与海既合成球形,无所谓东西终始,终然不能晓也。利氏于是稍变更吾人绘地图之常法,移福岛及其零度经线,出图之中央,而置之于图之左右两边。如是,则中国竟移居志图之中,而中国人遂大满意。"以上两文转引自洪业《考利玛窦的世界地图》,《禹贡》半月刊第 5 卷第 3、4 期合刊,页 7、9。

　　吾知中国不及百年,必且尽用泰西之法而驾乎其上。……

　　唯所惜者,仅袭皮毛,而即嚣然自以为足,又皆因循苟且,粉饰雍容,终不能一旦骤臻至于自强。不知天时有寒暑而不能骤更,火炭有冷暖而不能立异,则变亦非一时之所能也,要之在人而已矣。尽人事以听天心,则请决之以百年。①

　　天时人事,皆由西北以至东南,故水必以轮舟,陆必以火车,捷必以电线,然后全地球可合为一家。中国一变之道,盖有不得不然者焉。不信吾言,请验诸百年之后。②

王韬的书写笔下,多么期待他所不能运作的"现实世界",能在未来中如他所愿般的"前景化"——即便是那个他所经历的"现实"在他的身后也一直是那么"现实","变法"之后不曾好过,或是好过;"立宪"之后不曾好过,或是好过。但是,我们却确实能感受到他的笔下之未来性,在今日看来,似乎的确显示出"古今之系"可以是一个联系且能叙事的事件。因此,柯文的遗忘他的西洋文化前辈利玛窦的微讽"中国中心观"所形成的反讽,确实是一个新成立的历史事件。

　　在本文中,笔者主要以魏源的近代观作一研究之例,说明中国的学界并不是在费正清学派出现之后,而应当是在更早之前,就已经在中国自身之内部有了"西学冲击现象"的言论及其反应。不仅可以早到上溯至五四时期的《新青年》与《学衡》杂志,更早的清末民初时期的新社团与新期刊蔚兴之时,甚至是笔者在此文中所以提揭为题的魏源,也在近代以来的近代史研究中隐藏性的遭遇到此一课题。同时,对于柯文的"从中国自身认识中国"的说法,究竟是作为"研究对象"的

---

① 王韬《弢园文存外编》("近代文献丛刊",上海:上海书店出版社,2002),《变法》上,页10—11。
② 同上注引书,《变法自强》下,页34。

"近代中国"所呈现的视域影响了西方汉学界的新一代之"研究者",还是"研究者"影响了身处于"研究对象"中的近现当代的中国学人? 以"中国现象"作为"对象"的研究,此时已触及到了的,乃是历史学中"真相"(truth)一词所涉之"现象学"与"物自身"的哲学上"认识论"的问题纠缠。因此,我们必须意识到一个论述网络与历史研究与此论述网络交织与递传的复杂性与难题,也必须意识到:对于已经接受"师夷说/西学"影响下的中国学人而言,此一"西方冲击观"已经是中国学者自身处境中的历史性基本要素之一,这意谓着"西方冲击/中国反应"已经成为近代以来的一种被接受了的历史内在性传统,中国的学人也已身在此一近代传统当中,成为所谓的"在历史之中"观"历史"。但是,柯文却不是如此,他的"在历史之中"的身份是一个美国的汉学传统,他所反思的是他的"近代传统"中论述中国的"方法(method)""进路(approach)"出了什么问题,反思"在汉学传统中"的身份如何研究其"对象/中国",并且指出作为其前人以"局外/客观"的立足点与视角所可能甚至是必然导致的研究误差,所以提出另一种典范及其方法。① 显然,这是一场由哲学上认识论的立足与由之展开的历史学主客观下的方法论之争。更重要的是,当柯文的书经由林同奇的翻译以中文文本的姿态进入中文世界时,柯文的美国汉学家之身份依然提醒着我们注意一点:即便是在跨国学术与跨文化的研究连线中,已经身在"西学冲击说"下袭承了数代乃至百年之久的"自家近代史"之中国学者们,其身份与立场,与柯文作为研究者的身份与立场,也仍是不同且可以"在比较中"作出区辨的。

　　"魏源"恰巧在我最近的研究中,显现了上述的现象,也引起我对此

---

① 柯文:《在中国发现历史——中国中心观在美国的兴起》,书前林同奇的译者序及柯文的第一章所述。

现象的兴趣，尤其是在将此种现象与其他他已经成为历史的现象作出联系时，我发现我们所谓的历史之现象，以及对此历史现象的研究，到底是现象学中的现象，还是一如柯文对费正清所提出的批判所显示的：现象与历史现象都是具有描绘性与解释倾向的。那么，当"魏源"这个人透过历史学及其成果陈述文本向我显现其历史现象时，我们能说我们自己看到的就是历史在那儿向我们显现的吗？——无论是通过什么媒介。上述的引言不过是一个前提，可以当作我这篇魏源研究的一个初步的入口，也可以视为我想与其他学者对丁魏源研究的对话性尝试，更想检视一些已经通过长期"接受"了的"魏源常识"是否真的就是这样永恒，并且在一个历史论述网络中与其他"常识"相互支撑？也就是说，本文想要借此引发出一些不同的视角与不同立足点下的多元讨论。

　　"魏源"常在某些方面被视作——或是论述——近代的开端性人物，这样观看他的学者，自然地，也提供了许多论述。持这种论点的学者，通常所依据的是他所编著的《海国图志》以及由他所肇启的影响，从"近代地理学"的脉络建构，到他所提出的"张眼从洋人看世界"、师夷之长、西学与传统的关系等等，常是论述者的主题焦点。或者是魏源由西汉公羊之学的"论政"，成为研究者提出"清代经世之学"与"道光变局"的研究主题等。"魏源"的描绘与定位显见是多元的。这篇小论文便是从这里开始，从中国学者——如台湾的"中研院"近史所曾召开的一场大型近代经世之学的研讨会——展开近代观的视域中，魏源是怎样被摆置与定位其坐标？①《海国图志》言说了什么样的"海洋叙

---

① 此会议之成果后辑成《近世中国经世思想研讨会论文集》（台北："中研院"近史所，1984 年）。其中有关魏源的"经世思想"之研究的论文，有刘广京的《魏源之哲学与经世思想》、魏秀梅的《贺长龄的经世思想》等。从"经世"角度来思考与研究"近代思想"与魏源的论著，其实甚多，但重要的乃是如下的思考：如果从"经世思想与实践"的角度来研究魏源，仍然是对于"汉学""经学"的批判以及将之置入"旧学"传统中的思考模式，那么显然还是上述的"近代史/近代思维"的模式，是为了成立（转下页）

事"？而另一批中国学者如梁启超却又是如何将其视为传统的公羊学之与西学遭遇后的坐标定位？还有向来被忽视了的"清史儒林传"与"清儒学案"中的"魏源"定位与描述。多元建构是如何在渐构过程中形成了单一的线性叙事与现代化叙事之视野下的魏源，形成了研究魏源上所谓的近代观与近代化叙事。一种表面上看来客观但却是异常主观化倾向下的叙事言说。

二、"清学史"中所论述的公羊学脉与魏源

1. 梁启超笔下的魏源

　　前人研究清代学术与思想史，潜在地已经接受了这样的基本观：即清代的学术与思想是由前后两条主轴线所构成的。其一为前期之史轴，曰"汉学"、曰"朴学"、曰"考据学"。自清初之顾炎武、阎若璩、胡渭，而至吴之惠栋与皖之戴震，此一学脉流衍至清末。其二为今文学，始于武进庄存与，由刘逢禄、宋翔凤而下衍至龚、魏，迄于晚清。不仅此两条轴线为近代学人论述清学史时多采用之，抑且究其源，则可溯

（接上页）"新学"的坐标，则其中的"近代化"趋向必然明显可见，是一种"进化论述"，笔者恐怕这样的研究模式中隐含的目的论便是趋于"德先生"与"赛先生"了。尤其是"经世"一辞，常见于甚多学者的论文中，却不见其"经学"之意义，这样的"经世"作为研究上的术语，虽经某些前辈学人的提倡而蔚然成风尚，但"经世之学"作为一种研究面向及其所切入对象的领域为何？真是一可讨论的问题与议题。虽然在美国亚利桑纳州召开的研讨会中，西方学者与汉学家们，为了"理解"他们研究的中国对象而企图在非中文语与措辞上进行探讨，或以"world ordering"，或以"state craft"，不外皆如此。但这与中国学人在自身处境上使用"经世"一词，显然与西方汉学的中译情境下传入的"经世"一词，两者应当审慎地有所区辨。令人担心的是中国学人恐怕多是从西方汉学界的中译词而"接受"这一词语，也"挪来"作为术语，以研究魏源及其他清代学人的"经世之学"或"经世思想"。包括笔者自身稍早的《明末清初儒学之发展》（台北：文津出版社，1992）中对于冯应京《皇明经世实用编》、陈仁锡《经世八编类纂》、陈子龙等《皇明经世文编》的研究，在"经世"的"世"与"经世"的"经"之理解上，也未能真正深入，同时也受到晚近的"经世研究"模式影响，陷入套用与泛化而未能自觉。

自梁启超的名著《清代学术概论》,梁氏时已以此而架构其两线四期之
清学史观与史貌。这样的史观也即是我们通常所已认知的"清学"的
特色。于前者,其"清代汉学史"之观点其实多不能出于江藩《国朝汉
学师承记》所思考欲将"清学"之主流由"汉学"可为代表性之外,江藩
此一首部为清学立其主体以立异于宋明学外之著作,其书名中之"国
朝汉学",无论与其同时之人如龚自珍等是否同意,"汉学"之名确实已
由江氏之书而立。其次,梁氏自己参与彼所自称之"晚清今文学运动"
中,故于《清代学术概论》中即由其师康有为而上潮,而又自龚自珍、魏
源以溯其源至于亲授其学之刘逢禄;由刘逢禄溯之,清代之另一主线,
且清代中叶学风一变且迄于晚清主导学术世运之学脉与史线,便在此
逆溯与倒叙中,给予了"庄存与"一个开宗之地位。而庄氏之学在当时
江藩之《汉学师承记》的记述中,实非汉学主轴此一史线中的重要人
物。可见庄存与之成为之今文学宗主,系在汉学之后的以公羊学为清
学史中后期主轴形成后逆溯寻源所塑成。从近、现、当代之诸多论清
学之著作看来,无论海峡两岸还是海外汉学家之著作所论,其所以支
撑其清学史观之架构者,其实皆不能脱此,并且受到晚清变法运动之
影响颇大,故以变法运动之主要角色康有为之学术中公羊学为视野以
回视清代中叶之学风,乃有如梁启超于《清代学术概论》中之描述,而
后世学者亦多接受此一描述。梁启超将此二条轴线之交替中,转关与
所以学风陵替之一变者,系放置在龚自珍与魏源上。其《清代学术概
论》中云:

> 今文学之中心在公羊,……今文学之健者,必推龚、魏。龚、
> 魏之时,清政既渐陵夷衰微矣;举国方酣太平,而彼辈若不胜其
> 忧危;恒相与指天画地,规天下大计。考证之学,本非其所好
> 也,……故虽言经学,而其精神与正统派之为经学而治经学者

则既有以异。龚自珍、魏源皆好作经济谈,而最注意边事。……故后之治今文学者,喜以经术作政论,则龚、魏之遗风也。[①]

所谓正统派经学,即是由江藩之书所以建立之清代汉学。是故清代学术由汉学主轴而转移至今文学主轴,在梁启超视之,其间转关之关键,即在龚与魏。窥梁氏所以在"汉学"之外,另以发轫于"常州"之"今文学"为清学史之后期主轴,其中亦有可说之故。其曰"后之治今文学者,喜以经术作政论,则龚、魏之遗风也",再则曰"今文学运动之中心,曰南海康有为",三则于序中曰"今文学之运动,鄙人实为其一员,不容不述及"。则梁氏实宜自命为龚、魏经术作政论之后学所继也。

因此,在梁氏的笔下,梁氏确乎有一常州学派之史观,而且固已将龚、魏纳入。是则其书中所论者,已显出清代学术史之两脉四期之大旨蓝图。一条为汉学,即今文学兴起后之古文学;一条则为由东汉之汉学而晚出之复西汉之古的西汉之学,亦即今文学运动者,此今文学发端于常州学,初以公羊学为主,而后及于诸经,在古文今文之争下,遂有康有为之出现而为其高峰,且预入政事,成为经学经术经世之势,此势在全盘西化以前,亦是晚清面对西方世界所激起之洋务与变法之主流。此为梁启超"清学史观"中"由古学而今学"之观察。相对于清学,被清代学人所重视的对象者汉儒之学,梁氏则以"以复古为解放"来诠释其理解。

2. 钱穆笔下的魏源

梁氏此一清学史史观,其影响为何?吾人但举钱穆氏之《中国近

---

① 梁启超:《清代学术概论》,台北:里仁书局,1995,页65—66。

三百年学术史》中"龚自珍"一章所述,即可以知之矣。钱氏于第十一章中述云:

> 常州之学,起于庄氏,立于刘、宋,而变于龚、魏,然言夫常州学之精神,则必以龚氏为眉目焉。何者? 常州言学,既主微言大义,而通于天道人事,则其必转而趋于论政,否则何以治乎《春秋》? 何贵乎《公羊》? 亦何异于章句训诂之考索? 故言夫常州学之精神,其极必趋于轻古而重时政,则定盦其眉目也。①

钱氏此书之第十一章以常州学脉为主,由庄存与为宗而述下,刘逢禄、宋翔凤、戴望与龚、魏,皆在此章之内。其所云由经术而论政,以及龚自珍之为转关之眉目者等述言与夫其中之观点,实皆与梁氏无不同,盖此一清学观实已开始于此下迄于往后并及于当代,开始复制、传播与传衍而为清学史之基本观矣。② 仅此一端,已可见之。尤其"常州之学起于庄氏"一句,明是倒述而将庄氏以纳入此学脉中溯源为宗主之史述法,足征所谓常州学,所谓清今文学,其实乃有一倒述之逐增逐构而为清学史之第二史轴之轨迹在焉。所谓至龚、魏而学风一变者,

---

① 钱穆:《中国近三百年学术史》(台北:商务印书馆,1980),册下,页532。
② 关于这样的清学史观之接受与复制,著者甚伙,仅举一本为例,譬如孙春在的《清末的公洋思想》(台北:商务印书馆,1985),书中有图以示"清常州公羊学系谱"(页26):

<pre>
                              魏　源
        邵晋涵   刘逢禄 ── 龚自珍
  庄存与 ── 庄述祖   凌　曙 ──── 陈立
        孔广森   宋翔凤 ── 戴　望
                              邵懿辰
</pre>

其中的孔广森已被置绘在庄存与的影响之下。事实上,孔广森的复杂性超过现况研究的所知程度。不仅在于他的《公羊通义》对清代学人的广泛影响,远远大过庄存与,而且他的书斋之名称为"仪郑堂",所仪者乃在"郑玄",对他自己而言,根本并未显现什么源于庄存与的"常州系谱"。同时,孔广森的《公羊通义》之成书,也与庄存与的《春秋正辞》约略同时。无疑地,孙春在此书中的常州公羊系谱,已经受到梁氏所形成的近代成说之影响了。

除指所谓汉学之主东汉许、郑为宗,以古为尚,以东汉之古文经学为主,而龚、魏则自公羊学而进窥至于西汉之董生之学外,更以其一改汉学谈训诂而进至以经学论政之风而言。[1]

3. 甘鹏云笔下的魏源

甘鹏云在其"古学院"中提倡"古学",分为十科,甘氏所任者为"经学",任科之作则为《经学源流考》。值得注意的是他在论述清代公羊学时,以两条线路来描述学之发展。一则曰:孔广森。其曰:

> 清人治公羊学,以孔广森《通义》为先河。……至孔氏则会通礼制,不墨守何氏一家之言。[2]

如是,遂下启凌曙、陈立、陈奂之公羊礼学一脉。甘氏称之为"以礼说公羊一派"。另一条线路之发展,则显然甘氏仍然追随了以庄存与为首的说法与论调。其曰:

---

[1] 一种极富反思意味的描绘,将"由龚魏而下至于康梁"的简单化发展解释观点,称之为"线性叙事";同时,也称之为"现代化叙事",以之批判美国的汉学界过去对于清代学术史的研究——尤其是经今文学的研究——之过度放大龚魏与康梁。这是艾尔曼在其《经学、政治和宗族——中华帝国晚期常州今文学派研究》(赵刚译,江苏:江苏人民出版社,1998)一书导言中对于研究焦点的主张,认为应当摆脱"现代化叙事"的单一化,而着眼于常州之庄、刘的经学、宗族与社会、政治之复杂历史网络,同时也提出了恽敬的治学特色值得注意且是龚、魏之先驱的角度观察。案:将叙事区分为"线性叙事"与"非线性叙事",然后将后者称之为"复杂"状态,这本是科学界热力学中普里高金的诺贝尔奖论点。我们在老的历史主义中所学到的历史之网络观点,就是相对于"线性叙事"的"非线性叙事"之"非平衡态"的考察,同时也就是笔者向来所提出的叙事学新观点:"复(杂)(线)性叙事"以及必须不断地"转述"以完成"复性叙事"。艾尔曼借用叙事学的语言所用的线性叙事与现代化叙事等,值得我们注意;同时,也与晚近年轻学者对于常州学研究中的"依旧"复制梁、钱的"叙事观点",以及若干架构在"庄刘"与"龚魏"迄"康梁"的新考察——譬如对于王闿运、廖平、凌曙、陈立的研究,形成了一个对照。

[2] 甘鹏云:《经学源流考》(甘氏家藏崇雅堂聚珍版),台北:广文书局,1977,卷六,页214—215。

庄存与《春秋正辞》，始并通公羊大义之学。其甥刘逢禄复作
《何氏释例》《何氏解诂笺》，又作《论语述何》及《发墨守评》《箴膏
肓评》《穀梁废疾申何》。皆一家之学也。……而宋翔凤、魏源、龚
自珍及湘潭王闿运、井研廖平，咸以公羊义说群经大义，而究微
言。至今人《春秋董氏学》而极张。①

这一段所述的"以公羊义说群经派"的系谱建构与叙述，与前述者何其
相近。不唯始自庄、刘，而且我们也看到了为原与龚自珍的出现在此
一学谱之中。看来甘氏虽然已经注意到并分别了孔广森与庄、刘之公
羊学的异同，但就我们的魏源而论，他的古学之说，与提倡变法运动的
康、梁之清学史中的公羊学脉意识，并无什么大不同。也就是说，甘氏
仍然是以溯至庄存与而通过魏源下至康有为氏的学术源流论述的复
制者。

　　但是，我们若重新来反省此一史观，则必须要注意的乃是，梁启
超的著作之成书的年代系在民国之时，梁氏乃以为晚清公羊学或今
文学是继汉学而成为清代学术思潮主流的认知，且比为其转关在
龚、魏，而龚、魏又自庄存与和刘逢禄而出。如果将时间回到魏源的
年代，则其时仍是汉学为主流的年代，龚、魏则确实未必从之，尤其
是魏源，看出了汉学中家家许、郑乃是崇仰东汉经学的格局，因此，
特意提出也提倡西汉诸子之经学。但比龚自珍稍早的江藩在为自
我定位且撰写《国朝汉学师承记》时，对于后来所祖述为清代今文学
之源头与开端的庄存与，却是忽略了这位在朝为官者的经学，对于
刘逢禄而言，也只用了一个"附传性"的篇幅。显然这也是清学史上
对"庄存与"的一种看法与观点，实与后来近代人所接受者有着很大的

<hr>

① 甘鹏云：《经学源流考》，卷六，页 215。

不同。① 即便是被梁启超建构为庄存与、刘逢禄脉络下的魏源，他对庄氏的看法又如何呢？② 魏源之春秋学师承，自刘逢禄而来，他在《两汉经师今古文家法考叙》中其实是由刘逢禄而上溯至庄存与的。③ 魏源的书写其实已将庄、刘在《汉学师承记》篇幅书写中的"常州一地"学术形塑中解放出来，而成为魏源眼中的"汉学"之以"东汉学"宗风的异数。而龚自珍则在《武进庄公神道碑铭》中根据庄绶甲与宋翔凤之转述而写下此碑铭。④ 龚自珍与魏源其实皆于庄氏之学未能亲受，止于耳闻，刘逢禄才是他们二人推崇庄存与的学术因由。⑤ 龚自珍在《与江子屏笺》中对江藩"汉学"一名的商榷，⑥已经显示出他对当世"真儒"及其学术的敏感已经转向；如此，龚自珍之为学与论世中遂出现"为自觉现在而寻求过去之源"的更新系谱意识。逮魏源，同样地为了

---

① 江藩对于常州一地之学术的描绘，其实仅在卷四以"洪亮吉"为首的末段篇幅，描述了几位武进籍的学者，包括了赵怀玉、张惠言、臧琳、臧镛，以及刘逢禄。这些武进学者置于洪亮吉传的原因，是因为洪亮吉籍阳湖之故，遂于此卷中出现"以地聚卷"的书写现象，实非"师承"之"记"。见江藩《国朝汉学师承记》（锺哲点校本，北京：中华书局，1983），卷四，页71—74。案：由此实可见江藩对所谓"常州一地"学者学术的评价，与后世之认知相差甚远，这显然是不同时空推移下的"清学史观"及其主轴之异同。同时，也正可以映照出魏源取"西汉的董子"来树立其所谓"真汉学"者，恐怕也未必如梁任公所言系"以复古为解放"，仍然有着清代学人对于经学史上的今古文问题之理解与纠葛。

② 魏源推崇庄存与为："呜呼！君所为真汉学者，庶其在是，所异于世之汉学者，庶其在是。"也是从西汉之学来作一角度以比较当世之东汉经学的汉学。参魏源《武进庄少宗伯遗书序》，《魏源集》（北京：中华书局，1976），册上，页236—238。

③ 魏源：《两汉经师今古文家法考叙》，《魏源集》，册上，页151—153。

④ 见龚自珍：《资政大夫礼部侍郎武进庄公神道碑铭》，《龚自珍全集》（上海：上海古籍出版社，1999），第二辑，页141—143。

⑤ 即便如此，龚自珍对于庄存与的"推为百年一人"，以及魏源的表彰，在龚氏之《武进庄公神道碑铭》与魏氏《武进庄少宗伯遗书序》中，我们其实看不到他们推崇庄存与之学的文字中与公羊学的联系，两人对于庄氏之学各有所重，或在《书》，或在《诗》《易》，但皆着眼于庄氏的"和坤反应"立说，并不是直接将公羊学系谱的源头定在庄存与。可见，对龚、魏两人的公羊学，以及成立清学史中的今文学谱系及其源头，还是以梁启超的影响为大。

⑥ 龚自珍：《与江子屏笺》，《龚自珍全集》，第五辑，页346—347。

为学与论世的结合,因而向往其心目中的西汉之经学与能有微言大义以论世论政之大儒,在魏源的笔下,他所最为推崇的当世之儒其实乃为所撰《武进李申耆先生传》中的李兆洛。

《汉学师承记》中的"汉学",在魏源笔下,已经被描绘与形容为只重许、郑训诂的章句之学,不如西汉诸儒之能衔接孔门之七十子与孔子;只有西汉的今文学及其所据文本,从《史》《汉·儒林传》以考之,证明方是孔门真传与大义之所当在是。魏源推尊西汉诸儒之经学,尤其是微言大义之学,固然受到刘逢禄推尊公羊以窥春秋之学的影响,然而,刘氏宗何,固非西汉,魏源实志在西汉与措意于用世;因此,西汉的董仲舒便被魏源提升上来成为西汉诸儒之宗主。魏源重视董子之学,其实已不同于其师刘逢禄之"宗何":何休虽承自胡毋生,然犹是东汉之学也。故魏源于《董子春秋发微序》中一则曰:

> 所以发挥公羊之微言大谊,而补胡毋生《条例》、何邵公《解诂》所未备也。[1]

二则曰:

> 何氏注但依胡毋生《条例》,于董生无一言及;近日曲阜孔氏、武进刘氏皆公羊专家,亦止为何氏拾遗补缺,而董生之书未之详焉。[2]

三则曰:

---

[1] 《魏源集》,册上,页 134—135。
[2] 同上注引书,页 135。

故抉经之心,执圣之权,冒天下之道者,莫如董生。①

考之其述,则东汉非无今文之学,亦非无主持公羊春秋之学,故刘逢禄论学宗主何邵公。可见魏源言及西汉经学,意在反对东汉经学,反对清代在其前之诸大家之宗主西汉之汉学;故提出以"东汉对西汉""训诂对大义",若此,则春秋之学乃至公羊学脉,则已为"胡何对董子"矣!魏源宗董子,意在溯"汉学"于"西汉",所谓"齐一变而至于鲁,鲁一变而至于道",世愈变而学亦当视势察其变之所以与夫因应之道,此谓"道"可以"经世",故魏氏必倡西京之学,盖其视东京之学与夫许、郑之学者仅为囿于章句训诂而不能用世者。其《刘礼部遗书序》云:

今世言学,则必曰东汉之学胜西汉,……西京微言大义之学坠于东京,东京典章制度之学绝于隋、唐,两汉诂训声音之学熄于魏、晋,其道果孰隆替哉? ……今日复古之要,由诂训声音以进于东京典章制度,此齐一变至鲁也;由典章制度以进于西汉微言大义,贯经术政事文章于一,此鲁一变至于道也。②

这一段文字几乎全同于魏源之另篇文章,此即《两汉经师今古文家法考叙》,则必魏源极为重视此意,是故一再而发之,且由《刘礼部遗书序》转录而再载于《两汉经师今古文家法考叙》中,则魏源心目中之"汉学",果何如哉;其心目中之当代所宗学者,又何以为刘逢禄之学? 岂不亦已明矣。齐一变而至于鲁,鲁一变而至于道,魏源一再言此,正是欲进"国朝汉学"由治东汉声音诂训之学而一变至于西汉之今文家学

① 《魏源集》,册上,页135。
② 同上注引书,页242。

微言大义之学,与夫可通经术政事文章于一之学也,则上承自七十子与孔子者,庶几乎可以再现于今世,则魏源岂非有意者哉!"董子"在此"圣人统纪"之脉络中其地位与位置如何? 魏氏已于《刘礼部遗书序》中发之矣:

> 求之西汉贾、董、匡、刘所述,七十弟子所遗,源流本末,其尚尽合乎? 其未尽合乎? 有潜心大业之士,罕罕然,竺竺然,由董生《春秋》以窥六艺条贯,由六艺以求圣人统纪,旁搜远绍,温故知新,任重道远,死而后已,虽盛业未究,可不谓明允笃志君子哉![①]

就一己之时代言,彼通过两汉博士家法之考叙,抉《诗》《书》之"古微",其"微言"之"大义"实意在一新时代巨变下之风气,以经学而经术,由经术而经世,故以庄、刘为宗与学脉谱系者,可以倡微言,之学与因应世变之大义经学也,此点影响晚清治公羊学以为今文学论政者至巨。康有为有《春秋董氏学》之书,其书乃为第一部以"董氏学"为名之春秋学与公羊学之专门著作,然溯其缘起,则实仿自魏源《董子春秋》而来也。章太炎学宗古文,于《春秋》则主《左氏》,于清代之"汉学"则于《检论》《清儒》篇中推崇惠、戴之学,颇承江藩之汉学观,区分吴及皖南二派,谓江藩有"右吴抑皖"之意,皆出于章氏之口而为近代学人所承袭。是故章太炎《检论》中又有《申戴》之篇,于戴震之学甚推崇。章氏最不喜晚清今文学,于康有为之学尤其厌恶,然章氏仍知康有为之学实自魏源鼓动之,故知攻其源头,《检论》中《学隐》篇专攻魏源,措辞甚厉,则章氏亦有清代公羊学脉之历史观,且此史观即是"龚魏—康梁"之谱,与

---

① 《魏源集》,册上,页 242—243。

梁、钱二氏所持者皆同也。① 今考康有为《桂学答问》中有云：

> 学《春秋》当从何人？有《左氏》者，有《公羊》《穀梁》者，有以三《传》束高阁，独报遗经究终始者，果谁氏之从也？
>
> 曰：上折之于孟子，下折之于董子，可乎？……唯《公羊》有王鲁改制之说，董子为汉世第一纯儒，而有孔子改制《春秋》当新王之说。②

《桂学答问》中又记有读《春秋》之序与书：

> 先读刘申受《公羊释例》。
>
> 次读《公羊传》及何休注。
>
> 次读《春秋繁露》。
>
> 次读《礼记·王制》篇。
>
> 次读《穀梁传》。
>
> 以上《春秋》学。③

---

① 章太炎确实将龚、魏二人之学视为源自常州之同调。但是，他的另一观点，却甚少被注意且提及，此便是他将常州之学术认为是自吴学而来的观点，见之于他的《检论》本《学隐》篇中。章氏言常州学脉自惠氏之吴学启导而来，这点，从近代的接受史而言，章太炎的说法显然与梁任公不同；反之，梁氏在清学史上的基本观——吴、皖分立——虽然承袭自侯外庐《近代中国思想学说史》(香港：龙门书店)，但对于常州学源于吴学的说法，却始终未见其强调。梁氏自身从康有为学术上溯至龚、魏而底于庄、刘，为自身的定位成立了一个清代今文学的主轴，自然不能去接受与强调章太炎的清学史观：即常州学源自吴学。倒是侯外庐氏颇为重视章太炎之说，认为经今文学的特色在易学与春秋学，从此角度而论，谓太炎论常州学术自吴学而来，不为无见(见册下，第三编第 12 章)。总之，笔者的主要意思在于抉出一个历史论述上的事实，便是章太炎的论点中，常州之学并非清代学术史中什么学派的开端与源头；同时，章太炎的此一说法所述出的清学史，是另一种历史的版本，显然在清末以来被接受的甚少，也极少被人所复制与传递。
② 康有为：《桂学答问》，北京：中华书局，1988，页 29—30。
③ 同上注引书，页 49—50。

魏源公羊学出武进刘逢禄,康有为亦宗之,故刘逢禄、何休、董仲舒三人列目,明显即是导源于魏源。而《王制》篇与《穀梁传》亦在康氏"以上《春秋》学"之书目中者,则其影响实来自蜀井研廖平也。龚、魏以下,自龚、魏导之;龚、魏以上,溯自庄、刘尤其是刘氏之何休学;则所谓常州学、所谓今文学、所谓公羊学史观之形成,魏源与龚自珍导之乎?变之乎?以"西汉"为宗的"新汉学",魏源何以将焦点聚于"董子"?

魏源以为董子著《春秋繁露》,实未著录于《汉志》,《汉志》"春秋类"中所录者,实仅五家,唯存二家。魏源则专言传《公羊春秋》中之董氏学,而非胡氏学与何氏学。其虽未以"董氏学"为名,而实已著见此义矣。班书之《艺文志》中系将董仲舒之著作入于"诸子略"之"儒家类"中,盖已视之为"子学"矣。再者,《艺文志》之著录者,并无《春秋繁露》,盖只录为"董子百二十三篇",《春秋繁露》实为后起之书,被视为代表董子春秋学之著作。后人考之甚详。魏源则于其《董子春秋发微序》云:

> 近日曲阜孔氏、武进刘氏皆公羊专家,亦止为何氏拾遗补阙,而董生之书未之详焉。其书三科九旨灿然大备,且弘通精深,内圣而外王,蟠天而际地,远在胡毋生、何劭公章句之上。彼专析例,此则曲畅而旁通,故抉经之心,执圣之权,冒天下之道者,莫如董生。[1]

魏源盖以为,董氏之学不列乎西汉儒林传经经师之列,近代孔广森与刘逢禄亦以一宗胡氏学与何氏学为主,实则刘逢禄述何与宗何,皆是东汉章句之学,不足以发大义,言《公羊》三科九旨之精微;欲发《公羊》之义以进至于孔子之道者,非董子之学莫属,故继又据《汉书·艺文志》考证《春秋繁露》乃首篇之名,全书应当正名为《董子春秋》,以开《公羊》董氏

---

[1] 《魏源集》,册上,页134—135。

学一脉,《董子春秋》与董氏之学者,言传《春秋》者非一,《汉志》有五家与三传,而传《公羊》者,当以董子为正,远在胡毋生与何休学之上。则康有为撰《春秋董氏学》,其所受之影响之源,其在魏源所言,尤在遵"董子"以倡言西汉微言大义与三世之学也。魏源不谈戴震与郑玄,盖已欲重新立清学之谱于武进刘氏,与夫西汉之董生矣。此无他,察世之势已异变,以宗东汉之郑、许之学为无所施用于世之章句经生学,而非董子可以学论治之《董子春秋》与董子学也。夫梁启超以魏源由经术而论政,此是由东汉经生而志恢复西汉子学论政之规模也。是故,吾人亦遂可以理解,为何魏源既推尊刘逢禄,却又批评刘氏之学之故,所以然者,便在刘氏之学在魏源看来,仍然在东汉的汉学牢笼之中,故仍然只能以东汉的何休为学宗,不能为"春秋董氏学"故也,魏源之董子春秋学、康有为之春秋董氏学,其皆有见于此亦皆有意衔接于此者。梁启超则虽能建构出一种导源于庄、刘的清学史观,持以复古为解放之史论,能论由东汉至西汉乃是清代中后期学术主轴——今文学——之兴起故,然毕竟仍不能清楚地解释何以刘逢禄之春秋公羊学何以独尊何休。何休与郑玄毕竟也皆是东汉后期的经学巨子,一称"经神",一为"学海",则刘逢禄之春秋学能以今古文或是东西汉来划分否? 还是梁启超已经受到魏源的影响,是立基在魏源的近代观上来同意魏氏的溯源于其端倪之所现呢?

三、魏源的海国世界观

有关龚、魏之在清学地位之论述,又不止此。以魏源论,其著名之以海图论新世界观之《海国图志》,1998 年点校者张磊在岳麓书社出版的《海国图志》之代序《爱国的、进步的思想家——魏源》中如此云:

> 以鸦片战争为起点,中国逐渐沦为半殖民地半封建社

会。⋯⋯鸦片战争的失败,⋯⋯推动了他的思想的发展,集中表现为爱国主义的高昂和效法西方主张的提出;而与剧变的历史进程相应。⋯⋯著名的《海国图志》一书改变了传统知识的结构。①

张氏的说法反映出两个重要观点:其一,魏源是近代式的思想家,所以他的思想是一种"在近代化历史进程中的以西为法者",师夷长技以制夷正是这样被近代史学者理解的;其二,魏源的《海国图志》一书"改变了传统知识结构",先勿论这样的说法与观点是否能为人所接受,但已经表达出点校者是从"近代史模式"来理解《海国图志》,给予此书一个"近代的开端"之位置。点校者"改变传统知识结构"的陈述正可以反映出其所以看待魏源与《海国图志》一书的模式,仍然在一种近代史式的复杂繁衍模式之下。值得注意的是,从《海国图志》的世界观来切入所形成的魏源研究,与从公羊学或今文学切入所形成的魏源研究,都有着将魏源置于清学史貌中的开端位所之特点。显然,不论是《海国图志》而来的西学视域中之魏源,还是内在本土中学脉络下的倡导西汉经学之魏源,两者已经可以作出一种研究整合,意即:无论是从汉学、经学、春秋学来看,抑或是由西学传入下的海洋世界观之倡导来看,魏源正是试图将新的刺激与传统交会下的局势体察而后出之以新旧重诠的清代学人。现在的问题是:我们对于《海国图志》的考察是否真切?《海国图志》真的便是中文世界中之近代世界观之始创者吗?就算是,这样的问题之问法有何意义,有何作用?会不会反而忽略了在此种提问问法模式下的对魏源之其他学问的抹杀与不能纳入,因而也是一种框架——一种上一世纪的近代学人试图认知自身的定位而提供了一种解释过去/历史的框架,一如柯文对他的前辈学者所反思

① 魏源:《海国图志》(点校本,三册),长沙:岳麓书社,1998,张磊《序》。

的那样,其所深惧的乃是习焉而不察的接受,形成了历史版本的传衍而不自知?

日本学者沟口雄三在其《作为"方法"的中国》中对于"中国的近代"以及当"近代中国"成为"方法的中国"时,作出了极为用力的反思,特别的是,缘起于对于竹内好氏的讨论而展开的这本书,其最终的立足点与态度,乃是"为了日本自身的历史与现在而深深地将中国近代的研究与自己联系起来"的研究,沟口的意思不也就是说:魏源对于"西学"的认识与学习,最终的目的是与自身的中国联系起来的关怀。基于这样的立足与基调,沟口笔下的反思提出了许多论述与观点,如其曰:

> 守旧—洋务—变法—革命这种假说的最大缺点,就在于对这个历史的基体之考察不够彻底,并把事实"舍弃"了。……它之所以未被视为不可思议,完全是因为中体="落后"这种欧洲的透视法,自始就与领域外的(例如中国研究部门以外的研究者、乃至一般市民,总括言之戴有欧洲镜片的日本人之间)先入为主之成见密切结合所致。[1]

沟口氏的这段论调,看来是否与前揭示的柯文类似呢!

但是,沟口的反思却与柯文的反思大相径庭,他以为将洋务到维新变法以至于革命的进程,看成是一步"胜"似一步,那么,显然就成了一种笔者在正文所称的"加速进化式的现代目的论书写与叙事"了。沟口的看法可以以下列引文简单地呈现其基调,其曰:

> 我之所以煞有其事地称之为"基体展开论",要之是因为我想强

---

[1] 沟口雄三著、林右崇译:《作为"方法"的中国》,台北:编译馆,1999,页41。

调"中国的近代",它不应该被视为所谓"西洋的冲击"下的受体(换言之,则"中体"的"西体"化)或是"旧中国"的解体过程。毋宁说我认为反而应该视之为"旧中国"的蜕皮过程。所谓蜕皮,是一种重生;在不同的角度下,可以说是新生;但蛇并不因为蜕皮后,就不是蛇了。①

我认为沟口的观念与说法中,最有意思的一句话便是"蛇并不因为蜕皮后就不是蛇了"。这很可以呼应艾尔曼所批判的"现代化叙事"之众多"类书"中所隐藏的"蛇'蜕皮'就是要蜕变成'不是蛇'"。这显然便是西化派论者的主张与恨铁不成钢的心理层面与意识层面的思索之框架,也是此种论调长期以来被所谓的"保守论"或"基体论"者批判的原因。但批判者是否一定要将"蛇蜕皮"退返到披上"孔教"的外衣或是拒斥西学为洪水猛兽,则又是这类型心态与意识下的学人士大夫被批评且不断激起对立,终致手段愈来愈激烈的因素与背景。或许此种解释与理解,可以帮助我们对"中国近现代"与"近现代中国"中之若干现象所形成的历史研究之课题与纠缠,有一点小助益也未可知。这也应当是沟口氏对其此书再被重读时所冀望的吧。

最后,沟口与柯文同样地关注到"西方冲击"的现象学应当有怎样的思考问题。他几乎认为这是面对中国之为西学冲击之下的"受者"此一语汇及其概念,能否便足以形成为理解"中国"之为一个"基体"的唯一立足点?因此,沟口氏对于"西方冲击"说形成的研究传统之成型几近牢笼颇有忧心。不可讳言,笔者对他书中的一段言语颇引为同调,而且认为不论国籍也不论在许多方面的差异,至少沟口对于"近代中国"与历史研究的"线性叙事"之中区分为几个历史的阶段是以为大有问题的,关键便在于"后一阶段"必然也必定会成为"前一阶段"的历

① 沟口雄三著、林右崇译:《作为"方法"的中国》,页43—44。

史叙述之出口，这样便形成了目的论的意识不自觉地操控着书写，并且对于前一阶段的历史人物及事件的评价形成了不公允也不客观且也扭曲了的误解性历史陈述。沟口道：

> 的确，"西洋的冲击"，名符其实地带来具有"冲击"性的力学作用；洋务运动、变法运动无疑正是它的反作用。然而这些运动的周波频率，如果以三百年为单位（下点为笔者所加）而加以检定分析的话，他基本上是"旧中国"的运动之连续型，一目了然。①

我还可以举出另一个例子，此即立足基点在"中国之近代地理学"的现在位置而向过去的历史寻求根源的历史研究著作，一本标题为《西潮激荡下的晚清地理学》，于 2000 年在北京出版，笔者看到此书之书名时的第一个"簿籍分类"反应，便是此书乃当同于上言西学观与近代观叙事下的寻源兼复制繁衍之作品，其于图书馆中之置架，当于此寻求其归属。此书的第一章题为"晚清西方地理学在中国的传播"，除了远溯明末传教士为第一波传译与传入西方地理学者外，继则述及清代中叶之外来传教士之传译与传入之西方地理学作品，便开始了更重要的"开端叙述"，此即是作者将中国本身的西方地理学之兴起定位在林则徐的《四洲志》、魏源的《海国图志》、梁廷柟的《海国四说》与徐继畲的《瀛环志略》。②

---

① 沟口雄三著、林右崇译：《作为"方法"的中国》，页 43—44。
② 郭双林：《西潮激荡下的晚清地理学》（北京：北京大学出版社，2005）第一章，页 1—3。其实，这样的说法在梁启超的《中国近三百年学术史》中已经出现，作者的观点并不偶然，正好反映了梁启超的有形、无形之影响。梁氏于书中曰：
　　言世界地理者，始于晚明利玛窦之《坤舆图说》、艾儒略之《职方外纪》。清初有南怀仁、蒋友仁等之《地球全图》。然乾嘉学者视同邹衍谈天，目笑存之而已。嘉庆中林少穆则徐督两广，命人译《四洲志》，实为新地志之嚆矢。鸦片战役后，则有魏默深《海国图志》百卷、徐松龛继畲《瀛寰志略》十卷，并时先后成书。……此两书在今诚为刍狗，然中国士大夫之稍有世界地理智识，实自此始。故略述其著作始末如右。（梁启超：《中国近三百年学术史》第十五之八"地理学"。页 323—324）

时间上的寻源坐标所标示的正是"一、道咸年间：初步传入"。可见魏源的《海国图志》即便在"中国近代地理学史"的研究上，也依然受到了"近代化叙事"的制约与牢笼，不论是从西学观的影响论抑或是近代地理学的起源角度而观察，居于其间的魏源，论者的发言立足点与对历史现象的观察，都是一种"起源的魏源"与"近代叙事角度下的魏源"。更有意思的一点是，在上揭书中，作者在第八章提出了《海国图志》等书导致了"中国中心观的动摇"，如果受西学的影响而导致了中国士大夫的"中国中心观的动摇"，也接受了"西学中的西方中心观"，那么，百多年之后，当柯文又以西方汉学家提出"应当尊重中国中心观"之时，中国学人研究历史的态度，尤其是站在面对柯文的"最新西学观"的引入来研究"近代的开端"时，是要如何自处与思维"对象"与"主体"呢？笔者的询问与致疑，意谓"中国/西方中心观"的学术术语之使用，在美国汉学界与中国学人之横向移动间，是否变得模糊了呢！

魏源的影响，尚不止此，尽管章太炎认定康有为所受影响来自于魏源者甚大，故专门撰《学隐》一篇即为批评魏源，章氏且几不欲承认有所谓"常州之学"，故云"要之，造端吴学，而常州为加厉"。[①] 但是，对于章太炎何以未批判与康有为在今文学上有着近乎成谜的暧昧影

---

① 章太炎在《学隐》篇中专门针对魏源而作出批评，其云："魏源深诋汉学无用。其所谓汉学者，戴、程、段、王未尝尸其名。而魏源更与常州汉学同流。妖以诬民，夸以媚房，大者为汉奸、剧盗，小者以食客容于私门。"见《章太炎全集》（上海：上海人民出版社，1984，册三，《检论》卷4，页481）。案：太炎此言专以魏源为奸盗，将朴学与源自吴学的常州学对立起来，借朴实与哗宠以论两家学术与人格之关系，此即"造端吴学，而常州为加厉"（页481）。其所批评，魏源之外，延及康有为、刘逢禄。此段言论，仅见于《检论》本《学隐》篇，《訄书》之初刻本、重订本《学隐》篇皆无之，是后来所加也。则章氏所加言者，又岂仅是清学中之经今古文问题，而更是太炎针对康有为与梁启超的立论。后人继承章、梁之说以言清世学术史者，宜当于此等处多分野之。章氏又于《清儒》篇中云："道光末，邵阳魏源，夸诞号言经世，尝以术说贵人，不遇；晚官高邮，益牢落，乃思治今文为名高，然素不知师法略例。源一切混合之，所不能通，即归之古文，尤乱越无条理。"（《章太炎全集》，册三，《检论》卷4，页476）

响之廖平，[①]笔者却甚少看到晚近学人的着墨。廖平的学问同样是自经今古文学切入，而且长期站在今文学的立场上思所古代学术与当代学术之问题，虽然后来自平分今古之后又变化进入以孔子为宗的大统小统之学，尤其是既尊《周礼》，又宗孔子，遂至其经学历变之路莫能为后世学人所理解。但是从一个魏源《海国图志》所影响下的角度，我们却看到了不同于康有为的廖平式反应，尽管两人同为今文学中以公羊学建立学说基调者。在魏源的《海国图志序》中，魏源清楚地提出对于邹衍九州之说的批判。抑又不止此，在稍后于魏源的徐继畬《瀛寰志略》中，也再度地提及邹衍大九州之说，并作出批评。[②] 当然，徐继畬之书成于魏源之后，他必定读过魏源之书，但是，何以言"新世界观"者，必须要将年代久远前的邹衍拉回他们的时代，仅是为了用邹衍说的荒诞想象来与西方传入的椭圆形地球图说作出一种对照吗？此点似乎还有深入探讨的空间。[③] 而笔者也实未见近现当代学者对此现象的"如何发问与探讨"之意识出现在各人之专门著作中。倒是在廖

---

① 章太炎《清儒》篇云："阆运弟子，有井研廖平传其学，时有新义，以庄周为儒术，说虽不根，然犹愈魏源辈绝无伦类者。"（《章太炎全集》，册三，《检论》卷4，页476。）

② 徐继畬于其序中曰："吾阅康熙年间西洋怀仁《坤舆全图》，周围九万里，宇中山川、城郭、民物，了如指掌。古之言地球者，海外更有九州，今以图考，则不止九州。或曰：'九州，天下八十一州之一。'今以图考，则无八十一州。……上世山海经之奇怪，全属空撰；近时《海国图志》，大半臆说。"（见《瀛寰志略》徐继畬序。上海：上海书店出版社，2001，页2）

③ 目前所知较早有关于将利玛窦之"世界图像"与邹衍的"大九州说"联系起来，且予以负面的讥讽之资料，据洪业的稽考，见于明代李维祯之《大泌山房集》，李氏云："抑余尝观司马传，驺衍作迂怪之谈，……因而推之，及海外，人所不睹；谓中国于天下，八十一分之一耳。顷有化外人利西泰为山海图，狭小中国，略与衍同。而冯旿贻称之，无乃吊诡之过欤？"（转引自洪业：《考利玛窦的世界地图》，《禹贡》半月刊5：3—4，页41）引文中的"利西泰"即是利玛窦，而冯旿眙即为冯应京。另外，在张维华的《明史佛朗机吕宋和兰意大里亚四传注释》（台北：台湾学生书局，1985）的意大里亚传注文中，引述了更多的明季士大夫对利玛窦"五大洲说"的负面批评，包括魏游在《利说荒唐惑世篇》一文中视利玛窦说比诸邹衍九州说尤为荒诞等（《明史佛朗机吕宋和兰意大里亚四传注释》，页161—162）。

平的《大统春秋公羊补证》中，却窥见了某种廖平式的深思与魏源影响的联系，足为我们提供一个可能的入口。我们在廖平的《大统春秋公羊补证》书中，看到的是全然不同于魏源式批判的反应，在廖平对邹衍大九州说的世界观模式上，廖平提供了不同的理解与论述，而且廖平此论述显然系针对魏源的批判而来。当中国学人率皆以邹衍的大九州之说为对世界的荒诞想象，而从之以泰西舆图所提供的格致实测为地球与世界观之依据时，廖平却针对邹衍的"被弃置"而展开了一种公羊学式的重新论述。在《大统春秋公羊补证·凡例》中，廖平曰：

> 邹子游学于齐，传海外九州之学，与公羊家法同源，由中国以推海外，人所不睹；由当时上推天地之始，所谓验小推大，……推验之说，实与诗、易相通，以验推名书，齐学家法，本来如此。①

又云：

> 《公羊》旧有新周、王鲁、故宋、绌杞、通三统、改文从质诸说，中国无所谓质家所云亲亲尚白。凡事与中制相反，唯泰西为然，故以中西比文质。又泰西文明程度与中国春秋以前政教风俗曲折相同，诸国会盟征伐，尤为切合。
>
> 中国不足以为世界，《传》所谓乱世者，正谓今日世界。春秋之际，天生孔子，由《春秋》推《诗》《易》为万世法。今日世界但以

---

① 廖平：《大统春秋公羊补证》（光绪二十九年则柯轩刻本，"中研院"傅斯年图书馆藏本），《凡例》。

> 拨中国小统旧法施罩全球，进退维谷。

> 天下天子为大统正名，小统借用其说，久假不归，每多蒙混，如中国对海外言，为禹服定名，非指鲁；旧说每以中国为天下。①

廖平不仅重新论述大九州论，认为与《公羊》家法同源，同源的意思便是同出于《春秋》，也同出于孔子。同时，对于中国所处的当代形势，廖平与魏源显然都接受了新的地球图像，亦即中国只能是世界的"万国"之一。廖平显然承认也认知到当时的一股以"地球"为场域的全球化"列国"趋势，将是新的世界观之不可遏。然而，如此一来，中国之孔子、中国之今古学、中国之经典尤其是《周礼》《王制》《春秋》又将置于何处？一如魏源批判邹衍大九州说般地必须弃置之么？是故廖平不仅讨论"泰西文明"，而且还更讨论了"泰西文明程度"，这个"程度"一词是前人研究廖平中向来被忽略了的一个词汇。在这个词汇中，让我们窥见了廖平对于"中西文明比较"的思考，以及如何从未来式中寻求新的制高点。换言之，廖平所思考的并不是康有为式的"变法维新"，而是在新的地球之世界列国形势中——廖平所谓的"今日世界"中，如何能"让孔子走入世界"！此点，成为廖平《大统春秋公羊补证》以"大统春秋"为书名的公羊学式之未来论述主调。的确，在一个中国当时学人才初认知到地球是由五大洲所构成的新世界观之际，廖平已经有意识地思考及于一种全球化进程中的"列国"与"孔子"的联系论述。同时，也敏锐地意识到魏源之张眼看"洋人之海国世界"中对于千年前"大九州"说的扬弃与批判，所据者在泰西洋人之质测，所可议在忘却

---

① 廖平：《大统春秋公羊补证》，《凡例》。

了邹衍的想象中的"人所不睹"的局限中的"验推"之意义。① 笔者在此阐述廖平的"让孔子走入地球世界"之"大统新说",主要是为了呈现一个前人所未料及的魏源影响之面向,尤其是在与康有为相较下,显然不仅不同,而且还可以意识到一点:导致廖平重新思考邹衍的世界观的,正是来自于魏源的《海国图志》以及魏氏在书中对于大九州说的批评。② 则廖平的反应,不正可视为另一种从未被人意识到的"魏源影响与反应"? 同时,廖平由"齐学"与"鲁学"来联系论述邹衍与公羊学,也其实开启了近当代学人对于先秦与汉人之齐鲁学的研究,这点,只要观诸蒙文通与钱穆书中对于齐鲁学的各自立说,便可以知晓。

看来,梁启超模式的聚焦于魏源并将之置入清学史中作为转关的观点——尽管在书中是以"经术为政论"而说;钱穆氏则以"轻古而重时政"为说;1998 年的点校者则是以"改变传统"为说;这不都显示出清学史观的一种"近代史开端"的模式正与清学史前期之轴——"汉学"作为"前近代/传统"而相对着。魏源则在"近代化叙事"中,由清学史后期主轴之"今文学"的重要人物,而被更推演为引进"西学"与提倡"洋务"的开端性人物! 在梁、钱氏以下迄于点校者,我们不难找出更多的接受与复制者在其书中的各种大同小异之叙事。

---

① 关于利玛窦输入"五大洲"世界新貌及其说之演变,以及邹衍"中国外/大九州"说的再现和两者间的比附,可参笔者《西洋五大洲说与大九州说》(未刊)。笔者在本文中也将针对比地圆说、哥白尼日心说更为后设的天体天圆说在中国之接受史,和邹衍的"中国外"模式的"域外想象",作出自晚明迄廖平的运用此说成为"华夏在新世界之中"的世界观反应,作出另一面向的探讨。

② 有关廖平经由"大九州说"而勾勒的世界蓝图之新、旧对照,以及其经学第三、第四期、第五期的变化与如何"让孔子走入世界"的阐述与分析,可以参考的论文不多,笔者所据见者,参魏怡昱《从经典与西方的交会看廖平的世界图像》,收在《第三届春游舞雩书会暨五校研究生论文发表会论文集》(台湾:佛光大学历史学系主办,2006 年),页 305—327。

四、魏源的西学观

明朝万历年间的张燮(绍和)自称"海滨逸史",所撰《东西洋考》之内容,正可以解释我辈在今日已不熟悉的"西洋"一词,是如何地与魏源撰《海国图志》时的"西洋"一词不同义！是时所谓的"东西洋"者,在四百多年前的"海滨逸史"之眼界中,系以中土——即明代中国南方之"舶人""舶贾"的眼界与称呼来命名这个海上世界的。其书中称"西洋"的列国,包括了大部分今天的"东南亚"诸国:占城、暹罗,下港(即爪哇)、柬埔寨、旧港(即三佛齐),麻六甲、哑齐、柔佛、思吉港、文郎马神、池闷等。① 当然,彼时代也,决无所谓"东南亚"一词,别说尚无"东南"此种"洋"方位海上世界用词,即便是"亚细亚洲",虽是明万历时便在利玛窦世界新图上首次出现的中译词,也是 19 世纪以来方为国人所渐用之。张燮《东西洋考》中"东洋"卷之列国,则包括了鸡笼淡水、吕宋(含大港、宿雾、屋党、中邦、玳瑁等)、文莱、猫里务、沙瑶呐哔啴、美洛居、苏禄等。② 这是四百年前的以中国作为中土来看待世界版图的眼界。我们可以看到,"东洋"与"西洋"的命称,决然与由中土传统中向来所具的大陆形态之世界观不同。大陆观系以"西域"之为世界的西方以作为陆上方位的视野,其西方自古以来即系称向于昆仑传说的方向;而元明以来南方的海上世界版图观则以"洋"为视野方位,其

---

① 张燮:《东西洋考》(台北:台湾学生书局,1985),是书共 12 卷,卷 1 至卷 4 为"西洋列国考",卷 5 为"东洋列国考",卷 6 则为"外纪考",包括了日本与红毛番。

② 洪建新在《郑和航海前后东、西洋地域概念考》(中国航海史研究会编:《郑和下西洋论文集》(第一集),北京:人民交通出版社,1985,页 207—221)一文中,对张燮本人的"东、西洋"区域之所指,以为太过狭隘,尤其是关于把"西洋"海域由印度洋退缩到马六甲海峡以东的海域,认为只能代表南方部分海民的看法。洪氏并以向达所注的《两种海道针经》作为对比,以证当时南方海民缘于出海港及航线的关系,因而对于"东、西洋"的概念也就有了分歧。

西与其东，在"船舶"上的"舶人"乃由中土家园而出发的眼光，来看其所欲前往的东洋与西洋。所以由鸡笼而至吕宋与文莱，决未以大陆为方位而称之为南方，而是视之为"洋"的东西方位，而称之为"东西洋"。

　　时至于清代雍正乾隆时代，鸦片战争尚未起，撰于雍正而刻于乾隆的陈伦炯《海国闻见录》，[①]则已经改变了"海国"的方位称呼，出现了的是"东洋""东南洋""南洋""小西洋"与"大西洋"。"东洋"主指日本与朝鲜；"东南诸洋自台湾而南…与福兴泉漳对峙"，是"东南洋"即明代时的"东洋"，也即是包括了台湾、吕宋、文莱诸岛；而明代时的"西洋"，此时已改称为"南洋"。"西洋"的方位与视域已经移动至里海与黑海的俄罗斯，以及英机黎、佛兰西、葡萄呀、是班呀、荷兰、那吗、普鲁社等今日我们认识的欧洲列国，这显然是大陆方位的海上视域。雍乾盛世其实与西方诸国产生了海上世界之遭逢与交流，教科书上所谓"地理大发现"者，本是西方史观中的自我用词，以表述其世界观之东拓，中国近代恐亦过度地接受了此一西方史观，而于明清时期之东西遭遇乃系双向之一段南方历史渐忘且渐疏。同时地理大发现并亦没去了古来即有而由印度诸国与中土南方海上通航之所谓海上丝路者，吾人今日若前往中南半岛之泰国、柬埔寨等国，对其

---

① 陈伦炯的《海国闻见录》，始撰于康熙，成于雍正，而刊刻于乾隆。见其撰于雍正八年的自序。值得注意的是，陈书卷下第一幅图乃为《四海总图》，可以察见其由南方海洋而展开的世界新图观，已经包括了整个亚细亚洲、欧罗巴洲、非洲。他的《四海总图》既呈现了"海域"，也呈现了"海国"。（见陈氏：《海国闻见录》，台北：台湾学生书局，1984，卷下，页162—163）由此图可知，陈氏并未加入在利玛窦之图中所绘出的"南北墨利加洲"。陈观胜即据此而认为陈伦炯并未受到利玛窦的世界舆图之影响，陈观胜的另一项证据为陈伦炯书中的欧洲国家之译名，如英机黎、那吗、是班牙、乌鬼国等，皆与利玛窦所用汉文译名不同。（见陈观胜：《利玛窦对中国地理学之贡献及其影响》，《禹贡》半月刊第5卷第3、4期合刊，页67）在陈伦炯《海国闻见录》卷上《小西洋记》中，明白提及"西洋人"论四方诸洋观点的引述，此"西洋人"当指明季以来入华西土所自称己为"西洋人"者。且陈氏亲炙康熙，谓其对于利玛窦、南怀仁之世界图说全无所闻，似不可能。然何以陈氏之《四海总图》中竟无"北墨利加洲"，则详所未闻。

暹罗、吴哥等古王朝之历史皆有印度与婆罗文明之深刻印迹,只要稍加留意,即可知其影响或较中土由陆上而南来者更为深远。

《海国闻见录》中的海洋与世界版图之方位观,与明代时之不同者,在其已与大陆观的方位是同一个中心位所,其方位之中乃系立于中土,向右而为"东洋",向左则为"大小西洋",向南为"东南洋"与"南洋"。可见对于"欧洲人"的称呼已转变为与古时(西戎、西夷)不同的"西洋",是由"洋"的版图视域来界定与新称的。同时,今日之"南洋"会称之为"东南亚",显然是因为以"中土"为轴心的世界版图观已不再,而淹没于西方人所告知的世界地域与列国之版图观中,于是而有了"亚洲"的称呼,中国这一近代国家即位置于亚洲,"南亚"是指印度与锡兰,"东亚"则是清初称东洋的日本与朝鲜;至于"东南亚",则自然亦不再是以中土之南方观点所望出的"西洋",也不是以中土为方位之中而称的海上世界之"南洋",乃是以亚洲为称的东南亚,且涵盖越南、老挝、柬埔寨、缅甸、菲律宾、泰国。值得注意的是,南洋诸国虽多为列岛,然而还是由"洋"的观点与视界而将之系属于"亚"而称之为"东南亚"。

《海国闻见录》给我们的启示,便是在西方列强尚未迫使中国进入一种"现代化世界"之前,或是激发中土知识分子之以"现代化世界"作为历史观与世界观的前景化之前,就已经出现了认识新世界的著作。《海国闻见录》之以"海国"名其书者,正是一种以"海"称"国",要我们来从一种新的角度——即"海洋"来认识新世界中的新南洋与新西洋诸国。这正是一本相当于古代张骞凿空让汉帝国认知"西域"新世界诸国的著作。只是,还没有到学习西方以及师夷长技之地步,那样的局势也尚未到来。由此,则魏源虽曰其书一以林则徐所译之《四洲志》等西书新书与历代正史地理志旧书为主,而未曾一提《海国闻见录》,但是"海国"一词的书名称呼,难道没有在传统上的继承么!同样是以

"海国"为书名,前者犹在雍乾时代,后者则第一次与西洋国家的贸易战争已经展开,时与势皆已不同,但魏源在《海国图志》中的"西洋"与以"洋域"来认知新世界图像的称呼与其模式,却较诸前书尤其是陈伦炯的《海国闻见录》并无大异。何以魏源的书中并未提及《海国闻见录》? 是否《海国闻见录》中的"海国"一词的同名性,以及《海国图志》中有关"海洋世界"的"洋域列国"之方位,已经在《海国闻见录》一书中形成,是以魏源不欲提及此书? 在魏源的《海国图志》六十卷本《叙》中,只提到两种依据,叙云:

> 《海国图志》六十卷,何所据? 一据前两广总督林尚书所译西夷之《四洲志》,再据历代史志及明以来岛志,并近日夷图、夷语。

"两据"中明言了的仅为林则徐之《四洲志》,其他传统诸书则皆未明列作者与书名。在后来的百卷本之后叙中,虽然增列了所据之书如布路国人马吉士的《地理备考》《天文地球合论》,美里哥人高理文的《合省国志》等书,但仍然以西人所译书为主,显然在列出"参考书目"的心态上仍然延续着六十卷初刻本的《叙》言所示者,此即"彼以中国人谭西洋,此则以西洋人谭西洋"。在《海国图志》百卷本之《后叙》中,已然将"西洋人谭西洋"的上限作了裁断:

> 谈西洋舆地者,始于明万历中泰西人利玛窦之《坤舆图说》、艾儒略之《职方外纪》。初入中国,人多谓之邹衍之谈天。及国朝而粤东互市大开,华梵通译,多以汉字刊成图说。其在京师钦天监供职者,则有南怀仁、蒋友仁之地球全图,在粤东译出者,则有钞本之四洲志、外国史略、刊本之万国图书集、平安通书、每月统纪传,灿若星罗,了如指掌,始知不批《海图海志》,不知宇宙之大,

南北极上下之浑圆也。

看来，在魏源的认知中，无论是六十卷本还是至于百卷本时，①都是以为中国之有"海国新世界观"，乃是从明季之传教士利玛窦输入后开始的。莫怪乎他的六十卷本《叙》中谈及"两据"时，完全不指名道姓地列出"明以来岛志"为何！这相较于百卷本《后叙》中对西人译书的本本列目，可以看出"岛志"之称的一种轻视心态；这意谓着：魏源所谓的"张眼看世界"，彼自以为所道乃是中土前人所未及道的"海国世界"，也是一个从西学观与洋人观引入后始"开眼"望见的新世界。如是，对于魏源在《叙》中何以只字未提同样以"海国"名书的《海国闻见录》，倒也不难理解了。

　　晚近以来，两岸学者在中国的海洋版图之历史的考证与勾勒，已累积了相当的成果可供讨论与作进一步研究的可能，也可以运用这些成果来作一视角移动至魏源研究的领域。以魏源的《海国图志》书名

---

① 在魏耆的《邵阳魏府君传略》中，对《海国图志》所述甚详，但只有提到六十卷本与百卷本两种。近人吴泽、黄丽镛在其《魏源〈海国图志〉研究》(发表于《历史研究》1963年第4期；后辑入《中国近三百年学术思想论集二编》，香港：存粹学社，1971年，页109—132)一文中，首先提出了五十卷本、六十卷本与百卷本三次刊刻的说法。但在刊刻年代上，则尚有道光二十二、二十五、二十七年与道光二十二、二十五与咸丰二年的两说。前说实出自《古微堂集》中所收之《海国图志叙》之叙末所著的年代(这一段说明出版年代的文字，在《海国图志》百卷本《叙》中则未出现)；后说则见百卷本魏源的《海国图志后叙》明著其年为咸丰二年，而《古微堂集》与据之而成点校本的《魏源集》中均未将《海国图志后叙》收入。案：两说近代学人各有主张，或不之察而盲然从之者亦有之。吴泽所考虽早出，然仍较细详，后之者未能溢其所论。其所主者为后说，似较可从。另外，岳麓书社校注本的《点校说明》中，也注出了其所采用的各种版本。其百卷本乃采光绪时甘肃庆泾固道署重刊百卷本。
　　事实上，除了上述之三种版本外，尚有一种一百二十五卷本，系光绪时由美人林乐知、英人傅兰雅以及国人徐建寅、瞿昂来所增广为125卷的《增广海国图志》石印本。正集100卷即魏源之百卷本，续集25卷则由上述诸人所辑补，续集前有美人林乐知之序，述其缘起。石印本在台湾系由珪庭出版社覆刻于1978年。至于朱维铮因未见《小方壶斋舆地丛钞》中所收入的林则徐译之《四州志》，致有魏源之五十卷本乃是"没入"林则徐译书的论断，此一误断，颇伤及魏源之人品，亦已经学者指出。见贺广如《魏默深思想探究》(台北：台湾大学出版委员会，1999)，页206，注⑫所述。

呈现之"海国"而论,魏源所意,据其所自述,当然是引用当时之"域外所图"的图示之世界,而域外所图便是从海洋观而绘出了一个世界上的陆地之列国。从这点而论,《海国图志》当然是在"西学影响"下所写作而成的一本大著作,并且影响后世甚巨,也开启了"海洋观"以认知西方、西学、西国的后继之脉。但是,魏源此书真的便只是一个"西学冲击"下的横向事件么?根据晚近学者的研究,从"洋"与"海"来看世界在中国本身属于南方观点,南方舶者的海上世界早就介入了今天的东南亚诸域与印度洋诸域。如果我们从较早的元代初期文献中考察"西洋"一词的首先出现,到历经元末、明代永乐与万历时代的所指变迁;从东西洋之原以今之苏门答腊岛为界而分,到以文莱为界以为东西洋之分称,正可以显示"东西洋"的海洋观与海国观正有一复杂的历史认知之变迁过程。而这一变迁的历史陈述,正是明末张燮的课题,但是张燮并没有什么"西学冲击"与"反应"意识作为他的写作主旨,他的关怀是中国南方海舟之民的。从元初到明季、从清初到鸦片战争的魏源时代,从早期的东西洋到东西洋的成为东洋与南洋,而又渐演至于更以小西洋来称呼今日之"非洲",以大西洋来称呼今日东欧与中西欧诸国的海域所在。魏源的《海国图志》之卷次的排列顺序,正是如此。由今存的百卷本观之,"海国世界"系从卷五之"东南洋诸国"开始出场。从卷五到卷十八,共可分为两部分:一是卷五至卷十的"东南洋海岸之国",二是由卷十一至卷十八的"东南洋海岛之国",日本与澳大利亚皆含在此"海岛之国"中。而后由印度逐渐向西,卷十九迄卷三十二皆为"西南洋"。卷三十三迄卷三十六为包含"东西南北利未亚洲"的"小西洋"各国。卷三十七迄卷五十三为以"欧罗巴洲"为主的"大西洋"诸国。值得注意的是卷五十五迄卷五十八的"北洋诸国",包括了"俄罗斯国及其藩"、"普鲁社国、瑞丁国、那威国"等。最后是卷五十九迄卷七十的"外大西洋"诸国,弥利坚国与南、北墨利加洲诸国均在其列。但是,不论是六十卷本、百卷本、百二十五卷本,《海国图志》在呈现海洋世界列国的卷次之序便是地图上的方位之序:是由东而西的,最后所停驻的是"大西洋诸国"与以弥利坚为主的"外大西洋诸国"。不论是"英吉利"还是"瑞丁、那威",抑或是更为西方的"弥利坚",都标志着中国视域中的"西洋"之边界性,《海国图志》在西洋舆图影响下而编纂了"五大洲"的"海国世界",但是其中是否也呈现了受影响下而展现的中国视域呢![①]"海国"与"西洋"结合后的内容陈述,在《海国图志》中的某一卷次停下之时,就是来自魏源的"中土视域"的"西洋观"呈现之时!我们其实可以据此而研究中国近代的"新西洋观",考察隐在其中的强调与选择是什么?为什么会出现这样的主观倾向与偏重?同时也反思是否太过于耽溺在此一"近代叙事化"的西洋观中,而忽略了"五大洲"中那些未被聚焦的"海国"?乃至于它们与中国的过去、现在与未来的关系性?

　　"海国世界"中的"西洋"与古代大陆世界的"西域"正好在同一方

①　魏源撰有《五大洲释》一文,其中就西洋之"五大洲"而与梵典中之"四大洲"进行对话,并以为西洋人之世界新图中的大地世界,也可以只是另一角度下的"两大洲",并曰:"请以告西洋之分二大洲为四为五者,并以告西洋之泥南北二极为南北者。"其后的薛福成、傅云龙亦有《大九州说》《六大州说》(皆收入王锡祺辑《小方壶斋舆地丛钞》,再补编册三,台北:广文书局)。案:王氏所辑入魏源的《释五大洲》,乃自《海国图志》卷七十四《国地总论》中采入,可见百卷本时的"新世界观"之氛围已与魏源刊五十卷、六十卷本时不同,与之对话者已趋渐多。惜乎其所谓"请以告西洋"者,不唯中土之士无人告之,而洋人之来者自昔迄今似亦皆未有能倾听之者。遂失三方——中国古籍与魏说、梵典、西洋新说——之对话与互诠之可能,然此点亦非此下历史发展中之焦点也显然,亦可谓读书者与塑史者之在此在彼之视域与视点的择取,有其聚焦也有其失焦的边界使之然也。复次,传教士不仅带来了西方的新地图与圆形地球观,同时也将欧洲人所完全不熟悉的中国舆地全图带入西方世界。譬如自罗明坚神父于1588年返回罗马之后,欧洲才有罗明坚本人经罗洪先《广舆图》改装并注以拉丁文的图册之出版,以及佛罗伦萨地图学家玛窦内罗所绘制的第一幅亚洲大地图,这幅地图是在罗氏携回的罗洪先《广舆图》基础上所绘成的。这意谓着当时的欧洲人对"世界"的认知也是在一个新的动态过程中。现在的欧洲汉学家们,尚在研究传入欧洲的中国地图与受传教士影响下所绘制的世界舆图,对他们而言,这里面的中国视界所显现的新世界观与旧世界观皆极具意义,必然地与欧洲的新世界观不同,具互补性,可以对此作出溢于汉学领域外的中西比较之研究。

位上，这就是"西方"。从大陆观到海洋观，从古代到近代，"西方世界"仍在同一坐标，但是其交通的路线殆已转为由"陆"之"海"：《海国图志》的世界观突显了向来隐性的南方观点，并且在中国的内部形成两个世界观的抗衡、冲突、交涉、协奏等多元旋律的历史行程。

因此，从内在脉络来看，尽管魏源似乎轻视，但却无可否认，魏源的"海国"一名不仅是上承《海国闻见录》的"海国"而来，即便其图是取自西方传教士手中，西方传教士手中所绘制的东西洋世界，也在历史性上是早在元代以来就由中国与西方东来与南洋诸国所共构而成。从此点来立论，魏源的"海国"之世界观中，所受的内在脉络化中蒙于自家传统前辈者仍不少。这方面的研究早自20世纪上半叶的伯希和、张星烺、冯承钧等人时即已开始，迄晚近仍然是一块重要的研究领域，重要的研究论文不少，在西方汉学的世界中尤其如此。只是不知何故，一直未能与"中国近代史"之研究领域中居于主流的"近代化叙事"者的观点相互碰撞与密切联系在一起。

晚近的若干日本学人在反省二战以前的日本学界之东西洋观与东亚共荣圈的论述时，除了希望摆脱二战战后日本在亚洲的位所的一片空白之外，也希望从新的反省与历史回顾之走向中，为日本作一重新定位：既非西方的日本，也非东亚的日本，而是将其皆视为可以讨论的论题。[①] 日本学界中惯用的"东洋"与"西洋"，其实骨子里正是对于明代以来兴起的新海洋版图观及其用语的继承。将欧美视野中所谓的"东亚"称之为"东洋"，含盖了中国、日本、韩国等，"西洋"则指称

[①] 子安宣邦的著作《东亚儒学：批判与方法》（陈玮芬译，台北：台湾大学出版中心，2004），便是欲提出这样的问题意识，并将之纳入日本的近代史脉络中反思这一新成立的议题的意义。不仅是学术与思想史的研究，也通过研究将敏感的"东亚共荣圈"与"脱亚论"纳入学术中来思考。子安宣邦的反思极为锐利，整部书通过历史上的中国、日本之古今并置，以及东西之考察，最后纳入自身作为书写者、面对者、反思者的一个问题也是课题：对他而言，"东亚"是什么？何以存于他的研究与学术世界之前而必须与之遭遇？现存的论述为何不能安定其存在而必须进行反思与重述？

近代以来东西方碰撞之后的欧美列国；这种新世界观的"东西洋"之二分，其实在晚清以降被中国留日的学人与革新分子所接收，遂造成近代以来迄于现代的许多中国近现代史研究的专家，认为中国许多世界观多是由日本所转口输入。然而，影响的源头，不正是在鸦片战争以前就已经出现了的"东西洋"观与海洋观么！①

笔者最近阅读到的一篇有关的论文《释"西洋"》，其中一些陈述，颇有意味，作者认为：

> 时代赋予了西洋一词新义，从东西洋并列到西洋突显，至囊跨了东洋，进而成为海外国家的通称。语词的衍变，即内涵增值过程，反映了人们观念的变化，一个新的西洋概念就此形成了。我们注意到这一概念形成后，即使西方东来，也不过是引申义更括大了范围而已，基本义不变，经历了几百年，至今仍然存活在我们生活的现代社会。②

作者这样的说法当然还有过于简约之虞，但可贵的是作者自另一角度的立言，足以供参。笔者相信，这一篇论文的研究视角，在大陆近来的学界，决非个案。

---

① 笔者在此有意指点出一个事实，也是现实。就是虽然在美国，中国研究乃是隶属于"东亚系"(Dept. of East Asian Languages and Cultures)的单位与领域，与日本研究、朝鲜研究同列。不少著名的、杰出的华裔汉学家都是出身这个领域与单位。但是，令人感觉其中必有历史性在焉的一个延续性心态事件，乃是：中国人迄今尚未自称是世界地图中的"东亚人"。相对于"西方"，可以自视为"东方"；相对于"欧（罗巴）洲"，可以自称方位所居为"亚（细亚）洲"。而相对于日本曾提出过的"东亚共同体"，中国却不曾出现过什么"东亚性格"的主体思维之构词于近代化过程中。在这样的接受史中，似乎可以指点出什么，或是重新论述出什么方是！关于这一个问题的研究思考，笔者将在后继文《明季以来东西与南北半球圆形世界图与东西二元世界观的形成》（未刊）中深入论述。

② 万明：《释"西洋"》（收在王天有、徐凯、万明编：《郑和远航与世界文明——纪念郑和下西洋 600 周年论文集》，北京：北京大学出版社，2005），页 97—113。

《海国闻见录》另有一值得留意之处,在于其卷一的《天下沿海形势录》,颇有顾祖禹以大陆观天下写成的《历代州域形势》之雄心意图与豪兴,留与后世人说,也颇有几分读书人著书经世的意味,非是仅止于"认识世界"以广闻见而已!若然,则作者在其企图表露的语言描写上,乃是仅止于"天下沿海形势",相对于顾祖禹的"州域形势",显然一陆一海,作者以"天下"尚有"沿海形势"且是新世界中的沿海形势,其欲"补顾"也欲有所为有所献之心显跃于卷一之中。而若是相对于《海国图志》的所以书"海国"之企图表露,以"西洋人谭西洋"与"师夷长技以制夷"者,则势异之下,显然又已不同,多了的正是对西方海国战争与战败的反省。但是论述的体例与模式,试将魏源此书之赋予了"微言大义"之《凡例》与顾祖禹书之凡例相较,①则书生以书用世之心志与宏图,则无以异也。魏源唯一将陈氏之书采入者,即为陈伦炯之《天下沿海形势录》,录在百卷本《海国图志》卷七十七中。若方诸于千年前之《太史公自序》,则书写一时代之"新书"(贾谊《新书》)与赋新时代"新序"(刘向《新序》)之意,仍然是古今之下的一脉相承。论者若谓《海国图志》为中国第一本以"海国"、以"海洋的视域"来传达"新西域"之新西洋世界图像,则恐未必,魏源在此仍已显示了对于《海国闻见录》的新世界观与以海为视域的承继。然而,若谓魏氏源之书为鸦片战争与南京条约之后的第一本以"海洋视域"进行当时最详尽的认识新世界之著作,则是。②

然而,魏源在《海国图志》之《叙》中,毕竟以为,其书与夫前代之士所谈皎然不同者,厥在于己所谈乃从"西洋"之图与视域来认识西洋,

---

① 侯外庐认为魏源的《凡例》,就像是一篇提出"变法"的"宣言"。见侯外庐,前引书,册下,页606。

② 事实上,这样的说法虽然长期以来已为人所接受,但也有武断之虞,我们不知道是否在魏源之前或是在鸦片战争前后,也有其他的中国士大夫在从事类似的工作,只是魏源之光华迭经时人与后世之注意,而其他人的著作则为历史所覆盖也未可知。

同时也认知"中国"在新视域版图中的新位置,此谓师夷长技中的"新认识"也。是故魏源此书从"洋"的观点来图志化新世界版图与大小诸"洋国",其所谓"洋"与"西洋"者,魏源确实已自认为与鸦片战争前的大陆形态之世界观大不同。魏氏书中名"海国"者,正是以"洋"之视域而望世界也。是故无怪乎其必郑重言"彼皆以中国谭西洋,此则以西洋谭西洋"也!

五、结　语

最后,笔者要说的乃是,认识新的世界与从另一个非传统的模式——例如不以大陆模式而以海洋模式并参考西洋诸国当时之成果,来对中国之周边状态或是与之发生接触与可能接触的状态而进行著书立言,本来就是一个朝代或国家中无论有没有发生鸦片战争都会出现与发生的学术、知识与士大夫的状态。魏源的《海国图志》中之师夷之说与中英战争联系在一起,可以与在此之前魏源之于贺长龄幕下之编纂《皇清经世文编》作一对照,也更可以与在这本书之前的陆燿之《切问斋文钞》作一比较;更可以同晚明的陈子龙等几社诸子所编的《皇明经世文编》、陈仁锡的《经世八编类纂》等作出流变式溯源或影响反应;那么我们对于《海国图志》的推崇,对于鸦片战争之剥离与否能有什么较异的分析? 魏源在此书之叙言中的"师夷之长技"是否便与他的春秋与公羊学、西汉的微言大义之学毫无关系了?"西洋"的认识与"西学"的渐深是否便应当被构筑为认识此下历史观中的一条主轴,而被笔者要在此处特别提出并且将这种历史观称之为"以西(化)学为轴的加速推进与现在之联系"的历史观! 所谓"加速推进"者,乃是已经较诸进化史观与以"现在"为立足点的因果式叙事推进情节的更进一步急于推进其叙事速度抵于现在的状态。由于洋务与维新论者较诸魏源之又进一步,"五四"西化论之较维新论又进一步,因此,魏源的师夷制夷,便成为一种叙事学上的开始状态,其后已经在历史因果叙事中预先给定了其后发展与进化式的情节,我们便急于抵达现在的时刻坐标,从我们的现代之中的一切来摆置与看见魏源的位置,魏源的时代自然尚无"民选、议会、学校"等,因而"看见"魏源时,其思想与论述便相较于更为现代性的现在来得不足且不够深刻了。[①] 因此,在历史叙述上便只能是一种由现在而倒叙然后续之以因果正叙下的初萌与启蒙之地位者,对于"现在"已不多用之《公羊》与《春秋》之语言,也认为是"时代的局限"使然。那么:其一,魏源的"现在"之"现代性"是什么? 其二,魏源是否亦一如我们今人一样使用着倒叙式的发展观在看待他的"过去"呢? 魏源时代所有的危机感诸如河漕问题、洋夷东来、学问无所用世观等,他的时代之"所有"正为我们现在时代之"所无",如果以此而论定其是"局限"或"西化发展之历史方向"的初萌,会不会犯了历史叙事上的"以今论古"之病呢! 缘于这样的加速推进观,以及立于此所以视历史中之诸前现代状况,而不论此等历史人物的当代性,也不深究其身后的文本流传之历史性与未来性的复杂度。同

---

① 例如侯外庐言:"看了这个(魏源的)目录,就知道'洋务'的内容,在当时仅为军备、外交,以及商业(货币)罢了,还没有民主立宪等东西的。"(侯外庐,前引书,册下,页607)

　案:关于此种进化论与目的论思维中所隐藏的一个特色,便是如金耀基所论现代化之三个层次:器物技术、制度、思想,这是受到英国史家汤因比影响之文明遭遇之观点。因此,自道光前后以来被近代史论述模式所主导的观史图景,便是愈前愈落后,洋务不如维新,维新不如改朝换代,变法不如制宪,行宪不如此种思维模式,反映在论清代历史与学术思想的著书立说上,便是龚自珍、魏源必须"发展"至康、梁,而忽略了龚、魏与康、梁的生命与时代之感觉体知;同时,与康、梁同时者,廖平尊孔便是保守;与龚、魏同世者,仍谈"汉学"与"周孔",便是落后。这种言说与研究立论的主轴之单一化,乃是显而易见的。同时,侯外庐氏以后来之所有的"民主议会"以言其前之所无,正是典型的"从现在出发"的历史观照与历史叙述类型,以观"过去/历史",便会不自觉地出现此一书写模式:"还没有资本主义""还没有科学""还没有民主"等,此可参考笔者在《以"史"为学与以"历史"为学》(收在《时间、历史、叙事》,台北:麦田出版社,2001)一文中所论。

时，这类型的论著所揭示的心态与视野上的不能自我察觉，使得叙事中的书写一再地陷入急骤感中，加速推进以进入终点为目的的时间坐标，于近代的许多论著中也是一个相承的主轴与特征，其复制性是可以考察的。无论何种叙事，其必有上下文与文脉以呈现历史观的内外语境，如果所怀"进步观"的"进步"意含是泥于"古人"的"不足"，则不免厚诬了古人而轻率地"张眼看世界"了。